la faune abritée dans les denses pinèdes de l'île, vous ferez le choix de la nature accessible à tous en choisissant cette île. Les Flamants roses et les Tortues marines vous y accueillent tout au long de l'année.

131 FAMILY ISLANDS

Ces îles autrefois appelées les Out Islands (Îles lointaines) sont celles où vous pourrez goûter à la nature sauvage, sans fard, en parcourant souvent des kilomètres de plages aux couleurs éblouissantes allant du blanc cru au rose le plus intense. Les habitants y sont peu nombreux et l'ambiance y est très joviale et familiale. C'est le choix des amoureux de la tranquillité au paradis.

219 ORGANISER SON SÉJOUR

Afin d'avoir la tranquillité d'esprit nécessaire pour profiter d'un agréable séjour loin de chez vous, vous trouverez ici tous nos conseils pour organiser au mieux votre voyage dans l'archipel. Vous retrouverez également les opérateurs susceptibles de vous accompagner dans votre préparation afin de profiter pleinement de l'archipel merveilleux des Bahamas.

© CHUVIPRO ISTOCKPHOTO.COM

© ALESSANDRO LAI - SHUTTERSTOCK.COM

© JO CREBBIN - SHUTTERSTOCK.COM

ETATS-UNIS
MIAMI
ALICE TOWN
BIMINI BAY
Bimini
Cat Cay
Straits of Florida
FREEPORT
LUCAYA
NorthWest Providence Channel
Grand Bahama Island
Rand Nature Reserve
Lucayan National Park
Petersin Cay National Park
Walker's Cay
Black Sound Cay
TREASURE CAY
GREEN TURTLE CAY
GREAT GUANA CAY
Abaco
MARSH HARBOUR
HOPE TOWN – ELBOW CAY
Pelican Cay
Tilloo Cay
CHEROKEE SOUND
Abaco National Park
GREAT HARBOUR CAY
Berry Island
CABLE BEACH
Northeast Providence Channel
PARADISE ISLAND
SPANISH WELLS
NASSAU
HARBOUR ISLAND
The Retrat
GREGORY TOWN
NEW PROVIDENCE
Middle Ground
GOVERNOR'S HARBOUR
Océan Atlantique
Great Bahama Bank
Andros
MANGROVE CAY
CAPE ELEUTHERA
Eleuthera
TARPUM BAY
ORANGE CREEK
Old Bahama Channel
EXUMA CAYS LAND & SEA PARK
Exuma Sound
STANIEL CAY
Exuma Cay
Cat Island
NEW BIGHT

SOMMAIRE

6 INSPIRER

Afin de vous inciter à découvrir les Bahamas au meilleur moment de l'année et surtout de ne rien rater d'essentiel lors de votre séjour, nous vous invitons à trouver les points clefs des Bahamas dans ces pages. Les festivités importantes et des idées de séjour pour vous aider à concevoir votre voyage. Laissez monter l'inspiration !

31 DÉCOUVRIR

De la description des plus beaux sites de plongée de l'archipel à l'histoire de la capitale de la piraterie dans la Caraïbe, en passant par les thèmes de société aussi importants que les religions et cultures locales, vous découvrirez dans cette section, les secrets les mieux gardés de la destination afin de la découvrir comme un local.

89 NEW PROVIDENCE ET PARADISE ISLAND

L'ancienne capitale des Pirates de la Caraïbe est aujourd'hui la capitale du tourisme et des croisières en paquebot au départ de Floride. Du centre de Nassau (downtown) à Compass point en passant par Cable Beach, vous baignerez dans une ambiance détendue aux parfums caribéens, et si vous prenez le pont vers Paradise Island, arriverez directement dans le monde du tourisme à grande échelle. Casinos, hôtels démesurés et attractions en tous genres vous attendent.

117 GRAND BAHAMA ISLAND

Que ce soit pour rencontrer les meilleurs pêcheurs de lambi (conch) et déguster un des plats les plus réputés de l'archipel comme la salade à base de ce coquillage, ou observer

Bahamas

LES BAHAMAS, UN GOÛT DE PARADIS !

Bienvenue dans le mythique archipel où au XVIIIe siècle, les pirates aimaient à venir se cacher des forces loyalistes, tant les cachettes sont nombreuses au cœur des mangroves et les criques faciles à protéger car souvent entourées de bancs de sable imprévisibles... Un archipel de plus de 700 îles, étalé sur plus de 1 000 kilomètres de long, dont la plus septentrionale, Grand Bahama Island, est à moins de 100 km de la Floride alors que la plus méridionale, Inagua, est à portée de Cuba. L'archipel des Bahamas est un pont entre deux cultures, la culture latino et la culture nord-américaine. Les Bahamas, ce sont des plages interminables et souvent désertes, de sable blanc, rose, voire nacré, léchées par le ressac d'une mer aux variances de turquoise d'une grande rareté et surtout des habitants extrêmement accueillants, en particulier dans les Family Islands, ces îles du bout du monde comme Eleuthera, Andros ou Bimini où les activités nautiques sont une source inépuisable de plaisir dans un décor paradisiaque. Durement touchées par l'ouragan Dorian fin 2019, les Abacos, qui en font partie, sont en pleine reconstruction début 2020, et au vu des efforts fournis par les Bahaméens, gageons qu'elles seront encore plus agréables à visiter dans les années à venir. Si les coins de paradis du bout du monde vous tentent, les Bahamas sont probablement l'endroit que vous recherchez et vous trouverez dans les pages à venir de nombreuses petites adresses pour les découvrir comme un local !

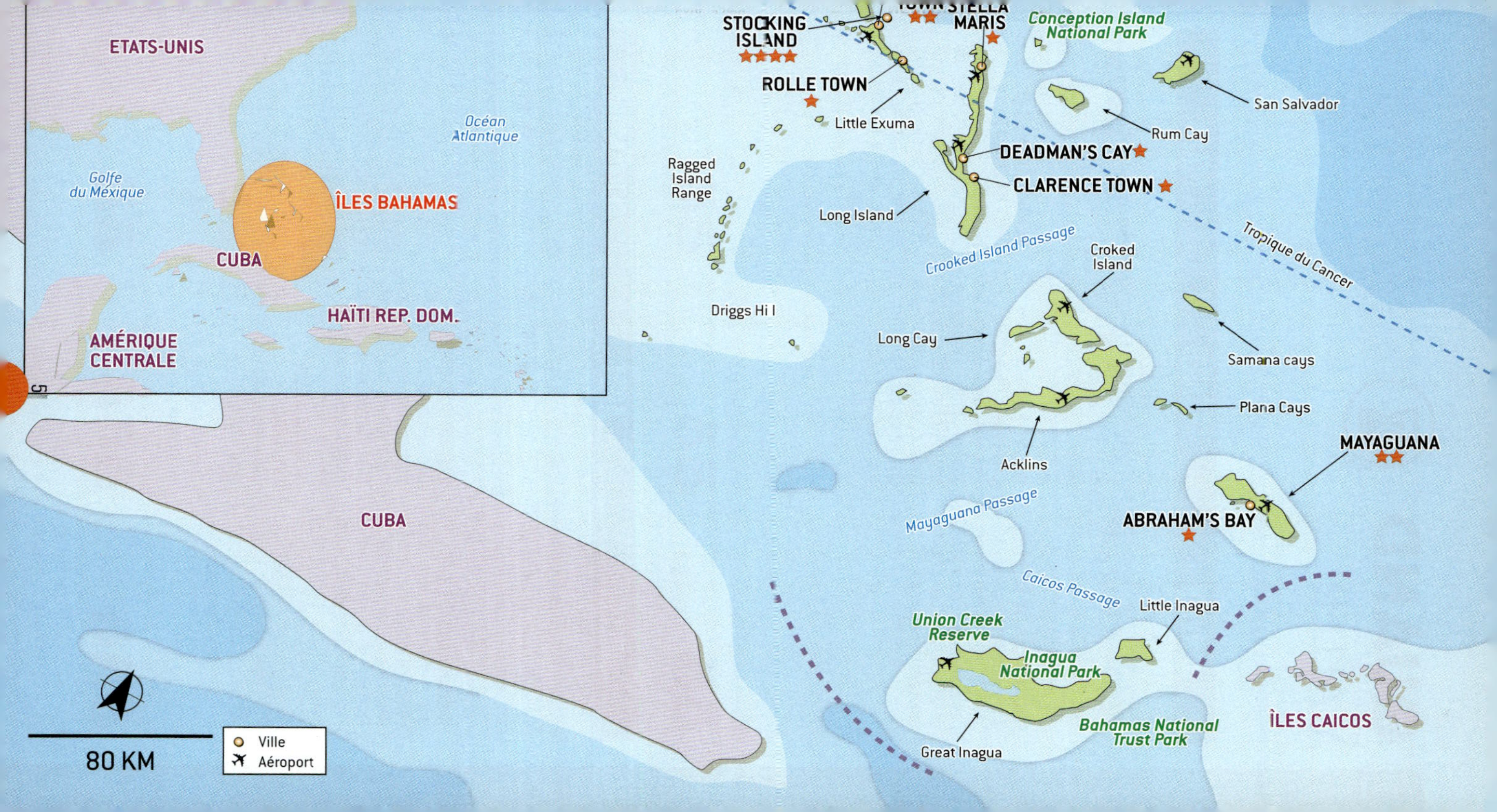
ETATS-UNIS
Océan Atlantique
Golfe du Mexique
ÎLES BAHAMAS
CUBA
HAÏTI REP. DOM.
AMÉRIQUE CENTRALE
STOCKING ISLAND
STELLA MARIS
Conception Island National Park
ROLLE TOWN
Little Exuma
San Salvador
Rum Cay
Ragged Island Range
DEADMAN'S CAY
CLARENCE TOWN
Long Island
Tropique du Cancer
Crooked Island Passage
Croked Island
Driggs Hi I
Long Cay
Samana cays
Plana Cays
Acklins
MAYAGUANA
ABRAHAM'S BAY
Mayaguana Passage
CUBA
Caicos Passage
Little Inagua
Union Creek Reserve
Inagua National Park
Bahamas National Trust Park
ÎLES CAICOS
Great Inagua
80 KM
Ville
Aéroport

QUAND Y ALLER

JANVIER

18° / 25°

MARATHON DE NASSAU
Un événement sportif qui ameute les grands sportifs des Bahamas. Courir avec de tels paysages en toile de fond, c'est très sympa.

FÉVRIER

18° / 25°

GEORGE TOWN CRUISING REGATTA
Tous les ans depuis les années 1980, s'affrontent entre 400 et 500 embarcations à voile pendant une dizaine de jours fin février.

MARS

19° / 26°

BAHAMIAN MUSIC AND HERITAGE FESTIVAL
Junkanoo, spectacles de cirque, cracheurs de feux et concerts de goombay, mettent les artistes bahaméens sous le feu des projecteurs.

JUILLET

24° / 31°

INDEPENDANCE DAY
Une semaine de fête pour célébrer l'indépendance des Bahamas, déclarée en 1973. Musique et danses sont à l'honneur dans toutes les îles.

AOÛT

24° / 32°

EMANCIPATION DAY
Une semaine de festivités pour célébrer l'émancipation des esclaves aux Bahamas. C'est l'occasion de voir de magnifiques parades !

INAGUA SALTY FESTIVAL
Evénement salé de l'année pour Little Inagua, marqué par les retrouvailles pour les anciens habitants de l'île et la musique pour tous !

SEPTEMBRE

24° / 31°

Il n'y a pas de saison des pluies aux Bahamas, mais de courtes averses quotidiennes très légères en hiver et qui se transforment en « douche tropicale » d'une heure environ, de mai à octobre. La période la plus creuse correspond aux mois de septembre à mi-octobre, saison des ouragans et période que choisissent de nombreux établissements des Family Islands pour leur fermeture annuelle. À noter que les tarifs hôteliers baissent de 20 à 40 % en basse saison.

AVRIL

21° / 27°

THE NATIONAL FAMILY ISLAND REGATTA
La traditionnelle régate des Bahamas, un hommage vivant à l'une des plus belles créations de l'homme, place à la voile !

$ $

MAI

22° / 29°

ACKLINS CASCARILLA HERITAGE FESTIVAL
Un festival culturel local sur l'île d'Acklins, une bonne raison de partir à la découverte d'une des îles les moins connues des Bahamas.

$ $

JUIN

23° / 31°

ALL ANDROS CRAB FEST
Une belle occasion de se ravir les papilles avec un plat à base de crabe, omniprésent ici et aux saveurs locales incomparables.

CAT ISLAND RAKE N'SCRAPE FESTIVAL
Les meilleurs artistes de Rake and Scrape se réunissent à Cat Island pour ce festival annuel très apprécié des locaux et des visiteurs.

$ $

OCTOBRE

23° / 29°

NORTH ELEUTHERA SAILING REGATTA
Venez découvrir les superbes *sloops* bahaméens en régate à Eleuthera, un immanquable à cette saison aux Bahamas.

CONCH FESTIVAL
Les festivals de *conch* (lambi) sont à l'honneur dans tout l'archipel au mois d'octobre. Savourez une délicieuse *conch salad* !

$ $

NOVEMBRE

21° / 27°

WAHOO SMACKDOWN
L'événement annuel de la pêche au gros a lieu à Bimini, préparez vos meilleurs leurres et venez participer à cette fête du *wahoo* !

$ $

DÉCEMBRE

19° / 26°

JUNKANOO FESTIVAL

© JO CREBBIN - SHUTTERSTOCK.COM

Junkanoo, le carnaval des Bahamas, est un événement incontournable pour ceux qui aiment la musique, les défilés et la fête !

$ $ $

LES BONNES RAISONS D'Y ALLER

© SHARAN SINGH - ISTOCKPHOTO.COM

DES PLAGES À L'INFINI

Blanc, doré ou rose, le sable est incroyablement fin sur ces plages de rêve !

AVIS DE BEAU TEMPS SUR L'ARCHIPEL

Un climat idéal toute l'année, voilà ce que proposent les îles de l'éternel printemps.

© VISIONSBYATLEE - ISTOCKPHOTO.COM

© ROBINSNYDERPHOTOGRAPHY - ISTOCKPHOTO.COM

LA MECQUE DE LA PLONGÉE

Grottes secrètes, tombants abrupts, récifs, trous bleus et épaves, faites votre choix !

© JUST DANCE - SHUTTERSTOCK.COM

LES BAHAMÉENNES ET BAHAMÉENS

Souriants, débonnaires, aimables, serviables, simples et pas stressés pour deux cents.

© JMICHL - ISTOCKPHOTO.COM

AU GROS, À LA TRAÎNE, À LA MOUCHE

Ce n'est pas un hasard si Hemingway, passionné de pêche, venait souvent dans l'archipel.

© SHALAMOV- ISTOCKPHOTO.COM

PARADIS DES GOLFEURS

Le climat de l'archipel permet de jouer au golf toute l'année dans un décor de rêve.

© SOFT_LIGHT - ISTOCKPHOTO.COM.

UN AQUARIUM À CIEL OUVERT

La faune et la flore multicolores sous-marines sont accessibles avec une simple paire de palmes.

LES BONNES RAISONS D'Y ALLER

LE PROGRAMME « PEOPLE TO PEOPLE »

Un programme d'Etat gratuit pour que les visiteurs découvrent le mode de vie local.

© JO CREBBIN - SHUTTERSTOCK.COM

© CEBOLLA4 - ISTOCKPHOTO.COM

LES CARAÏBES À L'ANGLAISE

Jardins propres, rugby, cricket, conduite à gauche font partie de l'héritage britannique.

© FITZCRITTLE - SHUTTERSTOCK.COM

LA SÉCURITÉ, NO PROBLEM

Ici, tout le monde se connaît, et la moindre infraction est vite repérée.

LES 12 MOTS-CLÉS

#ATLANTIDE

En 1968, la découverte d'énormes blocs de calcaire soigneusement alignés sur quelque 800 m de long et formant une sorte de route sous-marine près de la côte de North Bimini a renforcé l'hypothèse selon laquelle l'Atlantide se trouverait dans l'archipel des Bahamas. Les plongeurs peuvent découvrir sans difficulté cette voie à seulement 7 m de fond.

#CAYS

Un terme que vous lirez et entendrez en permanence aux Bahamas, car c'est le nom des petits îlots qui ponctuent les eaux bahaméennes. Plus petites que les *islands*, les *cays*, parfois un simple affleurement de terre qui émerge dans le bleu de la mer, sont innombrables et révèlent de bien jolis paysages sauvages et des plages souvent désertes.

© MATTWOOD20 - SHUTTERSTOCK.COM

#CALYPSO

Le rythme traditionnel langoureux des îles est hérité de la période de l'esclavage, quand les esclaves se défiaient avec des vers humoristiques ou polémiques mis en musique au rythme de bâtons entrechoqués. Cette joute oratoire est devenue une musique plus élaborée avec guitares et batteries, enrichie des influences des rythmes africains.

#CONCH

Ce gros coquillage, connu sur les îles francophones voisines sous le nom de lambi, est un véritable symbole culinaire des Bahamas. Les réserves bahaméennes paraissent inépuisables, et on rencontre de véritables cimetières de coquillages, imposantes montagnes de cônes blanc et rose qui témoignent de l'appétit des Bahaméens pour leur chair.

#MAILBOATS

Les gros navires-cargos qui assurent le fret entre les îles sont les héritiers d'une époque où l'avion n'existait pas. Aujourd'hui, ces bateaux, privés, aux rotations inter-îles régulières, transportent également quelques passagers, offrant des sièges et parfois des couchettes à des prix modiques.

Ils relient les îles à une allure très modeste.

#OBEAH

C'est la version bahaméenne du vaudou haïtien ; elle a été particulièrement vivace sur l'île de Cat Island. D'origine africaine, cette religion mêle la médecine traditionnelle et la sorcellerie. Le guérisseur, *medicine man*, est un garant des traditions et un leader spirituel. Et si vous voyez une bouteille pendue à un arbre, n'y touchez pas !

#PRIVATEERS

C'est le nom anglais des corsaires et de leurs navires. Appointés par le gouvernement anglais pour lutter contre les Français et les Espagnols, les *privateers* portaient une lettre de marque qui officialisait leurs fonctions. Lorsqu'ils étaient capturés, les *privateers* étaient traités comme des prisonniers de guerre et non comme des bandits.

#SLOOPS

Les *sloops* sont d'anciennes embarcations traditionnelles, en bois et à larges voiles, dont subsiste un atelier de fabrication dans l'archipel et où ils sont encore fabriqués de façon classique, sans outils modernes. Dans les Exumas, la National Family Island Regatta, qui a lieu le dernier week-end d'avril, est justement réservée aux *sloops* locaux.

© MATT A. CLAIBORNE - SHUTTERSTOCK.COM

#SNORKELING

Masque, palmes et tuba sont les armes nécessaires pour s'attaquer à cette activité qui est pratiquée partout sur les îles. Les meilleurs sites sont répertoriés et des sorties sont organisées au départ de tous les hôtels. La moindre baignade peut révéler des dessous intéressants, et le snorkeling est de rigueur dans un programme aux Bahamas.

#TAXES

Sur le chapitre de la fiscalité, les Bahaméens sont à envier puisqu'ils ne paient pas plus d'impôt sur le revenu ou les plus-values que les entreprises locales. Pas de droits de succession. Mais les sociétés financières enregistrées dans le pays font l'objet d'une surveillance permanente, en particulier afin de lutter contre le blanchiment.

#JUNKANOO

Le carnaval est une des expressions les plus authentiques de la culture bahaméenne. Durant la période de Noël, ce carnaval haut en couleur est célébré avec joie un peu partout sur les îles. Les festivités atteignent leur paroxysme à Nassau, le jour du Boxing Day (26 décembre), quand le défilé démarre à 2h du matin pour s'achever autour de 11h.

© ERKKI & HANNA - SHUTTERSTOCK.COM

#FARNIENTE

Qu'il est doux à l'oreille ce mot italien qui signifie « ne rien faire » ! C'est sans doute le maître mot des vacances aux Bahamas... Lézarder sur la plage, musarder dans les ruelles des villages, flâner aux terrasses des cafés en écoutant du calypso, nager paresseusement dans les eaux translucides, bref, ne rien faire... tout un programme !

© ALEXANDER CHAIKIN - SHUTTERSTOCK.COM

VOUS ÊTES D'ICI, SI...

- **Vous aimez les sons cuivrés du calypso.** Cette musique locale est en effet omniprésente pour les festivités.
- **Vous aimez la *conch* (lambi) sous toutes ses formes,** car vous aurez l'occasion de la goûter en salade, en soupe, frite ou tout simplement à la plancha. Bien préparée, elle est toujours délicieuse.
- **Vous aimez aller passer un moment de détente au Sip-Sip** et y déguster un Bahama Mama en y partageant les derniers ragots de Harbour Island.
- **Le samedi on vous trouve sur votre bateau,** palmes au pied et masque sur la tête et le dimanche matin, à la messe en tenue d'apparat !
- **Vous aimez manger du délicieux mérou bouilli** au petit déjeuner et du lambi sous toutes ses formes à toute heure de la journée.
- **Vous n'oubliez pas le service au restaurant,** dans les bars ou les taxis. Le pourboire (*tip*) fait ici partie intégrante du salaire. Un service correct mérite environ 15 % de pourboire.
- **Vous n'avez jamais payé d'impôt sur le revenu.**

MES BAHAMAS

par Olivier Ané, auteur du guide

© DR

Interview

Olivier Ané vit dans les Caraïbes depuis plus de quinze ans et est devenu un spécialiste des paradis méconnus de celles-ci. Passionné de plongée et d'activités nautiques, il a trouvé son bonheur aux Bahamas et vous livre dans cette vidéo ses coups de cœur dans l'archipel en cherchant à vous faire découvrir ce merveilleux paradis comme si vous y habitiez depuis toujours.

IDÉES DE SÉJOUR

L'archipel des Bahamas se visite principalement en avion (à moins de voyager sur son propre bateau), car il est bien plus étendu qu'on ne l'imagine généralement. Avec plus de 800 km entre Freeport au nord-ouest et Inagua au sud-est, les vols peuvent durer une heure ou plus. La plupart des liaisons aériennes entre les îles sont assurées au départ de Nassau, mais il existe des options locales grâce à de petites compagnies privées comme Stella Maris qui relie Long Island à Exuma par exemple. Nous vous proposons ici des programmes de séjour adaptés en fonction de la durée de votre voyage, mais vous pouvez également construire votre propre circuit en tenant compte des informations détaillées sur les liaisons et les compagnies qui les assurent. Ne soyez pas trop gourmand dans votre programme et tenez compte du fait que les déplacements à l'intérieur de chaque île peuvent également prendre du temps.

BAHAMAS, SEPT JOURS POUR UNE OU DEUX ÎLES

Voyage transatlantique avec changement d'avion (le plus souvent), décalage horaire et voyages inter-îles longs, compte tenu des distances, sont trois bonnes raisons qui incitent à être raisonnable pour un séjour de courte durée. Pour une semaine de séjour, mieux vaut se concentrer sur une seule île pour profiter de ses principaux attraits et des activités proposées. Chacune se présentant comme destination à part entière, on choisira Abacos ★★★ ou Bimini ★ (p.161) pour la pêche, Harbour Island ★★★ (p.172) pour son chic et ses hôtels de charme, les Exumas ou Long Island ★★★ pour leurs plages somptueuses, Eleuthera ★★★★ ou Andros pour leur côté sauvage, ou New Providence ★★★, Paradise Island ★★★ (p.105) et Grand Bahama Island ★★ pour leurs multiples activités… Dans tous les cas, plages et activités sportives sont au cœur du séjour. Pour les curieux et les assoiffés de découverte, il n'est pas impossible de sillonner deux îles en une semaine, à condition de bien les choisir pour ne pas perdre trop de temps dans les transports : coupler par exemple Grand Bahama – Bimini ★ (p.161), New Providence ★★★ – Long Island ★★★, ou encore Eleuthera ★★★★ – Harbour Island ★★★ (p.172). On découvrira alors au moins deux visages des Bahamas. Voici un itinéraire type pour un séjour d'une semaine entre New Providence ★★★ et Long Island ★★★.

› Arrivée/repos

Arrivée à l'aéroport de Nassau ★★★ (p.92). Transfert vers l'hôtel Compass Point et après-midi repos/farniente dans ce petit coin de Paradis. Décalage horaire de 6 heures avec Paris.

› Nassau, capitale paradisiaque

Transfert en bus vers le centre-ville de Nassau ★★★ (p.92). Promenade en calèche dans la ville coloniale. Visite de l'*Heritage Museum* (p.94) et de la fabrique à cigares Graycliff (p.93), puis de la National Art Gallery (p.96) et du petit centre Educulture consacré au carnaval Junkanoo, tout près. Flânerie incontournable au Straw Market (p.97), le marché de la vannerie, et le long de la fameuse Bay Street. Charmant détour par la Balcony House (p.93), la plus ancienne maison de la ville, et selon le temps qu'il vous reste, ne pas oublier le musée de l'esclavage et de l'émancipation (p.97), et le musée *Pirates of Nassau* (p.97). Option dîner si vous tombez un vendredi : le *fish fry* sur Arawak Cay, avec ses guinguettes colorées face au Fort Charlotte (p.94) ; ambiance assurée !

› Visite de Paradise Island

Transfert en bus vers le centre-ville de Nassau ★★★ (p.92), puis en *water-taxi* vers Paradise Island ★★★ (p.105). Profiter du *speach* dynamique à bord pour en apprendre davantage sur l'île, et surtout pour goûter d'ores et déjà à l'atmosphère joviale du lieu. Matinée au Dolphin Encounters (p.107), où rêves d'enfants deviennent réalité puisque vous rencontrerez dauphins ou otaries… L'après-midi, flâner et faire des emplettes dans les boutiques diverses et variées de la marina... Attention au porte-monnaie ! Autre option : excursion d'une journée au départ de Paradise Island ★★★ (p.105). En bateau rapide, découverte des Exumas Cays ★★ (p.205), des îles sauvages à la Robinson Crusoé, aux plages désertes ou habitées d'iguanes et de cochons (très bons nageurs !). Retour à l'hôtel en fin de journée.

› Virée à Long Island

Départ matinal pour Long Island ★★★ : prévoir d'arriver à l'aéroport 2h avant le décollage. Arrivée à Long Island ★★★ - Stella Maris ★ (p.207) ou Deadman's Cay ★ (p.210) selon le point de chute choisi : au nord, coup de cœur pour l'hôtel Cape Santa Maria (p.208) et sa superbe plage de sable fin ; au centre, si vous préférez davantage d'isolement, direction le Greenwich Creek Lodge.

› Retour à Long Island

Location d'une voiture pour tour de Long Island ★★★ : le Columbus Monument (p.207), le musée-bibliothèque (p.210)de Long Island ★★★, arrêt déjeuner au Max's Conch Bar pour une véritable expérience bahaméenne, visite de la *Hamilton's Cave* (p.210) (prévoir un guide la veille) et des églises jumelles. Piquer une tête dans les Dean's Blue Hole (p.211), le trou bleu le plus profond du monde, pour bien terminer la journée.

› Journée à la mer

Plage, kayak, plongée ou sortie pêche ; profiter de cette dernière journée pour faire le plein d'activités nature.

› Dernière baignade

Retour à Nassau ★★★ (p.92) pour vol retour.

14 JOURS POUR COMBINER DEUX À TROIS ÎLES BAHAMÉENNES

Les séjours combinés obligent le plus souvent à transiter par Nassau ★★★ (p.92), car les liaisons inter-îles sont rares et les transports rayonnent depuis Nassau ★★★ (p.92). On pourra par exemple envisager un couplage Nassau ★★★ (p.92) + Eleuthera ★★★★ + Harbour Island ★★★ (p.172), ou encore Nassau ★★★ (p.92) + Long Island ★★★ + Cat Island ★★★. Il existe également des liaisons directes Grand Bahama Island ★★ – Bimini ★ (p.161), et Grand Bahama Island ★★ – Abaco ★★★, comme détaillé dans l'itinéraire ci-après.

› Arrivée/Repos

Arrivée à Freeport ★★ (p.120), Grand Bahama Island ★★. Location d'une voiture. Transfert vers un hôtel de Port Lucaya (p.120) si vous aimez l'animation, ou un peu plus loin du côté du Ocean Reef & Yacht Club pour une ambiance un peu plus familiale. Après-midi repos pour digérer le vol et les 6 heures de décalage avec la France.

› Freeport

Matinée à Freeport ★★ (p.120), visite du Garden of the Groves (p.122), de la *Perfume Factory*, puis direction le Port Lucaya Market Place (p.120) pour un déjeuner international dans une ambiance festive. L'après-midi, plongée ou rencontre avec les dauphins via le centre UNEXSO, une excursion inoubliable ! Le soir, authentique et incontournable *fish fry* à Smith Point si vous tombez un mercredi.

› Visite de Grand Bahama Island

Tour de l'île. Au départ de Freeport ★★ (p.120), partez d'abord en direction de la partie Est de l'île, sauvage et très peu peuplée. Visite du Lucayan National Park (p.130), de ses cavités sous-marines, de ses mangroves et de sa fameuse plage de Gold Rock Beach – le film *Pirates des Caraïbes* a été tourné à deux pas ! Poursuivez ensuite vers la pointe est pour découvrir les quelques villages de pêcheurs parsemés çà et là, puis revenez sur vos pas direction Freeport ★★ (p.120)et West End (p.128). Visite de la Bahamian Brewery (p.120), où est brassée la Sands, l'une des deux bières nationales. Si vous ne souhaitez pas louer de véhicule, des agences organisent des tours à la journée, en jeep par exemple, incluant également quelques activités.

› Farniente

Plage, repos, et éventuellement activités de loisir autour de Freeport ★★ (p.120).

› Départ pour l'île d'Abaco

Départ pour Marsh Harbour ★★ (p.146), Abaco. Location éventuelle d'une voiture. Visite de la petite ville et de sa marina, puis direction le nouveau village de Schooner Bay (p.157), au sud. Découverte du site et nuit au Sandpiper Inn.

› Visite d'Abaco

En voiture de location ou *via* une agence telle que The Great Abaco Express, tour de l'île et de ses principaux points d'intérêt : Sandy Point (p.157), Cherokee Sound ★ (p.156), Little Harbour et le Pete's Pub & Gallery, Bahama Palm Shore pour l'observation des perroquets d'Abaco, la ferme et le laboratoire d'Abaco Neem, quelques trous d'eau bien cachés, etc.

› Hope Town et son phare mythique

Départ pour Hope Town ★★★ (p.149) via Marsh Harbour ★★ (p.146). Sur place, visite du phare (p.149), du musée Wyannie Malone, (p.149) flânerie dans les ruelles et impasses de ce village aux airs de maison de poupée.

› Plongée et détente

Plage et snorkeling du côté du Hope Town ★★★ (p.149) Harbour Lodge.

› Treasure Cay

Retour sur l'île principale d'Abaco, cette fois-ci en direction du nord et de Treasure Cay ★★ (p.148). Visite du bourg et après-midi sur sa longue plage de sable fin.

› Green Turtle Cay

Excursion vers Green Turtle Cay ★★★ (p.153). Visite village, du Loyalist Memorial Sculpture Garden (p.154), du musée Albert Lowe (p.154), et coup d'œil au cimetière (p.154). En fin de journée, retour à Treasure Cay ★★ (p.148).

IDÉES DE SÉJOUR

› Changement d'île

Départ matinal pour Bimini ★ (p.161) via Freeport ★★ (p.120). Arrivés à destination, repos et détente aux alentours de l'hôtel avant visite le lendemain.

› Rencontre avec les dauphins

Matinée découverte de Bimini Sud, avec au programme une promenade nature vers la fontaine de jouvence, et le passionnant Shark Lab (p.162) (visite sur demande la veille). L'après-midi, rendez-vous au centre de plongée de Neal Watson pour une sortie en pleine mer à la rencontre des dauphins sauvages.

› Visite de Bimini

Location d'une voiturette de golf et visite des points d'intérêt de Bimini Nord, marquée par le souvenir d'Hemingway et de Martin Luther King. À ne pas manquer notamment : Dolphin House (p.159), le petit musée de Bimini (p.159) et la maison d'Ansil Saunders. L'après-midi, excursion en bateau de pêche dans la mangrove de Bimini Est.

› Vol retour

Retour à Freeport ★★ (p.120), puis en France, la tête chargée de souvenirs et l'appareil photo rempli de sublimes clichés.

› Bon à savoir : séjours combinés États-Unis/Canada - Bahamas

La situation géographique des Bahamas et sa proximité avec le continent américain permettent facilement de programmer une extension. Changement d'ambiance et de style avec saut de puce de Miami à Nassau ★★★ (p.92) en 40 minutes ; après la Californie pas besoin de s'envoler vers Hawaï, on peut réduire le trajet retour Europe avec un mini-séjour aux Bahamas. Tout est possible, visiter les parcs de l'Ouest américain et faire une extension plage sur une île de l'archipel, même après un raid motoneige au Canada imaginez une semaine de détente sur une plage de rêve.

SÉJOURS THÉMATIQUES

À chaque île son style de vacances, mais, de toute façon, chacune de ces îles sera, à sa manière, un remède souverain au stress de la vie quotidienne, une invitation à la découverte et au farniente.

Pêche. Les amateurs de pêche sportive vont s'en donner à cœur joie. Goûter à l'intense sensation d'attraper un bonefish, un wahoo ou un marlin de compétition. Les îles à privilégier pour cette pratique sont Andros, Crooked Island et Long Island. Et pourquoi pas Bimini qui se souvient des parties de pêche d'Ernest Hemingway qui inspirèrent son Vieil homme et la mer.

Plongée. Les amoureux des mers chaudes au bleu indigo et des barrières de corail colorées seront comblés. Une variété de poissons à couper le souffle, une température idéale, bienvenue au paradis de la plongée. Toutes les îles sont propices à cette activité : San Salvador est particulièrement recommandée pour ses tombants, Andros pour ses trous bleus (en mer comme sur terre), Nassau et Grand Bahama pour les programmes de rencontre avec les requin et les dauphins, et plus méconnu, Cat Island est un excellent spot pour ses requins longimanes (le deuxième au monde semble-t-il après l'Égypte) ; le Greenwood Beach Resort et son centre de plongée vous accueillent en plus en français.

Voile et plaisance. Les eaux bahaméennes et leurs mille nuances de bleu constituent un véritable paradis pour les amoureux de la voile et de la plaisance. Sans conteste, les Abacos constituent l'ensemble d'îles le plus adapté (et le plus prisé) pour cette pratique : sillonner ses cays, découvrir ses belles marinas, accoster le temps du déjeuner sur le ponton d'un bon restaurant par exemple... Tout est parfaitement pensé pour accueillir les plaisanciers du monde entier, et ce n'est d'ailleurs pas un hasard si les organismes The Moorings et Dream Yacht Charter y ont jeté l'ancre : vous pourrez aisément louer auprès d'eux voilier ou catamaran. The Moorings a ouvert une deuxième base aux Bahamas, au Paradise Harbour Club Marina sur Paradise Island, afin de proposer des croisières vers les Exumas ou les Berry Islands.

Kite. Avec ses eaux peu profondes et son environnement d'exception, les Bahamas constituent aussi une belle destination kitesurf. Les organismes ne sont pas encore très nombreux ; vous en trouverez notamment à Exuma (Exuma Kitesurfing), San Salvador (au Guanahani Beach Club) et sur Cat Island (Antoine du Greenwood Beach Resort est instructeur... Et francophone).

Golf. La Mecque du golf, les parcours sont de classe mondiale et situés dans des cadres somptueux, souvent dessinés par les plus grands. Le climat tropical idyllique permet de jouer toute l'année. Les îles à privilégier pour parfaire son swing sont Nassau, Grand Bahama, les Abacos et Great Exuma.

Vivre avec les Bahaméens. Pour découvrir les subtilités d'une culture hors du commun, adhérez au programme People to People. Des centaines de familles choisies par le ministère du Tourisme pour faire découvrir l'art de vie à la bahaméenne et partager ainsi en couple ou en famille, une partie de golf, un pique-nique sur la plage... Disponible sur la plupart des îles mais particulièrement recommandé sur les Out Islands.

Mariage et voyage de noces. Les Bahamas constituent une toile de fond spectaculaire pour une déclaration, un mariage d'exception ou un voyage de noces de rêve. Imaginez une cérémonie pieds nus au bord de l'eau, sur une île privée aux Exumas, dans le confort d'un hôtel 5 étoiles ou sur une plage vierge délicatement posée devant votre petit cottage ou un mariage romantique à Cat Island dans un hôtel de charme. Envie d'un mariage traditionnel dans une église, classique dans un cloître français du XIVe siècle, festif au cœur du carnaval Junkanoo, glamour sur Love Beach à Paradise Island, mystique en plongée, etc. les possibilités sont larges et les agences spécialisées ont le souci du détail pour faire de ce moment une réussite. Il existe également un wedding planner en France : Bahamour www.bahamour.fr

DE L'AÉROPORT AU CENTRE-VILLE

Taxi. A l'arrivée à l'aéroport de Nassau, de nombreux taxis sont à votre disposition devant la zone des arrivées pour vous conduire au centre-ville. Le prix de la course se situe entre 18 et 25 US$. Si vous souhaitez réserver un taxi, vous pouvez contacter Bahamas Taxi Cabs (✆ +1 242 323 4555) ou Meter Cabs (✆ +1 242 323 5111).

Location de voiture. Si vous souhaitez louer une voiture à votre arrivée à Nassau, divers comptoirs sont à votre disposition :
Dollar Rent A Car (✆ +1 242 377 7231), Avis (✆ +1 242 326 6380), Budget (✆ +1 242 377 7405), Hertz (✆ +1 242 377 8684).

Avion inter-îles. Au sein de l'archipel, la plupart des trajets aériens se font au départ de Nassau, ce qui rend parfois le «island hopping» (sauter d'une île à l'autre) un peu compliqué. Il existe cependant quelque liaisons régulières transversales ainsi que, bien entendu, des compagnies proposant la location de petits avions en charter à la demande. Voici la liste des compagnies qui proposent les liaisons inter-îles et dont vous retrouverez les coordonnées dans le présent guide. Bahamasair, Western Air, Flamingo Air, Southern Air, Pineapple Air, Cherokee Air, Stella Maris Air, LeAir. Bon plan : le 2 Fly Free, (lire To Fly Free) est un programme vous permettant littéralement de voler gratuitement au sein de l'Archipel au départ de Nassau. Des billets d'avion vous sont en effet offerts depuis Nassau vers n'importe quelle Family Island en séjournant dans l'un des hôtels partenaires du dispositif : 1 billet aller-retour (par chambre) offert pour un séjour de 4 à 6 nuits ; 2 billets aller-retour (par chambre) offerts pour un séjour de 7 nuits et plus. Le bureau de promotion touristique des Out Islands (ou Family Islands) et son partenaire Majestic Holidays sauront vous renseigner. Cette offre intéressante est également disponible chez tous les voyagistes agréés.
Concernant l'archipel des Abacos, véritable archipel dans l'archipel adoré de tous, travaille dur pour retrouver sa beauté naturelle après le passage du destructeur ouragan Dorian en 2019. Actuellement, l'aéroport international de Marsh Harbour (MHH) est opérationnel et offre un service domestique et international. De plus, les pistes d'atterrissage privées à Moore's Island, Treasure Cay, Sandy Point, Scotland's Cay et Spanish Cay sont toutes opérationnelles. Bahamasair, Silver Airways et American Airlines ont repris leur service de West Palm Beach, Fort Lauderdale et Miami. Les vols domestiques au départ de Nassau et Freeport sont également opérationnels.

ARRIVÉE EN BATEAU

Il est possible de rejoindre les Bahamas en bateau depuis les Etats-Unis et même de se déplacer au sein de l'archipel grâce à ce moyen de transport. Les trajets sont bien entendu plus longs mais le plaisir est autre.

Depuis la Floride. Depuis octobre 2019, la compagnie Bahamas Paradise Cruise Line propose une croisière vers Nassau, en passant une nuit sur le bateau à l'aller et une au retour. Il est également possible, grâce au programme « Cruise & Stay », de rester quelque temps (de 1 à 6 nuits) à Nassau Paradise Island dans l'un des hôtels partenaires. Sous réserve de modifications, le départ de West Palm Beach est à 17h, arrivée à Nassau à 9h le lendemain matin. Au retour, le bateau quitte Nassau à 16h30 et arrive à West Palm Beach à 7h du matin.

Ferry inter-îles. Les ferries de la compagnie Bahama Fast Ferries (✆ +1 242 323 2166 - www.bahamasferries.com - terminal et guichets sur Potter's Cay Dock, à Nassau) sont un moyen sûr et assez rapide de gagner certaines îles depuis Nassau : Eleuthera, Harbour Island, Spanish Wells, Andros, Abaco, Grand Bahama Island, Exuma et Long Island. Les rotations sont régulières, le transport est rapide et les horaires respectés. Il est prudent de réserver sa place à l'avance. Pour vous rendre à Harbour Island, Spanish Wells et Governor's Harbour à bord du *BoHengy*, comptez de 155 à 173 US$ l'aller-retour par adulte et de 108 à 126 US$ par enfant. Pour les autres liaisons, comptez de 107 à 130 US$ par adulte l'aller-retour et de 68 à 91 US$ par enfant au départ de Nassau. Entre Exuma et Long Island, et entre Spanish Wells et Harbour Island, comptez 52 US$ par adulte et 29 US$ par enfant. Pour se rendre aux Abacos par la mer, archipel durement touché par l'ouragan Dorian en 2019, les ports de Marsh Harbour et Coopers Town sont ouverts et opérationnels. Au départ de Nassau, Bahamas Ferry Services vous permet de voyager sur un ferry entièrement climatisé.

Ou bien vous pouvez monter à bord d'un bateau postal (*mailboat*) pour rejoindre plusieurs villes des Abacos une fois par semaine (ou plus). De Grand Bahama Island, Pinder's Ferry opère deux fois par jour, au départ de McLean's Town à l'Est (comptez 50 US$ l'aller). L'îlot de Castaway Cay est également opérationnel, Disney Cruise Line s'y arrêtant 4 jours par semaine.

Mailboats. Les bateaux-poste (*mailboats*) sont pour certaines îles le seul contact avec la capitale. Ils ont pour vocation de livrer sur les îles des équipements et denrées nécessaires à la vie locale. Une flotte de quelque vingt bateaux privés, subventionnés par le gouvernement, sillonne les eaux de l'archipel avec des rotations régulières effectuant une tournée hebdomadaire de toutes les îles, mais avec des horaires souvent erratiques. Les *mailboats* peuvent également embarquer des passagers pour des trajets inter-îles entre Nassau et les autres îles habitées, qu'ils effectuent à un rythme hebdomadaire ou bihebdomadaire, le plus souvent de nuit. C'est un moyen de transport peu coûteux, plus utilisé par les Bahaméens que par les touristes. Les voyages sont longs, de 6 à 24 heures selon les destinations, le nombre de places est limité, les conditions de confort sont rudimentaires, avec parfois des cabines de 4 à 6 passagers, mais néanmoins un service de restauration à bord. Les premiers arrivés sont les premiers embarqués. Départ de Potter's Cay, à Nassau.

TRANSPORTS EN COMMUN

Les transports en commun sont peu développés aux Bahamas. Des autobus, appelés ici *jitneys*, circulent sur l'île de New Providence et de Freeport entre l'aube et 19h (voire 20h quand les jours sont longs). Le tarif unique est de 1,25 US$ par personne. Sur les îles extérieures, il n'existe pas de transports en commun.

VÉLO, TROTTINETTE & CO

Les loueurs se trouvent le plus souvent dans l'enceinte des hôtels, à moins que ces derniers n'en mettent à votre disposition gratuitement. La bicyclette est un moyen de locomotion pratique dans la mesure où le terrain est plat, mais attention à ne pas se faire avoir par les distances : les îles sont plus grandes qu'elles n'y paraissent, et hormis sur Bimini, Harbour Island, Hope Town et d'autres petits *cays*, il est difficilement envisageable d'en faire la traversée en pédalant.

Les scooters sont également assez présents sur les îles. On vous demandera une caution (empreinte de carte de crédit) pour vous livrer le deux-roues, et bien sûr d'avoir plus de 18 ans.

AVEC UN CHAUFFEUR

Se déplacer en taxi est très courant sur les îles, notamment dans les plus vastes. Les tarifs sont établis officiellement, donc non négociables, et

Abacos.

aucun taxi officiel n'y déroge. En conséquence, pas de mauvaise surprise, même si les distances, parfois longues, chiffrent rapidement.
Il peut arriver qu'un chauffeur anonyme en maraude, à Nassau en particulier, propose ses services à des tarifs compétitifs, mais comme partout, c'est à vos risques et périls - quoique les périls sur les îles soient plutôt rares...

EN VOITURE

Héritage anglais oblige, on conduit à gauche aux Bahamas, quel que soit le véhicule emprunté. Les grandes enseignes internationales que sont Avis et Hertz sont présentes sur New Providence (Nassau) et Grand Bahama Island (Freeport). Sur certaines îles, comme à Eleuthera, on loue plutôt sa voiture auprès des habitants. Sur d'autres (Exuma, Long Island, Abaco notamment), on fera appel à des compagnies locales. Les véhicules sont en bon état. Il faut compter de 70 à 100 US$ par jour. Formalités classiques : permis de conduire, passeport, empreinte de carte de crédit.

Le permis de conduire européen est valable 3 mois. Attention, les véhicules étant originaires des Etats-Unis, le volant est parfois à gauche, ce qui complique un peu les choses pour la visibilité.
Cependant, pas de panique, la vitesse est généralement très réduite. Dans les plus petites îles et *cays* des Out Islands (Harbour Island, Bimini, Hope Town ou encore Green Turtle Cay), la voiture est remplacée par la voiturette de golf, un moyen de locomotion très prisé des habitants comme des touristes ; elle se loue entre 35 et 75 US$ par jour selon les îles et les prestataires.

ACCESSIBILITÉ

L'archipel est assez facile à visiter pour une personne à mobilité réduite dans la mesure où la plupart des déplacements se font en avion ou en voiture. De plus, de nombreux hôtels disposent de chambres aménagées spécialement.

LES PHRASES CLÉS

Bonjour, comment puis-je me rendre à…
Excuse me, how can I get to…

Est-ce loin à pied ? Y a-t-il le métro ou un bus... pour y aller ?
Is it far to walk? Is there a subway or a bus that goes there?

Pouvez-vous me montrer cet endroit sur la carte s'il vous plait ?
Can you please show me this place on the map?

Où puis-je acheter les tickets de transport ? Est-ce que je peux payer en carte de crédit ?
Where can I buy transit tickets? Can I pay with a credit card?

Où est la sortie ? A gauche, à droite ou tout droit ?
Where is the exit? Is it on the left, the right, or straight ahead?

Je suis perdu et je suis en retard, s'il vous plait, aidez-moi ! Merci beaucoup !
I'm lost and running late. Could you please help me? Thank you very much!

PRATIQUE

A VOIR / A FAIRE

HORAIRES

Les musées sont généralement ouverts de 9h à 17h du lundi au vendredi ou samedi. Dans les Out Islands, les horaires sont souvent plus restrictifs : il conviendra donc de se renseigner sur place.

A RÉSERVER

Toutes les activités nécessitant un bateau sont bien entendu à réserver. Il est souvent intéressant de réserver sur le site internet des opérateurs afin d'obtenir le meilleur prix.

BUDGET / BONS PLANS

Les Bahamas sont une destination relativement chère. Bon à savoir si vous envisagez un séjour combiné entre plusieurs îles, l'association de promotion des Out Islands of The Bahamas offre souvent des promotions et des conditions spéciales pour visiter les Family Islands, les plus authentiques et les plus dépaysantes de l'archipel. Un des programmes phares est le programme «*2 Fly Free*». Billets offerts depuis Nassau vers n'importe quelle Out Island en séjournant dans l'un des hôtels partenaires du dispositif : 1 billet offert pour un séjour de 4 à 6 nuits ; 2 billets offerts pour un séjour de 7 nuits et plus.

LES ÉVÉNEMENTS

Junkanoo Festivals, régates à la voile, compétitions de pêche et festivals culinaires sont les principaux évènements incontournables de l'archipel. Autres temps forts à ne pas manquer : les cérémonies royales à Nassau. Quatre fois par an en janvier, avril, juillet et octobre, vous pouvez assister à 10h à l'ouverture de la Cour Suprême. Un vendredi sur deux, le spectacle de la relève de la garde mérite lui aussi le détour devant le Palais du Gouvernement. Enfin, de janvier à novembre (hors juillet-août), est organisée le dernier vendredi de chaque mois une immanquable *tea party* au Palais du Gouverneur.

VISITES GUIDÉES

Plutôt qu'une visite guidée par un professionnel, vous pouvez découvrir les Bahamas en étant guidé par un habitant volontaire grâce au programme gratuit *People to People* (www.bahamas.com/people-to-people). Ce programme est ouvert à tous les Bahaméens souhaitant partager leur connaissance des lieux avec les visiteurs.

LES PHRASES CLÉS

Bonjour, puis-je avoir deux entrées adultes et un enfant s'il vous plait ?
Hello. Could I please have tickets for two adults and one child?

Le tarif enfant est jusqu'à quel âge ? Et pour les seniors, est-ce qu'il y a une réduction ?
What is the age limit for the children's rate? Is there a senior discount?

Est-ce qu'il y a des visites guidées en français ou un audioguide ?
Do you offer guided tours or an audio guide?

Combien de temps faut-il pour faire la visite ?
How long does the tour take?

J'ai du mal à monter les escaliers, avez-vous un ascenseur ?
I have difficulty climbing stairs. Do you have an elevator?

Excusez-moi, pouvez-vous me dire où sont les toilettes ? Merci beaucoup.
Excuse me, could you please tell me where the restrooms are? Thank you very much.

PRATIQUE

SE RÉGALER

HORAIRES
Beaucoup de restaurants, dans les Out Islands particulièrement, ne préparent le dîner que sur commande. Ils sont en général ouverts pour le petit-déjeuner de 7h30 à 11h30 et ensuite pour le déjeuner jusqu'à 15h.

BUDGET / BONS PLANS
Difficile de déjeuner au restaurant pour moins de 25 US$ et de dîner pour moins de 35 US$ si ce n'est dans les nombreuses petites gargottes installées en général en bord de route et où vous pourrez souvent déguster une bonne salade de conque pour 10 à 15 US$ et un plat complet pour moins de 20 US$ si vous aimez la cuisine locale.

EN SUPPLÉMENT
Attention, aux Bahamas, à l'instar de ce qui se pratique aux Etats-Unis, le service n'est en général pas compris dans les prix affichés au restaurant. Prévoyez donc systématiquement 15 % pour ce poste, c'est le revenu de votre serveur ! D'autre part, les taxes n'étant elles non plus pas incluses dans la majorité des cas, prévoyez toujours que votre addition réelle sera environ supérieur d'un quart aux prix affichés. Et bien entendu ne confondez pas service et pourboire (*tip*), car si vous êtes satisfait du service apporté, un *tip* est toujours apprécié, s'il n'est pas réclamé !

C'EST TRÈS LOCAL
Les plats servis au Bahamas sont souvent gargantuesques. La clientèle nord-américaine y est certainement pour beaucoup. Si vous n'avez pas un gros appétit, n'hésitez pas à prendre un plat pour 2, cela suffira la plupart du temps.
Si vous allez à Grand Bahama , vous découvrirez un délicieux cocktail local connu sous le nom de Gully Wash composé d'eau de coco, de gin et de lait concentré. Ce cocktail est connu dans d'autres îles sous le nom de Sky Juice mais ce n'est qu'à Grand Bahamas que vous trouverez du véritable Gully Wash !

FUMEURS
Le gouvernement Bahaméen à entamé une campagne anti-tabac et prend enfin la voie d'une interdiction de la cigarette dans les lieux publics afin de limiter les effets de la fumée sur les non-fumeurs.

LES ATTRAPE-TOURISTES
Attention aux chaines de restaurant qui propose du poisson cru, il est malheureusement rarement pêché dans les eaux de l'archipel et arrive souvent de loin, congelé, pour des raisons économiques.

LES PHRASES CLÉS

Bonjour, je voudrais réserver une table pour deux personnes pour ce midi ou ce soir.
Hello, I'd like to reserve a table for two for lunch or dinner today.

Avez-vous un menu en français ou en anglais ?
Do you have a menu in French or in English?

Je suis végétarien, y a t-il des plats sans viande ?
I'm a vegetarian. Do you offer any meatless dishes?

Je n'ai vraiment plus faim mais avez-vous une carte des desserts ?
I'm not really hungry anymore, but do you have a dessert menu?

Puis-je avoir l'addition s'il vous plait ? Je peux payer par carte ou en espèces ?
Could I get the check, please? Can I pay by card or cash?

PRATIQUE

FAIRE UNE PAUSE

HORAIRES

De nombreux bars de l'archipel proposent un *happy hour* qui dure souvent de 17h à 20h. C'est l'occasion de découvrir la vaste palette de préparations à base de rhum dont raffolent les Bahaméens comme les visiteurs. Les lundi et mardi sont les jours les moins festifs en général, sauf en très haute saison comme à Noël par exemple.

BUDGET / BONS PLANS

Comptez une dizaine de dollars pour un cocktail, 5US$ pour une bière locale et plus de 12 US$ pour un verre de vin en général. Attention, le service n'est pas compris, n'oubliez pas les 15 % !

A PARTIR DE QUEL ÂGE

Il est autorisé de consommer de l'alcool à partir de 18 ans aux Bahamas, si vous avez l'air jeune, n'oubliez donc pas votre pièce d'identité avant de sortir.

C'EST TRÈS LOCAL

Une petite Kalik bien fraîche en fin de journée et, pourquoi pas, une bonne salade de *conch* pour l'accompagner, ça y est, vous avez saisi l'esprit des Bahamas !

FUMEURS

La plupart des bars dispose d'une zone réservée aux fumeurs quand il n'est pas autorisé de fumer à l'intérieur, ce qui est rare encore.

LES ATTRAPE-TOURISTES

Attention aux alléchants *happy hours* qui ne concernent souvent que les bières et alcools locaux sans que ce soit forcément bien précisé sur la carte.

LES PHRASES CLÉS

Bonjour, quelle est la spécialité de la maison ? Nous voulons découvrir.
Hello, what is the specialty here? We'd like to try it.

Avez-vous de la place en terrasse ?
Do you have a table available outside?

Quel est votre nom ? Je m'appelle… Ravi de vous rencontrer !
What is your name? My name is ... Pleased to meet you!

A votre santé ! Zut, j'ai renversé mon verre… pouvez-vous m'aider ?
Cheers! Oh, no, I've spilled my drink. Can you help me?

C'était très bon. Nous allons reprendre la même chose s'il vous plait.
It was very good. We'll have the same again, please

PRATIQUE

(SE) FAIRE PLAISIR

HORAIRES

Bien que la plupart des magasins et marchés annoncent une ouverture de 9h à 18h du lundi au samedi, comptez plutôt sur une plage horaire allant de 10h à 17h, surtout sur les marchés. Le dimanche, tout est fermé.

BUDGET / BONS PLANS

Les cartes de paiement internationales sont largement acceptées à Nassau, mais si vous allez dans les Family Islands, prévoyez des espèces car parfois ce sera le seul moyen de paiement possible. Encore une fois, le prix affiché n'inclut presque jamais les taxes qui ont beaucoup augmenté ces dernières années (la TVA est passée de 7,5 % à 12 % en 2018).

SOLDES

Pour les soldes, les Bahaméens vont plutôt en Floride pour le Black Friday, les prix y sont beaucoup plus intéressants !

C'EST TRÈS LOCAL

Les *straw markets*, littéralement marché de la paille, sont les marchés de rue traditionnels des Bahamas. C'est là que les visiteurs font en général leurs achats de souvenirs avant le retour. On y trouve de l'artisanat, de la vannerie et des bibelots en tous genres. Attention, tout n'est pas forcément fabriqué dans l'archipel...

LES ATTRAPE-TOURISTES

Comme dans beaucoup de marchés de rue, vous pouvez trouver des objets qui paraissent fabriqués localement mais qui viennent en fait d'usines de l'autre côté du globe...soyez vigilants si vous souhaitez de l'authenticité !

LES PHRASES CLÉS

Bonjour, c'est superbe, mais combien ça coûte ?
Hello. This is really nice. How much does it cost?

Vous auriez ma taille ? Où se trouvent les cabines d'essayage ?
Do you have my size? Where are the fitting rooms?

Est ce que je pourrai vous le rapporter et l'échanger si ça ne va pas ?
Will I be able to return it for an exchange if it doesn't fit?

J'ai trop dépensé aujourd'hui, pouvez-vous me faire une réduction sympa ?
I've spent too much today. Could you give me a nice discount?

Je prendrai celui-ci. Pouvez-vous me faire un paquet cadeau ?
I'll take this one. Could you gift wrap it for me?

Vous prenez la carte de crédit ? Où puis-je trouver un distributeur de billets ?
Do you take credit cards? Where can I find an ATM?

PRATIQUE

BOUGER & BULLER

BUDGET / BONS PLANS

Les activités organisées aux Bahamas peuvent revenir assez cher. Comptez entre 75 US$ pour les excursions d'une demi-journée et dans les 150 US$ pour la journée. Mais il est toujours facile de trouver une petite plage déserte, elles sont très nombreuses, même en pleine saison, et de s'installer pour y passer une journée de farniente ou de découverte du monde sous-marin avec une simple paire de palmes et un masque !

C'EST TRÈS LOCAL

Le samedi, c'est le jour de la partie de pêche entre amis ou en famille, impliquant bien sûr un petit festin sur la braise au retour à la maison.

VOS PAPIERS SVP

Si vous choisissez une activité encadrée par des Bahaméens, aucun permis ne vous sera demandé pour la pratique de la plupart des sports nautiques. Attention si vous venez avec votre propre bateau, les choses sont différentes, renseignez-vous bien avant d'arriver, un permis de pêche par exemple est requis pour les navires étrangers, à moins que vous ne soyez Bahaméen. Plongeurs, n'oubliez pas vos certificats médicaux car les consultations locales peuvent coûter cher...

A RÉSERVER

Quelle que soit l'activité choisie, il est toujours préférable de réserver au moins la veille. Pour les plongées en haute saison, anticipez encore plus car les places sont très demandées.

LES ÉVÉNEMENTS

En dehors du fameux marathon de Nassau qui a lieu chaque année en janvier, les Bahamas sont réputées pour leurs régates ainsi que leurs compétitions de pêche au gros. Les tournois de pêche sont si nombreux qu'il est impossible d'en faire une liste, nous vous invitons à vous renseigner avant votre voyage si vous souhaitez assister au retour des bateaux après la pêche, un moment inoubliable pour les amateurs. Quant aux régates, chaque mois de l'année a ses compétitions et, parmi les plus notables, citons la National Family Island Regatta qui se tient fin avril dans les Exumas et met en avant les bateaux bahaméens à l'ancienne, la Long Island Regatta qui oppose fin juin des *sloops* construits localement, ou encore la North Eleuthera Sailing Regatta qui se tient mi-octobre entre Eleuthera et Harbour Island.

LES PHRASES CLÉS

Bonjour, comment puis-je me rendre à… ? Est-ce loin ?
Excuse me, how can I get to... ? Is it far?

J'aimerais aller courir. Il y a un coin sympa pour cela dans la ville ?
I'd like to go running. Is there a nice place to run in the city?

J'adore cuisiner. Savez-vous où je peux trouver des cours de cuisine ?
I love cooking. Do you know where I can take a cooking class?

Vous pourriez m'indiquer une salle de sport pas très loin ?
Could you tell me where there is a gym nearby?

Quel est le sport national ?
What is the national sport?

Pensez-vous que nous pourrions voir cela ou même participer ?
Do you think we could watch it, or maybe even try it?

PRATIQUE

SORTIR

HORAIRES

A Nassau ou Freeport, vous trouverez un bon choix de lieux de sorties pour le soir, certains fermant même au petit matin. Paradise Island, l'île de tous les excès offre bien entendu diverses options pour faire la fête à toute heure du jour ou de la nuit. Dans les Family Islands, c'est différent et en dehors de Harbour Island qui n'arrête jamais, les soirées se concevront plutôt en mode *cocooning* ou feu de camp sur la plage. Le vendredi et samedi cependant, nombre de petits bar proposent de bons groupes locaux en *live*.

A RÉSERVER

En dehors des restaurants gastronomiques, il n'est pas nécessaire de penser à réserver pour les soirées.

TRANSPORTS NOCTURNES

Après la fête, à Nassau comme à Freeport, vous trouverez facilement un taxi ou un transport touristique alternatif mais dans les autres îles, pensez à organiser votre retour avant de sortir si vous souhaitez rentrer avant l'aube !

A PARTIR DE QUEL ÂGE

Pas d'alcool avant 18 ans au Bahamas, n'oubliez pas votre pièce d'identité avant de sortir, si vous avez l'air jeune, vous pourriez en avoir besoin.

LES PHRASES CLÉS

Bonsoir, comment puis-je me rendre à…
Good evening, how can I get to…

Est ce que cet endroit est tranquille ? Il n'y a pas de problème de sécurité ?
Is this a quiet area? Are there any safety issues?

J'aimerais voir un spectacle typique ! Qu'est-ce qu'il y a en ce moment ?
I would love to see a traditional show! What is available at the moment?

Je ne comprends pas… pouvez-vous répéter s'il vous plait ? Merci.
I don't understand... Could you please repeat that? Thank you.

Est-ce que je peux vous offrir un verre ? Quel est le meilleur cocktail de la maison ?
Can I buy you a drink? What is your best signature cocktail?

J'ai la gueule de bois, auriez-vous quelque chose pour que j'aille mieux ?
I have a hangover. Do you have anything to help me feel better?

SE LOGER

BUDGET / BONS PLANS

La qualité des établissements peut varier d'une île à l'autre. Mais les hôtels restent chers sur la majorité des îles. Les possibilités de camping sont inexistantes. Le petit déjeuner continental est de plus en plus inclus dans le prix de la nuitée (mais ce n'est pas systématique non plus), et attention aux taxes et services qui peuvent rapidement faire augmenter la note.
On distinguera plusieurs catégories d'hôtels, qui permettront de satisfaire tous les clients, des plus modestes aux plus exigeants.

Les « méga resorts ». Géants du tourisme, ces immenses complexes hôteliers qui comptent de 700 à 1 500 chambres en moyenne appartiennent en général à des chaînes internationales (Sandals, Hilton, Wyndham, Hyatt, Melia, Atlantis) et reproduisent le même concept et les mêmes niveaux de prestations d'un pays à l'autre. Bien équipés en infrastructures sportives (piscines, courts de tennis, salle de sport) et offrant un large éventail d'activités sportives nautiques et terrestres (plongée, voile, golf...), ils comptent également de nombreux restaurants et bars de différentes catégories, et souvent un bout de plage privatisé. Ces « resorts » se trouvent principalement sur les îles de Nassau, de Paradise Island et de Grand Bahama Island. Certains proposent des formules club, tout compris, d'autres des formules à la carte.

L'hôtellerie de charme. Elle est composée de structures de 10 à 60 chambres. Elle compte une centaine d'hôtels à l'ambiance plus chaleureuse, voire familiale. Ils correspondent à différentes catégories de confort, du Bed & Breakfast sans prétention à des haltes de grand luxe, classées parmi les plus beaux hôtels du monde. Certains se logent dans des demeures centenaires au style colonial, d'autres sont abrités dans des édifices récents. Très nombreux dans les Out Islands, ces petits établissements offrent des prestations de restauration et possèdent des équipements sportifs. C'est dans cette catégorie que l'on trouve les plus beaux hôtels des îles.

Les hôtels à taille humaine. Entre ces deux extrêmes, se situent les hôtels d'une capacité moyenne de 200 chambres, « resorts » à taille humaine, qui offrent une large palette d'activités et de services, restaurants et bars.

Les petits hôtels. Enfin la petite hôtellerie, offrant un confort modeste mais correct, à des prix plus doux, existe également. Ces hôtels sont en général des entreprises familiales, où l'ambiance est plus locale. Ils attirent le plus souvent une clientèle jeune et sportive. On trouve des haltes de ce type sur toutes les îles.

Les maisons de style victorien.

Locations de villas ou d'îles ! Pour les séjours de longue durée ou pour privilégier l'indépendance, vous pouvez opter pour une location de villa ou d'appartement dans un condominium. Généralement assez luxueuses, ces locations peuvent comprendre des prestations annexes (restaurants et activités sportives). Cette option existe sur toutes les îles. De nombreux sites Internet présentent des catalogues de locations.

A noter que le programme «2 Fly Free from Nassau», lancé par le Ministère du Tourisme des Bahamas, permet de bénéficier de billets d'avion offerts depuis Nassau vers n'importe quelle Out Island à condition de séjourner dans l'un des hôtels partenaires du dispositif : 1 billet offert pour un séjour de 4 à 6 nuits ; 2 billets offerts pour un séjour de 7 nuits et plus.

A RÉSERVER

Si vous comptez vous rendre au Bahamas entre le 15 décembre et le 8 janvier, pensez à réserver longtemps à l'avance car souvent les voyageurs réservent d'une année sur l'autre pour cette période de très grande affluence, carnaval oblige. La plupart des hôtels des Bahamas offrent des remises pour les réservations anticipées sur leur site internet, n'hésitez pas à vérifier avant de réserver.

C'EST TRÈS LOCAL

Airbnb monte en flèche aux Bahamas comme dans le reste du monde et il y a de nombreuses opportunités intéressantes pour se loger à moindre frais, mais attention, il y a parfois également des surprises...

LES ATTRAPE-TOURISTES

Attention aux annonces non professionnelles vous vantant un superbe appartement au bord de l'eau a un prix défiant toute concurrence... Les Bahamas se méritent et les prix s'en ressentent, sauf prestations dégradées.

LES PHRASES CLÉS

Bonjour, avez-vous de la disponibilité pour une chambre double pour ce soir ou demain soir ?
Hello, do you have any vacancies for a double room for tonight or tomorrow night?

Avez-vous un code wifi… les enfants ne tiendront pas sans !
Do you have Wi-Fi available? The kids can't live without it!

C'est bruyant, est ce que je peux changer de chambre ?
It's noisy. Could I change rooms?

Jusqu'à quelle heure est-ce que nous pouvons aller à la salle de sport et à la piscine ?
What time do the gym and the swimming pool close?

Est-ce que je peux laisser mon bagage et revenir plus tard le récupérer ?
Can I leave my luggage and come back for it later?

Est-ce que vous pouvez nous appeler un taxi ? Merci beaucoup.
Could you call us a taxi? Thank you very much.

ALLO ?

Indicatif téléphonique des Bahamas : +1 242.

Pour téléphoner de France aux Bahamas : +1 242 + les 7 chiffres du correspondant.

Pour téléphoner à l'intérieur d'une île : les 7 chiffres du numéro du correspondant.

Pour téléphoner d'une île à une autre : 1 242 + les 7 chiffres du numéro du correspondant.

Pour téléphoner des Bahamas en France : +33 + le numéro de votre correspondant à 9 chiffres (sans le 0 initial).

ACCESSIBILITÉ

De nombreux visiteurs des Bahamas arrivant des États-Unis, on trouve facilement les installations nécessaires aux personnes à mobilité réduite. Tous les gros *resorts* sont adaptés à l'accueil des personnes à mobilité réduite, ce qui n'est pas toujours le cas des plus petites adresses. Les musées aussi sont adaptés.

SANTÉ

Aucune précaution sanitaire particulière n'est recommandée sur place. Cependant, il est préférable de boire de l'eau en bouteille (tarif élevé dans les hôtels) plutôt que celle du robinet qui est souvent désalinisée et conserve donc un arrière-goût.

De même, il convient de faire attention quand on consomme des fruits de mer ou de la nourriture dans les petits stands de rue aux conditions sanitaires de préparation plus incertaines. Il n'existe pas d'animaux venimeux aux Bahamas. Seule la veuve noire, une araignée ventrue qui ne se rencontre que très rarement, inflige une piqûre mortelle.

Les désagréments les plus fréquents sont liés aux moustiques et aux puces de sable - les phlébotomes appelées familièrement *sandflies* ou *no see 'em* (littéralement « on ne les voit pas ») par les habitants - qui attaquent principalement à la tombée du jour aux abords des plages et dans les zones de mangrove. Leur morsure provoque une vive démangeaison.

Les précautions à prendre pour prévenir les piqûres sont d'éviter les vêtements de couleurs vives, de protéger les chevilles et les pieds, d'éviter le parfum. Le pays n'est pas une zone d'endémie palustre.

Les plongeurs seront attentifs à ne pas toucher les poissons, coraux et organismes marins qui peuvent se révéler venimeux.

Il est recommandé de prévoir une très bonne protection solaire avec un indice élevé et une crème après-soleil efficace.

À noter qu'il existe de bons établissements médicaux à Nassau et des cliniques dans les capitales des principales îles.

URGENCES SUR PLACE

En cas de maladie ou de problème grave durant votre voyage, consultez rapidement un pharmacien puis un médecin ou appelez le 911 si vous êtes en danger. Un numéro direct pour le centre hyperbare dédié aux plongeurs en cas d'accident : ✆ +1 242 362 5765 et ✆ +1 242 422 2434.

SÉCURITÉ

Bien sûr, le risque zéro n'existe pas, mais les îles des Bahamas sont plutôt sûres ; ici chacun connaît et surveille son voisin, et le moindre écart de conduite est remarqué, voire dénoncé. Le taux de criminalité a récemment augmenté à Nassau mais concerne rarement (pour ne pas dire jamais) les touristes. Évitez tout de même les quartiers peu fréquentés de la capitale à la nuit tombée. En dehors de cela, pas d'agression, pas de délinquance, si ce n'est peut-être quelques vols de temps à autre - aussi est-il nécessaire de prendre les précautions classiques et de ne pas attiser les convoitises en exhibant des objets de valeur. Aux Bahamas, les actes de violence sont le plus souvent liés à des différends de voisinage ou des querelles d'amoureux et ne concernent pas les touristes. En revanche, ils font la une des journaux locaux.

Pour connaître les dernières informations sur la sécurité sur place, consultez la rubrique « Conseils aux voyageurs » du site du ministère des Affaires étrangères : www.diplomatie.gouv.fr/voyageurs. Sachez cependant que le site dresse une liste exhaustive des dangers potentiels et que cela donne parfois une image un peu alarmiste de la situation réelle du pays.

LGBTQ

Les Bahamas ne sont pas une destination privilégiée des voyageurs gays. Il n'existe pas de lieux spécifiques et réservés aux gays et aux lesbiennes et même à Nassau vous sentirez des regards insistants se poser sur vous. À noter, la

Rainbow Alliance est un organisme de soutien juridique et moral pour les homosexuels bahaméens depuis 1999. La situation s'améliore petit à petit et en 2019 la Bahamas Organisation of LGBTI Affairs a même été créée par le gouvernement dans le but de sensibiliser et éduquer les Bahaméens sur ce sujet.

AMBASSADE ET CONSULATS

Les Bahamas dépendent de la circonscription consulaire du consulat général de France à Miami (✆ +1 305 403 41 50 - www.consulfrance-miami.org). Cependant, M. Dominique Lefevre est le consul honoraire de France aux Bahamas, à Nassau (✆ +1 242 424 8629 - honconsulfrance@ymail.com).

POSTE

Le courrier est très lent dans le sens Bahamas-Europe (comptez de 3 à 4 semaines). Pensez donc à poster vos cartes postales avant le dernier jour de séjour, d'autant qu'il n'est pas toujours facile de trouver une poste sur les îles. Heureusement, les hôtels disposent tous de services de courrier ou se chargent volontiers de rendre ce service à leurs clients. Quant aux philatélistes, ils seront comblés par la diversité des timbres colorés qui traitent de tous les thèmes, de la famille royale d'Angleterre aux oiseaux-mouches en passant par les orchidées ou les *mailboats*. N'hésitez pas à être exigeant pour vos achats de timbres, vos interlocuteurs seront flattés.

Pour les amoureux de cartes postales qui ne veulent pas perdre de temps à chercher des timbres ou la poste, il existe aujourd'hui des applications pour smartphone, comme Fizzer par exemple, permettant d'envoyer vos photos par Internet et qu'elles arrivent imprimées à votre destinataire sous forme d'une carte postale.

MÉDIAS LOCAUX

Nous vous recommandons le site de l'office de tourisme des Bahamas, en français, et regorgeant d'informations à jour sur l'archipel : www.bahamas.com/fr/

LES PHRASES CLÉS

Bonjour, mon téléphone ne fonctionne pas, pouvez-vous m'aider s'il vous plait ?
Excuse me, my phone isn't working. Could you please help me?

Je ne me sens pas bien, pouvez-vous m'amener à l'hôpital le plus proche ?
I'm not feeling well. Could you take me to the nearest hospital?

Est-ce que vous avez un médecin qui parle français ?
Do you have a French-speaking doctor?

Je viens de me faire voler mes papiers, où est le poste de Police le plus proche ?
My documents have been stolen. Where is the nearest police station?

Est-ce un quartier dangereux ou je peux y aller sans crainte ?
Is it a dangerous neighborhood, or can I feel safe going there?

Avez-vous des timbres pour une carte postale à envoyer en France ? C'est combien ?
Do you have stamps to mail a postcard to France? How much is it?

VERSION NUMÉRIQUE OFFERTE

Obtenez votre guide numérique en scannant ce QR code

ou rendez-vous sur le site **www.ebookfute.com** avec le code avantage **6MEKA9**

OFFRE VALABLE JUSQU'À L'ARRÊT DE COMMERCIALISATION DU TITRE EN FRANCE MÉTROPOLITAINE ET DANS LE MONDE ET SOUS RÉSERVE QUE LE NOMBRE DE TÉLÉCHARGEMENTS SOIT INFÉRIEUR OU ÉGAL AU NOMBRE D'EXEMPLAIRES DE GUIDES PAPIER IMPRIMÉS. FORMATS DISPONIBLES POUR

DÉCOUVRIR

Les Bahamas ne se limitent pas à leurs centaines de kilomètres de plages immaculées ni à leurs eaux turquoise qui peuplent les rêves des voyageurs. Les Bahamas, c'est en effet également une histoire mouvementée, entre piraterie, émancipation des esclaves et développement touristique, mais aussi une faune sauvage, tant terrestre que sous-marine, de réputation mondiale et surtout une population accueillante et fière de faire découvrir son jardin merveilleux, son carnaval du Junkanoo, sa gastronomie, ses régates ou sa musique aux visiteurs du monde entier. Les Bahamas, c'est aussi une biodiversité rare qui peut être le thème d'un voyage complet dans tout l'archipel ou simplement d'une escapade pour aller nager avec les dauphins en liberté de Bimini par exemple. Dans la section qui suit, nous allons essayer de vous faire découvrir, ou redécouvrir, les facettes historiques, culturelles et géographiques peu connues de ce Paradis terrestre.

TEMPLE MONDIAL DE LA PLONGÉE

Avec plus de 250 km de barrière de corail – la troisième plus grande au monde derrière celles de l'Australie et du Bélize –, plus de 4 000 km de tombants vertigineux, une profusion de mystérieux trous bleus s'enfonçant dans les abysses, de magnifiques jardins de corail aux couleurs insolentes, et un nombre incalculable d'épaves de toutes les époques, les Bahamas sont reconnues comme l'une des meilleures destinations plongée au monde. L'archipel offre plus de 1 000 spots répertoriés entre toutes les îles, et beaucoup restent encore à découvrir. Entre une topographie sous-marine extrêmement diversifiée – tunnels, canyons, dômes, grottes, cuvettes, murailles titanesques et autres cheminées –, une visibilité toujours optimale, un corail omniprésent qui se déploie inlassablement dans les eaux cristallines, et une faune riche et variée composée de poissons de récifs et gros pélagiques, bienvenue dans l'archipel de toutes les plongées !

Les conditions de plongée

Les îles des Bahamas offrent des conditions de plongée tout à fait optimales et rarement égalées. Le gros atout de l'archipel en matière de plongée, outre sa faune sous-marine exceptionnelle, est l'extraordinaire visibilité qu'offrent les sites : jusqu'à une soixantaine de mètres de profondeur ! Le Gulf Stream agit comme une barrière océanique et protège l'archipel des trop-pleins des pluies et des eaux de rivières qui se déversent dans le golfe du Mexique, permettant aux eaux de rester cristallines.

En plus du Gulf Stream, les Bahamas abritent des fosses sous-marines. Ce phénomène fournit les îles en eaux claires et permet aux sédiments de se déposer au fond de l'océan et non pas sur les récifs. Partout, les eaux sont donc ultra-limpides jusqu'à une grande profondeur. Sur les îles, pas de courant intempestif, pas de vagues anarchiques : la mer est clémente, les courants peu fréquents et assez faibles, garantissent des conditions de plongée vraiment confortables. La température de l'eau est elle aussi exceptionnelle ; elle reste chaude tout au long de l'année (un peu plus fraîche autour des îles de l'extrême nord de décembre à mars) et il n'est pas rare de trouver une eau à 29 °C à 30 m de profondeur en été, ce qui permet de plonger avec des équipements légers, voire sans combinaison.

Les différents types de plongée proposés

Snorkeling, plongées épave, plongées de nuit, plongées requins ou dauphins, croisières plongées : ce ne sont pas les options qui manquent aux Bahamas ! Les plongeurs de surface pourront sans aucune difficulté découvrir des merveilles, armés d'un équipement simple : masque, tuba et paire de palmes. De nombreux jardins coralliens se déploient à des profondeurs inférieures à 8 m et permettent une approche simple de la vie sous-marine, même pour les enfants. La vie y est dense et les poissons tropicaux y sont légion. Les épaves quant à elles, sont très nombreuses dans les fonds bahaméens, victimes des pirates du XVIIIe siècle, des échoueurs du XIXe siècle, des tempêtes, des guerres et des accidents. Et comme si cela ne suffisait pas à la joie des explorateurs sous-marins, le gouvernement autorise de temps à autre le sabordage d'un bâtiment, vieux navire ou avion, qui servira à la stabilisation des fonds et au développement du corail et de la vie sous-marine ; par exemple celui du navire de guerre américain le *USS Adirondack*, vieux de 125 ans et coulé intentionnellement, qui gît dans les eaux de l'îlot Man-O-War. La plupart des épaves reposent à moins de 18 m de profondeur. La moindre épave, enchâssée de corail, colonisée par des éponges tubulaires et arborescentes et habitée par des centaines de poissons, offre des sensations toutes particulières. Tous les centres de plongée proposent par ailleurs des plongées de nuit. Impressionnantes, elles réservent aux plongeurs beaucoup d'émotions uniques en leur genre. Elles se caractérisent par un champ de vision rétréci et offrent une approche différente du monde sous-marin. Les couleurs prennent alors toute leur intensité. Plus spectaculaire encore, la plongée avec les requins ! La rencontre avec les grands prédateurs des mers est d'ailleurs devenue une spécialité des Bahamas. Elle peut être fortuite, mais reste le plus souvent organisée, les centres connaissant parfaitement les sites fréquentés des squales. Le nourrissage, qui fait souvent débat pour les défenseurs de l'environnement – une telle interaction homme-animal ne risque-t-elle pas en effet de dénaturer le comportement des squales ? –, a vu le jour en 1973

© MARTIN VOELLER - SHUTTERSTOCK.COM

Plongée avec des requins.

et se pratique dans quatre îles : New Providence, Freeport, Long Island (Stella Maris) et Andros. Les conditions d'observation et d'approche des requins sont très sécurisées, et les plongeurs s'engagent à respecter des règles éprouvées. Le requin le plus fréquent est le requin de récif, parfois accompagné de requins-citron, marteaux ou taureaux. Les squales s'attroupent autour du bateau dès que celui-ci s'arrête sur le site habituel du nourrissage, forment des cercles d'approche dès que les plongeurs se mettent à l'eau. À peine immergés, ces derniers s'adossent au mur de corail et le rituel commence. Le nourrisseur, protégé d'une tenue en cotte de mailles, s'immerge avec un seau de poissons qu'il place face aux plongeurs, marquant ainsi le début du ballet sous-marin. Les requins peuvent être nourris à la main ou du bout d'une perche. Les prédateurs se disciplinent pour prendre leur nourriture à tour de rôle. Plus « naturelles », d'autres types de plongée mettent en contact requins et plongeurs en plein océan à Nassau, Grand Bahama Island, Bimini, Cat Island, Long Island et Andros. Il est également possible aux Bahamas de plonger avec les dauphins. L'UNEXSO, basé à Freeport/Lucaya (Grand Bahama Island), Dolphin Cay Atlantis (Paradise Island) et le Dolphin Encounters de Blue Lagoon (à 20 minutes de Paradise Island) ont en effet développé des programmes de rencontres avec les cétacés. Les programmes classiques consistent « simplement » à les approcher et à nager avec eux dans un bassin, mais les plongeurs ou nageurs expérimentés pourront aussi le faire en mer avec des dauphins apprivoisés. Parfois, des dauphins sauvages rejoignent leurs congénères : magie assurée ! Une bande de dauphins sauvages tachetés accepte par ailleurs la présence des hommes, de préférence sans bouteille, sur le White Sand Ridge (le rebord de sable blanc) le long du Bahamas Bank, à la pointe nord-ouest de l'archipel. Ils se montrent en général une fois par jour, sans que l'on puisse en prévoir l'horaire : ils restent évidemment maîtres de ces rencontres. À Bimini enfin, des centres de plongée, tout comme le Bimini Wildquest, proposent du snorkeling avec les dauphins sauvages. Il existe enfin plusieurs opérateurs de croisières d'une semaine au départ des Bahamas. Les bateaux, d'une capacité d'une vingtaine de passagers, sillonnent les eaux bahaméennes en marquant des étapes dans différentes îles. Pour plus d'informations, contactez Blackbeard's Cruises, Aqua Cat ou Cat Ppalu Cruises sur www.allstarliveaboards.com, ou bien Aggressor Bahamas (www.aggressor.com/destination/Bahamas).

Apprendre à plonger

Afin de profiter pleinement et immédiatement du spectacle des fonds sous-marins, nous conseillons aux débutants de prendre leurs premiers cours, tant théoriques que pratiques, avant le départ. Cependant, tous les centres de plongée proposent des initiations pour les novices avec environ deux heures de formation théorique et des baptêmes en piscine, voire en mer dans des eaux peu profondes. Passé cette première initiation, vous découvrirez la plongée sur un récif peu profond. Un brevet de plongée pourra vous être délivré au bout de 3 à 5 jours de pratique. Quant aux enfants, ils pourront s'y initier dès 8 ans et plonger sous la surveillance d'un adulte. Il existe trois façons d'apprendre à plonger. La première : le stage à l'hôtel. Il s'agit là d'une initiation courte de 2 heures environ qui n'est en rien un diplôme, et qui comprend un cours théorique, une séance en piscine et une plongée sur un récif peu profond. On la désigne souvent comme une « introduction à la plongée autonome ». Le stage pour obtention d'un brevet constitue la deuxième option.

Ce « certificat de vacances » est une formation en alternance avec l'initiation à l'hôtel. En plus de la première étape, il vous faudra répondre à un questionnaire, plonger en pleine mer et réussir un test final. Ce certificat s'obtient en 3 à 5 jours. Enfin, vous pouvez opter pour la formation théorique homologuée aux Bahamas : cette formule accélérée en 2 jours se situe entre les deux précédentes.

Les centres de plongée

Aux Bahamas, proximité yankee oblige et n'en déplaise aux plongeurs français qui préfèrent la fédération française (FFESSM), c'est la fédération américaine PADI (Professional Association of Diving Instructors), première organisation internationale de plongée, qui est de rigueur dans toutes les écoles de plongée. Les centres de l'archipel appartiennent à la BDA (Bahamas Diving Association), dont les membres sont affiliés aux fédérations internationales et respectent les réglementations et standards de sécurité internationaux. Ils prennent en charge tous les plongeurs, des novices aux plus expérimentés, des plus jeunes (8 ans minimum) aux plus âgés. Il est toujours préférable de réserver, quel que soit le type de plongée pratiqué. Pour toute information complémentaire, prenez contact avec la Bahamas Diving Association, qui regroupe l'essentiel des centres de plongée des îles. Tous les centres offrent du matériel à la location comme à la vente. Attention toutefois, les prix pratiqués sur place sont très élevés et le choix demeure relativement restreint. Mieux vaut donc partir avec votre propre matériel. Les eaux bahaméennes étant chaudes toute l'année, seules les plongées en eaux très profondes nécessitent une combinaison.

Sécurité et règles de base

Quel que soit le type de plongée que vous pratiquerez, les centres de plongée exigeront un certificat médical d'aptitude à la plongée délivré par un médecin spécialiste. Si vous n'avez pas pensé à vous le procurer avant le départ, les centres possèdent des coordonnées de médecins aptes à délivrer ce certificat, mais vous perdrez une demi-journée. Tous les bateaux de plongée sont équipés de radio VHF, de kit d'oxygénothérapie et de matériel de premiers secours. Il existe un caisson de décompression à Nassau et un à San Salvador. Des évacuations aériennes sont prévues en cas de besoin depuis toutes les îles. Tous les centres de plongée enfin, sont équipés d'oxygène et de matériel de premiers secours.

Parmi les précautions élémentaires à respecter : ne plongez pas 24 heures avant de prendre un vol long-courrier ; un après-midi et une nuit suffisent pour un vol inter-îles. De même, ne plongez pas malade ou à jeun, et ne forcez pas la descente en cas de maux d'oreilles. En cas d'essoufflement, cessez tout mouvement, reprenez votre calme, récupérez un rythme respiratoire normal et arrêtez la plongée. En cas de refroidissement, arrêtez la plongée et réchauffez-vous. Enfin, la profondeur peut faire tourner la tête ; la narcose peut commencer dès 30 m de profondeur. Dans ce cas, remontez de quelques mètres et attendez la disparition des symptômes. Enfin, les plongeurs se doivent de respecter l'environnement sous-marin et de suivre les règles imposées par les instructeurs. Ne touchez pas les poissons ou coraux et ne remontez rien à la surface : l'absence du moindre des composants du milieu peut compromettre l'équilibre fragile du monde marin. Attention aux palmes, aux genoux et aux appareils photo, qui peuvent heurter le corail : en casser un tout petit morceau peut réduire à néant des décennies de développement. Évitez enfin de plonger et de nager avec des bijoux brillants qui pourraient être confondus avec des sardines par de plus gros poissons.

Pterois.

NASSAU, CAPITALE DE LA PIRATERIE DANS LA CARAÏBE

Depuis les premiers pas de la colonisation, des bateaux lourdement chargés de trésors et de denrées de toutes sortes sillonnent sans relâche les eaux de l'océan Atlantique. Les échanges entre le Nouveau Monde et le Vieux Continent s'intensifiant au cours du XVIIe siècle, tout comme les transports de précieuses cargaisons inter-îles et avec l'Amérique centrale et l'Amérique du Sud, la piraterie se développe à grands pas dans la Caraïbe, située au carrefour des voies maritimes. À l'aube du XVIIIe siècle, certaines îles des Bahamas deviennent, à l'instar de leurs voisines – Haïti ou la Jamaïque pour ne citer qu'elles –, de véritables repaires de pirates ; Nassau sera même proclamée République des Pirates en 1706 ! Du capitaine Henry Morgan à Rackham le Rouge, en passant par Anne Bonny, Mary Read, Georges Watling ou Barbe Noire, les pirates les plus légendaires marquèrent l'histoire des Bahamas.

Quelques termes essentiels

Corsaires, pirates, boucaniers, flibustiers ; si toutes ces appellations vous semblent revenir au même – après tout, ce sont tous des pirates ! –, leur différenciation est toutefois essentielle pour comprendre l'histoire de la piraterie aux Bahamas.

Un bateau corsaire est un bâtiment muni d'une autorisation d'un gouvernement, une lettre de marque ou de commission, en vue de capturer les navires ennemis. Ce sont les pirates privés du roi en somme : le corsaire combat pour son pays et en toute légalité, et son activité cesse en même temps que la guerre. Les Anglais appellent les corsaires les « privateers », littéralement « guerriers privés ». Lorsqu'ils sont capturés par l'ennemi, ils sont d'ailleurs traités comme des prisonniers de guerre. Un grand nombre d'entre eux se tournent vers la piraterie dès lors que les gains se font substantiels.

Un bateau pirate en revanche (du grec *peiratus* : « qui tente fortune sur les mers ») agit pour son propre compte sans être mandaté par un gouvernement. Les pirates sont des hors-la-loi qui s'attaquent aux navires de toute nationalité par appât du gain. Ils sont pourchassés par toutes les nations ; une fois capturés, ils sont jugés et pendus. Le boucanier quant à lui (à ne pas confondre avec l'anglais « buccaner », qui signifie « corsaire »), n'est pas un marin. C'est un aventurier venu d'Europe le plus souvent, et plus particulièrement de Normandie. Les boucaniers forment une confrérie aux mœurs très libres, qui vit en marge de toute autorité. Ils s'installent dans des régions désertées par les colons, chassent le sanglier, le cochon ou le bœuf sauvage pour en récupérer la viande et le cuir. Les boucaniers commercent avec les équipages hollandais, anglais et français qui ont besoin des peaux pour les équipements militaires ; en échange, ils reçoivent des armes, de la poudre et de l'alcool.

Enfin, le nom de flibustier provient d'un mot anglais du XVIIe siècle, « free booter ». Il désigne les corsaires, mandatés par un gouvernement, ou les simples pirates qui se regroupent dans les îles des Antilles pour piller les colonies des Espagnols disséminées dans l'Atlantique.

La piraterie aux Bahamas

Idéalement située au carrefour des voies maritimes entre l'Europe et les Amériques, la Caraïbe est une région propice au développement de la piraterie depuis les débuts de la colonisation. Si les Bahamas furent peuplées de pirates sans scrupules durant une bonne partie du XVIIe siècle, convoitant les navires espagnols ramenant vers l'Europe de précieux chargements de leurs colonies « indiennes », ce sont surtout les corsaires et flibustiers qui marquèrent l'histoire de la piraterie sur l'archipel au tournant du XVIIIe siècle. Appointés par le gouvernement anglais dans les années 1690, qui voit alors en eux une façon de harceler et de combattre les ennemis français et espagnols (et ce d'autant plus durant la Guerre de Succession d'Espagne entre 1701 et 1714), les corsaires portent une lettre de marque qui garantit leur statut. Mais à l'issue de la guerre, n'en ayant plus l'usage, l'Angleterre leur retire sa protection. Les corsaires deviennent des pirates hors-la-loi, alors même qu'ils avaient établi entre temps une véritable République à Nassau ! Autre conséquence de la fin de la guerre : les effectifs de la Royal Navy passent de 40 000 à 10 000 hommes : beaucoup d'entre eux, désœuvrés, basculent dans la flibuste, entraînant l'âge d'or de la grande piraterie. Il faut dire qu'au-delà d'une situation remarquable à la croisée des voies maritimes, les Bahamas jouissent d'une géographie idéale pour pratiquer la piraterie.

NASSAU, CAPITALE DE LA PIRATERIE DANS LA CARAÏBE

Les innombrables îlots, les criques profondes, les anses cachées, les baies abritées, les détroits et autres étroits chenaux forment autant de retraites faciles, de ports de relâche et de planques secrètes qui servent à merveille les desseins tortueux des aventuriers des mers. Bancs de sable et récifs désavantagent les capitaines des bateaux lourdement chargés, et depuis leurs bases, les pirates peuvent attaquer, piller et rançonner les galions et les vaisseaux de passage qui ne cessent de sillonner cette partie des océans. De rares documents subsistent de cette ère de la piraterie, et l'histoire n'a hérité que de maigres témoignages très imprécis. C'est que pirates et flibustiers brouillent les pistes et entretiennent tout au long de leur carrière un flou qui les protège ! Pas de revendication qui flatte l'ego, seul le butin les intéresse. Une certitude en tout cas : les noms les plus illustres de la flibuste visitèrent les îles de l'archipel bahaméen au cours de cette période. Les amateurs pourront se plonger dans un antre de la piraterie en visitant *Pirates of Nassau*, au cœur de la capitale.

Nassau, République des Corsaires de 1706 à 1718

Bien que n'ayant jamais constitué un État organisé au sens propre du terme, une République pirate, régie tout au long de son existence par son propre code de lois indépendant, a été formée à Nassau en 1706 par d'anciens corsaires devenus pirates. Les plaisirs et la débauche y étaient tellement exacerbés, dit-on, qu'avant de mourir, un pirate ne souhaitait qu'une chose : revenir à Nassau ! Les activités développées à cette époque provoquèrent évidemment de nombreux dégâts sur le commerce et la navigation antillaise, jusqu'à ce que les Bahamas ne deviennent officiellement colonie royale de l'Empire britannique en 1718. Les corsaires anglais, mandatés par la Couronne britannique jusqu'à la fin de la Guerre de Succession d'Espagne en 1714, n'eurent soudain plus aucun intérêt pour le gouvernement anglais, qui décida que la coupe était pleine et que les pirates, désormais hors-la-loi, devaient être arrêtés. L'ancien corsaire Woodes Rogers fut appointé comme premier Gouverneur royal de la colonie et fit campagne en offrant le pardon royal à tous ceux qui cesseraient leurs activités illégales. L'âge d'or de la piraterie allait bientôt s'éteindre. Seuls Barbe Noire et quelques-uns de ses compagnons refusèrent de se rendre et s'échappèrent après avoir brûlé un navire pour couvrir leur fuite ; ils seront tués plus tard dans une légendaire bataille au large des côtes de Virginie.

Pirates célèbres

Toutes les figures majeures de la flibuste passèrent un jour ou l'autre par les Bahamas : Henry Morgan, dont on recherche toujours le trésor, préférait Andros ; le capitaine Kid avait son ancrage préféré à Exuma ; Anne Bonny se retirait à Cat Island ; tandis que Georges Watling s'appropria San Salvador, qui porta d'ailleurs son nom jusqu'au début du XXe siècle avant d'être rebaptisée en 1926. Bien d'autres encore, parmi lesquels le célèbre Jack Rackham, écumèrent les eaux de l'archipel pendant le XVIIIe siècle. Edward Teach, plus connu sous le nom de Barbe Noire, fit quant à lui de New Providence son quartier général et joua au chat et à la souris à la fin de son existence avec la marine britannique.

Sir Henry Morgan, originaire du Pays de Galles et capitaine de son état, se forgea une réputation dans la flibuste qui n'était nullement usurpée. Né en 1635 d'une modeste famille de propriétaires terriens des États-Unis, il émigre très jeune vers les Caraïbes, qui lui apparaissent comme autant de promesses d'aventures. D'abord ouvrier agricole dans une plantation de La Barbade, il erre d'île en île jusqu'à prendre la direction d'un navire. Il choisit de s'établir à Port-Royal, en Jamaïque, dont il fait son repaire principal. Il écume les eaux des Grandes Caraïbes avec des incur-

Bateau de pirates aux Bahamas.

© GERMAN VIZULIS - SHUTTERSTOCK.COM

Henry Morgan.

sions aux Bahamas durant le XVIIe siècle, pillant et rançonnant les navires et les Espagnols qui sillonnent les mers et les établissements côtiers. Ses opérations sont rigoureusement menées. L'Angleterre, ravie de nuire à l'ennemi espagnol, ferme les yeux et soutient même les actions du flibustier en en finançant certaines, non sans percevoir sa dîme au passage. L'histoire de la flibuste s'écrit aussi au féminin avec Anne Bonny et Mary Read. Si les règles et traditions flibustières n'autorisent pas les femmes à bord des navires, le cas de ces deux pirates est hors norme. La légende d'Anne Bonny commence avec sa rencontre avec le terrible Calico Jack ou capitaine Jack Rackham, popularisé sous le nom de « Rackham le Rouge » par Hergé. Lors d'une des escales du pirate à New Providence, Anne embarque sur son navire et opère avec l'équipage, déguisée en homme et armée jusqu'aux dents, tout en vivant une idylle avec le capitaine. Prompte à l'abordage et habile à l'épée, elle se forge très vite une réputation légendaire de courage et de cruauté, et force le respect de ses acolytes. Sur le même bateau se trouve alors une autre femme pirate, Mary Read qui avait rejoint l'équipage un peu avant Anne Bonny. Dès son plus jeune âge, Mary, fille d'un officier de marine, avait défié l'aventure en s'engageant dans l'infanterie, puis sur différents bateaux corsaires et navires marchands, elle aussi déguisée en homme. L'histoire des deux femmes est en partie liée. En 1720, le capitaine Barnet, un marin chasseur de pirates appointé par le gouverneur royal Woodes Rogers, attaqua le navire de Calico Jack à un moment où l'équipage, après moult libations, était fin saoul. Les deux femmes affrontèrent seules les assaillants, mais leur ardeur guerrière ne suffit pas à faire reculer les attaquants. Tous les prisonniers furent jugés pour piraterie, condamnés à la pendaison en 1720, et exécutés quelques mois plus tard à Port-Royal. Se déclarant enceintes, Mary et Anne évitèrent que leur sentence ne soit exécutée. Mary mourut en prison d'une fièvre tropicale ; Anne donna le jour à un enfant, et pour une raison qui nous échappe encore, elle fut graciée et disparut de la surface de la Terre. Dernière figure majeure de la piraterie et du folklore de la flibuste – et pas des moindres –, le capitaine Edward Teach, alias Barbe Noire, commença sa carrière comme marin d'un navire corsaire anglais pendant la guerre de Succession d'Espagne, et devint pirate à partir de 1713. Son énorme barbe noire, qui lui valut son surnom, envahissait la moitié de son visage et descendait jusqu'au milieu de sa poitrine. D'un naturel coquet, il la portait tressée de rubans et enroulée autour des oreilles. Solide buveur, polygame, et grand amateur de femmes, il eut 14 épouses. D'humeur barbare, à la mine patibulaire, violent et imprévisible, il maintenait son équipage dans un état de soumission terrorisée. « Si de temps en temps, je ne tue pas un de mes matelots, ils oublieraient qui je suis », déclarait-il volontiers. Il sévit principalement le long des côtes de Caroline, qu'il adopta comme repaire favori. Sa carrière fut de courte durée puisqu'il mourut dans la baie d'Ocracoke en 1718, à l'issue d'un combat acharné avec les forces du gouverneur de Virginie, qui se soulevaient contre le blocus de la ville de Charleston. Sa mort signa le déclin de la piraterie dans les eaux côtières de l'Amérique du Nord.

GÉOGRAPHIE

Situé dans le coin le plus occidental de l'océan Atlantique, l'archipel des Bahamas s'étend sur un territoire de 260 000 km², dont 245 000 km² de surface maritime. Faisant partie avec ses voisines les îles Turques-et-Caïques (ou Turks-et-Caïcos), de l'ensemble d'îles appelé « îles Lucayes », il s'étire depuis la Floride au large de West Palm Beach, jusqu'au nord d'Haïti, sur une distance comparable à celle de la France du nord au sud. De New Providence à Grand Bahama Island, en passant par les Abacos, Andros, Eleuthera, les Exumas, San Salvador, Rum Cay, Crooked Island ou encore Inagua, les Bahamas veillent à la sauvegarde de leur environnement, si bien que 20 % de leur territoire est aujourd'hui classé. Loin, bien loin donc de l'image « bling bling » que certains lui attribuent outre-Atlantique, le bel archipel caribéen constitue un véritable paradis pour les amoureux de nature...

Immense chapelet émergé

Les 700 îles et quelque 2 300 îlots des Bahamas composent en fait plusieurs archipels qui diffèrent par leur taille et le nombre d'îles qui les composent. Certaines offrent une taille respectable – Andros, Abaco, Eleuthera, Cat Island, Grand Bahama Island et Long Island sont les plus grandes –, tandis que d'autres se résument parfois à de simples îlots, jusqu'à ne constituer qu'une langue de sable blanc à peine immergée de l'eau cristalline, juste une halte de Robinson Crusoé. Ce sont des projections en surface de deux bancs océaniques de formation corallienne, édifiées sur les restes d'une chaîne de plateaux calcaires submergés, le Bahama Bank. L'archipel se déploie en un arc nord-ouest/sud-est d'une longueur de près d'un millier de kilomètres ; pas moins de 3 542 km de côtes, le plus souvent de magnifiques plages de sable fin, bordent ses terres.

Le relief bahaméen est plat, à peine hérissé de douces ondulations des collines. Le plus haut sommet de l'archipel culmine en effet à... 63 m ! Il s'agit du mont Alvernia sur Cat Island. Pour la plupart, les îles sont dénudées et exposées au vent. Par endroit, il est même possible de joindre deux îles à pied tant la mer, entre elles, est peu profonde ! La géographie souterraine quant à elle, est un peu plus tourmentée.

Enfin, les récifs coralliens ont pris naissance sur une vaste plate-forme comprise entre 0 et 15 m de profondeur. L'archipel s'enorgueillit de posséder la deuxième plus grande barrière de corail de l'hémisphère nord et la troisième au monde, après celles de l'Australie et du Belize.

Un territoire protégé

Fondé en 1959, le Bahamas National Trust travaille sur la classification et la gestion des parcs nationaux et réserves du territoire. Il est également en charge des programmes d'éducation et de sensibilisation à la protection de l'environnement, à la recherche et à la protection des espèces indigènes végétales ou animales tels le hutia, le pigeon à couronne blanche, le flamant

Cat island.

rose des Indes occidentales ou le perroquet des Bahamas. Le territoire bahaméen compte à ce jour plus de 40 parcs nationaux et réserves marines, dont les derniers en date sont l'est et le nord-est de Grand Bahama, et ceux de San Salvador. Les Joulter Cays, au nord d'Andros, demeurent quant à eux dans l'attente d'une classification. Au total, début 2020, 20 % du territoire est officiellement classé en parcs nationaux, et le pays se projette déjà sur les 10 % supplémentaires. À défaut de ne pouvoir tous les détailler, en voici les principaux.

Harrold and Wilson Ponds National Park (New Providence). Créé en 2002, il est situé dans la zone centrale au sud de New Providence et rassemble plus de 100 espèces d'oiseaux, dont la plus forte concentration de hérons sur l'île. Un site exceptionnel proche de l'effervescence de la ville.

Lucayan National Park (Grand Bahama Island). Créé en 1977, il tient son nom de la tribu d'Amérindiens qui vivaient sur les îles à l'arrivée de Christophe Colomb. On y trouve un très vieux réseau de grottes sous-marines, l'un des plus longs au monde, puisque quelque 10 km de tunnels peuvent être explorés. Quelques-unes de ces grottes contiennent d'intéressants témoignages archéologiques. Un réseau de sentiers permet de se familiariser avec la flore locale et le parc abrite une espèce en danger : le mérou rayé.

Pelican Bay National Park (Great Abaco). Créé en 1972, il s'agit d'un parc marin sur le modèle de celui des Exumas. Grottes sous-marines et récifs coralliens y abondent, fréquentés par une intéressante faune sous-marine ainsi qu'animaux et plantes terrestres.

Abaco National Park (South Abaco). Créé le 9 mai 1994, il occupe 8 300 ha au sud des Abacos. C'est le lieu d'habitat principal du perroquet vert et orange des Bahamas, une espèce aujourd'hui protégée.

Blue Holes National Park (Andros). Créé en 2002, il est un lieu incontournable pour les plongeurs puisque cette zone de 13 450 ha possède la plus grande concentration de trous bleus du monde ! Ces grottes sous-marines recèlent des trésors scientifiques, et abritent un grand nombre de poissons insolites et uniques dont certains invertébrés endémiques.

North & South Marine Parks (Andros). L'île se targue de la troisième plus longue barrière de corail au monde. Ces deux parcs, d'une superficie de 26 240 ha, ont été créés en 2002 pour aider à la préservation des parties significatives de cet écosystème récifal précieux.

Leon Levy Native Plant Preserve (Eleuthera). Fondé en 2009 par Shelby White en hommage à Leon Levy, son mari décédé en 2003. La réserve est située aux abords de Governor's

© CHUVIPRO - ISTOCKPHOTO.COM.

Flamants roses.

Harbour. Il s'agit du premier parc sur l'île d'Eleuthera ; il fonctionne comme un centre d'éducation environnementale et de développement des plantes et arbres.

Exuma Cays Land and Sea Park (Exumas). Inauguré en 1958, c'est le premier parc sous-marin et terrestre des Bahamas. Il compte 20 km² de baies sur une surface totale de 45 km². À terre, on rencontre l'iguane de roche et le hutia endémique de l'archipel, deux espèces protégées. Les ornithologues seront intéressés par les frégates, les engoulevents, et les grives à pattes rouges. Dans les fonds sous-marins, les récifs en eau peu profonde sont magnifiques. Des trous bleus, des tombants des cavernes et des grottes composent une géographie sous-marine pleine d'intérêt.

Conception Island Park (Conception Island). Situé à l'ouest de l'île de San Salvador et au nord de Long Island, ce parc de 850 ha créé en 1964, à la fois terrestre et sous-marin, est un sanctuaire d'oiseaux et de tortues vertes réputé. Sa réserve d'oiseaux migrateurs et d'oiseaux marins attire de nombreux ornithologues. Il possède également une très belle réserve sous-marine et un récif corallien splendide.

Inagua National Park (Great Inagua). Créée en 1965, c'est l'une des plus importantes réserves de flamants des Indes occidentales au monde, magnifiques oiseaux à la robe rose. Le parc compte quelque 80 000 individus qui sont protégés et possède le plus grand lac du pays.

Union Creek Reserve (Great Inagua). Cette réserve de 2 000 ha créée en 1975 est localisée dans une large crique d'une dizaine de kilomètres carrés. C'est un site de recherche et d'élevage des tortues marines géantes, plus spécifiquement de la « tortue verte », qui a donné son nom Green Turtle Cay.

NATURE

Depuis le début du XXe siècle, les Bahamas se positionnent comme leader en matière de conservation de leur biodiversité. Dans les années 1950, une relation étroite est établie entre la National Audubon Society et les Bahamas, préoccupés par la baisse croissante de leur population de flamants roses. Puis, sous l'impulsion d'associations de défense de l'environnement, l'organisation à but non lucratif Bahamas National Trust (BNT), étroitement liée au ministère du Tourisme, est créée en 1959. Aujourd'hui, l'organisme gère plus de quarante parcs nationaux et réserves marines, et dans un cadre plus large, travaille sur la conservation et la protection des ressources naturelles des Bahamas par le biais de programmes d'éducation destinés aux locaux et aux visiteurs. Depuis janvier 2020, le pays applique par ailleurs la mesure du zéro plastique et zéro polystyrène. Un argument supplémentaire à l'heure où 20 % de son territoire est déjà classé.

Le récif corallien

Entourés par la troisième barrière de corail la plus longue au monde, les Bahamas disposent d'une époustouflante diversité d'espèces coralliennes. Véritables récifs-barrières, brise-lames naturels qui protègent les côtes des assauts des vagues du large, édifices calcaires bâtis au cours des millénaires par de minuscules animaux – les polypes –, les récifs coralliens forment un écosystème complexe et extrêmement fragile. Un simple contact avec leur partie vivante suffit à les blesser ou à les tuer. Pour autant, ils constituent un élément crucial de notre patrimoine naturel et de la diversité biologique de la planète. Leurs squelettes calcaires forment les récifs aux formes étonnantes, tissant tantôt de longues murailles dentelées aux ramifications complexes, tantôt d'énormes patates joufflues. Parmi les espèces les plus fréquemment rencontrées dans les eaux bahaméennes, relevons le corail cerveau de Neptune (*Platygira*), dont la surface rappelle les circonvolutions cérébrales ; le corail cornes de cerf, cornes d'élan, ou cornes d'éléphant, formant de larges éventails dressant leurs cornes sur plusieurs mètres carrés ; l'urticant corail millépore ou corail de feu, poussant en éventail et prenant une couleur jaune vif ou orange ; le corail laitue ou pâte à choux, extrêmement commun ; ou encore le corail pilier, se dressant tels des stalagmites marines. Les décors de gorgones épanouies sont eux aussi fascinants. La gorgone, ou éventail de mer, qui tient son nom des divinités grecques coiffées de serpents, est comme le corail, constituée de polypes qui sécrètent un squelette souple. Les gorgones-plumes possèdent des branches soyeuses qui ondulent sous l'effet des courants, tandis que les spirographes déplient leurs bras, et que les anémones colorées tapissent joliment les fonds marins.

Poissons de récif

Les récifs coralliens abritent une très grande variété de poissons tropicaux, tous plus colorés et plus étonnants les uns que les autres. Plus de 500 espèces de poissons et d'invertébrés vivent dans ces récifs. Les espèces diurnes, herbivores, brouteuses, planctophages et carnivores, évoluent de jour et passent la nuit cachées dans les cavités des récifs coralliens ou enfouies dans les sédiments, tandis que les espèces nocturnes, toutes carnivores, se tiennent à l'affût ou partent en chasse.

Les poissons possèdent des stratégies de camouflage leur permettant de se fondre dans leur environnement et d'échapper à leurs prédateurs. Ainsi, la rascasse appelée aussi poisson-zèbre ou lion ou poisson de feu, qui vit sur le sable ou dans les roches, a choisi une robe sombre qui lui permet de se fondre dans le décor. Parmi les plus beaux et les plus fréquents rencontrés aux Bahamas, notons le poisson-perroquet, le poisson-chirurgien bleu à queue jaune, le poisson-ballon, le poisson-trompette, le poisson-clown, le poisson-ange, le poisson-empereur, le poisson-coffre, le poisson-papillon, le poisson-globe, le poisson-bourse jaune, et les plus effrayantes murènes.

Gros poissons et mammifères marins

Côté gros gabarit, les amateurs seront servis, car les plus belles espèces, dont le poids peut dépasser les 100 kg, naviguent en eaux profondes. Les raies, tout d'abord, sont nombreuses. La raie pastenague américaine est armée d'une épine venimeuse sur la queue, qu'elle utilise comme un fouet quand elle se sent menacée ; elle soulève des nuages de sable en quête de nourriture. Moins impressionnante est la petite raie mouchetée de jaune. Quant à la majestueuse raie manta, sa rencontre est rare,

© FRANTISEKHOJDYSZ - SHUTTERSTOCK.COM

Poissons aux Bahamas.

mais des plus impressionnantes puisqu'elle peut atteindre jusqu'à 6 m d'envergure ! Ses nageoires pectorales ondulent gracieusement telles des ailes. Espadons et marlins, appartenant à la famille des poissons à rostre (caractérisés par leur museau pointu, extension de leur mâchoire supérieure), sont également nombreux aux Bahamas. Ce sont des poissons très puissants, rapides et agiles ; le marlin bleu au long bec circulaire, pouvant pousser des pointes de vitesse jusqu'à 100 km/h, est un favori des pêcheurs. Autres espèces appréciées pour la pêche au gros : le thazard, espèce migratrice qui abonde dans les eaux des Caraïbes ; le Wahoo, l'un des plus rapides poissons de mer grâce à son corps fin et allongé ; le thon, pouvant peser jusqu'à 950 kg ; le barracuda, impressionnant, mais pas dangereux ; ou encore le mérou paresseux de Nassau, que l'on peut ici pêcher et manger, identifiable à ses lèvres charnues et à ses lignes zébrées.

La dorade coryphène, généralement appelée « *dolphin fish* », mahi mahi ou dorado, peuple également les eaux bahaméennes ; sa chair est l'une des plus délicieuses qui soient.

Quant aux requins, ils sont omniprésents, mais inoffensifs. On en connaît plus de 50 espèces rien qu'aux Bahamas, d'ailleurs devenus sanctuaires pour les requins depuis 2011. Ils se distinguent des autres poissons par un squelette cartilagineux, l'absence d'écailles, leur dentition et le mécanisme de leurs mâchoires. Ils ont une incroyable capacité à détecter la présence de sang dans la mer et à en localiser la source d'émission. Le requin gris de récif, avec son ventre blanc et ses nageoires et sa queue bordées de noir, est très courant dans les eaux de l'archipel. Les requins dormeurs passent quant à eux leurs journées à dormir sur le sable et sont inoffensifs, ils se nourrissent de crustacés et de mollusques. Les requins-taureaux hantent les tombants des récifs, tandis que les requins-marteaux, avec leur tête élargie par deux protubérances à l'extrémité desquelles se trouvent les narines et les yeux, vivent autour de 50 m de profondeur. Si vous visitez Bimini, ne manquez pas de faire un tour au centre mondial de recherche sur les requins – www.biminisharklab.com Côté mammifères marins, les dauphins de l'Atlantique et les dauphins tachetés vivent le long des zones côtières et sont les principaux représentants des mammifères marins aux Bahamas.

Les baleines bleues et les baleines à bosse se rencontrent également dans les eaux bahaméennes, mais plus rarement. Quant aux tortues marines, elles sont communes par ici. On rencontre notamment des tortues vertes et des carets ; toutes sont protégées.

Coquillages et crustacés...

De nombreux coquillages ornent les fonds sous-marins. La conque (*Strombus gigas*), énorme coquillage orangé qui servait aux Lucayans pour communiquer, se déplace par bonds successifs, se nourrit d'algues et peut vivre jusqu'à 20 ans. Très prisée des Bahaméens qui en apprécient la chair, son espèce n'est pas loin d'être menacée ; certaines îles voisines en ont déjà interdit la pêche aux périodes de reproduction, un exemple qui fait réfléchir le gouvernement bahaméen. Pour l'heure, la conque aux Bahamas est cuisinée et dégustée dans tous ses états : en salade (*conch salad*) avec poivrons rouges, oignons, céleri, coriandre, le tout mariné dans du citron vert ; en consommé (*conch chowder*) avec tomates, bacon, carottes, poivrons doux, pommes de terre, oignons, thym ; en beignets (*conch fritters*) ; frite (*cracked conch*) ; ou en papillote sur un grill (*grilled conch*), souvent au barbecue accompagnée d'un pain de patate douce.

Conque.

Les strombes, turritelles, olives réticulées feront aussi la joie des collectionneurs (à condition évidemment de les récolter vides). Les échinodermes (étoiles de mer et oursins) sont eux aussi très présents. Le dollar des sables est un oursin plat dont la coquille perforée s'échoue sur les plages. Les oursins noirs aux longs piquants venimeux, et les oursins blancs dont les gonades sont très appréciées se rencontrent communément. Les crabes se blottissent sous les gorgones éventails pour échapper à leurs prédateurs ; les langoustes de bonne taille, enfin, se rencontrent à profusion.

Éponges

De nombreuses espèces d'éponges colorées aux formes exubérantes ont colonisé les récifs et les épaves. En filtrant l'eau de mer qu'elles rejettent ensuite, elles contribuent à maintenir la limpidité des eaux côtières.

De nombreuses variétés sont représentées aux Bahamas, formant une belle collection bigarrée : éponges-tubes ocre, éponges jaunes, éponges mauves aux formes généreuses, éponges orange nuancées de rose, elles forment d'étranges compositions qui envahissent le corail et couvrent les rochers de plaques rouges et orange. Certaines, telles les oreilles d'éléphant, atteignent jusqu'à 2 m d'envergure, mais elles ne poussent que de 2 cm par an. Les éponges servent de cachette et d'abri à une faune complexe, du crabe araignée à l'étoile de mer.

La pêche à l'éponge, orchestrée par des Grecs, a contribué à la richesse du pays entre la fin du XIXe siècle et les premières décennies du XXe siècle. Mais un champignon ayant mis un coup d'arrêt à cette industrie, la pêche en fut stoppée ; leur population depuis se redéveloppe gentiment.

Une faune terrestre plutôt pauvre

Si sa faune sous-marine est extrêmement diversifiée, la faune terrestre de l'archipel au contraire, est plutôt pauvre et ne recèle pas de curiosités extraordinaires. Malgré quelques originalités, l'isolement des îles a interrompu l'évolution animale et n'a que peu autorisé l'introduction d'espèces. En revanche, ce même isolement a permis la naissance de quelques espèces endémiques.

Ainsi, on dénombre ainsi 13 espèces de mammifères indigènes aux Bahamas, principalement des espèces de chauves-souris ! Les îles les plus vastes abritent par ailleurs quelques rares spécimens de sangliers, tandis que sur les îles méridionales, on rencontre des ânes et des chevaux sauvages, dont les ancêtres étaient autrefois domestiqués. Sur les Exuma Cays, le « *swimming pig* » est quant à lui une vedette locale : ces cochons sauvages viennent volontiers nager avec les excursionnistes. Curieusement, on rencontre aussi une population de ratons laveurs qui, introduits par les braconniers au début du XXe siècle lors de la prohibition, ont proliféré.

Les reptiles sont beaucoup mieux représentés, avec 44 espèces dénombrées, dont une espèce endémique de l'île de Grand Bahama : le lézard à queue enroulée, petit, mais spectaculaire, qui aime se dorer la pilule au soleil sur les rochers. Les geckos, petits lézards verts et agiles typiques des régions chaudes, se rencontrent fréquemment sur les murs intérieurs des habitations ; ils se nourrissent de moustiques à la nuit tombée. Les lézards à queue bleue sont relativement communs eux aussi. Quelques espèces de serpents, dont trois espèces de boas constrictors des Bahamas, sont répertoriées, mais leur population dégénère, ce que déplorent les herpétologistes. L'iguane enfin, reptile saurien au dos hérissé d'une vilaine crête d'épines pointues, est très présent notamment dans les îles du sud. Il promène son mètre cinquante paresseusement et se montre volontiers curieux et peu farouche. Malgré son allure de monstre antédiluvien, il ne grignote que des plantes et adore les fruits pour lesquels il est même prêt à approcher les visiteurs. Il en existe trois espèces et sept sous-espèces sur les îles des Bahamas.

Paradis des ornithologues

L'ornithologue amateur sera quant à lui comblé, car les oiseaux sont très présents sur les îles ! Outre les espèces propres à la région caraïbe, on dénombre de nombreuses espèces d'oiseaux migrateurs qui reviennent chaque hiver profiter de la chaleur du soleil tropical. Au total, quelque 230 espèces d'oiseaux sont répertoriées aux Bahamas.

Les délicats colibris, communément connus sous le nom d'oiseaux-mouches, butinent le nectar des fleurs en introduisant leur long bec dans les corolles grâce à leurs battements d'ailes si rapides qu'ils leur permettent de faire du sur place. Il existe d'ailleurs une espèce de colibri endémique des Bahamas, le « *Bahama woodstar hummingbird* », et l'on dénombre en tout 163 espèces d'oiseaux-mouches sur l'archipel !

Les todiers multicolores quant à eux, se nourrissent d'insectes attrapés au vol, et nichent dans de petites grottes qu'ils creusent à même le sol. De son côté, la sylvette au plumage jaune vit dans la mangrove ainsi que les canards. Les pélicans, pigeons, hirondelles, tourterelles, moqueurs, piverts, coucous et autres raviront eux aussi les observateurs. Parmi les espèces endémiques, citons encore l'hirondelle des Bahamas et le perroquet des Bahamas, au plumage vert et à la gorge rouge, tous deux protégés. Le Parc national des Abacos a d'ailleurs été créé pour préserver cette seconde espèce. Les flamants roses (*Phoenicopterus ruber*), l'oiseau national dont le pays possède une réserve de 60 000 individus – soit la plus grande au monde –, figurent sur le blason du pays. Leur magnifique couleur rose orangé provient du carotène contenu dans les carapaces de crevettes et de larves dont ils se nourrissent. Sur les îles Exumas, on rencontre également des frégates, des engoulevents, et des grives à pattes rouges.

Autres petites bêtes

Quant aux entomologistes en herbe, ils pourront observer de nombreux insectes dont les moustiques, les mouches de sable localement appelées « *sandflies* » (en évitant si possible leurs terribles morsures), les sauterelles, les fourmis, et les araignées. Le seul insecte vraiment dangereux des îles appartient à cette dernière famille ; c'est la redoutable veuve noire, une araignée venimeuse dont la piqûre peut être mortelle. Heureusement, cette rencontre est excessivement rare. Pour terminer sur une note plus gaie, n'oublions pas les cigales qui égayent du chant de leur frottement d'ailes les grandes forêts de pins.

Une flore tropicale exubérante

Si la faune terrestre est relativement pauvre, les Bahamas possèdent une flore tropicale excessivement riche, ne comptant pas moins de 1 370 espèces végétales ! Parmi elles, on recense 120 espèces indigènes, dont l'acajou des Bahamas, le pin des Bahamas, ainsi que de nombreuses espèces d'orchidées.

Sur les îles du nord et de l'ouest, s'étendent des forêts de pins avec un riche sous-bois de palmiers nains et de fougères. Le frangipanier, arbre trapu à feuilles caduques, possède des fleurs qui se dressent en un plumet hirsute au bout de ses rameaux.

Lézard à queue enroulée.

Le flamboyant, originaire de Madagascar, fleurit en été et déploie une magnifique et imposante ramure aux fleurs d'un rouge phosphorescent. Plus les îles sont méridionales et plus leur végétation se raréfie, se résumant essentiellement à des arbustes et à des épineux tels les cactus.

Les pins australiens ou casuarinas ont quant à eux envahi les côtes bahaméennes sous le vent. Initialement introduits pour stabiliser les dunes, ils peuvent se développer de façon incontrôlée à grande vitesse, et leurs racines gigantesques grignotent petit à petit les plages, détruisant sur leur passage le patrimoine des îles. Leur développement est désormais surveillé. De nombreuses plantes et arbres sont également connus pour leur utilité domestique. Ainsi le cocotier, outre ses fruits, fournit la matière première pour les toits de palmes (« *thatch* »). Cet arbre est une véritable bénédiction pour les locaux. Sa noix nourrit et soigne, ses palmes sont tressées en paniers, en chapeaux, en cordes, en matelas, en toitures, ses troncs servent de poutres… D'autres végétaux trouvent également des usages domestiques intéressants. Ainsi, la mangrove noire est utilisée pour teindre le cuir. De nombreuses plantes sont également reconnues pour leurs vertus médicinales, la *bush medicine*, science ancestrale, étant encore très pratiquée sur les îles. La goyave sauvage soigne par exemple le diabète, tandis que la sauge blanche soigne la varicelle. Les fleurs tropicales poussent en abondance et tout au long de l'année, à l'état sauvage comme dans les jardins. Héliconias perroquet, élégants anthuriums, orchidées aux formes délicates, pommes d'eau, insolents oiseaux de paradis, hibiscus jaunes ou rouges, jasmins odorants, grappes rouges de l'alpinia, gracieuses lianes, vert et jaune des massifs de croton, épis rigides du balisier… L'éventail des fleurs tropicales est aussi fourni que la palette d'un peintre l'est en couleurs ! On dénombre en tout 3 500 espèces d'orchidées, dont 60 sont endémiques des îles des Bahamas. La fleur nationale, le *yellow elder* est une délicate fleur tubulaire de couleur jaune, arborant pour certaines de fines rayures rouges sur ses pétales.

La mangrove

Située entre terre et mer, la mangrove est une formation végétale qui évolue dans un milieu salin. C'est un écosystème particulier où l'on rencontre quatre types d'arbres : les palétuviers rouges, noirs, blancs et gris.

Le palétuvier rouge ou mangle rouge (*Rhizophora mangle*) est l'arbre principal de la mangrove. Ses racines aériennes pendent en arceau des hautes branches, telle une chevelure emmêlée ; elles forment un enchevêtrement impénétrable et lui permettent de respirer et de se fixer solidement dans le sol salé, instable et vaseux. À l'abri des racines se développe une faune riche, car la mangrove filtre les sédiments ; des alevins et des larves des jeunes poissons profitent ainsi de la richesse en plancton du milieu.

Les huîtres de palétuviers, les mollusques et les éponges se développent en colonies sur les racines du mangle rouge. Les crabes et de nombreux oiseaux y prolifèrent eux aussi, à l'abri des prédateurs qui ne peuvent pénétrer ce dense entrelacs de branchages. Autre intérêt de la mangrove : elle assure la protection et la stabilisation des côtes, la purification de l'air et de l'eau, et constitue un refuge sans pareil pour la faune qui trouve en elle un lieu privilégié de reproduction et d'alimentation.

Yellow elder.

TOP 10

FAUNE

Davantage réputées pour la richesse de leur faune sous-marine que terrestre, les Bahamas peuvent pour autant s'enorgueillir d'héberger quelques remarquables espèces d'oiseaux, d'insectes, de mammifères et de reptiles, parfois endémiques. Coup de projecteur sur ceux que vous observerez certainement.

HIRONDELLE

L'endémique hirondelle des Bahamas arbore un plumage vert sombre avec des reflets métalliques.

CONQUE

C'est le coquillage roi aux Bahamas ! Prisée pour sa chair, l'espèce est malheureusement en déclin.

PERROQUET VERT

Endémique des Bahamas, ce perroquet vert à la gorge rouge est surtout observable sur l'île d'Abaco.

« SWIMMING PIG »

De vraies stars aux Exumas ! Nombre d'excursionnistes vous proposeront de partir à leur rencontre.

REQUIN

Les Bahamas sont devenues en 2011 le premier sanctuaire de l'océan Atlantique pour les squales.

FLAMANT ROSE

C'est l'oiseau national, dont le pays possède la plus grande réserve au monde avec 60 000 individus.

LÉZARD BAHAMÉEN

L'insolite petit lézard à queue enroulée est une espèce endémique de l'île de Grand Bahama Island.

TORTUE

Communes dans les eaux bahaméennes, les tortues vertes et les tortues caouannes sont toutes protégées.

COLIBRI

163 espèces de colibris résident aux Bahamas, dont l'endémique *Bahama woodstar hummingbird*.

« SANDFLY »

Ces petites mouches féroces seront certainement la plus désagréable de vos rencontres animales.

CLIMAT

Tout comme ses voisines des Caraïbes, l'archipel des Bahamas est baigné par la « grande rivière océanique », le courant chaud du Gulf Stream qui entoure les îles occidentales d'eaux chaudes et claires. Il possède un climat de type subtropical humide, tempéré par les vents du bord de mer et les alizés du nord-est qui adoucissent délicieusement la chaleur. De légères variations climatiques sont enregistrées entre les îles du nord et celles du sud, la température moyenne variant entre 25 °C et 30 °C tout au long de l'année. Le mercure ne chute en tout cas jamais en dessous de 18-20 °C la nuit en hiver, et marque régulièrement plus de 32 °C en été. La température de l'eau elle aussi est agréable en toute saison, puisqu'elle oscille entre 22 et 25 °C en hiver et entre 28 et 30 °C en été. Bref, il fait bon vivre et voyager aux Bahamas ; chapeaux de paille et lunettes de soleil seront vite adoptés !

Deux saisons marquées

On distingue deux saisons majeures aux Bahamas : une saison d'été d'avril à novembre, offrant les températures les plus douces (surtout au mois d'août) et de très longues journées ; et une saison d'hiver de décembre à mars, où les jours sont plus courts et les températures plus fraîches, notamment la nuit. Il n'existe par ailleurs pas vraiment de saisons des pluies, mais un temps d'averses quotidiennes qui varie suivant les mois : elles se font très légères en hiver, et peuvent s'apparenter à de véritables douches tropicales de 30 à 45 minutes en été ! Mais rassurez-vous, ces pluies s'abattent la plupart du temps en fin de journée ou la nuit. Vous l'aurez compris, à chaque saison ses avantages. Pour autant, la période la plus fréquentée, correspondant à la haute saison touristique, reste l'hiver (essentiellement entre mi-décembre et mi-avril). Les journées sont moins longues et les températures moins chaudes, mais les pluies se font plus rares, les festivités plus nombreuses, et les risques cycloniques quasi nuls

Coucher de soleil sur la plage.

Les Bahamas et les cyclones

Si l'archipel se situe au carrefour des cyclones provenant de l'Atlantique et de l'arc antillais, menaçant toute la zone des Caraïbes entre juillet et octobre, les Bahamas sont en principe relativement protégées de ce phénomène. Ces dernières années toutefois, plusieurs épisodes dramatiques ont frappé l'archipel, avec parfois des dégâts d'une terrible ampleur. Joaquin en 2015 avait frappé San Salvador, Long Island et Crooked Island ; Matthew en 2016 avait quant à lui largement impacté Grand Bahama, mais c'est Dorian, le dernier en date en septembre 2019, qui s'impose sans conteste comme le plus violent ouragan que ni les Bahamas, ni même l'Atlantique n'ont jamais connu. Pendant 36 h, des vents atteignant les 364 km/h se sont abattus sur les Abacos, dévastant l'île dans son intégralité, ainsi qu'une partie de Grand Bahama. Début 2020, cette dernière, ainsi que le sud des Abacos et Green Turtle Cay, s'étaient déjà remis sur pied et avaient rouvert leurs portes au tourisme ; il faudra toutefois attendre un peu avant de retrouver les beautés de Treasure Cay, Hope Town et Marsh Harbour. Heureusement, le territoire bahaméen regroupant quelque 700 îles disséminées sur environ 260 000 km², ces tragiques épisodes n'affectent jamais l'intégralité de l'archipel. Aussi, si votre découverte des Abacos est sans doute remise à plus tard, les quinze autres destinations des Bahamas – Nassau et Paradise Island, Grand Bahama Island, Andros, les Berry Islands, Eleuthera et Harbour Island, Bimini, les Exumas, Long Island, Cat Island, Inagua, Mayaguana, San Salvador, Ragged Island, Rum Cay, Acklins et Crooked Island – vous tendent les bras, et continuent de vous accueillir dans les meilleures conditions !

ENVIRONNEMENT

L'archipel des Bahamas abrite une biodiversité exceptionnelle dont la 3e plus grande barrière de corail du monde. Le tourisme exerce une pression sur les milieux naturels, mais le pays a su très tôt mettre en œuvre une préservation des écosystèmes. Le premier parc national fut créé en 1958 et les espaces protégés couvrent plus de 20 % du territoire. La question des déchets et de l'eau reste prégnante, comme celle des énergies fossiles. Culminant à 63 mètres au-dessus de la mer, les Bahamas doivent anticiper les effets du réchauffement climatique. Les ravages de l'ouragan Dorian, survenu en 2019, ont révélé la vulnérabilité de l'archipel. Au-delà des actions locales, la résilience du territoire questionne les activités humaines dans leur globalité. Les Bahamas, peu émetteurs de gaz à effet de serre, pourraient faire partie des pays les plus touchés par le changement climatique. On pourrait aussi interroger l'impact environnemental du secteur bancaire de ce paradis fiscal.

Une politique ambitieuse de protection des espaces naturels

Le premier parc national des Bahamas a vu le jour en 1958, dans les îles Exumas. Le pays compte plus de 40 parcs nationaux et réserves naturelles protégeant la biodiversité des milieux marins et terrestres. La gestion de ces espaces naturels est déléguée au *Bahamas National Trust*. Cette institution, créée en 1959, initie des projets de protection et de sensibilisation à l'environnement et conduit des actions de recherche.

- **Le parc national de l'Exuma Cays Land & Sea Park** : situé entre terre et mer il se découvre à pied mais aussi en plongée. Ce petit paradis abrite des espèces endémiques telles que l'hutia et l'iguane de roche mais aussi de nombreux oiseaux.
- **Peterson Cay National Park** : au large de l'île de Grand Bahama, il vous permettra de découvrir les merveilles de la biodiversité marine : coraux, poissons et avifaune.
- **Lucayan National Park** : situé à Grand Bahama, il est réputé pour ses impressionnantes grottes sous-marines dont certaines abritent des vestiges archéologiques.
- **Le parc national de Pelican Cays Land & Sea Park** : situé dans les Abacos, c'est sans doute l'endroit idéal pour les amateurs de plongée qui pourront observer les trésors de la vie sous-marine : grottes, tortues marines, coraux, poissons.
- **Le parc national d'Abacos** abrite le perroquet des Bahamas, espèce endémique.
- **Le parc national de l'Inagua** protège une des plus importantes populations de flamants roses du monde mais aussi plus de 140 espèces d'oiseaux.
- **Le parc national Primeval Forest** : situé au sud-ouest de New Providence, il protège 3 hectares de la forêt primaire de feuillus. Certains de ces arbres sont vieux de plusieurs siècles.
- **Le parc national Blue Holes** : situé sur l'île d'Andros : il est réputé pour ses « trous bleus » ou grottes calcaires où se rejoignent eaux de mer et eaux de pluie.

Vers une meilleure gestion des déchets

La question des déchets est prégnante aux Bahamas et nombreux sont les déchets qui terminent dans des centres d'enfouissement à ciel ouvert. En 2015 a été inauguré à New Providence un centre de tri et d'incinération des déchets. Des efforts restent à faire, notamment en termes de réduction des déchets à la source et de recyclage, malgré des avancées notoires.

© DANIEL SOCKWELL - SHUTTERSTOCK.COM

Île de Shroud Cay.

© T PHOTOGRAPHY - SHUTTERSTOCK.COM

Blue hole sur l'île d'Andros.

Ainsi, depuis le 1er janvier 2020 le plastique à usage unique est interdit dans l'archipel. Une ONG, *Bahamas plastic movement,* initie quant à elle des sensibilisations, des démarches de sciences participatives, et des projets d'économie circulaires, afin de réduire la pollution liée au plastique. Ainsi en est-il par exemple du programme « Adopte une école, adopte une plage » dans lequel une école s'occupe d'une plage pendant un an, et réalise des actions en faveur de la réduction des déchets plastiques : opérations nettoyage, surveillance, collecte de données, etc.

Les ambivalences de l'activité touristique

Le tourisme représente plus de 7 millions de visiteurs en 2019. Il repose sur les qualités écologiques du territoire, ses plages, mais aussi ses fonds marins. Or l'activité génère une pression sur les milieux naturels. Elle induit la génération de déchets, la consommation de ressources, qui plus est dans un territoire qui manque d'eau potable et où l'agriculture est peu développée. Elle est aussi responsable de pollutions et d'émissions de gaz à effet de serre, principalement liées aux transports (avions, véhicules, paquebots de croisières). En 2019 un financement de la banque interaméricaine permet de lancer la construction d'une station de traitement des déchets liquides des navires à Freeport. Des initiatives locales en matière d'éducation à l'environnement sont également présentes sur le territoire. Créé en 1993, la *Bahamas Reef Environment Educational Foundation* initie des sensibilisations à destination des écoles, mais aussi des touristes. L'ONG veille aussi à la protection de la biodiversité marine. L'archipel propose également aux visiteurs de nombreuses sorties dédiées à la découverte des milieux naturels, terrestres et sous-marins. Cet écotourisme se traduit également par une offre d'hébergements « éco-friendly ». Cependant certains aménagements pourraient contribuer à la fragilisation des équilibres naturels. Ainsi, le gouvernement a-t-il accepté fin 2019 un projet de port de croisière et de complexe touristique sur l'île d'Eleuthera portée par Disney et ce, sans étude d'impact environnemental, au grand dam des écologistes. Il pourrait engendrer une fréquentation de 15 000 touristes par semaine sur l'île et impacter profondément les écosystèmes marins, sacrifiant Nemo à l'autel de la sacro-sainte économie.

Le défi du réchauffement climatique

Le réchauffement climatique pourrait avoir de multiples conséquences sur l'archipel. La plus visible serait la montée des eaux, entraînant des phénomènes de submersion, dans un territoire situé à plus de 80 % à moins d'un mètre du niveau de la mer, menaçant aéroports, routes, ports et autres infrastructures. D'autres conséquences liées au climat pourraient aussi rendre difficile les conditions de vie dans l'archipel, comme le déclin de la biodiversité et des ressources halieutiques (induit notamment par l'acidification des océans et la hausse des températures de l'eau), une augmentation de la salinisation des eaux et une réduction des terres agricoles. Territoire habituellement soumis aux ouragans, les phénomènes extrêmes pourraient être plus fréquents et plus violents. En septembre 2019 certaines îles des Bahamas ont été dévastées par le « super ouragan » Dorian. Un désastre dont les conséquences sont à la fois environnementales sociales et économiques. Dépêché sur place, le secrétaire général des Nations unies a affirmé la nécessité d'agir au niveau mondial contre le changement climatique, et souligné l'injustice d'un phénomène qui touche un pays peu contributeur aux émissions de gaz à effet de serre et en particulier les communautés les plus vulnérables. Le pays a décidé de fonder sa résilience sur le développement des énergies solaires, avec des dispositifs résistants aux ouragans de force 5. La démarche s'appuie également sur la promotion des véhicules électriques et des transports en communs et l'efficacité énergétique des bâtiments.

HISTOIRE

Originellement peuplé par les Indiens lucayans, dont il n'a tristement conservé aucun héritage, l'archipel des Bahamas, fort d'une situation privilégiée aux confins des Caraïbes, a tour à tour suscité la convoitise des colons espagnols, anglais, puis des loyalistes et autres sudistes venus d'Amérique avec leurs esclaves, fuyant la guerre ou rêvant de terres meilleures pour leurs cultures. Repaire de piraterie au XVIe siècle, Eldorado durant la prohibition américaine, la jeune nation des Bahamas aura finalement passé plus de trois siècles sous domination anglaise, avant de devenir indépendante le 10 juillet 1973. Une Histoire longue et parfois tumultueuse donc, et un État de moins de cinquante ans qui a remarquablement su s'organiser d'un point de vue politique, définir ses orientations économiques, faire valoir ses priorités écologiques et environnementales, tout en se forgeant une véritable identité.

Xe SIÈCLE

Premiers peuplements par les Lucayans

Les premiers peuplements de l'actuel archipel des Bahamas remontent au tournant du Xe siècle avec les Indiens lucayans, qui arrivèrent au cours de plusieurs vagues d'immigration. Venus des îles caraïbes au sud de l'archipel, ils fuient alors les petites Antilles et la menace des Indiens caraïbes. Aujourd'hui encore, on ne sait que peu de choses sur les habitants originels de l'archipel : aucun de ces groupes ethniques ne laissèrent de trace écrite de leur civilisation. Les seuls témoignages de leur culture sont des fragments de poteries, des dessins et autres outils de pierre ou d'os mis au jour par de récentes recherches archéologiques.

12 OCT 1492

Débarquement de Christophe Colomb à San Salvador

Après trente-trois jours d'une navigation incertaine, Christophe Colomb pose pied sur l'archipel le 12 octobre 1492 lors du premier de ses quatre voyages de découverte des Indes. Il découvre d'abord Guanahani, à l'est de l'archipel, qu'il baptise San Salvador ; puis Santa Maria de la Concepcion, devenue aujourd'hui Crooked Island ; Fernandina, aujourd'hui Long Island ; et enfin Isabela, désormais connue sous le nom de Long Cay. L'archipel surprend le Grand Amiral par la faible profondeur de ses eaux ; il est donc baptisé « Las Islas de Baja Mar », littéralement « les îles de la mer basse », et deviendra rapidement « Bahamas ».

© EVERETT - ART - SHUTTERSTOCK.COM

1495

Établissement de Colomb à Cat Island, la première colonie d'Espagnols sur les îles

Cette base servira de plate-forme à l'embarquement de milliers de Lucayans, la première triade moderne des esclaves. À cette époque, on estime à environ 40 000 le nombre d'Indiens lucayans qui vivent dans les « îles de la mer basse ». La colonisation sera si brutale qu'elle ne permettra de conserver aucune trace ni aucun enseignement de cette culture précolombienne.

1495-1520

Déportation et extinction progressive du peuple lucayan

Pendant 25 ans, les Lucayans sont embarqués pour l'île voisine d'Hispaniola, le principal établissement des Espagnols, pour y servir de main-d'œuvre dans les mines d'or et d'argent. La population indigène sera très vite décimée par des conditions de travail inhumaines, les suicides et les maladies transmises par les Européens contre lesquelles elle n'est pas immunisée. Moins de trente années suffiront à la disparition totale de cette ethnie.

1629 Le roi Charles Ier d'Angleterre cède les îles, avec une partie des nouvelles colonies nord-américaines, au gouverneur Robert Heath.

1647

Établissement des premiers colons anglais

À cette époque, seules seront colonisées les îles possédant de l'eau. Les « Eleutheran Adventurers » – « aventuriers d'Eleuthera » – fondent un premier établissement sur l'île d'Abaco, puis sur l'île de Cigatoo qu'ils baptisent Eleuthera, du grec « liberté ». Ces puritains anglais fuient les persécutions religieuses et la guerre civile en Angleterre ; ils cherchent un havre de paix pour pratiquer librement leur religion.

1648 William Sayle, ex-gouverneur des Bermudes, débarque sur Eleuthera avec 80 puritains anglais. Un an plus tard, ils organisent la première démocratie du Nouveau Monde et proclament une république indépendante.

1666 Fondation de Charles Town, la future Nassau, sur l'île de New Providence.

1681 Charles II d'Angleterre, qui ne reconnaît pas la minuscule République d'Eleuthera, répartit les îles entre six gros propriétaires de Caroline.

1695

Charles Town est rebaptisée Nassau et devient rapidement un repaire de pirates

Appointés par le gouvernement anglais, qui voit en eux une façon de harceler et de combattre les ennemis français et espagnols, les corsaires portent une lettre de marque qui garantit leur statut. Jusqu'en 1701, Nassau sera détruite à quatre reprises par les Espagnols.

1701-1714

Guerre de Succession d'Espagne et République des Corsaires

En 1703, Nassau est de nouveau détruite par la flotte franco-espagnole en représailles aux attaques et aux pillages permanents des corsaires anglais, qui y instaurent d'ailleurs leur République pirate en 1706. Il faudra attendre 1714 et la signature du traité d'Utrecht pour sceller la paix entre les Anglais et les Espagnols.

1718

© BARBARA KALBFLEISCH - SHUTTERSTOCK.COM

Les Bahamas deviennent colonie royale de l'Empire britannique, fin de la République des Corsaires

Le roi Georges II nomme un premier gouverneur royal des Bahamas : le capitaine Woodes Rogers. N'en ayant plus l'usage, l'Angleterre cesse sa protection aux pirates, qui deviennent hors-la-loi. Le nouveau gouverneur œuvre alors pour réinstaurer l'ordre, chasser les pirates, et poser les bases d'une première assemblée, qui sera officiellement établie en 1729.

1773

Les Bahamas sont déclarées en faillite par le gouvernement britannique

Dignes héritiers des pirates et des corsaires, les Bahaméens se livrent désormais, et jusqu'à la moitié du XIXe siècle, à l'échouage des navires et au pillage des épaves.

1775

Arrivée des loyalistes américains sur les îles

Poussés par la Révolution, les « loyalistes » pro-anglais quittent la toute jeune nation américaine pour rester fidèles à la bannière anglaise et rejoindre les premiers émigrants.

1782

Excédée par les pillages à répétition de leurs navires, une coalition franco-espagnole-américaine attaque de nouveau Nassau ; l'Espagne reprend possession des Bahamas.

1783

Les Bahamas sont officiellement rendues à l'Angleterre par le traité de Versailles.

De 1783 à 1785

Troisième vague migratoire avec les colons sudistes

Après la guerre d'Indépendance des États-Unis, plus de 8 000 émigrants sudistes – des planteurs de Caroline – fuient l'Amérique et affluent aux Bahamas, le plus souvent avec leurs esclaves. La population des îles triple. Ces nouveaux colons arrivent pour planter et exploiter des champs de coton, et leurs talents d'agriculteurs et de charpentiers influencent très vite la vie locale. Malheureusement, leur implantation ne connaîtra pas le succès escompté, car la terre bahaméenne, relativement pauvre, se prête mal à la culture : les plantations périclitent.

1807

L'Angleterre abolit le trafic des esclaves.

1er août 1834

Abolition de l'esclavage

De nombreux loyalistes préfèrent quitter les Bahamas et répartissent leurs terres parmi leurs anciens esclaves. Mais l'économie locale sombre rapidement.

1861-1865

La Guerre de Sécession américaine entraîne un véritable boom du commerce avec les États sudistes.

1898

L'établissement d'une loi favorisant les services de bateaux et l'hôtellerie marque le début du développement touristique des Bahamas.

1919-1934

La prohibition américaine s'impose comme une véritable manne pour l'économie bahaméenne. C'est le retour du trafic et du maraudage sur les îles, une nouvelle ère de piraterie.

1938

Chute de l'industrie de la pêche à l'éponge et essor du tourisme

Après la fin de la prohibition en 1934, la chute de l'industrie de la pêche à l'éponge marque un deuxième coup fatal pour l'économie locale. Le destin des Bahamas se tourne alors vers l'industrie du tourisme. À partir de 1940, le duc et la duchesse de Windsor, Edouard VIII et Wallis Simpson, nouveaux représentants du gouvernement britannique sur l'île, encouragent le tourisme nord-américain et canadien.

HISTOIRE

1939-1945

Seconde Guerre mondiale

Les Bahamas servent de plate-forme aérienne et maritime à l'armée américaine. Des bases américaines et anglaises sont établies sur les îles favorisant les séjours des étrangers.

1953-1958

Création des premiers partis politiques

Au gré de l'enrichissement des îles et de l'essor d'une classe moyenne noire, le PLP (Parti libéral progressiste) est créé en 1953 par Lynden Pindling. Devant la « menace » croissante de se voir perdre l'hégémonie politique, la minorité blanche et aisée qui dominait le Parlement des Bahamas au début des années 1950, réplique en fondant le Parti bahaméen uni (UBP) en 1958. Son chef le plus emblématique est Roland Symonette.

1959

Création du BNT, le Bahamas National Trust, ayant pour objet le développement et la gestion du réseau des parcs nationaux des Bahamas.

1959-1961

Révolution cubaine et redéploiement de l'industrie touristique

Les Bahamas sauront tirer parti de la révolution cubaine de 1959 qui chasse les touristes américains de l'île voisine, désormais communiste. Capitalisant sur la proximité avec les États-Unis, l'archipel décide d'un vaste programme d'aménagements touristiques dès 1961 ; un nouvel aéroport international est construit sur l'emplacement de la base américaine de Nassau ; le port de Nassau est par ailleurs aménagé de façon à pouvoir recevoir jusqu'à six bateaux de croisière, un pont reliant Nassau à Paradise Island est érigé, de nouveaux hôtels voient le jour, la ville de Freeport sur Grand Bahama Island sort de terre, et de grandes campagnes de communication sont menées…

© IGOR_KOPTILIN - SHUTTERSTOCK.COM

1962

Le suffrage universel est concédé ; les femmes bahaméennes elles aussi, peuvent voter.

1963

Grève générale soutenue par le PLP. Les élections amènent au poste de Premier ministre le Bahaméen blanc Roland Symonette, leader de l'UBP.

1964

La Grande-Bretagne accorde l'autonomie interne aux Bahamas au terme d'une série de démarches constitutionnelles et politiques complexes.

27 AVRIL 1965 « Mardi noir ». Le leader de l'opposition Lynden Pindling demande le pouvoir au peuple.

1967 Le Parti libéral progressiste (PLP) remporte les élections, et son leader est nommé Premier ministre, position que Pindling gardera durant 25 années.

10 JUILLET 1973

Proclamation de l'indépendance complète des Bahamas

Les Bahamas deviennent membre indépendant du Commonwealth des nations, mettant un terme à 325 années de domination britannique. Une nouvelle constitution est adoptée, conférant aux Bahamas une autonomie totale et fixant clairement le rôle de la Grande-Bretagne. Le monarque britannique est reconnu comme le souverain et chef d'État officiel ; il nomme un premier Gouverneur général en la personne de Sir Milo Butler.

Le drapeau bahaméen, composé de trois bandes horizontales (deux bleu outremer pour la mer, une jaune pour le soleil) et d'un triangle noir équilatéral pour symboliser la population des îles, est hissé pour la première fois. Les armoiries de l'archipel représentent quant à elles un marlin bleu, une conque, un flamant rose et la caravelle Santa Maria de Christophe Colomb sous un soleil étincelant. La devise nationale est « Forward, upward, onward, together » (plus loin, plus haut, plus avant, ensemble). Enfin, l'oiseau national est le flamant rose et la fleur nationale le *yellow elder*, une fleur jaune délicate de la famille des hibiscus.

1974 Création de la Banque centrale des Bahamas.

1975 Création du programme « People-to-People », permettant aux visiteurs de vivre leur expérience de voyage aux côtés des habitants.

1984 Aidé des Américains, le gouvernement des Bahamas met un coup d'arrêt au trafic de drogue qui transite par les îles, après la révélation scandaleuse de la corruption d'éminents membres du gouvernement par les cartels colombiens de la drogue. Pindling, qui a été anobli par la reine en 1983, reste au pouvoir jusqu'en 1992, mais chômage et corruption sapent son autorité et mettent un terme à ses 25 années de « règne ».

1986 Les Bahamas interdisent la pêche sur les récifs coralliens.

1992

Les élections sont remportées par le parti conservateur FNM (Mouvement national libre) dont le leader Hubert Ingraham devient Premier ministre.

Le nouveau gouvernement accroît la confiance du public envers l'Administration et le secteur financier. Le FNM, à qui l'on doit notamment un ambitieux plan de privatisation, sera d'ailleurs réélu en 1997.

1993 Création de la BREEF, Bahamas Reef Environment Educational Foundation, dont la vocation est la protection des eaux de l'archipel.

1996 Création des 21 gouvernements locaux de district.

1998	Ouverture du Resort Atlantis Paradise Island, construit par l'homme d'affaires sud-africain Sol Kerzner.
2002	Les élections amènent Perry Christie au pouvoir et son parti d'opposition libéral-progressiste (PLP).
2007	Hubert Ingraham redevient Premier ministre après la victoire de son parti, le Mouvement national libre (FNM), aux élections législatives.
26 NOV 2007	Les Bahamas ratifient le Traité d'Interdiction Complète des Essais Nucléaires (TICEN).
1ER SEPT 2009	Modification de la loi sur la pêche, offrant une protection complète à toutes les tortues marines en interdisant notamment la récolte, la possession, l'achat et la vente de ses œufs.
5 JUILLET 2011	La pêche aux requins est interdite aux Bahamas ; l'interdiction s'applique également dans ses eaux territoriales (630 000 km²).
25 FÉVR 2012	Le Premier ministre Hubert Ingraham inaugure le stade national de Nassau, conçu et financé par la Chine, et construit par des travailleurs chinois – un projet vivement dénoncé par l'opposition à l'heure où le pays connaît un taux de chômage proche des 14 %.
8 MAI 2012	L'ancien Premier ministre Perry Christie (2002-2007) conduit le principal parti d'opposition (PLP) à la victoire aux élections nationales.
11 MAI 2017	Dernières élections législatives : le FNM l'emporte et Hubert Minnis devient Premier ministre.
28 JUIN 2019	Son excellence Sir Cornelius Smith est nommé 10e Gouverneur général des Bahamas ; il succède ainsi à Dame Marguerite Pindling, en poste depuis 2014.
1ER SEPT 2019	L'ouragan Dorian s'abat sur les Abacos et sur Grand Bahama Island. Avec des vents enregistrés jusqu'à 364 km/h, il est le plus violent que le pays n'ait jamais connu.
1ER JAN 2020	Adoption de la mesure du zéro plastique et zéro polystyrène dans tout l'archipel.

TOP 10

PERSONNAGES HISTORIQUES

Évidemment marquée par d'importantes figures politiques, l'histoire des Bahamas se doit aussi de faire cas des talents qui ont poussé l'archipel sur le devant de la scène internationale. Musiciens, peintres, sculpteurs, acteurs, sportifs... : tour d'horizon de ceux dont vous entendrez forcément parler.

JOSEPH SPENCE
Guitariste et chanteur, il restera à jamais aux Bahamas le pape de la Goombay music et du Junkanoo.

RONNIE BUTLER
Né en 1937 et mort en 2017, il reste à ce jour l'un des meilleurs chanteurs que le pays ait connus.

AMOS FERGUSON
Le peintre le plus connu des Bahamas ! Ses tableaux sont exposés dans les grands musées du monde.

PAULINE DAVIS THOMPSON
Première Bahaméenne médaillée d'or aux JO en 2000, elle est une figure emblématique de l'athlétisme.

SEAN CONNERY
Né en Écosse, l'acteur, véritable star locale, est résident bahaméen depuis de nombreuses années.

© EVERETT COLLECTION - SHUTTERSTOCK.COM

JOHN COX
Sculpteur et peintre, il est aussi directeur des Popopstudios, studios d'art contemporain bahaméens.

SHAUNAE MILLER-UIBO
Après Pauline Davis Thompson et Tonique Williams-Darling, elle remporte le titre olympique du 400m en 2016.

DIANA HAMILTON
Auteure, compositrice et interprète, cette artiste bahaméenne métisse les styles et les influences.

LENNY KRAVITZ
Bahaméen par sa mère, il se rend régulièrement à Eleuthera où il possède un studio d'enregistrement.

© FABIO DIENA - SHUTTERSTOCK.COM

SIDNEY POITIER
Originaire de Cat Island, le premier acteur noir oscarisé demeure une véritable icône dans son pays.

© EVERETT COLLECTION - SHUTTERSTOCK.COM

LE PAYS AUJOURD'HUI

Les Bahamas possèdent l'une des économies les plus florissantes de la zone Caraïbes. Avec un PIB par habitant de 31 858 US$, elles constituent même le troisième pays le plus riche d'Amérique derrière les États-Unis et le Canada. Avec plus de 7 millions de visiteurs en 2019, le tourisme, secteur vital de l'économie, représente plus de 60 % du PIB. Et malgré les dommages régulièrement causés par les ouragans aux infrastructures et aux cultures agricoles, l'activité ne cesse de progresser. 2019 s'annonçait encore sous d'excellents auspices (+13 % sur le simple premier semestre) avant que l'ouragan Dorian ne vienne assombrir le ciel jusque-là bien dégagé de l'économie bahaméenne. Heureusement, sur les seize destinations touristiques que compte l'archipel, quinze demeurent ouvertes au tourisme début 2020, et dans un contexte de stabilité politique presque inébranlable, nul doute que le pays se redressera rapidement.

Structure étatique

Anciennes colonies britanniques devenues indépendantes, les Bahamas demeurent un royaume du Commonwealth. À ce titre, la reine Elizabeth II demeure le chef de l'État, titre acquis le 6 février 1952, et est représentée sur place par un gouverneur général, The Honourable Cornelius A. Smith depuis le 28 juin 2019. Le système légal quant à lui, est basé sur le droit anglais.

Si la monarchie est héréditaire, le gouverneur, lui, est nommé par le souverain anglais. Le troisième chef du gouvernement est le Premier ministre Hubert Minnis (depuis mai 2017), nommé par le gouverneur général à l'issue des élections législatives. Le cabinet ministériel, enfin, est désigné par le gouverneur général sur recommandation du Premier ministre.

Le pouvoir législatif quant à lui est partagé par deux chambres. Le Parlement compte un Sénat (chambre haute) de seize membres désignés par le gouverneur général sur recommandation du Premier ministre, pour une période de cinq ans. L'Assemblée (chambre basse) compte quarante représentants élus directement par la population pour cinq ans. Les dernières élections ont eu lieu en mai 2017 et le FNM d'Hubert Minnis – Free National Movement – a reconquis le pouvoir face au PLP de Perry Christie – Progressive Liberal Party.

© PIETRO CANALI

Plage de Cove à l'Atlantis Resort.

Tourisme, la mamelle de l'économie

Disposant de peu de ressources naturelles et d'un faible secteur industriel, le pays se trouve totalement dépendant de l'industrie touristique, qui génère à elle seule l'essentiel des devises étrangères. Le tourisme et ses services rattachés représentent en effet plus de 60 % du PIB et le secteur emploie directement ou indirectement la moitié de la population active du pays.

Plus de 7 millions de touristes ont posé le pied aux Bahamas en 2019 (arrivées maritimes et terrestres confondues). Si les États-Unis constituent encore le principal vivier de population touristique des îles, le Canada et l'Europe se montrent de plus en plus attirés par l'archipel et ses eaux cristallines. La compagnie Air Caraïbes a d'ailleurs ouvert ses réservations de sièges début 2018 pour une traversée hebdomadaire Paris-San Salvador-Nassau (avec transfert Bahamasair pour la fin du périple) ; British Airways assure quant à elle 5 vols par semaine Paris-Londres-Nassau, avec des correspondances directes au départ de Paris, Lyon, Nice, Marseille, Toulouse, Bruxelles et Genève ; American Airlines poursuit également ses rotations quotidiennes depuis Paris vers Nassau, Freeport (Grand Bahama), George Town (Exuma) ou North Eleuthera ; et Air France, en partenariat avec Delta Airlines, opère elle aussi tous les jours des vols Paris-Atlanta-Nassau, George Town ou North Eleuthera. Avec près de 19 000 visiteurs en 2019 (+8,4 % par rapport à 2018), les Français constituent le second marché émetteur en Europe (hors croisières et groupes) après le Royaume-Uni. Réponse positive à la stratégie de l'office national du tourisme de promouvoir l'ensemble des seize destinations, le déploiement touristique touche l'ensemble des îles de l'archipel. La construction d'hôtels, de complexes et de résidences est un facteur de croissance important du PIB. L'immatriculation de bateaux est également une source de revenus considérable puisque seul 0,2 % des bateaux immatriculés aux Bahamas appartiennent à des ressortissants locaux.

La finance, un secteur actif

Même si l'obligation d'une représentation physique aux Bahamas a été introduite par la Banque centrale en 2001, réduisant ainsi le nombre de banques offshore ou sociétés de gestion de trusts à 230, les Bahamas demeurent l'une des premières places financières offshore du monde. Le secteur bancaire extraterritorial s'est développé depuis l'indépendance et ici, les banques prospèrent. Les autorités américaines estiment à 115 000 le nombre des IBC's (International Business Companies) enregistrées aux Bahamas, parmi lesquelles environ 40 000 seraient actives. La finance est le second secteur après le tourisme de l'économie locale et représente environ 20 % du PIB. Le pays est un paradis fiscal et un centre bancaire pour les non-résidents. Les compagnies d'assurances sont également très présentes, ainsi que les fonds mutuels et les sociétés d'investissement.

En avril 2010, les Bahamas sont sorties de la « liste grise » des juridictions non coopératives de l'OCDE, et malgré l'entrée en vigueur aux Bahamas la même année du Foreign Accounts Tax Compliance Act (FATCA), obligeant les entreprises financières américaines présentes dans le pays à s'enregistrer auprès de l'Internal Revenue Service (IRS) américain et à déclarer leurs clients sous peine de lourdes amendes, le secteur ne semble pas être trop affecté.

Industrie et agriculture à la traîne

L'agriculture et l'industrie (ciment, sel, rhum, raffinage du pétrole, transformation de produits, produits pharmaceutiques) ne pèsent respectivement guère plus que 2,3 % et 7,7 % du PIB. Langoustes et poissons sont exportés, mais ne sont pas élevés industriellement. L'agriculture, qui produit principalement des légumes et de la volaille, est le fait de petits exploitants. Cultures vivrières ou minuscules plantations cherchent à tirer le meilleur parti d'un sol pauvre en eau, mais l'essentiel des produits agricoles est consommé localement. Cependant, du fait des centaines de milliers de touristes à nourrir, ni la pêche ni l'agriculture locale ne suffisent à couvrir les besoins de l'archipel, et les Bahamas doivent importer des produits agricoles comme des poissons et autres produits de la mer. Ces deux domaines progressent avec le développement en cours sur l'île d'Andros.

Impôt ? Connais pas...

Aux Bahamas, les entreprises pas plus que les individus ne sont imposés directement. Les recettes du gouvernement proviennent des impôts prélevés sur les importations (50 %), de la perception de droits sur le trafic aérien, et des droits à payer pour l'obtention d'un permis. L'absence d'imposition attire les investisseurs étrangers qui sont accueillis à bras ouverts, notamment dans les domaines du tourisme, de l'élevage de crevettes, de la production laitière et de fruits et légumes.

Depuis janvier 2015, il est tout de même à noter l'arrivée de la taxe sur la valeur ajoutée, aujourd'hui fixée à 12 %.

Le phénomène des îles à vendre ou à louer

De plus en plus de villas privées et ensembles de maisons luxueuses sont disponibles à la location ou à la vente sur les îles ou îlots privés. L'île de Musha Cay, propriété de l'Illusionniste David Copperfield, se loue à la journée près de 40 000 dollars pour 12 personnes maximum, et se réserve pour un minimum de 4 nuits ! John Travolta y a déjà séjourné et le cofondateur de Google Sergey Brin s'y est marié. On peut aussi imiter Johnny Depp qui a acheté en 2004 l'île de Little Hall's Pond Cay dans la zone protégée des Exumas, déboursant la modique somme de 3 millions de dollars !

Véritable source de revenus pour les agences qui ont pignon sur rue, ces locations et acquisitions sont destinées aux plus fortunés. Le courtier allemand Farhad Vladi, l'un des plus importants courtiers au monde dans ce domaine, a vendu Leaf Cay en 2006, situé elle aussi dans les Exumas, à l'acteur américain Nicolas Cage pour 3 millions de dollars. Les plus-values réalisées sur ces acquisitions par les richissimes habitants de notre planète sont impressionnantes, et il s'agit souvent d'investissements à but lucratif – certaines de ces îles étant aménagées en conséquence pour attirer les visiteurs.

Les partenaires économiques

Le pays est totalement dépendant de ses importations. En 2017, elles représentaient encore 6,89 milliards de dollars, contre 952 millions de dollars d'exportations. Les partenaires économiques majeurs des Bahamas pour l'exportation sont les États-Unis, la France, l'Irlande, le Canada et le Ghana. Quant aux importations, les principaux fournisseurs sont les États-Unis, Barbade, Trinité-et-Tobago et le Japon.

© THE ISLANDS OF THE BAHAMAS

Abacos.

La France de son côté, importe à hauteur de 27 millions d'euros par an depuis les Bahamas, et exporte de l'ordre de 85 millions d'euros vers l'archipel. Compte tenu de sa proximité avec les États-Unis et de sa complexité, le territoire bahaméen est également utilisé comme plate-forme d'émigration illégale vers les États-Unis. L'inflation est maintenue à un taux faible de l'ordre de 2 % par an.

Relations internationales

Les Bahamas sont membre des Nations Unies, de l'Organisation internationale du Travail, de la Communauté des Caraïbes (Caricom), de l'Association des États de la Caraïbe (AEC) et du Mouvement des pays non alignés. Par ailleurs pays observateur de l'Organisation mondiale du Commerce, les Bahamas souhaitent désormais en devenir membre à part entière. Le groupe de travail sur l'adhésion du territoire comme État partie à l'OMC a tenu sa quatrième réunion en avril 2019 : à suivre…

Enfin, depuis l'établissement des relations diplomatiques avec Pékin en 1997, les investissements chinois se multiplient aux Bahamas : l'entreprise hongkongaise Wampoa Hutchinson gère la zone franche de Freeport, tandis que l'hôtel de grand luxe Baha Mar à Cable Beach (New Providence), dont le coût de construction a été estimé à 4,2 milliards de dollars, a été financé aux deux tiers par des crédits de l'Eximbank.

Enjeux actuels

Alors que le tourisme représente plus de 60 % du PIB national, les dommages causés par l'ouragan Dorian début septembre 2019 sur les Abacos, et sur Grand Bahama Island dans une moindre mesure, se doivent d'être réparés au plus vite. Le gouvernement s'y attelle activement et œuvre avec les contraintes logistiques locales, mais si Grand Bahama a rouvert ses portes aux touristes début 2020, le chemin de la reconstruction sera encore long pour l'île au perroquet vert des Bahamas. À l'exception de Green Turtle Cay et de l'extrême sud, Abaco a en effet été intégralement dévastée. Et si l'étendue de l'archipel est telle que les autres destinations n'ont pas du tout été impactées, les amalgames et généralités sont allés bon train outre-Atlantique, si bien qu'une importante campagne d'information et de communication a été indispensable pour rassurer professionnels du tourisme et voyageurs. Quelques mois ont ainsi été nécessaires pour permettre à tous de se remettre de ces événements, mais au printemps 2020, tout semblait être rentré dans l'ordre et quinze destinations sur seize étaient parfaitement opérationnelles.

Au-delà du tourisme, en hausse constante malgré vents et marées, au vu des faibles revenus fiscaux générés, les Bahamas se doivent de trouver d'autres sources d'entrées. Les droits de douane en font partie, tout comme les secteurs de l'industrie et de l'agriculture – représentant à eux deux un dixième du PIB –, qui ne sont pas laissés de côté. Le gouvernement œuvre ainsi pour le développement des marchés à potentiel sur lesquels peut s'appuyer le pays, tels que la production pharmaceutique, le sel, le rhum, la pêche, le transbordement et le raffinage du pétrole.

ARCHITECTURE

Vaste archipel de près de 700 îles au large de Cuba et de la Floride, les Bahamas ont été « découvertes » par Christophe Colomb en 1492, depuis l'île de San Salvador. Ce sont les multiples implantations coloniales qui suivirent qui marquent l'héritage architectural de ces îles. Cependant, c'est probablement les loyalistes, fuyant la Floride durant la guerre d'Indépendance et qui s'installèrent sur l'archipel qui influencèrent le plus l'architecture des Bahamas – en y important notamment le style géorgien. L'île de Providence se transforme aujourd'hui de plus en plus en vaste complexe hôtelier, avec des bâtiments démesurés, et des aménagements portuaires qui accueillent des marinas pour heureux fortunés. Fort heureusement, le reste de l'archipel semble relativement préservé, bien que l'activité économique officielle (n'oublions qu'il s'agit d'un paradis fiscal !) et principale demeure le tourisme. Ainsi, on verra de nombreux hôtels en bois sur pilotis, reproduisant le fantasme des cases exotiques, mais qui n'ont plus grand-chose à voir avec les bâtiments traditionnels.

Habitat traditionnel

L'architecture traditionnelle bahaméenne est un héritage direct des premiers colons venus du sud de l'Amérique. Ils appliquent leur maîtrise de la construction navale en bois à leurs maisons, qu'ils bâtissent avec les ressources locales. La taille de la maison est en fonction de la longueur des troncs utilisés et la plupart d'entre elles mesurent 9 mètres sur 12. Elles sont construites en hauteur pour éviter les inondations. En fonction de ses moyens, le propriétaire ajoutait un niveau, un auvent, ou une véranda sur un, deux ou trois côtés de la maison. Cette pièce est protégée par une avancée du toit ornée de lambrequins en bois découpé, soutenue par de fines colonnettes, munie d'une terrasse en bois ciselé, et de murets festonnés. Dans nombre de villages, les cases de bois affichent des couleurs vives et pastels, telles des maisons de poupées. Raffinées et secrètes, les cases créoles, toutes en lattes de bois, sont en général bicolores, blanches avec une couleur dominante : rose, bleu turquoise, jaune mimosa, rouge, indigo, mauve, vert d'eau, etc. Toutes les nuances de la gamme sont utilisées et contrastent gaiement avec le ciel ! De somptueux jardins sont abondamment fleuris de bougainvilliers, d'hibiscus, et autres fleurs tropicales qui dégringolent des murs en cascades. Les jardins, tels des écrins de couleurs, enserrent la case bahaméenne. Les villages traditionnels sont un véritable festival de couleurs, source d'inspiration des aquarellistes locaux.

Bungalow aux Bahamas.

ARCHITECTURE

Le faste colonial et les plantations

Les Bahamas furent occupées par les loyalistes durant la guerre d'indépendance, à la fin du XVIIIe siècle. Ils importèrent ainsi le style géorgien, ou fédéral, très répandu dans les colonies britanniques d'alors, en y appliquant quelques variations qui caractérisent le style d'architecture coloniale locale, connue sous le nom de style loyaliste. Outre l'utilisation de couleurs vives, le style géorgien a été modifié pour faire face aux ouragans qui frappent souvent les côtes de l'archipel.

C'est à Nassau que les loyalistes laissèrent l'héritage le plus marquant. Le centre-ville porte encore la marque de l'architecture géorgienne avec ses bâtisses en pierre. Cependant, le matériau le plus utilisé demeure le bois de pins de l'île d'Abaco notamment (dont les forêts ont malheureusement été décimées). C'est le style caractéristique des colons américains.

Nombre d'anciennes demeures existent encore aujourd'hui et sont protégées tels des joyaux du patrimoine national ; on admirera notamment à Nassau la *Balcony House*, la plus vieille de l'île. Cette maison rose qui est caractéristique du style loyaliste est aujourd'hui transformée en musée historique. Entièrement en bois, elle doit son nom au balcon en « L » qui court le long du premier étage.

Sur la baie de Harbour Island, un cottage de colons loyalistes datant de 1797, maintenu en l'état et proposé à la location aux touristes pour les budgets aisés.

Cette tradition architecturale perdure et on la retrouve également dans la zone la plus pauvre de Nassau, à *Over-the-Hill*, où des maisons de plain-pied arborent des toitures et des couleurs similaires, mais souvent ternies ou abîmées, faute de moyens pour les entretenir. Chez les plus démunis, la peinture s'est même entièrement écaillée avec le temps. Elles se démarquent par leur aspect fait de bric et de broc, dû à l'utilisation de matériaux de récupération, ainsi qu'aux fresques et mosaïques qu'on retrouve parfois sur les murs d'enceinte des terrains.

Plus tard, des demeures coloniales cossues, construites en pierre, avec véranda et colonnes, furent bâties par les planteurs américains qui émigrèrent sur les îles. Ce style architectural rappelant les décors du film *Autant en emporte le vent* a perduré dans le courant du XIXe siècle. On peut voir sur les hauteurs de Nassau d'anciennes demeures coloniales très luxueuses. La plupart des bâtisses des plantations ont aujourd'hui disparu, ou sont tombées en décrépitude, rares traces du passé esclavagiste des îles. Le Palais du gouverneur (*Government House*), qui abrite encore aujourd'hui le gouverneur général des Bahamas, est sûrement l'un des plus beaux exemples d'architecture coloniale des Indes occidentales. Après l'ouragan dévastateur de 1929, elle a été complétée par des éléments néo-classiques, comme son frontispice et ses colonnes, s'ajoutant au style loyaliste du reste du bâtiment loyaliste.

L'architecture religieuse

L'archipel regroupe des églises aux styles très variés, du XVIIIe siècle à la période moderne, l'architecture religieuse s'est déployée jusqu'à ses formes les plus délirantes. Des églises coloniales en style néo-gothique à l'église moderne *Mary Star of the Sea* (Freeport, Grand Bahama),

© JOE HENDRICKSON - SHUTTERSTOCK.COM

Maison du Gouverneur, Nassau.

© THE ISLANDS OF THE BAHAMAS

Atlantis, Paradise Island.

le voyageur ne sera pas déçu. Cette dernière est coiffée d'un diamant et arbore une grande croix rouge sur sa toiture. On trouve également de nombreuses églises anglicanes, à l'image de l'église Andrews sur l'île de Great Exuma qui détonne dans le paysage par ses volets pointus. Parmi les édifices religieux qui valent le détour, on trouve également la magnifique St. Peter & St. Paul's Catholic Church à Clarence Town sur Long Island. Dominant le paysage environnant, elle sert de repère sur terre comme sur mer et tire sa particularité de ses tourelles jumelles rondes, qui évoquent plus des phares que des clochers.

Architecture contemporaine

Plus récemment, pour répondre aux normes d'un tourisme « à l'américaine », les îles se sont vues agrémentées de constructions de béton parfois démesurées. Les zones touristiques de Cable Beach sur New Providence, Atlantis sur Paradise Island, et Lucaya à Freeport, sur l'île de Grand Bahama ont ainsi vu le jour. Toutes les autres îles de l'archipel offrent au contraire un développement touristique maîtrisé.

Le complexe hôtelier Atlantis fait figure d'un véritable parc d'attraction exotique – un Disneyland des Caraïbes. Ses bâtiments coiffés de tourelles farfelues composent une arche monumentale qui domine l'île. Le complexe s'étale sur tout *Paradise*, avec ses nombreux bassins – on y retrouve même la reproduction d'une pyramide amérindienne qui fait office de toboggan. Un mélange des genres plutôt cocasse quand on sait qu'il ne reste rien des populations Lucayennes qui vivaient aux Bahamas avant l'arrivée de Christophe Colomb. Certains de ces complexes hôteliers démesurés, à l'image du Bahamar, reprennent des formes de l'architecture coloniale, notamment pour les toitures, et affichent ainsi un style que l'on pourrait qualifier de néo-loyaliste.

Au Sud de New Providence, dans la marina Albany, BIG a réalisé le projet du Honeycomb Building, nommé ainsi en raison de sa façade en nid d'abeille, qui abrite des balcons aux piscines intégrées. Malheureusement, la Plaza conçue en résonance avec le bâtiment par l'architecte hollandais n'a pas été réalisée, ce qui fait perdre un peu à l'ensemble de sa superbe.

L'architecture contemporaine se manifeste surtout par l'aménagement de villas modernistes luxueuses disséminées sur l'archipel, rappelant que ce petit bout de paradis est autant tropical que fiscal.

BEAUX-ARTS

Repaire de corsaires au XVIIe siècle, l'archipel des Bahamas voit désormais éclore une génération d'artistes qui revendiquent l'identité si particulière des îles. L'architecture reprend en écho les nuances florales, les arts plastiques celles de l'azur et des flots, les sculptures jaillissent des écorces exotiques. Toléré depuis peu, le street art raconte lui aussi les îles à sa façon sur les murs de Nassau. Soulevez les feuillages pour apercevoir les fresques chatoyantes et réalistes de la capitale. Scènes de la vie quotidienne, dont deux joyeux paysans qui tranchent le pain façon bande dessinée, un banc de poissons nageant sur un parapet turquoise, des danseurs anonymes plus grands que nature qui tournoient autour d'une porte. Autant de couleurs qui donnent le ton, entre parcs luxuriants et chants d'oiseaux. Un éventail de lieux et d'événements défendent l'art bahaméen, relativement naissant mais qui ne demande qu'à s'affirmer.

Panorama d'un art émergent

Dans les îles, l'art et un vif sens esthétique font partie intégrante du quotidien. La frontière entre les différents domaines de la création semble volontairement floue : la nature inspire les aquarelles, le bois engendre sculptures et gravures. Le festival Bahamas National Trust Wine and Art Festival allie depuis une trentaine d'années le plaisir des papilles et des yeux, les bénéfices servant à la protection de l'environnement. Plus spécialisé, Transforming Spaces invite les acteurs culturels des îles, galeries, artisans et artistes novateurs, à prendre part à la vitalité artistique locale. L'événement se présente sous la forme d'un circuit entre galeries et ateliers. Depuis une centaine d'années, des artistes d'horizons variés façonnent l'art bahaméen. Nombre d'entre eux partent temporairement en Europe ou aux États-Unis, pour étudier ou s'inscrire dans la continuité des courants picturaux internationaux. Il va sans dire que le cadre exceptionnel inspire la démarche de nombreux artistes, notamment des aquarellistes présents sur toutes les îles. Comment ne pas s'imprégner des couleurs vives des flots et de la végétation, de la luminosité exceptionnelle et surtout de la joie de vivre ambiante ? D'autres artistes mêlent à leurs origines des touches d'ailleurs, que ce soit par les thèmes ou par la technique, se forgeant ainsi un style personnel, à la fois local et à même de se faire une place sur la scène extérieure. Quelle que soit leur démarche, ils contribuent chacun à leur façon à définir l'art bahaméen telle que l'incontournable National Art Gallery of The Bahamas (p.96) entend le présenter. Sa collection de peintures, sculptures, céramiques, techniques mixtes et photographies fait remonter ses origines au tournant du XXe siècle.

Amos Ferguson, l'emblématique

Autodidacte prolifique, Amos Ferguson, né à Exuda en 1920 et décédé en 2009, reste à ce jour l'artiste le plus connu des îles. Surnommé « le grand-père de l'art bahaméen », Ferguson était profondément croyant. Dans ses œuvres figuratives qui illustrent des scènes religieuses et populaires, il réunit animaux anthropomorphes, anges, musique et paysages de composition libre. Très jeune, Ferguson décide de devenir peintre, et il n'hésite pas à gagner sa vie en peignant maisons et pancartes. Il commence à imaginer des tableaux suite à un rêve dans lequel son neveu voit Ferguson recevoir un don de Dieu. Dans un premier temps, il vend au marché ses œuvres peintes de préférence sur du carton ou des plaques de bois. Petite particularité, il a recours à des clous pour tracer points et cercles. C'est à la table de sa cuisine que Ferguson réalise ses tableaux jusqu'à l'âge de la retraite. Chacun raconte une histoire et lui est inspiré *par Dieu plutôt que par ce qu'il voit*. Sa première exposition individuelle a lieu en 1972, puis en 1985, 50 de ses œuvres sont montrées dans le Connecticut. L'exposition devenue itinérante parcourt le monde pendant deux longues années. Sa réputation se répand comme une traînée de poudre.

Art abstrait de Kendal Hanna

Né à Nassau en 1936, Kendal Hanna compte parmi les précurseurs de la peinture abstraite aux Bahamas. Ses premières œuvres sont essentiellement figuratives et peintes en noir et blanc. De nature curieuse, il s'initie très jeune à la poterie. Il part à la découverte du monde, vit temporairement à New York, explore les musées américains et se lie d'amitié avec des artistes de tous bords. De retour aux Bahamas, il s'intéresse aux couleurs à l'approche de la trentaine, après une thérapie traitant la schizophrénie qu'on lui diagnostique alors. Ce faisant, il affirme que son subconscient s'exprime directement sur ses toiles. Kendal Hanna expérimente également l'expressionnisme. Suite à l'incendie de sa maison, il connaît une période de creux, bientôt comblée par PopopStudios. Ce centre, qui abrite des ateliers et une galerie, lui offre une résidence permanente où il poursuit sa carrière sous le signe du renouveau. Ses peintures qui lui valent d'être comparé à William de Kooning, Jackson Pollock ou Joan Miró sont entrées dans plusieurs collections locales et internationales.

Rose, doyen des photographes

Né en Italie de parents britanniques, en 1937, Roland Rose est surnommé « Dean of Photography » (Doyen de la photographie). Il n'a que treize ans quand il troque son harmonica contre son premier appareil photo. Peu après, il fait l'acquisition d'un Kodak Retinette, dès l'apparition de la fameuse pellicule. La famille s'exile aux Bahamas en 1946 et dès 1951, Rose s'installe en tant que photographe professionnel. Il documente la vie des Bahamas et immortalise des scènes qui reflètent l'esprit des îles. Nommé ministre du Tourisme, ses images vibrantes sont connues pour avoir attiré les visiteurs sur les îles. Il continue de capturer sur le vif des scènes évoquant les manifestations pour l'Indépendance, les catastrophes naturelles mais aussi les peuples en vacances. Son travail de précieux chroniqueur fait l'objet de rétrospectives acclamées. A sa suite, Paulette Mortimer, née en 1975, combine à la photographie l'art multimédia. L'artiste est célèbre pour ses paysages en noir et blanc, ses images au filtre et ses effets infrarouges. Elle travaille en parallèle l'argile, le transfert d'images et la peinture. Alexandra Conway Timchula a débuté par la gravure et la lithographie avant d'étudier la photographie à New York. Sa démarche pluridisciplinaire est largement nourrie par ses photographies d'architecture de très grands formats. Ana-Lisa Wells a quant à elle appris la photographie dans le Michigan avant de retourner dans ses îles natales. En plus de la photographie artistique, elle mélange également les disciplines, peinture et dessin. Ses portraits photographiques mettent en scène des personnages au cœur d'une nature recréée, émergeant d'une végétation colorée.

L'art naïf de Wellington Bridgewater

Autre artiste autodidacte, Wellington Bridgewater naît à Nassau en 1948. Tour à tour fermier, pêcheur, maître-nageur et ouvrier dans le bâtiment, il se lance dans la peinture en 1991, à l'âge de 43 ans. Profondément religieux, il puise son art dans sa foi. Ses peintures et ses sculptures sont à ses yeux le fruit de visions prophétiques qu'il reçoit en rêve. Les Bahamas lui passent plusieurs commandes officielles, la première étant une sculpture de Saint Joseph pour l'église catholique éponyme. La National Art Gallery (p.96) acquiert pour sa collection permanente plusieurs de ses représentations dont *Angel Blowing His Trumpet* (Ange jouant de la trompette) et *The Serpent Lady* (la femme-serpent). Il peut se targuer d'être le premier artiste bahaméen à exposer à l'American Folk Art Museum de New York grâce à sa toile *Saddam Hussein as the Nine Headed Serpent in Revelations* (Révélations de Saddam Hussein en serpent à neuf têtes).

Antonius Roberts, sculpteur

Sculpteur inspiré par la matière, Antonius Roberts naît en 1958 à Nassau. Attaché à préserver et à documenter le patrimoine bahaméen, il commence très tôt à créer à partir de matériaux organiques recyclés. Ses idées proviennent selon lui du bois ou du marbre qu'il entreprend de tailler. Il possède un don particulier pour implanter des œuvres dans de vastes espaces extérieurs, qu'il sélectionne pour leur valeur historique. Sa démarche est motivée par la volonté de connecter la nature spirituelle et émotionnelle de l'Homme à la nature. Ses « femmes sacrées » voyagent jusqu'en Allemagne puis en 2006, Rebirth, une installation de douze figures en bronze sont exposées en Chine. Considéré comme l'artiste bahaméen le plus représentatif de l'époque actuelle, il intervient également comme consultant. Il participe à la restauration de la Villa Doyle ainsi qu'à la fondation de la Central Bank Art Gallery et est nommé conservateur de la Hillside House, devenue Antonius Roberts Studio and Gallery (p.93), lieu d'exposition et de vente dédié à l'art contemporain. Antonius Roberts organise en 1992 la première exposition de son ami dont il est un fervent admirateur, le peintre Livingstone Pratt. Né en 1959 à Nassau, Pratt compose des peintures colorées guidées par sa foi. Ses œuvres spirituelles sont autant d'évocations de la nostalgie et de l'espoir.

Mélange des genres

Personnalité engagée à dynamiser la scène artistique bahaméenne, John Cox cumule les casquettes. Né à Nassau en 1973, il se forme à Rhode Island aux métiers d'illustrateur et d'enseignant en arts plastiques, qu'il exerce avec passion. Sa démarche artistique allie les techniques, peintures, collages, objets trouvés et matériaux familiers, pour proposer sa vision du quotidien. Ses grands formats sont exposés aux quatre coins du monde. Cox dirige par ailleurs la Current Gallery & Art Centre, qui se consacre aux artistes locaux contemporains. La galerie propose également une résidence d'artiste, des ateliers créatifs et des visites guidées. Les peintures et les installations de Michael Edwards, né en 1975 aux Bahamas, se situent au croisement de l'art et de la science. Il combine les disciplines pour inviter le public à dialoguer avec ces deux mondes qu'il estime plus semblables qu'on ne l'imagine. Il étudie le français à Bordeaux puis le dessin à Paris, avant de s'initier à la peinture aux Etats-Unis. De retour dans l'archipel, il expose au centre d'arts visuels Popopstudios puis débute une carrière d'enseignant au College of The Bahamas. Tessa Whitehead, née en 1985 à Nassau, se forme au célèbre Saint Martins College of Art and Design de Londres. Son art d'une puissance déroutante s'exprime aussi bien en peinture qu'en sculpture, dans un genre conceptuel qui a recours aux installations. Repoussant les limites, elle aime sortir du cadre strict de la toile, jouer avec la perspective pour créer le vertige, moduler les textures pour créer l'illusion. Whitehead est aussi conservatrice de D'Aguilar Art Foundation à Nassau. Depuis 2008, la fondation soutient l'art de l'archipel par le biais d'acquisitions et d'expositions. Les choix de la collection ont pour but de refléter l'identité unique des Bahamas.

MUSIQUES ET SCÈNES

Les Bahamas sont peut-être une jeune nation, sa culture n'en demeure pas moins immémoriale, métissage d'influences africaines et de traditions venues du Vieux Continent. Si l'héritage britannique est omniprésent, les Bahamas cultivent une identité très marquée et une culture aussi profonde que singulière, dont la personnalité s'exprime disertement dans la musique. Vibrante et colorée, cette dernière retentit dans l'archipel tout au long de la journée et de l'année. À commencer lors du Junkanoo, le carnaval bahamien, cousin du Mardi-Gras louisianais et concentré de culture locale se déroulant entre le 26 décembre et le 1er janvier. Des racines africaines palpables dans le goombay, aux rythmes antillais traversant le calypso en passant par les influences des États-Unis voisines dans la musique contemporaine, toute l'Histoire des Bahamas est à écouter dans sa musique.

Le Junkanoo

Impossible de trouver expression plus authentique de la culture bahaméenne que son carnaval : le Junkanoo. Si l'origine du mot est incertaine – il dériverait de John Canoe, un célèbre chef de tribu africain devenu esclave au XVIIIe siècle –, on sait que la célébration du carnaval remonte à la conquête espagnole, époque où les colons l'importèrent en Amérique. À l'origine, les deux périodes de sa célébration correspondaient aux jours précédant le Carême et le solstice d'été. Il est fêté aujourd'hui aux alentours de Noël, un peu partout sur les différentes îles de l'archipel, le paroxysme étant atteint le jour du Boxing Day (26 décembre) à Nassau, quand le défilé démarre à 2h du matin (oui oui !) pour s'achever autour de 11h. Cousin du carnaval de Rio ou du Mardi gras de La Nouvelle-Orléans, le Junkanoo est une fête avant tout populaire où toutes les classes sociales se joignent indifféremment à la liesse, les costumes et les masques gommant les distinctions. Ce sont aussi ces derniers qui expriment le passé bahamien, entre traditions, coutumes et racines africaines.

La musique, absolument fiévreuse, qui accompagne la parade – appelée *Junkanoo Rush Out* – est un vrai défilé de tambours de peaux de chèvre, de cors, de cloches en cuivre et sifflets. L'improvisation collective joue un grand rôle. À l'issue de la parade, un comité de juges décerne les prix qui récompensent les meilleurs groupes. Ceux-ci remportent le droit de défiler à nouveau le 1er janvier, de l'aube à la fin de la matinée. Une fois l'effervescence du Junkanoo retombée, les groupes se lancent très vite dans la préparation du carnaval de l'année suivante. À noter que désormais, face à la demande touristique, un autre carnaval est organisé les week-ends de juin à

© TRAE ROLLINS - SHUTTERSTOCK.COM

Musiciens de Gombay au Junkanoo.

août sur Nassau, Grand Bahama Island, Abaco, Exuma et Bimini. C'est le Junkanoo Summer Festival, le même mélange coloré de musique, d'art et de culture où l'on vibre aux sons des sifflets, des cuivres et des tambours en peau de chèvre, mais en version estivale.

Le Goombay et le rake n'scrape

Outre le Junkanoo, l'autre genre musical par excellence bahaméen est sans conteste le Goombay. Venant du terme bantou signifiant « rythme », le Goombay mélange des rythmes africains aux mélodies de la vieille Europe. Indissociables du genre, on désigne par *rake n'scrape* les orchestres qui interprètent le Goombay – c'est pour ça que l'on parle parfois de « musique rake n'scrape » – traditionnellement sur des instruments à base d'outils (comme la scie ou le tournevis) ainsi que des accordéons, des guitares, des maracas et un violon. Des instruments plus modernes comme le saxophone ou la guitare électrique ont aussi fait leur apparition plus récemment. Côté danse, les pas exécutés sur du Goombay ressemblent à s'y méprendre à ceux du quadrille ou de la polka.

Le musicien Joseph Spence, aujourd'hui décédé, est peut-être l'un des plus célèbres ambassadeurs du Goombay (et de la musique bahaméenne dans son ensemble). Guitariste et chanteur devenu culte, il a inspiré de nombreux musiciens américains comme Taj Mahal, Grateful Dead ou Ry Cooder avec son style unique singulier, mélange de calypso, blues, folk, chants sacrés et d'âme bahaméenne.

Chaque année, durant la première semaine de juin, sur Cat Island, se tient le festival du rake'n'scrape, une excellente occasion d'entendre les meilleurs artistes du genre jouer les morceaux iconiques.

Le calypso

Bien qu'il soit originaire de Trinidad et Tobago, le calypso s'est propagé dans toutes les Caraïbes, avant de s'établir et prospérer durablement aux Bahamas dans le courant du XXe siècle. Ce rythme traditionnel langoureux des îles est hérité de la période de l'esclavage, quand les esclaves se défiaient avec des vers humoristiques ou polémiques mis en musique au rythme de bâtons entrechoqués. Cette joute oratoire est devenue une musique plus élaborée avec guitares et batteries, enrichie des influences des rythmes africains. Souvent chanté en créole français ou en anglais, le genre a muté selon les îles où il a atterri pour se transformer, par exemple, en rocksteady (puis en ska et en reggae) en Jamaïque. Un superbe panorama sur le genre a été réalisé par Smithsonian Folkways (le label de la Smithsonian Institution), avec la compilation *Calypso Awakening from the Emory Cook Collection*. Autrement, pour découvrir la star bahaméenne du genre, foncez sur l'album *Blind Blake & the Victoria Royal Hotel Calypsos* édité sous le label suisse Moi J'Connais Records. L'objet compile tous les grands standards de Blake Alphonso Higgs, le plus célèbre calypsonien des Bahamas. Un petit chef-d'œuvre de la musique locale.

© LEV RADIN - SHUTTERSTOCK.COM

Lenny Kravitz.

Musique populaire

Une des formes musicales les plus populaires aux Bahamas est le gospel. Vestige du passage des loyalistes du sud des États-Unis, le gospel est très présent dans les célébrations religieuses et il est tout sauf rare de croiser une congrégation chantant accompagnée par des danses spirituelles et des applaudissements. Quant aux artistes bahaméens aujourd'hui connus et reconnus à l'échelle nationale et internationale, on retiendra tout particulièrement Ronnie Butler (1937-2017), l'auteur du fameux titre *Burma Road* en 1967. Toujours considéré comme l'un des meilleurs chanteurs du pays, Ronnie Butler a traversé tous les styles – calypso, rake'n'scrape, rock, bluegrass, funk, ballades romantiques… – et fut même anobli par la reine d'Angleterre à la fin de sa carrière. Autre grande figure musicale, Diana Hamilton mélange dans ses albums blues cajun, country, calypso, jazz ou hip hop et a fondé sur Cat Island un Summer Camp de la musique rake n'scrape. Dernier artiste notable, Nehemiah Hield fut le leader du groupe The Baha Men (dont vous avez forcément déjà entendu le hit *Who Let the Dogs Out*), a obtenu en 1991 le Bahamian Grammy du meilleur chanteur et fait partie depuis 1999 des choristes de Lenny Kravitz. Des noms qui ont marqué l'histoire musicale du pays et continuent aujourd'hui à faire résonner les couleurs bahamiennes au-delà de l'archipel.

LITTÉRATURE

N'allons pas croire que vivre dans un décor paradisiaque exempte de s'intéresser aux questions culturelles, preuve s'il en est besoin l'inscription en 2014 de Nassau au réseau des villes créatives référencées par l'Unesco. Outre la célébration du fameux Carnaval de Junkanoo et la sauvegarde de l'art de la paille, la capitale s'ingénie aussi à faire vivre sa littérature et a organisé en 2018 une première, le festival SeaWords Bahamas. Certes, l'histoire – et peut-être même la géographie d'un archipel particulièrement étendu et finalement assez peuplé – n'ont pas à ce jour favorisé l'émergence d'écrivains ayant accédé à une renommée internationale, pour autant le XXe siècle se montre propice aux nouvelles plumes qui, si elles restent inconnues par-delà les frontières, ont le double attrait d'être en majorité féminine et de représenter la multi-culturalité d'un pays qui a toujours été au carrefour des civilisations.

D'hier...

Avant d'entrer de plain-pied dans le XXe siècle, accordons-nous une embardée dans le passé, l'histoire est trop belle. Du passage de Christophe Colomb en 1492 à l'indépendance accordée par la Grande-Bretagne en 1973, les Bahamas ont été l'enjeu d'une double revendication par les Espagnols et par les Anglais. Ces derniers, pour asseoir leur position, les offrent au XVIIe à huit lords ayant soutenu le roi Charles II durant la Restauration. Ils n'y mettront jamais les pieds et devront renoncer à leur propriété – contre rémunération – quand le nouveau souverain, Jacques II, arrive au pouvoir. L'affaire en reste là jusqu'à ce qu'en 1714 George 1er, à son tour en charge de la couronne royale, décide d'installer un gouverneur sur place, son choix se porte sur Woodes Rogers, corsaire et écrivain à ses heures perdues. Ce dernier raconte ainsi dans son récit autobiographique *A crusing voyage round the world* comment il a, par exemple, secouru en 1709 Alexandre Selkirk qui avait été débarqué, seul, sur l'île Más a Tierra de l'archipel chilien Juan Fernández quatre ans auparavant. Une histoire qui inspira à un autre auteur, Daniel Defoe, un célèbre roman, *Robinson Crusoé*. Fermons là ce chapitre, car pour l'heure, Woodes Rogers a fort à faire. L'archipel est en effet la proie des pirates, en ses eaux naviguent Jack Rackham, qui inspirera à Hergé le personnage Rackham le Rouge, et son équipage non moins légendaire auquel appartiennent deux femmes qui deviendront elles aussi héroïnes de papier, Anne Bonny et Mary Read. Toutes deux ont la particularité de s'être fait passer pour des hommes pour embrasser leur carrière, et elles n'avaient absolument rien à leur envier en matière de bravoure. Elles prendront place dans le roman en deux tomes de Mireille Calmel, *Lady Pirate*, à découvrir aux éditions XO. L'histoire s'acheva par la mort des forbans et si les Bahamas furent ensuite témoin d'autres

Woodes Rogers.

© LEONARD ZHUKOVSKY - SHUTTERSTOCK.COM

Bibliothèque Haynes.

conflits, seul son XIXe siècle inspira à nouveau un écrivain français, Maurice Denuzière, qui y campa une trilogie portant le nom de l'archipel. Dans celle-ci, Charles Ambroise Desteyrac arrive sur place pour construire un pont, s'il tombe fou amoureux d'une belle métisse qu'il épouse, il est par ailleurs confronté à l'évolution des questions sociétales, conséquence directe de la guerre civile américaine. Cette grande fresque romanesque, riche de passions, n'oublie donc rien de la réalité historique.

... à aujourd'hui

Avec le siècle naît à Trinidad, le 4 mai 1900, une femme qui aura une influence majeure sur la culture bahaméenne, Meta Davis Cumberbatch. Elle s'installe dans l'archipel avec son mari en 1926 et rapidement s'investit dans les questions politiques, celle du racisme, qui est loin d'être résolue, puis celle du droit des femmes. En parallèle, elle s'efforce de mettre en avant le patrimoine immatériel local en initiant le Festival of Arts and Crafts à Nassau, contribue à développer celui-ci en promulguant cours de théâtre et de piano, et l'enrichit par le biais de ses propres œuvres musicales et poétiques, à l'instar de son poème *A Child of nature (Negro of the Caribbean)*. Un engagement qui lui vaudra de devenir Mother of Arts et qui sera salué par la Reine d'Angleterre qui la fera membre de l'Ordre de l'Empire britannique lors de sa visite en 1966. Trois ans plus tard, débarque aux Bahamas un écrivain atypique, Canadien mais Anglais de naissance, ancien de la Royal Air Force, Arthur Hailey qui excellera dans l'art du roman catastrophe, dont le plus célèbre – *Airport* – sera adapté au cinéma dans un film éponyme où apparaissent Burt Lancaster et Dean Martin. Malgré son immense succès, il vendra des millions d'exemplaires en maintes langues, ses titres – *Détective*, *News*, *Le Destin d'une femme*, *Bank*... – sont désormais épuisés dans leur traduction française.

Au mitant du siècle apparaît une génération native particulièrement féconde. Ainsi, Telcine Turner-Rolle (1944-2012) porte la voix des étudiants qu'elle accueille durant ses cours d'écriture créative, mais publie également un recueil de poèmes pour enfants, *Song of the Surreys*, et se fait tout particulièrement remarquer dans le domaine du théâtre. Elle est l'auteure de la pièce *Woman Take Two* primée par l'Université des Antilles, et s'exercera à la mise en scène au sein de la compagnie Bahama Drama Circle. C'est dans ce même milieu qu'évolue Winston Saunders, président du Dundas Center for the Performing Arts de 1975 à 1998, acteur et dramaturge célébré pour ses textes, notamment *Them* et *You can lead a horse to water*. Il était l'époux de Gail North-Saunders qui a créé les Archives nationales et écrit des livres consacrés à l'histoire des Bahamas, elle fut, tout comme Meta Davis Cumberbatch, honorée par l'Ordre de l'Empire britannique en 2003. Quant à elle, Marion Bethel, née en 1953, publie jusqu'aux États-Unis où elle est reprise dans des anthologies poétiques. En plus de ses recueils, dont *Guanahani* ou *Bougainvillea Ringplay*, elle trouve le temps de prendre la caméra et a été récompensée pour son documentaire *Womanish Ways* consacré au droit de vote des Bahaméennes. Enfin, Patricia Glinton-Meicholas, qui a vu le jour en 1950 sur Cat Island a été la première lauréate du Bahamas Cacique Award for Writing en 1998. Très active, elle a participé à la création de l'Association des études culturelles, édité la revue *Yinna* et cofondé la maison d'édition Guanima Press avec son mari Neko. Leurs publications reflètent la force d'une littérature en devenir et l'amour pour leur pays.

TOP 10

LECTURE

Le paradis terrestre semble susciter chez les auteurs l'envie d'écrire de belles histoires d'amour ou, plus étrangement, de sombres romans policiers. Mais les Bahamas sont aussi le territoire des pirates et des aventuriers, ce que rappelle la littérature enfantine. À défaut de découvrir des écrivains locaux, focus sur des lectures idéales pour les vacances.

Un couple en voyage de noces repêche un bras en Floride ! Une enquête qui mènera l'ex-inspecteur Andrew Yancy jusqu'aux Bahamas.

Mauvais coucheur, Carl Hiaasen, Éditions 10-18

Katherine Dunne décide de s'offrir une croisière avec ses trois enfants pour fuir les tensions familiales, mais le bateau fait naufrage… les Dunne ont-ils survécu ?

Dernière escale James Patterson, Éditions Le Livre de Poche

Un marlin de 250 kg pêché aux abords des Îles Bimini aurait inspiré à l'écrivain ce standard de la littérature américaine.

Le Vieil homme et la mer, Ernest Hemingway, Éditions Folio

Chanteur et navigateur, Antoine se souvient de ses voyages qui l'ont mené jusqu'aux tropiques, rafraîchissant !

Voyage aux Amériques, Antoine, Éditions Arthaud

La célèbre trilogie s'attache aux pas de Charles Ambroise Desteyrac, ingénieur qui, en ce fougueux XVIIe siècle, est chargé de construire un pont qui résistera aux ouragans.

Bahamas, Maurice Denuzière, Éditions Le Livre de Poche

Jack Rackham et son équipage doivent débarquer en urgence sur une île des Bahamas, une palpitante aventure pour les petits lecteurs DYS.

Jack et l'île du crâne, Calista Moon, Éditions des Terres rouges

Le collège fait moins rêver que des vacances aux Bahamas, mais quand un cyclone se profile, Élise saura-t-elle rester raisonnable ?

Chasseur de cyclones, Christine Avel, Éditions L'École des Loisirs

Une île paradisiaque pour se reposer, Delia pensait trouver la sérénité… mais le charismatique Texan Marcus Cerrera a peut-être une autre idée en tête.

Coup de foudre aux Bahamas, Diana Palmer, Éditions Harlequin

Parce que les paradis ont parfois leur face sombre, l'auteur canadien démontre comment depuis les années 50 son pays a contribué à l'offshorisation du monde.

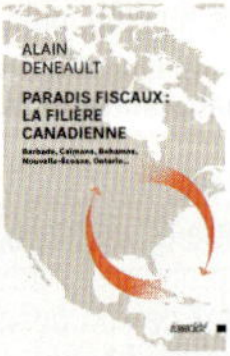

Paradis fiscaux : la filière canadienne, Alain Deneault, Éditions Écosociété

Nathan Heller pensait juste s'acquitter d'un sale boulot en suivant un couple illégitime, il n'aurait jamais cru que cela le conduirait à frayer avec la mafia bahaméenne.

Heures charnelles, Max Allan Collins, Éditions Gallimard

À L'ÉCRAN

Avec ses décors de rêves, ses plages somptueuses, et son soleil quasiment quotidien tout au long de l'année, l'archipel des Bahamas attire bien des cinéastes. Il est ainsi sélectionné comme lieu de tournage par les plus grands réalisateurs. Les Bahamas voient également naître le grand Sidney Poitier, premier acteur noir oscarisé pour *Le Lys des champs* en 1964, il est une véritable fierté dans son pays. Le plus célèbre et le plus adulé des héros du 7e art dans le pays est sans conteste James Bond. Ainsi, Sean Connery, Roger Moore, Pierce Brosnan et Daniel Craig se succèdent sur les tournages des aventures du célèbre agent secret (*L'espion qui m'aimait, Le monde ne suffit pas* et *Casino Royale*). Plus récemment, les Bahamas constituent une partie du décor pour le film français *L'Odyssée* de Jérôme Salle, sur la vie de Jacques-Yves Cousteau et offre ainsi une nouvelle fenêtre de visibilité à ces îles paradisiaques.

Sidney Poitier, 007, Pirates et fiasco

Les Bahamas doivent leur célébrité dans le 7e art international à quatre facteurs. Le premier est évidemment Sidney Poitier, acteur bahaméen et ambassadeur des Bahamas. Fils d'un planteur de tomates, Poitier s'envole pour les États-Unis à 15 ans et intègre la prestigieuse organisation Actors Studio. Nominé pour la première fois aux Oscars en 1958 pour son rôle dans *La Chaîne*, il reçoit cependant le Prix du meilleur acteur en 1964, grâce à l'œuvre *Le Lys des champs* et devient ainsi le premier acteur noir à recevoir cet Oscar. Il remporte le Life Achievment Award en 1992 et est considéré aujourd'hui comme l'un des plus grands acteurs. Dans un tout autre registre, une figure emblématique du cinéma participe à mettre les Bahamas en lumière : l'agent secret James Bond. En effet, à de nombreuses reprises, les différents interprètes du célèbre 007 (de Sean Connery à Daniel Craig) foulent les plages de sable blanc des îles de l'archipel. La plupart des scènes extérieures de *Opération Tonnerre* et de *Casino Royale*, sont par exemple tournées entre Nassau et Paradise Island. Pour l'anecdote, Sean Connery, considéré par beaucoup comme le seul et unique Agent 007, tombe amoureux de l'archipel et y achète une propriété sur New Providence. Autre saga célèbre profitant des somptueux panoramas bahaméens : *Pirates des Caraïbes*, dont les 2e et 3e volets se tournent entre White Cay et Grand Bahama Island, près de la plage de Gold Rock Beach (Lucayan National Park). Plus récemment, les Bahamas sont malgré elles sous les spotlights du monde entier et en cause, le festival de musique frauduleux Fyre Festival. Considéré comme l'une des plus grandes escroqueries, cet événement est au cœur de deux documentaires à succès en 2019 : *Fyre Fraud* (Hulu) et Fyre : *The Greatest Party That Never Happened* (Netflix).

Terre de tournages

Parmi les films les plus connus posant une partie de leur tournage aux Bahamas citons également : *Vingt Milles Lieues sous les mers* (de Stuart Paton en 1916 et de Richard Fleischer en 1954), *Le Sauvage* (1975, Jean-Paul Rappeneau), *Splash* (1984, Ron Howard où l'on peut apercevoir le célèbre Stuart Cove, présent également dans de nombreuses œuvres), *Le Grand Bleu* (Luc Besson, 1988), *Vacances sous les tropiques* (2001, de Steve Purcell) et *Bleu d'Enfer* (2005 de John Stockwell) avec Paul Walker, Jessica Alba et Josh Brolin. Plus récemment, citons le film de Disney *À la poursuite de demain* (2015) avec Georges Clooney et Hugh Laurie ainsi que *L'Odyssée* (2016) de Jérôme Salle avec Lambert Wilson, Pierre Niney et Audrey Tautou. Il s'agit d'un portrait de Jacques-Yves Cousteau (campé par Wilson), faisant aussi une large place à ses relations avec son fils cadet, Philippe Cousteau (Niney).

© EVERETT COLLECTION - SHUTTERSTOCK.COM

Sidney Poitier.

POPULATION

Descendante des colons anglais, des loyalistes américains et des esclaves africains, la population bahaméenne est aujourd'hui majoritairement noire et relativement peu métissée. L'exceptionnel taux de natalité du pays a généré une population jeune, davantage attirée par l'activité urbaine que par la quiétude des « Family Islands » : environ 70 % vivent en effet sur New Providence, qui abrite la capitale Nassau, 15 % vivent à Freeport, la capitale de Grand Bahama, tandis que le reste des 406 000 habitants de l'archipel se répartit sur les quatorze îles extérieures. En moyenne sur la totalité du territoire, la densité de population atteint péniblement les 29 habitants au kilomètre carré. Accueillants et souriants, les Bahaméens font indéniablement partie de la découverte des îles, à tel point qu'un programme « People to People » a été développé par le ministère du Tourisme pour découvrir le pays au plus près de ses habitants.

À l'origine…

Le peuplement des Bahamas débute au Ier millénaire avec les Lucayans, un peuple taïno parlant l'arawak, arrivé dans les Caraïbes entre les années 500 et 800. Plus tard, la découverte de l'île de San Salvador par Christophe Colomb en 1492 marque le début de l'intérêt des Européens pour ces terres caribéennes. Les premières colonies anglaises permanentes s'installèrent ainsi aux Bahamas à partir de 1647, puis vinrent les loyalistes américains qui fuyaient alors la révolution américaine. Cette double vague d'émigration amena sur les îles deux catégories de colons : d'une part, les fermiers qui arrivèrent avec de larges familles et une centaine d'esclaves, et s'installèrent sur les îles extérieures ; d'autre part, les marchands et les militaires, hostiles à toute forme de promiscuité raciale, qui s'installèrent à Nassau espérant repartir en Amérique dès la fin de la guerre. Ce fut ensuite le tour des sudistes, qui débarquèrent après la guerre de Sécession. Beaucoup de ces colons arrivèrent avec leurs esclaves africains venus des zones côtières de l'Afrique de l'Ouest et du Congo ; aujourd'hui, les descendants des planteurs et de leurs esclaves comptent parmi les plus anciennes familles de l'archipel.

© THE ISLANDS OF THE BAHAMAS

Famille de pêcheurs à West End.

Les hérédités de l'esclavage

Dans les villages des îles extérieures, vous constaterez certainement que les habitants portent le nom des plantations qu'occupèrent leurs ancêtres. Ainsi, certains villages ne comptent aujourd'hui qu'un nom de famille partagé par tous les villageois ! À Man o War par exemple (Abacos), tous les habitants s'appellent « Albright », à Spanish Wells (Eleuthera), la moitié de la population porte le nom de « Pinder », à Exumas les « Rolle » sont omniprésents. Ailleurs, « Saunders », « Malone », « Lowes », « Bethels » et autres « Alburys » sont autant de patronymes loyalistes que les familles sont fières de porter.

Une population jeune, urbaine et peu métissée

Les Bahamas s'enorgueillissaient jusqu'à très récemment du deuxième taux de natalité le plus élevé au monde. Résultat : près de 60 % de la population a aujourd'hui moins de 30 ans. Jeune, la population bahaméenne est aussi très urbaine. Entre les 289 000 résidents de Nassau et les quelque 60 000 habitants de Freeport, près de 85 % de la population se concentre en effet dans les grandes villes. Dans les îles extérieures, les Abacos, les Exumas et Eleuthera sont les principaux foyers habités ; les îles les plus méridionales quant à elles sont les moins peuplées, et certaines d'entre elles tendent même à se dépeupler.

© PHOTRAVEL_RU - SHUTTERSTOCKPHOTO.COM

Eglise orthodoxe grecque à Nassau.

Aux Bahamas, 80 % de la population est noire, 10 % est blanche d'origine anglaise, irlandaise, grecque ou libanaise, et 10 % est métisse. Toute trace de la population amérindienne originelle a disparu depuis les premières années de la colonisation espagnole. Les relations interraciales sont harmonieuses en apparence, même si les Bahaméens blancs souffrent d'un complexe de supériorité compte tenu de leur ascendance, et si les populations noires étrangères – les Haïtiens notamment – sont regardées avec un certain mépris.

Une mosaïque de micro-communautés

La population bahaméenne compose une véritable mosaïque de micro-communautés, arrivées sur l'île en vagues bien distinctes en raison d'une activité économique particulière ou de remous politiques spécifiques. Les communautés de descendants des loyalistes américains sont fières de leur ascendance et se revendiquent comme les plus « vraies » des Bahaméens. On en rencontre sur Eleuthera et Harbour Island, à Spanish Wells et sur Harbour Island, sur les Abacos, à Marsh Harbour, à Cherokee Sound, à Green Turtle et à Treasure Cay… La plupart de ces établissements datent des vagues d'émigration loyaliste et sudiste. Les descendants blancs des premiers colons sont familièrement appelés les « Conchy Joes » et sont aisément identifiables à leur peau claire, leurs cheveux blonds et leurs yeux bleus ou verts. Leur accent est sensiblement différent de celui des Bahaméens noirs. D'une manière générale, les Bahaméens blancs ont des positions sociales élevées : hommes d'affaires, propriétaires terriens ou encore commerçants… Vous pourrez vous étonner de découvrir sur les hauteurs de Nassau une église orthodoxe grecque traditionnelle. Et pourtant ! Il existe une communauté grecque très active dans cette ville. Son origine remonte au début du XXe siècle quand la pêche à l'éponge battait son plein. Après le déclin de cette activité, les Grecs se sont volontiers tournés vers des activités commerciales et nombre d'entre eux possèdent aujourd'hui des boutiques de duty free. Les Cubains sont aussi présents, à Nassau notamment. L'émigration cubaine, liée aux problèmes politiques, sociaux et économiques de l'île voisine, est relativement récente. La dernière communauté notable est celle des Haïtiens qui émigrent pour la plupart clandestinement dans l'espoir de trouver du travail et de meilleures conditions de vie. Les autorités bahaméennes sont très strictes à leur égard et les renvoient le plus souvent dans leur pays. Lorsqu'ils parviennent à rester, ils sont principalement employés pour des travaux pénibles que les Bahaméens refusent d'exécuter, tels que la construction et l'agriculture. Ils sont d'autant plus mal intégrés que la langue constitue une véritable barrière. Enfin, une dernière communauté, très présente sur New Providence notamment, est à ne pas omettre : celle des retraités et résidents nord-américains, qui colonisent les condominiums et les villas de bord de mer. Affichant un pouvoir d'achat élevé, ils constituent une manne financière non négligeable et influencent notablement l'offre touristique et commerciale.

« Broken english » et patois

Si l'anglais demeure la langue officielle des Bahamas, certains vocables sont adaptés avec inversion de lettres (« aks » pour « ask » par exemple), conférant aux Bahamas une vraie singularité linguistique. C'est ce que l'on appelle le « broken english ». Les vrais Bahaméens pratiquent par ailleurs un patois qui varie sensiblement d'une île à une autre, et dont l'origine remonte à la période de l'émigration des loyalistes et du parler typique qu'ils amenèrent avec eux. Les esclaves africains, les puritains anglais et autres émigrants ont eux aussi laissé leurs influences et contribué à la naissance de ce dialecte métisse.

SOCIÉTÉ

Partagés entre l'influence des États-Unis, dont ils sont géographiquement très proches, celle de la couronne britannique, dont ils furent une colonie de 1787 à 1973, avant de devenir royaume du Commonwealth, tiraillés d'autre part par leur héritage africain, sans jamais oublier leur Histoire ni leurs racines caribéennes, les Bahamas possèdent finalement une culture bien singulière. S'ils adoptent en effet volontiers l'« American way of life », les Bahaméens n'en demeurent pas moins attachés à leur modèle d'éducation à l'anglaise, à leur traditionnelle « Bush medicine », et à leur incontournable Junkanoo Festival, directement issu de la période de l'esclavage. Si face à ce melting-pot d'influences, le voyageur peut perdre le fil, la douceur de vivre qui anime l'archipel au quotidien ne laisse nulle place au doute : vous voilà bien aux Bahamas, au beau milieu des Caraïbes, un pays à l'identité finalement bien marquée.

American Way of Life

Le mode de vie bahaméen est très influencé par celui des États-Unis. Cette influence est particulièrement notable chez la jeune génération, qu'il s'agisse du langage, de la mode vestimentaire, de la musique, de la nourriture, et des références culturelles en général. Ainsi, les grandes chaînes de restauration rapide américaines sont largement représentées sur les îles et les hamburgers remplacent de plus en plus le traditionnel peas'n'rice. Autre aspect de cette proximité culturelle, les jeunes Bahaméens faisant preuve de facilités particulières sur le plan sportif peuvent bénéficier aisément de bourses d'études aux États-Unis.

Ecolière Bahaméenne en uniforme.

British Education

Le modèle d'éducation bahaméen est largement inspiré du système britannique (uniformes en prime de l'école au lycée !), et les jeunes bénéficient d'une solide éducation. L'école est obligatoire jusqu'à 16 ans ; pour les études supérieures, l'hôpital Princess Margaret à Nassau abrite une école d'infirmières, tandis que l'université des Indes occidentales possède un campus à Nassau et un autre à Freeport, ainsi que des antennes sur différentes îles voisines. Pas moins de quatorze nations des Caraïbes de langue anglaise partagent l'administration de cette université, qui accueille sur chacun de ses campus des étudiants de tous ces États. Les Bahamas se sont fait une spécialité de l'enseignement du management hôtelier et du tourisme. Pour d'autres cursus, la plupart des jeunes, profitant d'accords et de bourses, doivent s'expatrier en Grande-Bretagne et au Canada. Une fois diplômés, ils sont nombreux à revenir sur leurs îles natales.

Emploi : les services en tête

Environ 90 % du PIB du pays provenant des services, cette branche d'activité représente aujourd'hui l'essentiel de l'emploi local. Le tourisme à lui seul embauche la moitié de la population active du pays, suivie du secteur des finances, second acteur économique du pays après le tourisme. Les principaux pôles d'activités sont concentrés à Nassau, Paradise Island, et Freeport dans une moindre mesure ; le complexe Atlantis à lui seul, avec ses 8 000 employés, se classait jusqu'à l'arrivée du complexe Baha Mar comme le second employeur du pays, juste après le Gouvernement… En 2019, le taux de chômage s'élevait à 9,63 %.

Jeunes écoliers.

Les musiciens locaux animent la nuit des bars aux Bahamas.

L'emploi local est favorisé par des mesures assez strictes : les Bahamas sont le pays des Caraïbes le plus exigeant en termes de formalités d'entrée sur le territoire, et les permis de travail pour toute personne de nationalité étrangère sont particulièrement difficiles à obtenir.

La famille, un pilier

La famille est une valeur essentielle aux Bahamas. Sur les Out Islands notamment, d'ailleurs surnommées les « Family Islands », la famille demeure le noyau de la société. Toutefois, sa structure a connu des mutations notables au cours des générations. L'accès aux études supérieures à Nassau et à l'étranger pousse certains jeunes à s'éloigner du noyau familial, et à s'y installer à la fin de leurs études pour débuter leur carrière professionnelle. D'autres choisissent au contraire de s'arrêter à la fin de l'école obligatoire, ou de revenir dans leur île natale après leurs études, et fondent alors une famille à peine le cap de la vingtaine franchi. Malheureusement, il est assez fréquent que ces liaisons précoces s'achèvent par un divorce quelques années plus tard, si bien qu'aujourd'hui, les familles monoparentales sont assez nombreuses. En définitive donc, si le lien familial est encore fort, il n'est pas rare de rencontrer des familles avec mère à Long Island, père à Abaco, fils à Nassau et fille au Canada.

Homosexualité

À l'image des îles caribéennes voisines, les Bahamas n'excellent pas dans le domaine des droits aux personnes LGBT : pas d'union civile pour les couples de même sexe, adoption interdite, et aucune loi de pénalisation contre les discriminations fondées sur l'orientation sexuelle. Comme partout, l'homosexualité existe, mais on ne la voit pas, on n'en parle pas. Si la Rainbow Alliance des Bahamas apporte son soutien à la communauté homosexuelle bahaméenne, ne vous attendez donc pas à trouver sur place des établissements gay friendly.

Place de la femme

Les femmes bahaméennes sont tout à fait bien intégrées dans la vie sociale aux Bahamas, elles occupent majoritairement des postes dans le tourisme, l'hôtellerie et les services, où elles sont parfois majoritaires.

Mais derrière ce quotidien, certaines inégalités persistent en matière juridique, notamment en termes d'héritage : elles ne disposent toujours pas du même droit que les hommes de transmettre la citoyenneté à leur époux d'origine étrangère. Des femmes de premier plan, de toute orientation politique, continuent à faire pression pour une modification de la Constitution et une révision des lois pour intégrer l'égalité dans ces règles, mais tout reste encore à faire.

© DANIEL M ERNST - SHUTTERSTOCK.COM

Femme bahaméenne.

Bush medicine

La « *bush medicine* » – médecine traditionnelle – est pratiquée par les Bahaméens depuis des siècles. Les traditions africaines sont à l'origine de ces savoirs si particuliers qui ont envahi les îles pendant la période de l'esclavage, et qui sont aujourd'hui encore largement transmises de mère en fille. Les habitants de Cat Island doivent notamment leur réputation de longévité à leur connaissance et à l'usage régulier des plantes que tout un chacun possède dans son jardin. Plus d'une centaine sont ainsi répertoriées sur les îles pour leurs effets thérapeutiques.

Protection sociale

Les Bahaméens profitent du NIB, National Insurance Board. Lancée en 1972, cette organisation a pour objet de gérer et d'administrer le programme national de sécurité sociale, officiellement en action depuis le 7 octobre 1974. Son rôle majeur est de couvrir les citoyens par le biais d'indemnités en cas de maladie, d'invalidité, d'accident du travail, de maternité, de retraite ou toute autre source de perte involontaire de revenu. C'est l'équivalent de notre Sécurité sociale française : une cotisation mensuelle est prélevée sur le salaire brut des employés ; elle peut être complétée par une mutuelle privée selon le choix et la politique de l'employeur.

Église St. Peter & St. Paul, Clarence Town, Long Island.

RELIGIONS

La religion est une affaire sérieuse aux Bahamas, qui détiennent d'ailleurs le record du monde du nombre d'églises par habitant ! Amusez-vous à dénombrer les lieux de culte qui essaiment les îles, et à observer les foules endimanchées qui se précipitent dans la moindre chapelle le dimanche matin. Vous l'aurez vite compris : héritage britannique oblige, l'immense majorité des Bahaméens sont protestants, anglicans ou baptistes. Les églises adventistes, pentecôtistes, réformistes et autres nouvelles églises proches des sectes ont par ailleurs recruté des fidèles. L'Obeah, équivalent local du vaudou haïtien ou de la santeria cubaine, demeure peu développé, sauf à Cat Island où on le trouve sous une forme allégée. Syncrétisme entre religion chrétienne et anciennes croyances africaines, ce système de croyances populaires gouverne les relations entre les êtres animés et le monde des esprits.

Le christianisme sous toutes ses formes

La constitution des Bahamas garantit la liberté de religion et interdit la discrimination fondée sur la croyance. Le pays ne possède d'ailleurs pas de religion d'État, bien que le préambule de sa constitution mentionne les « valeurs chrétiennes ».

Héritage de la colonisation anglaise, le christianisme réunit à lui seul quelque 95 % des fidèles, dont près de trois quarts de protestants, eux-mêmes partagés entre baptistes (35 %), anglicans (15 %), pentecôtistes (8 %), adeptes de l'Église de Dieux (5 %), adventistes du septième jour (5 %) et autres méthodistes (4 %). Il existe par ailleurs aux Bahamas d'importantes populations catholiques romaines et grecques orthodoxes. Tous pratiquent leur foi dans une liberté absolue : respect, ferveur et loyauté rendent possible une remarquable cohabitation entre toutes les religions.

La vie religieuse aux Bahamas fait partie intégrante de la vie sociale et du quotidien des habitants – les affaires religieuses font d'ailleurs la Une des quotidiens locaux. Chaque ville, chaque bourgade possède une, voire parfois deux églises ! La religion est pratiquée à travers tout l'archipel avec une ferveur inégalée ; prendre part à un office le dimanche matin est d'ailleurs chaudement recommandé pour plonger dans la vie religieuse bahaméenne ! Soyez par contre vêtus en conséquence, car hommes et femmes arborent leurs plus beaux costumes, leurs plus belles robes, et leurs chapeaux les plus raffinés ; pendant plusieurs heures, les églises s'animent d'un incroyable souffle de spiritualité ! Les soirs de la semaine, les ouailles fréquentent également les églises, répétant les chants de la fin de semaine. Ne manquez pas de visiter quelques-unes des belles églises colorées qui essaiment dans les îles ni les monuments anglicans les plus remarquables des Bahamas : la grande église anglicane de Nassau notamment, ou encore l'église Sainte-Marie, construite par les Espagnols au XVIIe siècle.

Les autres religions et croyances

De plus petites communautés (juive, baha'ie, témoins de Jéhovah et musulmane) sont également présentes sur l'archipel. Un petit nombre de citoyens s'identifient aussi comme rastafaris (un mouvement social, culturel et spirituel qui s'est développé à partir de la Jamaïque dans les années 1930), et certains membres des communautés guyanaises et indiennes pratiquent l'hindouisme et d'autres religions sud-asiatiques.

Enfin, une petite communauté de Bahaméens et d'Haïtiens, en particulier ceux qui vivent dans les Out Islands – Cat Island en tête –, pratiquent encore l'Obeah, sorte de culte vaudou mêlant religions traditionnelles africaines et sorcellerie, qui doit son enracinement bahaméen aux Coromantee du Ghana, les esclaves captifs Ashanti de la région de la Côte d'Or, qui furent déportés dans les colonies européennes des Caraïbes aux XVIIe et XVIIIe siècles. L'*obi*, ou « homme Obeah », qui incarne un maître spirituel considéré comme soigneur, aide les personnes possédées par les esprits ou qui ne trouvent pas de remède à leur maladie. Ceux qui savent l'invoquer en lui offrant des denrées alimentaires ou autres potions d'eau pimentée peuvent obtenir des guérisons miraculeuses et quasiment instantanées, dit-on, et ce peu importe la maladie. L'homme Obeah aurait par ailleurs des pouvoirs de prédiction de l'avenir, pourrait attirer la chance, protéger des esprits malins ou encore susciter un sentiment amoureux. Autrefois très ancré sur l'archipel, l'Obeah n'est de nos jours plus beaucoup développé aux Bahamas, et ses adeptes le pratiquent sous une forme allégée. Officiellement illégal dans le pays, passible même d'une peine de prison, la loi est toutefois rarement appliquée.

QUE RAPPORTER ?

Paniers, sacs, chapeaux de paille, la vannerie est une activité maîtresse aux Bahamas ! Les articles artisanaux de bonne facture et de fabrication locale abondent sur les différents marchés des grandes îles. Vous ferez également de bonnes affaires sur les produits internationaux de luxe en arpentant par exemple Bay Street à Nassau (un must !) ou encore le Port Lucaya Market Place de Freeport, sur Grand Bahama Island. Les amateurs de cigares seront quant à eux comblés au Graycliff à Nassau : fabrication manuelle avec une équipe de choc initiée par Avelino Lara, l'inventeur du Cohiba de Fidel Castro et son ancien « rouleur » personnel ! Aujourd'hui, c'est son fils qui dirige les rouleurs de la fabrique. Enfin, pourquoi ne pas honorer les artistes locaux en rapportant avec vous une belle peinture ou sculpture ? Plus simple encore : revenir en musique au son d'un album de Goombay acheté sur place.

Artisanat local

L'artisanat bahaméen fait la part belle aux articles de vannerie, aux belles pièces sculptées sur bois ou noix de coco, aux paréos et autres poupées créoles colorées, que l'on retrouvera un peu partout aux quatre coins de l'archipel. Chaque île et chaque « capitale » possède d'ailleurs son propre marché de vannerie – *straw market* –, une halte incontournable pour s'enivrer de l'atmosphère joviale et authentique des Bahamas, et pour rapporter bien sûr de véritables produits « Made in Bahamas » ! Attention cependant aux items fabriqués en série dans un continent lointain, sur lesquels la simple mention « Bahamas » pourrait vous faire croire qu'ils ont été conçus sur place ; les vrais beaux produits locaux sont généralement reconnaissables. Plus localement, Andros abrite la fabrique Androsia, qui crée de très jolis batiks, vêtements, et linges de maison cousus main ; Freeport accueille un laboratoire de parfumerie – The Perfume Factory – où vous pourrez concevoir vous-même votre fragrance à partir d'essences naturelles ; Nassau, quant à elle, abrite la fabrique d'impressions sur tissus Bahama Handprints, la fabrique de cigares du Graycliff, ainsi que la distillerie John Watlings, où vous pourrez faire le plein de bon rhum local !

La sculpture et peinture sur coquillage de lambi est également très singulière à l'archipel. Les Amérindiens déjà, le sculptaient en outils, en bijoux, et l'utilisaient comme instrument de musique et de communication. Victimes collatérales de la pêche et de la cuisine de la conque, ces superbes coquillages, une fois vidés, se retrouvent aujourd'hui entassés autour du moindre petit port ou ponton de pêche. Longtemps ignorés, ils sont de plus en plus utilisés pour parer les clôtures, décorer la maison, et même donc, reconvertis en de véritables œuvres d'art !

© STEVEN ANDRES - SHUTTERSTOCK.COM

Masques sculptés en bois.

Produits internationaux de luxe

Depuis le 1er janvier 1992, le gouvernement du Commonwealth des Bahamas a supprimé les droits d'importation sur un certain nombre de produits de luxe, dont les parfums, la maroquinerie, les bijoux, les montres ou encore l'équipement photo (entre autres). Les économies sur ces articles sont donc conséquentes par rapport aux prix affichés en Europe ! Les magasins détaxés sont reconnaissables par le logo DFS ; vous en trouverez notamment sur Bay Street à Nassau, ainsi que dans le quartier de Lucaya à Freeport.

Peintures et arts graphiques

Inspirés par les couleurs omniprésentes – celles de la mer, celles des flots de fleurs jaillissant avec profusion du moindre jardin, celles des maisons de bois aux lattes de bois peintes de teintes vives –, les artistes locaux ont développé des talents d'aquarellistes. Sur toutes les îles, des galeries exposent des aquarelles de bonne facture pour des prix, somme toute, raisonnables. Paysages et marines sont les sujets les plus travaillés, comme en témoignent par exemple les œuvres de Ricardo Knowles, peintre bahaméen aux influences impressionnistes. La peinture contemporaine a elle aussi de beaux jours devant elle : des ateliers d'artistes fleurissent à Nassau et sur d'autres îles : les artistes Antonius Roberts, John Cox, John Beadle, Max Taylor, Tessa Whitehead figurent parmi les plus reconnus actuellement.

Mais le grand peintre des Bahamas, la figure emblématique même de la peinture bahaméenne, naïve et colorée, reste sans conteste Amos Ferguson, décédé en 2009. Sa renommée a largement franchi les récifs coralliens pour intéresser les grands musées du monde. Ses œuvres se vendent aujourd'hui autour de 50 000 US$! À défaut de pouvoir vous en offrir une, quelques-unes d'entre elles sont exposées à la National Art Gallery à Nassau.

Goombay et Rhyming Spirituals

Pourquoi ne pas prolonger votre voyage par les sens, en écoutant un bon album de Goombay ? La musique locale offre un délicieux mélange de rythmes africains et de mélodies de la vieille Europe ; elle accompagne traditionnellement les danses du quadrille ou de la polka. Aux Bahamas, les orchestres de Rake n'Scrape interprètent le Goombay avec des instruments à base d'outils (tels la scie et le tournevis) qui accompagnent l'accordéon, la guitare, les maracas et un violon. Des instruments plus modernes tels le saxophone ou la guitare électrique se sont ajoutés par la suite.

Autre courant musical très populaire sur l'archipel : les Bahamian Rhyming Spirituals. À la fin de la guerre d'Indépendance, les loyalistes restés fidèles à la Couronne anglaise se réfugièrent sur les îles, emmenant avec eux leurs esclaves. C'est ainsi que les Rhymings, déjà chantés dans les plantations du Sud, s'enracinent dans la culture bahaméenne. Cette tradition, très empreinte de religiosité bien qu'elle se soit souvent transmise hors des murs de l'église, s'appuie largement sur l'imagerie biblique, des événements communautaires, et de la mer. On chante la foi, l'optimisme, la passion, mais aussi la fatigue et le combat. Les Bahamian Rhymings Spirituals se chantent sans artifice et sont restés très authentiques notamment sur l'île d'Andros, où ils trouvent leur véritable expression dans la personnalité du légendaire guitariste et chanteur Joseph Spence, à qui l'on se référait comme à « la voix du ciel ». Ces magnifiques hymnes et chants a cappella, liés à la mer, à la vie, à la mort, nous font voyager au temps des pêcheurs d'éponge. Ils sont l'expression la plus touchante et la plus étonnante de la musique et de l'âme profonde du peuple bahaméen. Les créateurs de ces chants assument un long héritage, tout en affirmant leur propre originalité. Ils créent ainsi un nouveau chaînon singulier dans l'évolution des sensibilités musicales depuis celle, non tempérée, de l'Afrique originelle, jusqu'à celle, bien connue, du gospel afro-américain d'aujourd'hui. Quant aux artistes bahaméens connus et reconnus à l'échelle nationale et internationale, on retiendra tout particulièrement Lenny Kravitz, originaire d'Eleuthera par sa mère, sans oublier Ronnie Butler, auteur du fameux titre *Burma Road* en 1967 et anobli au titre de membre de l'Empire britannique par la reine d'Angleterre – s'il vous plaît ! D'autres, comme Diana Hamilton, Johnny Kemp ou Nehemiah Hields, ont également marqué l'histoire musicale du pays, et continuent aujourd'hui à faire résonner les sons bahaméens au-delà même de l'archipel… Pourquoi pas chez vous ?

Straw Market, Nassau.

SPORTS ET LOISIRS

L'athlétisme est le sport national bahaméen et les athlètes locaux font souvent parler la poudre sur les pistes du monde entier. Mais évidemment, ce n'est pas pour s'essayer au 400 m que l'on débarque dans l'archipel. Avec sa géographie sous-marine tourmentée et sa faune sous-marine fantastique, les Bahamas sont avant tout une destination plongée très courue. Mais à la surface aussi, les possibilités sont très nombreuses. Si les îles sont prisées des plaisanciers et le théâtre de nombreuses régates, c'est également un paradis pour les pêcheurs qui viennent y établir des prises record. De leur côté, les surfeurs trouveront des spots de choix dans les Abacos, à Eleuthera et à Cat Island, pendant que les kitesurfeurs s'éclateront dans les Exumas. Et si les eaux aux mille nuances s'offrent aussi aux paddles et aux kayaks, sur terre l'archipel est tenu en haute estime par les golfeurs du monde entier.

L'athlétisme, le sport national

L'athlétisme reste à ce jour la discipline phare des Bahamas et le sport national. Les Bahaméens sont spécialistes sur les épreuves de sprint et de saut (100, 200 et 400 mètres, saut en longueur, saut en hauteur et triple saut). En 2004, la sprinteuse Tonique Williams-Darling décroche la médaille d'or aux JO d'Athènes, et devient championne du monde du 400 m l'année suivante. Elle est la seconde médaillée olympique d'or individuelle des Bahamas après Pauline Davis-Thompson pour son 200 m aux JO de Sidney en 2000. Lors des JO de Pékin en 2008, le pays a remporté une médaille d'argent au relais 4x400 m et le bronze avec Leevan Sands au triple saut. En 2012 aux JO de Londres, l'équipe relais 4x400 m a décroché l'unique médaille d'or du palmarès bahaméen. Lors de la dernière olympiade de Rio, c'est l'athlète Shaunae Miller-Uibo qui a décroché l'or olympique sur 400 mètres.

Toutes voiles dehors !

Si les Bahamas sont une étape obligatoire pour les croisiéristes, on peut également en profiter sur une embarcation privée. Car l'archipel se révèle un véritable rêve de plaisancier. Chacun peut naviguer pour profiter à son rythme d'eaux limpides aux multiples nuances, de plages désertes, d'ancrages isolés, de baies secrètes… La plupart des plaisanciers arrivent aux Bahamas avec leur propre bateau. Partout dans les îles, des marinas sont très bien équipées et disposent de nombreux emplacements. Mais on peut louer un catamaran, voilier ou trimaran pour des durées de quelques heures à plusieurs semaines. On peut aussi s'adjoindre les services d'un skipper et d'une hôtesse ou hôte pour sa croisière. George Town (The Exumas) est réputé pour accueillir les plaisanciers du monde entier venus passer l'hiver au soleil. A noter aussi, les nombreuses croisières à thème, qui offrent l'opportunité d'approcher l'archipel sous un angle tout particulier. Croisières plongée, requins ou dauphins : la garantie d'un séjour inoubliable.

Enfin, de nombreuses régates émaillent le calendrier bahaméen, come la George Town Cruising Regatta fin février, la National Family Island Regatta en avril, la référence, avec des voiliers construits exclusivement aux Bahamas, la Long Island Regatta fin juin, ou encore la North Eleuthera Sailing Regatta mi-octobre. Il s'en déroule dans toutes les îles et elles attirent des plaisanciers des îles voisines et des Etats-Unis.

Le paradis des pêcheurs

Si la tradition de la pêche est depuis longtemps établie dans les Bahamas, Ernest Hemingway n'est pas étranger à cette réputation. La région des Bimini, qu'il fréquenta, est en effet le cadre de son célèbre roman *Le Vieil Homme et la Mer*, où un vieux pêcheur cubain appelé Santiago lutte avec un énorme marlin. Et en matière de pêche, les Bahamas peuvent être qualifiées d'archipel de tous les records ! Ici, les prises légendaires sont légion et tous types de pêche se pratiquent : la subtile pêche à la mouche dans les eaux peu profondes, la tranquille pêche côtière, la tonique pêche au gros, la pêche hauturière à la traîne…

Les îles les plus prisées par les pêcheurs sont Andros, Bimini, Grand Bahama Island, les Berry Islands, et Les Abacos. Dans cette région, les deux chenaux de New Providence et de Floride forment un gouffre de 3 000 m de profondeur caractérisé par une vie pélagique intense. Sur de nombreuses îles, la faible profondeur des platiers (*flats*) permet de pratiquer la pêche à pied, notamment dans les Joulter Cays du nord des Abacos. De nombreuses compétitions permettent aux plus fines lignes et moulinets de s'affronter.

Partir en mer. Dans chaque île, on trouve des marinas et dans chaque marina, on trouve des bateaux à louer, bien équipés pour la pêche avec, à la barre, des capitaines aguerris qui connaissent les meilleurs spots. En la matière, l'expérience du skipper est la clé du succès. Aucune difficulté donc pour la location de bateau. En revanche, il convient de réserver à l'avance son embarcation. Il faut compter environ 500 US$ par jour pour un à quatre pêcheurs.

Objectif Grand Slam ! Rares sont les bienheureux pêcheurs qui peuvent se vanter d'avoir réussi un Grand Slam. Exploit mythique dans le monde de la pêche au gros, il consiste à attraper dans une même journée un espadon voilier, un marlin blanc et un marlin bleu.

Surfer sur la vague

Les Abacos, Eleuthera et Cat Island sont à privilégier si vous emportez votre planche de surf, ou si vous envisagez de vous initier sur place : le surf pourra y être pratiqué toute l'année, même si la saison idéale demeure de septembre à mars. Les plus confirmés n'hésiteront pas à s'éloigner des côtes avec une embarcation pour profiter des vagues d'exception offertes par les barrières de corail. Mais pour ceux qui préfèrent garder un œil sur la plage, Surfers Beach et James Point sont les spots à privilégier sur Eleuthera. Sur les Abacos, direction Hope Town, Garbanzos, Indicas et Rush Reef. Sur Great Guana Cay, place à la plage de Williwaw.

S'envoler en mode kitesurf

Avec son climat océanique et ses lagons à perte de vue, les Bahamas offrent de bien belles opportunités pour pratiquer le kite surf toute l'année. Les Exumas figurent parmi les meilleurs spots de l'archipel. Sur cette île aux 365 *cays*, il est d'ailleurs possible d'articuler tout son séjour autour du kite : l'école Exuma Kitesurfing (p.203) propose des packages complets avec hébergement. Sur Cat Island, très favorable également à la pratique du kite, le Greenwood Beach Resort propose des cours (en français !) et de la location de matériel. Sur San Salvador, l'activité est au sein du Club Med Columbus Isle (p.214).

Tendance kayak et paddle

Idéal pour naviguer au gré des vagues et le long des côtes, le kayak se présente comme une solution optimale pour les novices de la mer. Pas besoin de connaissances approfondies des vents, ni grand besoin de savoir-faire, il est une activité sympa et souvent économique à pratiquer seul, en couple ou en famille. Pour un peu plus de challenge, optez pour le stand-up paddle et testez votre équilibre ; Rum Cay figure parmi nos spots coups de cœur pour la pratique de ce sport. L'un ou l'autre des équipements sont disponibles en prêt ou en location dans la quasi-totalité des hôtels de plage des Bahamas.

Kitesurf.

GASTRONOMIE

Mélange d'empreintes britanniques, espagnoles, africaines et américaines, la cuisine des Bahamas témoigne de l'immense diversité des produits locaux, qu'ils viennent de la terre ou de la mer. C'est de ce mélange qu'elle tient son originalité et le moins que l'on puisse dire, c'est que la gastronomie locale n'engendre pas la monotonie. Colorée, pleine de vie, exotique, savoureuse, épicée, la cuisine bahaméenne est une cuisine traditionnelle et sophistiquée. L'archipel est riche en épices aux saveurs multiples, franches ou nuancées. Cannelle, muscade, girofle, poivre et laurier sont largement utilisés aussi bien derrière les fourneaux que pour relever des alcools. Légumes, viande, volaille et bien sûr poissons et fruits de mer sont mis à l'honneur comme l'inratable *conch* ou lambi, un énorme coquillage, emblématique de la cuisine bahaméenne. Enfin le rhum est le roi de ces îles et entre dans la composition d'une multitude de cocktails bariolés.

Un potager généreux

L'agriculture sur l'archipel est avant tout vivrière, et rares sont les fermes qui produisent en grande quantité. Pommes de terre, maïs, avocats, manioc, patates douces, gombos, aubergines, poivrons, haricots verts, rouges ou noirs, courges dont le très apprécié giraumon, tomates, piments-oiseau, oignons, le moins que l'on puisse dire de la palette des légumes, c'est qu'elle dépayse agréablement le palais. Sans oublier l'arbre à pain aux fruits très nourrissants, rapporté du Pacifique, dont la chair rappelle après cuisson la texture et le goût du pain. Également appelé *breadfruit*, ce fruit est connu sur les îles grâce au capitaine Blight, célèbre pour sa traversée du Pacifique à bord du fameux navire, le *Bounty*.

Le *ackee* fut introduit dans la région au XVIIIe siècle par les esclaves noirs en provenance de l'Afrique de l'Ouest. Attention la chair ferme et jaune de ce fruit est toxique lorsqu'il n'est pas mûr. Le gombo est un petit légume vert qui se mange jeune et tendre. Une fois coupé il libère un jus visqueux très apprécié pour épaissir les plats. Enfin la christophine – de la famille des courges – ressemble légèrement à une poire verte. Finement coupée, elle est sautée ou gratinée et libère son doux goût de pomme de terre.

Le paradis des fruits

Si les fruits sont aujourd'hui innombrables sur les îles, il n'en a pas toujours été ainsi. A son arrivée dans le Nouveau Monde, Christophe Colomb n'y découvrit que peu de fruits indigènes, tels l'ananas et la goyave. Très vite, les échanges commerciaux avec les autres régions du monde, Afrique, Asie et Pacifique, vont permettre l'introduction de nouvelles espèces qui s'adapteront merveilleusement à leur terre d'asile. Ainsi, le citron, la mangue et la canne à sucre sont originaires d'Asie, un des héritages de la colonisation britannique, sans oublier la noix de coco, originaire du Pacifique.

Tous les fruits exotiques les plus incroyables, connus et méconnus, aux parfums et aux saveurs riches et subtiles, sont au rendez-vous des tables bahaméennes. Parmi les plus connus, citrons verts ou jaunes, oranges, mandarines, bananes, avocats, pastèques, ananas, noix de coco, prennent des saveurs exceptionnelles. On découvrira avec plaisir les moins communs, cédrats, papayes rafraîchissantes, caramboles sucrées et acidulées, en forme d'étoiles lorsqu'on les découpe en rondelles, fruits de la passion à la pulpe acidulée, goyaves délicieusement sucrées, canne à sucre, corossols acidulés et rafraîchissants, pommes cannelle ou encore la sapotille au subtil goût d'abricot.

Poissons et crustacés à l'honneur

Entouré par des eaux très poissonneuses, les Bahamas ont de tout temps intégré des produits de la mer dans leur gastronomie. L'océan Atlantique, avec ses récifs coralliens, donne des poissons de toutes sortes, habitués des récifs ou migrateurs, espadon, mérou, wahoo, mahi mahi, langoustes, crevettes, crabes, ainsi que divers mollusques. La tradition de la pêche perdure et, tout au long des côtes, se succèdent de petits villages de pêcheurs dont les barques colorées reposent sur le sable. Souvent regroupées en coopératives, les communautés de pêcheurs déversent sur les marchés des produits frais.

Ici, on n'est jamais à court d'idées pour accommoder le poisson, servi grillé, en sauce, relevé d'épices et ainsi de suite. Espadons, thons, rougets et daurades, parmi les plus courants, alimentent la table bahaméenne. Le mérou (*grouper*), véritable institution de la cuisine bahaméenne, s'accommode de différentes façons,

© BLUEORANGE STUDIO - SHUTTERSTOCK.COM

Salade de conque.

GASTRONOMIE

en sauce à la mangue, au vin blanc, en sauce relevée d'épices. Les crustacés et les fruits de mer sont légion. La langouste grillée, arrosée d'un filet de citron vert, en curry ou accompagnée de noix de coco, est incontestablement la reine des tables touristiques. Les crabes sont eux aussi fort savoureux. Le crabe de terre, *land crab*, cousin du crabe de mer dont la chair est savoureuse, abonde en été quand les averses le délogent de sa tanière au crépuscule. On le cuit dans sa coquille, type crabe farci, avec des épices.

La conch, emblème des Bahamas

La *conch* ou lambi en français, tient une place d'honneur sur la table bahaméenne. Contrairement aux îles voisines où l'on impose l'interdiction de la pêche pendant les périodes de reproduction, et où certains se damneraient pour en consommer, la pêche et la consommation de conques ne connaissent pas de trêve aux Bahamas, ce qui n'est pas sans inquiéter les spécialistes et militants écologistes. Ce coquillage très courant est lié aux rites les plus anciens. Les Amérindiens l'ont sculpté en outils, en bijoux, l'ont utilisé comme instrument de musique et de communication. Aujourd'hui, une fois consommé, il sert à la décoration des jardins ou des intérieurs bahaméens.

Ce grand mollusque connu pour sa spectaculaire coquille presque baroque cache une chair blanche et très ferme qui devient un rien caoutchouteuse à la cuisson. C'est pourquoi elle nécessite une préparation particulière avant toute cuisson. Attendrie au marteau, salée, fraîche et crue, taillée en petits dés, relevée de poivrons rouges et d'oignons, la *conch* est au cœur de délicieuses entrées comme la simple *conch salad*, aromatisée d'oignons, de céleri, de coriandre, marinée dans le citron vert. Le *conch chowder*, est une soupe épaisse de lambi avec tomates, bacon, carottes, poivrons, pommes de terre et épices. Les *cracked conch* sont des lamelles de conques frits dans une pâte, servis accompagnés de frites. Les *conch fritters* sont des beignets d'un mélange de conques, de poivrons, d'oignons, de tomates, en boulettes, enrobés d'une pâte de maïs, servis en entrée avec une sauce mayonnaise ou tartare. Quant au très savoureux *grilled conch*, il est préparé en papillote sur un grill, souvent au barbecue, avec oignon, ail, épices et jus de citron frais.

Plats typiques

Plus encore que le *conch*, l'aliment le plus répandu et le plus consommé par les Bahaméens demeure le poulet. Sur les cartes des restaurants, on retrouvera également mouton, porc et bœuf. La viande de bœuf est importée, et en général d'excellente qualité. La viande rouge demeure rare dans la diète bahaméenne. Marinée dans de savoureux mélanges d'épices, elle est cuisinée en ragoût ou en grillade.

Le *peas'n rice* est le plat le plus classique de la cuisine locale. Le riz est préparé avec des pois, puis cuisiné avec des tomates, relevé d'épices et d'oignons, avec parfois du bacon. C'est un plat peu cher et nourrissant qui est fort populaire. Il accompagne presque toujours le plat principal, de viande ou de poisson. Sinon le *fire engine* – que l'on peut littéralement traduite par «camion de pompier» – est un plat composé de corned-beef longuement mijoté, servi avec du riz blanc. La *souse* est une soupe traditionnelle dont les ingrédients (oignon, céleri, viande ou poulet, pied de cochon ou langue de mouton ou queue de bœuf et poivrons) cuisent longuement dans l'eau.

© MEGHAN BENNETT - ISTOCKPHOTO.COM

Verre de Goombay Smach.

Le dimanche, le petit déjeuner bahaméen se compose très souvent du *boiled fish*, une savoureuse soupe de poisson (généralement de mérou), sans oublier la soupe calalou, un potage crémeux et de porc salé, parfois garni de chair de crabe. Ce crustacé est d'ailleurs très populaire et on se sert de sa carapace pour le garnir de chair de crabe que l'on fait gratiner au four, sous le nom de *baked crab*. Les *grouper fingers* sont des filets débités en lamelles et frits en beignets servis en hors-d'œuvre. En guise d'accompagnement, en plus du riz, on sert également de l'igname rôti, de la patate douce, de la banane plantain frite et bien sûr de l'arbre à pain sauté.

Quelques gourmandises bahaméennes

La pâtisserie la plus connue est le Johnny cake, un petit pain de farine cuit à la poêle qui tirerait son nom de l'habitude que les marins avaient de l'emporter au cours de leurs voyages en mer ou « journey » on l'appelait alors le « journey cake ». Sa forme arrondie lui vaut d'être également appelé pain de lune. Il accompagne volontiers le petit déjeuner. Le duff à la goyave est un pudding bouilli, anglais d'origine, une espèce de gâteau roulé à la confiture de goyave, avec de la cannelle et de la muscade. Long à préparer et peu courant, il est souvent l'invité des tables de fête. Profitez de l'occasion si vous en croisez un sur une carte. La crème glacée à l'anone est également une gourmandise très prisée.

Les boissons: entre rhum et fruits exotiques

Les fruits exotiques pleins de saveur et de vitamines se consomment en jus servis bien frais : mangues, fruits de la passion, goyaves, corossols, etc. Sans oublier l'eau de coco délicieusement rafraîchissante qui est servie nature ou avec du lait et du gin. On peut aussi citer le switcha, une citronnade faite avec le jus de différents citrons locaux. Les deux bières locales sont des blondes qui répondent aux doux noms de Kalik ou de Sands, très légères et blondes.

Le rhum est la boisson nationale par excellence. Tous les degrés existent de 40° à 80°. Le rhum bahaméen est le John Watlings. Il existe en version aromatisée au coco ou à la banane de la marque Ricardo. Si vous voulez apparaître comme un connaisseur, vous ne boirez du rhum qu'après le coucher du soleil comme le veut la coutume locale. On trouve aussi de la liqueur, Nassau Royale, qui est l'un des ingrédients de nombreux cocktails. De ce côté la carte est bien fournie, rhum et fruits obligent. On retrouve le Planteur (jus de lime, rhum et triple sec), le Bahama Mama (rhum de canne et rhum de coco, jus de citron, d'ananas, d'orange et grenadine), le Yellowbird (rhum blanc, liqueur de banane, Brandy d'abricot, jus d'ananas) ou encore le Goombay Smash (rhum, rhum de coco, jus d'ananas, de citron, triple sec).

Restauration et habitudes alimentaires

Influence américaine oblige, les Bahaméens ont une fâcheuse tendance à manger rapidement et à privilégier toutes les formes de restauration pratique. Ils mangent un peu n'importe où, sur un quai, sur une plage, dans une voiture. Ils sont nombreux à fréquenter les cafétérias et fast-foods. La cuisine à emporter a aussi les faveurs d'un grand nombre. Beaucoup de restaurants proposent une formule *take away* (à emporter) et un service de livraison à domicile. Sur les Out Islands, de petits kiosques de nourriture à emporter ou à consommer sur place fleurissent en fin de journée.

Le développement touristique a popularisé de nombreuses spécialités de la cuisine internationale. Pizzas, hamburgers, sushis sont communs sur les cartes des restaurants et que les inconditionnels se rassurent, les enseignes de fast-foods à l'américaine ne manquent pas. Et si la gastronomie bahaméenne mérite toute votre attention, on retrouve également d'exquises surprises entre cuisine du monde et grands classiques des Antilles, faisant des Bahamas une terre propice pour la *fusion food*, notamment dans les grands hôtels qui abondent dans l'archipel.

AGENDA

Les Bahamas vivent toute l'année au rythme de leurs festivités culturelles et sportives. Junkanoo Festivals, régates et compétitions de pêche, festivals culinaires ; la liste complète serait bien (trop !) longue à détailler, mais la sélection ci-dessous vous offrira déjà un aperçu des événements les plus incontournables de l'archipel. Si vous vous trouvez sur place au moment de l'un d'eux, y assister est une manière attrayante de plonger dans l'univers jovial et coloré du pays. Autres temps forts à ne pas manquer : les cérémonies royales à Nassau. Quatre fois par an en janvier, avril, juillet et octobre, vous pouvez assister à 10h à l'ouverture de la Cour Suprême. Un vendredi sur deux, le spectacle de la relève de la garde mérite lui aussi le détour devant le Palais du Gouvernement. Enfin, de janvier à novembre (hors juillet-août), est organisée le dernier vendredi de chaque mois une tea party au Palais du Gouverneur : un must !

MARATHON DE NASSAU

Deux jours à la mi-janvier pour ce marathon de renommée internationale. 12e édition en 2021.

NASSAU

Année après année, il est devenu l'événement d'endurance par excellence du pays, rassemblant des coureurs de 26 pays et 31 États des États-Unis ! Avec un départ à l'aube, les coureurs descendent dans les rues de Nassau, admirent lentement les vues à couper le souffle en traversant le pont vers Paradise Island. À leur retour à Nassau, ils sont accueillis par le soleil d'hiver qui se lève lentement, avant de se tourner vers l'ouest pour ouvrir des vues sur l'océan, et de terminer en bord de mer à Arawak Cay, où commencent les célébrations.

GEORGE TOWN CRUISING REGATTA

Une semaine à dix jours fin février à George Town.

George Town

THE EXUMAS

Tous les ans depuis les années 1980, s'affrontent entre 400 et 500 embarcations à voile pendant une dizaine de jours fin février. Cet événement sportif et festif amorce la grande régate du mois d'avril. Il faut dire que George Town est réputé pour accueillir les plaisanciers du monde entier venus passer l'hiver au soleil. Au départ une simple série de course à la voile qui s'est transformée aujourd'hui en une bonne semaine de fête qui fait la joie des participants comme des visiteurs.

BAHAMIAN MUSIC AND HERITAGE FESTIVAL

3 jours à la mi-mars à George Town.

Regatta Park - George Town

THE EXUMAS

Ôde aux Bahamas, ce festival culturel se tient chaque année à George Town et rassemble les insulaires de tout l'archipel. Sur Regatta Park, des stands de sculpture sur bois et noix de coco, de vannerie, et de démonstrations de conch salads, mettent à l'honneur tous les savoir-faire du pays, alors qu'au milieu du terrain, se succèdent compétition de découpe d'ananas, de pelage d'oignons et autres conceptions de cocktails. En fin de journée, place aux animations musicales.

THE NATIONAL FAMILY ISLAND REGATTA

4 jours la dernière semaine d'avril.

Elizabeth Harbor

THE EXUMAS

Née en 1954 à l'initiative d'un petit groupe de plaisanciers, cette impressionnante régate est devenue la référence en la matière à partir de 1973 à l'occasion de la célébration de l'indépendance des Bahamas. L'un des objectifs premiers de la régate aujourd'hui est de contribuer à la préservation des compétences de constructions de bateaux à l'ancienne. D'ailleurs la règle d'or qui régit le concours impose que chaque embarcation soit conçue, construite et appareillée aux Bahamas.

ACKLINS CASCARILLA HERITAGE FESTIVAL

Chaque année à la fin mai.

SPRING POINT

✆ +1 242 819 8063

Le lancement de ce festival en 2019 fut un tel succès qu'il devrait très certainement se pérenniser. Artistes bahaméens sur scène, jeux traditionnels avec guides locaux, cours de cuisine locale et défilés de mode sont au programme d'un événement qui ravit les jeunes comme les plus anciens.

© PETER JESCHE - SHUTTERSTOCK.COM

Décorations de la maison du gouverneur pour le jour de l'indépendance.

Voilà une bonne raison de venir à Acklins à la fin mai et de ne pas s'ennuyer une seule minute. Vous pourrez bien entendu également trouver d'authentiques souvenirs à rapporter de votre voyage !

CAT ISLAND RAKE N'SCRAPE FESTIVAL

Première semaine de juin sur Cat Island.

CAT ISLAND

Le rake n'scrape est une musique dansante et émouvante inspirée des chants des esclaves déportés sur l'île de Cat Island pour l'exploitation du coton. Cette musique fait toujours fureur aux Bahamas ! Elle fait l'objet d'un festival sur Cat Island chaque année au mois de juin, au moment de la fête du travail (Labour day). Il met en valeur l'ambiance sensuelle et rythmique de la meilleure musique rake n'scrape de l'île, interprétée par des artistes locaux et nationaux.

PINEAPPLE FESTIVAL

4 jours autour du premier week-end de juin à Gregory Town, Eleuthera.

GREGORY TOWN

Lancé pour la première fois en 1988, ce festival annuel est une célébration de la tradition de la culture de l'ananas à Eleuthera et rend hommage aux producteurs d'ananas pour leur contribution exceptionnelle à la communauté. Il est conçu autour de la récolte des ananas, pour faire prendre conscience de ce patrimoine agricole autrefois lucratif et important. Parade de Junkanoo, spectacles, jeux traditionnels, stands d'artisanat, visite de production, course cycliste, et même concours de mangeurs d'ananas : un événement festif et coloré à souhait !

ALL ANDROS CRAB FEST

Généralement le deuxième week-end de juin à Andros.

ANDROS TOWN – FRESH CREEK

Le fameux crabe de terre, que l'on peut voir courir sur les routes après la tombée de la nuit, et dont on fait de délicieux cakes, est célébré chaque année en juin à Andros. Au programme : dégustations de plats à base de crabe, lâchés de crabes... Un festival fort animé, et rythmé par les sons du rake n'scrape. Que ce soit servi en salade ou préparé selon les recettes traditionnelles de crab and rice par exemple, cette spécialité des Bahamas vous ravira les papilles avec son petit goût noisette incomparable. N'hésitez pas à y mettre les doigts !

GOOMBAY OU JUNKANOO SUMMER FESTIVAL

Les week-ends de juin à août sur Nassau, Grand Bahama Island, Abaco, Exuma et Bimini.

L'original et le tant attendu Junkanoo Festival se tient pendant Noël et le Nouvel An, mais devant son succès grandissant, le gouvernement a décidé de programmer un Junkanoo d'été dans différentes îles de l'archipel, et ce dans la pure tradition africaine. Mélange coloré de musique, d'art et de culture, où l'on vibre aux sons des sifflets, des cuivres, et des tambours en peau de chèvre des autochtones, ce temps fort du calendrier festif des Bahamas est à ne pas manquer.

LONG ISLAND REGATTA

Tous les ans fin juin à Long Island.

Salt Pond & Thompson Bay

LONG ISLAND

Cette course se présente comme la deuxième plus importante après la régate nationale aux Exumas, et c'est aussi la principale source de récolte de fonds de Long Island. Quelques-unes des 50 chaloupes à voile (sloops) qui y participent sont construites à Mangrove Bush. Cet événement marque aussi les retrouvailles entre les familles. Sur le rivage la foule fait la fête au gré d'activités animées, de jeux pour les enfants, de démonstrations de cuisine à base de poissons et de moutons, ou encore de concerts de musique locale rake n'scrape.

INDEPENDANCE DAY

Date officielle le 10 juillet ; les festivités durent une semaine dans toutes les îles de l'archipel.

Depuis l'indépendance de la colonie, accordée le 10 juillet 1973 par la Grande-Bretagne, le Commonwealth des Bahamas célèbre chaque année ce jour historique par de nombreux événements organisés de part et d'autre du pays. Aucun droit d'entrée n'est exigé à aucun des événements de cette fête nationale. Le but ultime est que les visiteurs et les habitants passent la semaine à parcourir l'île pour profiter au maximum des nombreux défilés et festivités. De beaux feux d'artifice ponctueront les soirées pendant cette semaine de fête !

EMANCIPATION DAY

Premier lundi d'août.

Chaque premier lundi d'août, les Bahaméens célèbrent pendant deux semaines l'abolition de l'esclavage proclamée de 1834. Pour l'anecdote, les habitants du village de Fox Hill ne furent prévenus de l'abolition qu'une semaine plus tard ! Aujourd'hui encore, les célébrations dans le village ont lieu une semaine plus tard. Les festivités débutent tôt ce matin-là avec le « Junkanoo Rushout », parade aux couleurs africaines, suivie d'un grand nombre d'activités. L'ascension du mât graisseux, l'un des moments forts de la fête, est un épisode haut en rebondissements.

INAGUA SALTY FESTIVAL

Tous les ans le premier week-end du mois d'août (le lundi est férié).

LITTLE INAGUA

✆ +1 242 4538031

Evénement salé de l'année pour Inagua, marqué par les retrouvailles pour les anciens habitants de l'île. Service œcuménique, un concert de gospel, concert avec des artistes invités, jeux de domino, tournois divers, démonstrations de karaté, spectacles culturels et bien entendu, la visite de la Morto Salt Company et du Parc national. Pour l'occasion des stands sont installés pour déguster les spécialités culinaires locales et boire au rythme des sonorités caribéennes. Une occasion rêvée de découvrir Little Inagua, l'une des moins connues de l'archipel.

CONCH FESTIVAL

Tous les ans au mois d'octobre dans toutes les Bahamas.

Le mois d'octobre aux Bahamas est le mois des festivals consacrés à la conch, appelée lambi dans la Caraïbe francophone, ce fameux coquillage des tropiques que les autochtones préparent de mille façons.

© ERKKI_AMP_HANNA - SHUTTERSTOCK.COM

Junkanoo Festival.

Où que vous soyez dans l'archipel, vous trouverez les meilleurs spécialistes rivalisant d'ardeur pour les ouvrir et les meilleures cuisinières rivalisant de talent pour les préparer. En salade, frits ou même en soupes (conch chowder), les lambis sauront plaire aux palais les plus difficiles. Ils ont de plus une réputation de redoutable aphrodisiaque !

NORTH ELEUTHERA SAILING REGATTA

4 jours mi-octobre entre Eleuthera et Harbour Island.

ELEUTHERA ✆ +1 242 333 2275

C'est l'un des événements majeurs de voile aux Bahamas. Les eaux au large de North Eleuthera, Harbour Island et Spanish Wells sont prises d'assaut par les sloops, qui sont des gréements de bateaux à voile pontés et à quille (contrairement au dériveur). Quatre jours de fête et de championnat, que les passionnés de voile ne doivent pas manquer. L'église est en fête, manifestations culturelles, et kiosques de boissons et grillades. Le soir se tiennent des concerts de musique locale.

WAHOO SMACKDOWN

Tous les ans au mois de novembre.

biggameclubbimini.com/wahoo-smackdown
info@biggameclubbimini.com

Les amateurs de pêche au gros ne manqueront pas cet événement de grande ampleur pour les aficionados. Propriétaires de bateaux de pêche de toute la région se retrouvent pour un tournoi de pêche au wahoo, l'un des poissons les plus rapides de la Caraïbe, excellent repas par ailleurs. Rassurez-vous, les prises sont contrôlées et très limitées. Si vous souhaitez y participer sans avoir votre propre bateau, vous pouvez vous inscrire sur le forum des organisateurs pour trouver une place... en croisant les doigts car elles sont rares, donc chères.

JUNIOR JUNKANOO

Chaque année, entre le 10 et le 20 décembre à Nassau.

NASSAU

Un avant-goût des grandes festivités qui débuteront officiellement le 26 décembre : toutes les écoles, collèges et lycées de l'archipel envoient leurs jeunes troupes à Nassau pour perpétuer la tradition de ce carnaval haut en couleur. Musique, danse et costumes sont préparés tout au long de l'année. Bien que les origines du Junkanoo restent sujettes à de longs débats passionnés, on s'accorde à dire en tout cas qu'après des siècles de pratique, les extravagances culturelles d'hier sont devenues les carnavals de rue les plus divertissants des Bahamas.

JUNKANOO FESTIVAL

Les 26 décembre et 1er janvier, essentiellement à Nassau et dans une moindre mesure partout ailleurs sur l'archipel.

NASSAU

Le carnaval est une des expressions les plus authentiques de la culture bahaméenne. Il est une tradition très vivante sur toutes les îles de la région Caraïbes, de Cuba à Trinidad. La célébration du carnaval date de la conquête espagnole. A l'origine, les deux périodes de sa célébration correspondaient aux jours précédant le Carême et le solstice d'été. Aux Bahamas, il s'appelle « Junkanoo ». L'origine de ce mot est incertaine ; il dériverait du nom « John Canoe » d'un chef de tribu africaine qui obtint l'autorisation de célébrer des fêtes avec sa tribu après leur déportation sur les îles. D'autres privilégient l'hypothèse du terme français « gens inconnus » qui désignerait les danseurs masqués. L'histoire du Junkanoo prend sa source dans une tradition datant de l'esclavage, aux XVIe et XVIIe siècles, quand les Africains se voyaient accorder trois jours de liberté pour célébrer Noël. Equipés de masques, de tambours et de cloches, ils défilaient bruyamment dans les villages des îles. Après l'abolition de l'esclavage, le Junkanoo disparaît quasiment pour mieux renaître aujourd'hui. Les rues s'animent pour un défilé haut en couleur (le « Junkanoo Rush Out »), et retentissent les accords joyeux du goombay, la musique traditionnelle rythmée par le son des tambours tendus de peaux de chèvre, des cors, des cloches de vaches en cuivre qui tintent gravement, et des sifflets qui stridulent. D'autres instruments moins traditionnels comme les trompettes ou les trombones ont fait leur apparition plus récemment. Les festivités atteignent leur paroxysme à Nassau, le jour du Boxing Day (26 décembre) quand le défilé démarre aux petites heures du jour, de 2h à 8h du matin. Sur Grand Bahama Island, le défilé se déroule le jour de l'an à partir de 17h. Les groupes qui peuvent atteindre jusqu'à mille personnes ont chacun choisi un thème qui transparaît dans les costumes, la musique et la chorégraphie. Les différents groupes préparent leur défilé durant de longs mois avant le grand jour. Les masques et les costumes rappellent les traditions et les coutumes du passé, un passé aux racines africaines bien présentes. A l'issue de la parade, un comité de juges décerne les prix qui récompensent les meilleurs groupes et ceux-ci redéfilent le 1er janvier des petites heures du jour à la fin de la matinée. Une fois l'effervescence du Junkanoo retombée, les groupes se lancent très vite dans la préparation du carnaval de l'année suivante. Des parades de Junkanoo ont également lieu lors de toutes les fêtes nationales ou festivals importants, et ce tout au long de l'année.

NEW PROVIDENCE ET PARADISE ISLAND

L'ancienne république des Pirates ! La petite île de New Providence est à elle seule un parfait résumé des Bahamas, une île qui conjugue l'exotisme tropical et le charme colonial, avec une pincée d'affairisme. L'île de New Providence compte trois zones touristiques bien distinctes : le centre-ville de Nassau, appelé Downtown, qui compte des monuments historiques et de nombreuses boutiques, des hôtels, des restaurants et des bars ; la zone balnéaire de Cable Beach (qui doit son nom au câble sous-marin qui la relie à la Floride) célèbre pour ses nombreux *resorts* et hôtels de grand luxe ; et la zone de Compass Point, à l'ouest, qui compte quelques sympathiques options d'hébergements. L'île de Paradise Island, entièrement dédiée au tourisme, est reliée à New Providence par deux grands ponts.

New Providence et Pardise Island
NEW PROVIDENCE ISLAND
PARADISE ISLAND
Paradise Island Golf Course
Hanover Sound
Arawak Beach
POTTER'S CAY
Long Cay
Paradise Beach
Nassau Harbour
CABLE BEACH
Saunders Beach
Delaporte Point
NASSAU
Dicks Point
The Cave
Golf
Lake Cunningham
Prospect Ridge
GAMBIER VILLAGE
Conference Corner
Creek Point
Lightbourne Creek
Big Pond
Creek Village
Black Beard's Tower
East End Point
St. Augustines Monastery
FOX HILL
Lake Kilarney
Nassau Inter. Airport
Harold Pond
Pinewood Gardens
Nassau East
Simms Point
Lyford Cay
Waterloo
Domingo Heights
Mount Pleasant
Golden Gates
Clifton Point
Culberts Bay
Carmichael village
Commonweath Brewery
Clifton Pier
ADELAIDE VILLAGE
Coral Heights East
Millards Sound
Bonefish Pond
Adelaide Beach
South West Bay
Corry Sound
Bacardi Rum Distillery
Millars
South Beach
Boat Harbour
Cay Point
Guana Cays
5 KM
MIAMI
ÎLES BAHAMAS

PAGES

92 ●● NEW PROVIDENCE ET PARADISE ISLAND

Capitale économique et politique des Bahamas, l'île de New Providence abrite la capitale administrative, politique et commerciale de l'archipel, Nassau, et le siège du gouvernement bahaméen. Paradise Island, ancienne enclave privée, est reliée à New Providence par deux grands ponts ; elle entièrement dédiée au tourisme. La côte sud de New Providence est peu urbanisée et ne compte quasiment pas de structures touristiques. C'est une zone résidentielle d'habitations qui ne présente pas de réel intérêt pour le visiteur étranger.

92 NASSAU ★★★

Construite à flanc de collines ensoleillées et dominant une mer aux reflets turquoise, Nassau exhale un charme tout particulier, né de ses contrastes. Si l'ancien repaire de pirates s'est reconverti en oasis du tourisme de luxe, Nassau compte encore en son centre quelques vestiges historiques intéressants et possède la plus grande concentration d'édifices coloniaux de l'archipel.

104 POTTER'S CAY

105 PARADISE ISLAND ★★★

L'île, qui se déploie à un jet de pierre de Mackey Street, est aujourd'hui reliée à Nassau par deux ponts : l'un à péage pour entrer dans l'île, l'autre pour la quitter. La majeure partie de sa superficie appartient au complexe Atlantis ; pour le reste : un golf tiré à quatre épingles, des villas de stars, et quelques hôtels ou résidences hôtelières de différentes catégories.

© PIETRO CANALI

Plage de l'Atlantis Resort sur Paradise Island.

111 FOX HILL

Un des plus anciens villages des Bahamas qui fête l'émancipation des esclaves une semaine après la date officielle aux Bahamas c'est-à-dire le deuxième lundi du mois d'août. C'est un moment de festivités traditionnelles à ne pas rater si on passe par là au bon moment.

111 CABLE BEACH ★★

La Riviera de Nassau, à une dizaine de kilomètres du centre-ville, regroupe la plupart des grands complexes hôteliers en dehors de Paradise Island. Golf, Casino, plage, une ville parfaite pour des vacances à l'américaine au bord d'une mer de rêve.

114 GAMBIER

116 ADELAÏDE

NASSAU ★★★

C'est une ville à la fois populaire et sophistiquée qui mêle modernisme et charme colonial, tant dans son architecture que dans son ambiance faite de nonchalance et d'agitation contrôlée. La rue principale aux boutiques colorées, les hommes d'affaires cravatés se pressant au milieu des touristes en tenue légère : tout concourt à faire des rues de Nassau un décor d'opérette.
Le centre historique mérite bien un ou deux jours de visite, le matin de préférence pour échapper à la chaleur de l'après-midi et profiter de l'ambiance matinale tonique. Une flânerie dans le centre vous permettra de prendre le pouls de la capitale, de découvrir les édifices gouvernementaux et les vieilles demeures coloniales reconverties en musées. Bay Street est l'artère principale qui concentre l'animation citadine. Les boutiques aux vitrines élégantes, les bars et les restaurants se succèdent le long de la baie. Deux squares jumeaux marquent le centre nerveux de Nassau, Rawson Square face au quai, et Parliament Square qui fait face au premier sur Bay Street.

Se restaurer

Nassau propose une grande variété de restaurants, du plus simple au plus luxueux, mais s'il ne faut pas rater un endroit pour dîner ou déjeuner, c'est bien Arawak cay, royaume du *fish fry*. C'est un rendez-vous très couru des Bahaméens le soir et en fin de semaine. C'est l'endroit idéal pour découvrir la cuisine locale dans une ambiance bon enfant qui n'a rien de surfait. Les restaurants, abrités dans de pimpantes cases de bois multicolores, s'alignent le long du bras de mer. Ils proposent tous des plats populaires, salades de *conch, conch fritters, grouper fingers*, des boissons locales, bières et daiquiris, certains possèdent un billard, et les ambiances musicales sont différentes. Sur l'arrière, des hommes décortiquent en un tournemain des lambis à la chaîne sur de petits établis de bois en fonction de la demande des restaurants. Des montagnes de coquillages vides forment de véritables cimetières de lambis qui amènent à se poser la question de la surexploitation et de la survie de l'espèce, encore nullement protégée.

Shopping

On peut faire de belles emplettes au marché de la vannerie ou dans les boutiques de Bay Street, l'artère principale de Nassau. Gourmands et bons vivants, pensez également aux boutiques du Graycliff et à la distillerie John Watling's.

Vue sur Nassau downtown.

ANTONIUS ROBERTS STUDIO AND GALLERY

25 Cumberland Street ✆ +1 242 322 7678
www.antoniusroberts.com
Ouvert du lundi au vendredi de 10h à 16h, et sur rendez-vous.

Ce studio de l'artiste Antonius Roberts est tout à la fois un studio de création et une galerie, une boutique. Antonius a toujours voulu participer à la protection et à la conservation de la culture locale, ce qui explique son utilisation exclusive de matériaux indigènes ainsi que sa recherche de lieux d'exposition historiquement représentatifs. Les formes d'origine des matériaux sont souvent l'inspiration de l'artiste qui les sculpte et les installe aux endroits clefs, en extérieur.

BALCONY HOUSE MUSEUM ★★

52 Market Street ✆ +1 242 302 2621
Ouvert du lundi au vendredi de 9h à 17h, sauf le jeudi jusqu'à 13h. Fermé pendant les vacances et jours fériés.

Au cœur du centre-ville, la modeste maison de bois, la plus ancienne de la ville (elle date du XVIIIe siècle) se signale par sa façade rose et blanche. Elle possède une structure classique à deux niveaux surélevés. Elle doit son nom au balcon de bois qui orne son second niveau. La banque centrale des Bahamas l'a acquise en 1985 et l'a complètement rénovée, lui rendant sa splendeur d'antan. Elle abrite aujourd'hui un musée où l'on découvre l'intérieur d'une demeure d'un autre temps avec un mobilier d'époque. Une visite émouvante qui exhale un parfum d'autrefois.

CHOCOLATERIE GRAYCLIFF ★

8-14 West Hill Street ✆ +1 242 302 919
www.graycliffchocolatier.com
Ouvert du lundi au dimanche de 9h à 17h, sauf le vendredi jusqu'à 19h. Comptez 10 US$ le tour de 10 minutes.

Si la boutique à elle seule mérite le détour pour le simple plaisir visuel – et surtout gustatif –, il vaut la peine de visiter l'envers du décor le temps d'une dizaine de minutes pour découvrir le secret de fabrication de ces « masterpieces » aux airs d'œuvres d'art. Subtilement peinte et décorée, chaque pièce recèle un subtil parfum de menthe, de baie, de pistache ou de safran. La palme du plus original est tout de même attribuée au goût bacon... Oui oui, vous avez bien lu ! Bon point pour la leçon dédiée aux enfants, très interactive.

CHRIST CHURCH CATHEDRAL

George Street
✆ +1 242 322 4186
www.christchurchcathedralbahamas.com

© THE ISLANDS OF THE BAHAMAS

La cathédrale fut construite en 1837 sur le site de la première église des Bahamas, datant, elle, de 1670. En 1861, le diocèse de Nassau la consacra comme cathédrale. Elle est considérée comme l'église « mère » de toutes les églises anglicanes des Bahamas et de Turks and Caicos. C'est une église de proportions modestes, dominée par une tour carrée de style gothique, mais qui a été reconstruite plusieurs fois au cours des siècles ce qui explique le mélange de styles qu'on y trouve. A l'intérieur, vous pourrez admirer un cloître et un toit en bois massif.

FABRIQUE DE CIGARES GRAYCLIFF ★

8-14 West Hill Street ✆ +1 242 302 9150
www.graycliff.com
Ouvert du lundi au dimanche de 9h à 17h. Visite 10 US$, leçon 75 US$, et boutique à la fin pour les emplettes.

En 1997 Enrico le maestro n'a pas hésité a faire venir de Cuba les meilleurs ouvriers dont Torcedore Lara Avelino, rouleur personnel de Fidel Castro et célèbre pour ses créations à la fabrique d'El Laguito à la Havane pour Cohiba et Davidoff entre autres. Les ouvriers cubains ont importé leur savoir-faire pour fabriquer les cigares dans les règles de l'art. Le résultat est surprenant, les amateurs peuvent s'initier au Château Grand Cru, qui est plein de douceur et d'arômes légers.

FESTIVAL PLACE

Prince George Wharf, Bay Street
✆ +1 242 323 3182
Ouvert lundi, mardi, vendredi et samedi de 8h à 20h, mercredi et dimanche de 9h à 14h, jeudi de 8h à 17h.

C'est sur le port, au cœur de Nassau, que le centre d'accueil des croisiéristes se déploie au terminal des croisières. Cet immense hall aux couleurs vives comporte des boutiques et des services touristiques. Une cinquantaine de stands de vendeurs de produits artisanaux et souvenirs, un bureau de poste, un centre de communication, un bureau du tourisme, des loueurs de véhicules, les gourmands peuvent y grignoter des bonbons et autres douceurs comme la tarte aux noix de coco et d'ananas, bref, de quoi satisfaire toutes les demandes des visiteurs.

FORT CHARLOTTE ★★

Fort Charlotte
✆ +1 242 322 7500
Ouvert tous les jours. Entrée 5 US$ par adulte et 2 US$ par enfant.

© PATRICK HORTON - SHUTTERSTOCK.COM

Construit à la fin du XVIIIe siècle, sur une colline qui domine la côte, et terminé en 1787, le fort construit par Lord Dunmore a été baptisé du nom de la femme du roi George III. Il avait pour mission de protéger l'entrée ouest du port de Nassau des attaques des Espagnols. Un pont qui enjambe le fossé protecteur permet de franchir les remparts et la tour principale. Une petite exposition sur l'histoire de la capitale est présentée lors d'un tour guidé d'une quinzaine de minutes. Une belle vue sur Nassau s'offre depuis le fort.

FORT FINCASTLE ET QUEEN STAIRCASES ★★

Prison Lane ✆ +1 242 356 9085
Visites guidées tous les jours de 8h à 16h. Donations bienvenues.

Construit en 1793 sur ordre du gouverneur Lord Dunmore, le fort à silhouette de navire faisait partie des constructions défensives de Nassau. Au sommet du fort se trouve la Water Tower, un modeste château d'eau, et le phare haut de 40 m qui domine Nassau. On l'atteint par le « *Queen Staircase* », dont les 65 marches auraient été taillées dans un seul bloc de pierre par des esclaves qui y travaillèrent 16 ans dans les années 1800 afin de célébrer les 65 ans de règne de la reine Victoria.

HERITAGE MUSEUM OF THE BAHAMAS ★★

8-14 West Hill Street ✆ +1 242 302 9150
www.graycliff.com/heritage-village-at-graycliff/
Ouvert du lundi au samedi de 9h à 17h. Entrée 10 US$. Visite guidée de 30 minutes possible pour 20 US$ par adulte.

Ouvert en 2014, ce musée privé appartenant au Graycliff, propriétaire de toute la rue, retrace l'histoire des Bahamas de l'ère préhistorique à nos jours. Installé dans l'ancien couvent des sœurs de la Charité et sa chapelle, réunis avec la Mountbatten House, une bâtisse classée au patrimoine historique, il ne comprend pas moins de 13 pièces ; l'épicerie d'antan est peut-être notre coup de cœur. La plupart des pièces exposées ici appartiennent à un collectionneur privé, M. White.

JOHN WATLING'S DISTILLERY ★

17 Delancy Street ✆ +1 242 322 2811
www.johnwatlings.com
Ouvert tous les jours de 10h à 18h, et le vendredi jusqu'à 21h. Entrée libre.

C'est ici, au sein de la demeure historique Buena Vista Estate datant de 1789, qu'est distillé avec des le fameux rhum John Watling's. Son nom lui vient de celui d'un assez célèbre pirate bahaméen qui écumait les eaux de la Caraïbe à la fin du XVIIe siècle. Une visite de la propriété vous donnera l'occasion de découvrir les différentes étapes de production, et de rapporter dans vos valises une boisson aux véritables parfums des Bahamas, le « Spirit of the Bahamas »...

Phare de Nassau.

JARDIN ET ZOO ARDASTRA ★

✆ +1 242 323 5806 - À la sortie de Nassau en direction de Cable Beach sur Chippingham Road.
www.ardastra.com

Ouvert tous les jours de 9h à 17h, dernière entrée à 16h. Fermé les 25 et 26 décembre, ainsi que le jour de l'an.

Le jardin a ouvert ses portes en 1937, sous la houlette d'un botaniste jamaïcain, Hedley Edwards, qui décida d'importer des flamants de l'île d'Inagua dès 1950. En 1982, le jardin est racheté par un Bahaméen qui développe la collection d'animaux pour en faire le seul zoo de l'archipel. Des centaines d'animaux, iguanes, singes, lémuriens, jaguars, serpents, oiseaux (flamants roses et perroquets), sont à découvrir dans un immense jardin tropical. On observera des espèces endémiques menacées d'extinction, tels le boa constrictor ou l'iguane de roche. Les fameux flamants roses répondent aux ordres et paradent avec une précision toute militaire au cours d'un court spectacle parfaitement orchestré qui a lieu dans une petite arène de bois. Des séances de nourrissage de perroquets colorés des îles du Pacifique sud, qui raffolent des pommes, sont organisées pour le plus grand plaisir des enfants. Parmi les curiosités botaniques, on observera l'arbre national bahaméen, le « *lignum vitae* » et la fleur nationale « *the yellow elder* ». Une belle collection d'orchidées s'offre également aux botanistes amateurs. Plus qu'un simple zoo au sein d'un superbe jardin, Ardastra est un lieu actif et essentiel pour la sensibilisation des locaux, autant que des visiteurs, à l'importance de protection active de la faune et de la flore bahaméennes. C'est dans cet esprit que les propriétaires organisent régulièrement des projections cinématographiques ainsi que des activités éducatives à l'attention des enfants et des familles locales.

NASSAU BOTANICAL GARDENS ★

North Dunmore Avenue ✆ +1 242 356 6475

Ouvert du lundi au vendredi de 8h à 16h.

Ouvert au moment de l'indépendance des Bahamas le 10 juillet 1973, ce jardin de plus 7 hectares abrite l'herbarium national et compte plus de 600 espèces végétales : des arbres, des fleurs tropicales et des plantes dont beaucoup d'espèces indigènes. Autrefois connus sous le nom de *pit* (fosse), ces jardins étaient à l'époque une carrière de roche qui permettait d'alimenter en pierres les constructions des routes et du Fort Charlotte. La reconstitution d'un village lucayan permet d'imaginer la vie de ce peuple avant l'arrivée de Christophe Colomb.

NATIONAL ART GALLERY ★★

West Street et West Hill Street
✆ +1 242 328 5800
www.nagb.org.bs

Ouvert du mardi au samedi de 10h à 16h et le dimanche de midi à 17h. Fermé pendant les vacances. Entrée 10 US$.

Le musée est abrité depuis 2003 dans la villa Doyle, un superbe manoir datant de 1860 qui avait été laissé à l'abandon pour être restauré dans les années 1990 afin de retrouver sa splendeur initiale. L'édifice comporte deux niveaux avec galeries à colonnettes. Le musée quant à lui met tout en œuvre pour faire rayonner les artistes bahaméens dans le monde entier. La collection de peintures, sculptures, céramiques et photographies d'artistes bahaméens présentée ici est un témoignage de la création locale depuis la période coloniale jusqu'à nos jours.

PALAIS DU GOUVERNEUR - RELÈVE DE LA GARDE ★★

Blue Hill Road et Duke Street

Relève de la garde toute l'année un vendredi sur deux de 11h à 11h20.

Si vous avez la chance d'être là le bon vendredi (pour connaître les dates exactes : www.bahamas.fr), n'oubliez pas votre appareil photo. Depuis 1801, c'est la demeure officielle du gouverneur général des Bahamas, représentant de la reine. Ne pas s'attendre non plus à une relève de la garde façon Buckingham Palace, mais cela reste à voir. Une statue de Christophe Colomb se dresse au milieu des escaliers menant à l'édifice, érigée en 1830 pour commémorer la découverte de l'archipel.

PARLIAMENT SQUARE ★

Bay Street.

Ce petit square du centre historique est encadré des principaux édifices gouvernementaux construits pour la plupart au XIXe siècle, notamment le Parlement et la Cour suprême. Leur style créole, leur couleur rose pastel (couleur symbolique qui est aussi celle de l'oiseau national, le flamant rose), leurs colonnes, en font une parfaite illustration du style colonial britannique. Une statue de la reine Victoria, tout à fait impériale, face aux édifices à colonnades, rappelle les liens historiques entre les Bahamas et la Grande-Bretagne.

PIRATES OF NASSAU ★

King Street et George Street ✆ +1 242 328 0308
www.piratesofnassau.com

Ouvert du lundi au samedi de 8h30 à 17h30 et le dimanche de 9h à 14h. 13,50 US$ par adulte et 6,75 US$ pour les enfants.

Il suffit de franchir le seuil du musée pour se retrouver de plain-pied dans l'ancienne république des pirates… Cet intéressant musée raconte l'histoire de la piraterie dans les îles bahaméennes avec une alternance de coins didactiques et de mises en scène spectaculaires qui retracent les hauts faits des grandes figures de la piraterie. D'impressionnantes figurines de cire restituent des scènes de pillage, de bataille, de duels, de ripailles et de beuveries d'une façon plutôt réaliste. Une réplique grandeur nature du vaisseau *Revenge* est exposée.

PUBLIC LIBRARY & MUSEUM

Shirley Street ✆ +1 242 322 4907 - Entre Bank Lane et Parliament Street.

Ouvert du lundi au vendredi de 10h à 17h45, et le vendredi de 10h à 15h45. Entrée libre.

Cette construction originale, de forme octogonale, était l'ancienne prison de Nassau, construite en 1797. Les anciennes cellules contiennent maintenant des livres et des documents historiques. A l'étage, la «board room» est entourée d'une superbe véranda d'époque offrant une vue époustouflante sur la ville de Nassau. La collection présentée est modeste et porte sur l'histoire du pays. De nombreux plans et cartes émaillent l'exposition. Une intéressante section est consacrée aux Indiens lucayans, les premiers habitants des îles.

© JOEHENDRICKSON - SHUTTERSTOCK.COM

Palais du Gouverneur, Nassau.

POMPEY MUSEUM OF SLAVERY AND EMANCIPATION ★★

Bay Street ✆ +1 242 326 1007 - Face à George Street

Ouvert du lundi au samedi de 9h30 à 16h30. Fermé le dimanche. 3 US$ par adulte et 1 US$ par enfant (6-12 ans).

L'édifice, qui porte le nom évocateur de « *Vendue House* », abritait autrefois une salle de ventes aux enchères d'esclaves qui fonctionnait au XVIIIe siècle. Le nom du musée est d'ailleurs un hommage à Pompey, un esclave qui a mené une révolte à la plantation Rolle des Exumas. Aujourd'hui, le musée qui l'occupe retrace l'histoire de l'esclavage aux Bahamas. Il propose une exposition d'artisanat, ainsi que des témoignages de la période de l'esclavage et de l'émancipation sur les îles.

STRAW MARKET ★★

Bay Street

Ouvert tous les jours de 7h30 à 19h. Certains étals ferment plus tôt.

Initialement situé en retrait de Rawson Square, le long de Woodes Rogers Walk, le marché de la vannerie a été victime de l'incendie qui a ravagé le quartier au début des années 2000. Plus qu'un marché de la vannerie, c'est un grand marché d'artisanat qui déploie ses étals surchargés en rangs serrés dans un joli bâtiment colonial. Les artisans et commerçants vendent leurs articles dans une atmosphère haute en couleur, bruyante et bon enfant. Certains tressent et brodent eux-mêmes paniers et chapeaux, poupées, nattes et autres articles de vannerie…

THE RETREAT GARDEN NATIONAL PARK ★★

Village Road ✆ +1 242 393 1317 - Compter 10 km depuis le centre-ville, prendre East Bay Street et descendre sur Fox Hill Road puis à droite sur Sandilands Village Road - www.bnt.bs

Visites guidées tous les jours et observation des oiseaux possibles.

Un jardin de 4,5 hectares, décrété parc national en 1977. Le parc abrite l'une des plus importantes collections privées de palmiers dans le monde. Une carte est remise à l'entrée pour une visite autoguidée. Des aires de pique-nique permettent de se poser au cours de la visite. Les sentiers sont faciles d'accès, l'idéal avec des enfants. C'est sur la route du village que se trouvent le siège administratif et le centre d'éducation de la Bahamas National Trust.

MINISTÈRE DU TOURISME

Bay Street - Commerce Center

✆ +1 242 302 2000

www.bahamas.fr

Le ministère du Tourisme et de l'Aviation vous propose à travers son site Web des informations utiles et complètes pour organiser votre séjour. Sur place vous pouvez les contacter afin de découvrir les événements et les activités à faire sur New Providence et sur les autres îles. Les informations concernant les liaisons inter-îles sont régulièrement mises à jour et fiables. On peut aussi consulter le site en français, très riche pour préparer un voyage en solo, géré par l'équipe francophone à Paris, professionnelle et incollable sur la destination !

NASSAU/PARADISE ISLAND PROMOTION BOARD

West Bay Street ✆ +1 242 322 8381

www.nassauparadiseisland.com

Structure en charge de la promotion de Nassau et de Paradise Island. Son site Internet est assez complet.

Nassau et Paradise Island sont les îles les plus développées de l'archipel bahaméen. Capitale administrative, Nassau n'est pas dénuée de charme et il fait bon flâner dans ses rues. Sa voisine Paradise Island, accessible par un double pont, comblera les amateurs d'établissements haut de gamme, et si le complexe Atlantis n'est pas forcément au goût de tous, il reste malgré tout un *must-see* pour son gigantisme et sa démesure. Le Promotion Board saura vous renseigner.

THE BAHAMAS OUT ISLAND PROMOTION BOARD

16 Market Street ✆ +1 242 322 1140

www.myoutislands.com

The Bahama Out Island Promotion Board est une association publique-privée en charge de la promotion des Family Islands.

Les Out Islands disposent d'une offre et d'infrastructures touristiques complètes : hébergement de qualité, diversité d'activités et de loisirs (voile, plongée, pêche...), transports (vols privées, taxis), mariages. Bien que les Out Islands proposent une offre éminemment « de plage », il y a aussi une longue liste d'activités parallèles, des fêtes et traditions locales pour jouir d'un agréable séjour. Toujours dans le rythme et le style « Out Island », posé, tranquille, sans la foule...

EXUMA ESCAPES

✆ +1 242 677 6860

www.swimmingpigsbahamas.org

Journée swimming Pigs avec 5 îles, à partir de 199 US$ par personne en bateau et 549 US$ en avion puis bateau.

Cette agence propose diverses excursions, mais est particulièrement spécialisée dans les excursions à la journée jusqu'à Big Major Cay Exuma, où se trouve la maintenant célèbre plage des cochons nageurs. Exuma Escapes vous y emmène depuis 2015 en bateau tous les jours ou en avion sur demande, au départ de Nassau. Les bateaux sont rapides, heureusement car il y a environ 150 kilomètres à parcourir jusque là. La journée vous permettra de découvrir 5 îlots différents à l'occasion de haltes d'une demi-heure chacune environ. Une journée différente, surprenante !

HARBOUR SAFARIS

Bay street Marina ✆ +1 242 394 8687

www.harboursafaris.com

Tour de 1/2 journée à Spanish Wells : 229 US$, 1 journée aux Exumas : 399 US$ par adulte. Swimming pigs compris !

Une petite agence très professionnelle qui vous propose deux excursions au cours desquelles nager avec les cochons sur une superbe plage de sable blanc, c'est très à la mode aux Bahamas ! Les bateaux sont très rapides et vous emmènent soit à Spanish Wells, îlot au Nord d'Eleuthera pour une excursion d'une demi-journée, soit aux Exumas Cays pour la journée complète. Réservation impérative et réductions notables pour les réservations anticipées. N'oubliez surtout pas votre crème solaire ou votre lycra à manches longues, car le soleil est féroce à toutes saisons !

INTERVIEW

EXUMA ESCAPES

INTERVIEW DE DARIO MCKINNEY

Dario, comment vous êtes-vous intéressé aux cochons nageurs des Exumas ?

En 2014, alors que je dirigeais une petite agence réceptive à Nassau, un riche client m'a contacté afin que nous organisions pour lui et sa famille, une journée sur l'île des cochons nageurs qui se trouve à 160km de Nassau, à Exuma. Aucun bateau de Nassau ne proposant cette excursion à l'époque, nous l'avons organisée par avion jusqu'à l'aéroport le plus proche et ensuite en bateau pour atteindre Big Major Cay. Le client paya 10.000$ pour la journée de sa petite famille qui revint tellement enchantée de cette journée que j'ai eu l'idée d'en faire une activité régulière pour les visiteurs moins fortunés de passage à Nassau.

Comment expliquez-vous que tant de visiteurs souhaitent aller voir ces Cochons nageurs ?

Grâce principalement à l'émission LE BACHELOR dont certaines images furent tournées sur la superbe plage de Pig beach, avec ses eaux turquoise en arrière-plan, une merveille !

Quels furent les premiers cochons à nager dans les eaux cristallines Bahamas ?

Dans les années 70, l'agriculture était encore une ressource importante aux Bahamas et il y avait des fermes sur Exuma. La plage des cochons nageurs était un lieu de mouillage apprécié des marins qui commencèrent à nourrir ces animaux, les habituant aux visiteurs et leur montrant leur intérêt.

D'où proviennent vos clients ?

Ils proviennent aujourd'hui principalement de réservations en direct. Il faut réserver au moins 3 jours à l'avance.

Vos guides parlent-ils le français ?

40% de nos employés parlent Créole et tous sont équipés d'un smartphone équipé d'un outil d'interprétation, donc aucun problème pour communiquer !

EXUMA ESCAPES
✆ +1 242 677 6860
www.swimmingpigsbahamas.org

MAJESTIC HOLIDAYS

Cumberland Street ✆ +1 242 323 1410
www.majesticholidays.com
Package 6-7 nuits à partir de 1 100 US$ selon le type d'hébergement et les activités choisies.

Majestic Holidays, c'est LE réceptif aux Bahamas. Avec une vaste infrastructure humaine et logistique, cette agence peut vous proposer des packs fermés et/ou sur mesure, et vous organiser aussi tous types d'excursions et tours pendant votre séjour. En plus des options Nassau et Paradise Island du catalogue, les propositions pour les Out Islands sont également au programme. Les formules thématiques «Island Hopping Packages» offrent au visiteur la possibilité de découvrir deux à trois îles sur une semaine. Avec un tel réceptif, vous êtes entre de bonnes mains.

CARRIAGE TOURS

Woodes Rogers Walk ✆ +1 242 326 9781 - Au bout de Charlotte Street en direction de la mer.
Promenade en calèche au départ de Woodes Rogers Walk. Comptez 15 US$ par personne pour une visite de 20 minutes.

Un brin cliché peut-être, mais c'est façon romantique et désuète de découvrir les différentes facettes de la capitale. Nassau se prête très bien à ce moyen de transport et vous aurez peut-être parfois l'impression qu'un pirate va surgir au coin de la rue et prendre d'assaut votre véhicule d'un autre temps. Prenez le temps de faire le tour du vieux Nassau, de visiter les sites historiques, les forteresses et l'escalier de la Reine, et profitez-en pour parfaire votre anglais avec le chauffeur, les accents sont parfois surprenants aux Bahamas !

ISLANDZ TOURS

382 Bay Street ✆ +1 242 698 2708
www.islandztours.com
Visites guidées à thème et à pied disponibles du lundi au samedi. 2 à 3 h de visite et de 25 à 72 US$ selon le tour.

Islandz Tours propose un programme de 2 itinéraires à thèmes dans les rues de Nassau : « Rum-Runner's Passage », une balade gourmande de 3 heures avec arrêts gourmands à la Hillside House, à la chocolaterie de chez Graycliff et à la distillerie John Watling, et « Nassau City Seeker » pour un condensé de toutes les richesses de la ville en 2 heures. La plupart des forfaits incluent plusieurs dégustations, qui varient selon le thème de la visite. Quelle que soit l'activité qui vous intéresse à Nassau, vous pourrez la réserver par l'intermédiaire de cette agence.

TRUE BAHAMIAM FOOD TOURS

Downtown ✆ +1 242 601 1725 - Départs à 5 minutes de marche du terminal ferry.
www.trubahamianfoodtours.com
Comptez 69 US$ à 79 US$ par adulte et 49 US$ à 59 US$ par enfant le tour de 2 à 3h. Réservation recommandée à l'avance.

Mêler l'histoire à la gastronomie, en voilà un joli programme ! Au sein d'un groupe d'une douzaine de personnes maximum, arpentez les rues et ruelles de la ville coloniale à pied, en suivant les explications d'un guide agréé. 2 tours organisés sont au programme, un pour la journée et un pour le soir incluant le dîner. Plusieurs haltes gourmandes sont incluses dans chaque forfait ; elles seront l'occasion de rencontrer les chefs et les artisans de Nassau tout en se faisant plaisir. Est-il de meilleures façons pour découvrir Nassau et son patrimoine ?

LYNDEN PINDLING INTERNATIONAL AIRPORT

✆ +1 242 702 1010
www.nassaulpia.com
Code IATA : NAS.

L'aéroport international de Nassau est la plus grande porte d'entrée et de sortie de l'archipel. Il est situé à environ 16 kilomètres à l'ouest du centre-ville de Nassau, et a des vols quotidiens vers les principales villes d'Europe, des Etats-Unis, du Canada et des Caraïbes. Des hauts plafonds voûtés, des boutiques, des restaurants modernes et un lounge pour déguster des cigares. Il a été entièrement modernisé et possède désormais des équipements aéroportuaires de classe mondiale.

TRAVEL & LUGGAGE CENTRE

Lynden Pindling International Airport
✆ +12423771809
https://travelluggagecentre.business.site/
Ouvert tous les jours de 10h à 16h30 et sur RDV. Consigne bagage pour 10 US$ par jour par valise.

Voici une petite officine comme on aimerait en trouver dans chaque aéroport. Un petit bureau ouvert dans le terminal national de l'aéroport et des locaux de stockage dans l'aéroport permettent à Sheila et son équipe d'offrir des services indispensables comme la consigne à bagages de 1 à 30 jours. Quand on visite les Bahamas, on passe souvent par l'aéroport de Nassau pour changer d'île, il peut être intéressant d'y laisser une valise pour moins s'encombrer sur les lignes intérieures. Assistance visas US, photos d'identité, locations de GSM, Sheila est multitâches !

TOWNE HOTEL €

40 George Street ✆ +1 242 322 8450
www.townehotel.com

Chambre double de 125 à 180 US$ la double selon la taille et la saison. Petit déjeuner inclus. Wifi inclus.

Situé dans une jolie rue ombragée du centre de Nassau, à deux pas de Bay Street et des centres d'intérêt, l'hôtel distille malgré son intérieur assez kitsch un petit parfum de province avec ses allures de grande maison familiale. On est immédiatement accueilli par le perroquet de la famille. Les 46 chambres, correctes et simples (TV, téléphone, salle de bains ou de douche, ventilateur et air conditionné), donnent sur une agréable cour intérieure où s'inscrit même une petite piscine. Ce n'est pas le grand luxe mais un très bon choix dans cette catégorie de prix.

COURTYARD MARRIOTT NASSAU €€

West Bay Street ✆ +1 242 302 2975
www.marriott.com

Comptez en moyenne de 149 à 350 US$ pour une chambre double selon la saison et la catégorie.

Voisin de l'Holiday Inn Express & Suites, le Courtyard Marriott a lui aussi ouvert ses portes courant 2017, il compte 210 chambres réparties sur 6 étages. Si le bâtiment en lui-même ne dégage pas vraiment de cachet, les parties communes se révèlent assez accueillantes. Le Bistro, ouvert tous les jours midi et soir crée une animation appréciée, tout comme le Starbucks d'ailleurs qui tombe à point nommé pour une pause sucrée. Un bon rapport qualité-prix compte tenu des prestations.

EL GRECO HOTEL €€

West Bay Street off Augusta Street
✆ +1 242 325 1121

Double à partir de 95 US$ en basse saison et 125 US$ en haute saison, voire plus en pic.

L'hôtel jouit d'un bon emplacement sur West Bay Street, à deux pas de la plage publique de Junkanoo Beach et à proximité des restaurants et des bars. Il propose 26 chambres correctes avec air conditionné, coffre-fort, TV, téléphone et wifi dans chacune. Une charmante piscine s'abrite dans un jardin fleuri et ombragé. Ce n'est pas un hôtel haut de gamme, mais c'est un très bon choix pour passer quelques jours dans le centre de Nassau d'autant plus que l'hôtel accepte de garder vos bagages pendant vos déplacements dans l'archipel.

HOLIDAY INN EXPRESS & SUITES €€

West Bay Street & Nassau Street
✆ +1 242 322 1515

58 chambres de 129 à 399 US$ par nuit. Petit déjeuner inclus.

Un établissement tout récent, qui a ouvert ses portes en août 2017 à proximité immédiate de la Junkanoo Beach – où l'on pourra d'ailleurs profiter de transats privatifs. Climatisation, écran plats, wifi, frigo et micro-ondes. Piscine avec pool bar le soir. Deux ordinateurs sont mis à disposition dans l'espace de réception. Une belle option en escale pour quelques jours, mais ce n'est pas forcément le type d'établissement que l'on cherche pour des vacances complètes aux Bahamas.

BRITISH COLONIAL HILTON NASSAU €€€

1 Bay Street ✆ +1 242 322 9000
www.bchiltonnassauhotel.com

De 200 à 800 US$ en moyenne pour une chambre double selon la catégorie et la saison.

Construit sur le site de l'ancien fort de Nassau, c'est le plus grand hôtel du centre-ville, mais aussi le premier construit à Nassau, aujourd'hui classé monument historique. Il est idéalement situé en plein cœur de la ville, à quelques pas des boutiques et des principales curiosités comme le Straw Market et le musee Pirates of Nassau. Les 288 chambres s'abritent dans un imposant édifice de style colonial. Le petit déjeuner se prend en salle ou sur la terrasse extérieure.

GRAYCLIFF €€€

8-12 West Hill Street ✆ +1 242 302 9150
www.graycliff.com

Selon la saison, chambre Deluxe de 385 à 435 US$, chambre Luxury de 470 à 495 US$, suite de 495 à 825 US$.

Nichée dans le cœur du vieux Nassau, dominant le palais du Gouvernement, cachée par un haut mur, c'est une superbe bâtisse de plus de deux siècles qui affiche le charme d'un hôtel de tradition. Les 20 chambres sont vastes, toutes différentes, d'un style très classique, à l'anglaise, et bien équipées (air conditionné, bain ou bain à remous, sèche-cheveux, TV, téléphone, coffre-fort). Le grand parc tropical cache deux piscines, l'une grande et l'autre plus intime, et un centre de fitness. Restaurant, cave à cigares et chocolaterie complètent le tableau sans faute.

BAHAMIAN COOKIN' €

Trinity Place ✆ +1 242 328 0334 - En retrait de Bay Street et en face de la banque centrale.
www.bahamiancookin.com

Entre 12 et 32 US$ le plat. De 11h30 à 16h du lundi au samedi et à emporter au petit-déjeuner de 7h30 à 10h30.

Une adresse qui ne paie pas de mine mais qui tombe plutôt bien pour goûter un peu de l'âme locale. C'est le plus ancien restaurant-bar bahaméen et il est encore tenu aujourd'hui par une famille locale. La cuisine traditionnelle bahaméenne, orientée vers les produits de la mer, y est bien servie et bon marché, avec au menu l'incontournable *conch* préparé de différentes façons, du *grouper* (mérou), un *surf & turf* et d'excellentes crevettes frites que nous vous recommandons... Peu fréquenté par les touristes, c'est un endroit à découvrir.

LUKKA KAIRI WATERFRONT BAR & GRILL €

Prince George Wharf ✆ +1 242 427 8886
www.lukkakairi.com

Ouvert tous les jours de 11h à 2h. Plats de 15 à 45 US$ en moyenne, cocktails de 9 à 14 US$.

Transféré récemment au bout du ponton, dans une jolie cabane en bois, à quelques mètres du Señor Frog's des mêmes propriétaires, voilà une adresse sympa à l'ambiance décontractée. Vous êtes au centre de Nassau, mais les pieds dans la Caraïbe. Une superbe salle octogonale ou l'on propose au menu des plats locaux aux prix raisonnables, faisant la part belle *aux conch*, *lobsters* et autres spécialités de poisson. Pêcheurs, apportez vos prises, la cuisinière s'en occupe !

SMUGGLERS €

King Street et George Street ✆ +1 242 698 0438
www.piratesofnassau.com/smugglers/

Tous les jours de 8h à 17h, et jusqu'à 22h du mercredi au samedi. Plats de 10 à 15 US$ en moyenne.

Dans la salle fraîchement rénovée (l'établissement se tient en lieu et place de l'ancienne boutique souvenirs de Pirates of Nassau), l'équipe vous accueille du café du matin à la bière de fin de journée. Vous pouvez choisir la fraîcheur des tables en salle, donnant sur la rue ou mieux, si vous passez par là du mardi au samedi, de vous installer en terrasse et de profiter du spectacle offert par le chef qui prépare sa fameuse salade de conque sous vos yeux. Fraîcheur assurée ! Une petite Kalik, la bière nationale, et vous vous sentirez comme un local.

ATHENA CAFÉ & BAR €€

Charlotte et Bay Street ✆ +1 242 326 1296

Ouvert du lundi au samedi de 9h30 à 17h30, et 16h le dimanche. Plats de 15 à 35 US$.

Cuisine méditerranéenne avec des spécialités grecques, souvlaki, tzatziki, tarama et ouzo, servies dans une belle salle à l'ambiance feutrée, parquet de bois et mobilier rustique ou en terrasse. Les deux surplombent la rue commerçante de Bay Street. Les prix restent raisonnables et l'atmosphère y est plutôt chaleureuse. On peut aussi y dégoter du poisson frais, heureusement vu l'emplacement ! Si vous aimez les desserts, laissez-vous donc tenter par l'unique Bakhlava Cheesecake, spécialité de la maison, intéressant croisement de saveurs grecques et new-yorkaises.

HARD ROCK CAFE €€

Charlotte Street ✆ +1 242 325 0526
www.hardrock.com

Du dimanche au jeudi de 10h à 21h, et vendredi et samedi de 10h à 23h. Burgers entre 16 et 19 US$.

On retrouve ici toute la panoplie du mythique café. Carte à l'américaine, boissons et boutique pour les collectionneurs. Malgré un sympathique balcon-terrasse dominant la rue, l'ambiance n'est pas très explosive car le Hard Rock Café est principalement fréquenté par les croisiéristes américains en « permission ». Un intéressant petit musée dédié à la mémoire du rock est à noter. Le Straw Market étant juste à côté, vous trouverez ici de quoi vous restaurer rapidement tout en vous reposant avant de partir à la conquête d'autres quartiers de la ville des pirates.

THE HUMIDOR CHURRASCARIA €€

8-12 West Bay Street ✆ +1 242 322 2796 - A l'intérieur du Graycliff Hotel.
www.graycliff.com

Ouvert du lundi au samedi de 18h30 à 23h. Comptez 45 à 50 US$ par personne sans les boissons. Réservation recommandée.

Ambiance conviviale de bistrot pour cette table dans la tradition brésilienne, que l'on prononce « choo-rah-scah-ree-ah ». Possibilité de dîner dans la salle climatisée ou sur la terrasse extérieure. Un grand buffet d'entrées pour démarrer. Les spécialités de brochettes de viandes sont servies à volonté jusqu'à ce que les convives rendent les armes, en retournant la tête de vache en carton indiquant aux serveurs qu'ils sont repus, côté vert en mode *no limit* et côté rouge en mode peau du ventre bien tendue ! Une très bonne adresse pour les gros appétits.

SEAFOOD HEAVEN €€

Fish Fry ✆ +1 242 328 0292

De 11h30 à 22h, et jusqu'à minuit vendredi et samedi. Entre 15 et 20 US$ le plat.

Grand restaurant de bois peint en bleu, surplombant la baie, qui sert une excellente cuisine locale à base de produits de la mer évidemment. Souvent bondé, il faut en général faire la queue pour avoir une table, car l'endroit est prisé des touristes comme des locaux qui travaillent à Nassau. Mais la cuisine est très bonne et les prix acceptables pour l'endroit. Le bar est également agréable avec ses hauts tabourets en bois permettant de se désaltérer tout en observant le va-et-vient des bateaux dans un port actif 24 heures sur 24.

SEÑOR FROG'S €€

Woodes Rodgers Walk ✆ +1 242 323 1777 - Juste à côté du Hilton

https://www.senorfrogs.com/nassau

Ouvert tous les jours sauf lundi de 11h à minuit, 2h du matin vendredi et samedi. Plats de 11 à 25 US$.

Petit frère des célèbres restaurants mexicains, Señor Frog's ouvert ici en 2003 n'est pas l'endroit le plus authentique du coin. Ambiance gringo et cuisine mexicaine sont les recettes du succès. Les tables sont réparties entre une grande terrasse abritée donnant directement sur l'eau face au port de Nassau, aux incroyables ferries et aux lumières de Paradise Island, et une vaste salle semi-ouverte au mobilier haut en couleur et aux plafonds détonants, des écrans vidéo diffusent les derniers clips américains et latinos. Un orchestre anime les soirées, bruyantes.

TWIN BROTHERS €€

Fish Fry ✆ +1 242 328 5033

www.twinbrothersbahamas.com

De 11h à 22h, minuit vendredi, samedi et dimanche. Plats de conch entre 3,50 et 13 US$. Cocktails de 3 à 15 US$.

Une carte classique de poissons (*finger grouper, gombos*), de produits de la mer (le lambi est à l'honneur), et de viandes. Une cuisine bahaméenne réussie et à petit prix, qui rassemble d'ailleurs bon nombre de gourmands et gourmets tous les jours de la semaine. Côté boisson, on peut aussi goûter à quelques spécialités locales telles que le Bahama Mama ou le Goombay Smash mais la maison est célèbre dans le monde entier pour ses fameux daiquiris, « frozen » ou non. L'enseigne a d'ailleurs ouvert une franchise qui compte aujourd'hui 5 restaurants dans l'archipel.

CAFÉ MATISSE €€€

Bank Lane ✆ +1 242 356 7012 - Derrière Parliament Square, à côte de Bay Street.

www.cafematissenassau.com

Ouvert du mardi au samedi de 12h à 15h et de 18h à 22h. Comptez de 50 à 100 US$. Réservation recommandée pour le dîner

Il faut le chercher tant il est discret ce petit restaurant italien à l'ambiance intime, niché dans une maison historique du XVIIIe siècle. On y mange dans un charmant jardinet ou en salle élégante. La cuisine y est soignée, et la carte propose les classiques italiens, antipasti, pâtes, viandes et d'excellentes pizzas ainsi que du poisson et des fruits de mer. Le service attentif et chaleureux est revenu à l'honneur et on s'en félicite. Les desserts sont faits maison et la carte des vins est assez complète. Le menu change tous les trois mois.

GRAYCLIFF €€€

8-12 West Hill Street ✆ +1 242 302 9150

www.graycliff.com

Fermé samedi et dimanche pour le déjeuner. Comptez facilement 150 US$ par personne pour un repas avec le vin.

Ouvert depuis près de 40 ans, ce restaurant est une institution de la bonne société de Nassau et est réputé comme le meilleur restaurant des Caraïbes. Naturellement assis à côté de son rouleur de cigares, un verre de porto à la main, Enrico le maître des lieux vous reçoit avec le sourire et toute la générosité d'un Italien exilé. Polyglotte et épicurien il a su parfaitement composer, avec ses connaissances culinaires et son expérience, une cuisine raffinée italienne et française avec quelques coups de génie d'inspiration bahaméenne. Cave exceptionnelle !

BAHAMA BARRELS

West Hill Street ✆ +1 242 302 9150 - En face du Graycliff

Ouvert du lundi au samedi de 9h à 18h, et jusqu'à 23h le vendredi. Bar à vin et vente de bouteilles vinifiées sur place.

Ouvert en 2017, le Bahama Barrels importe du raisin du nord-est de l'Italie pour le vinifier ici-même à Nassau, et le distribuer en quantités très limitées dans ce petit espace bar à vin. Chardonnay et Pinot gris pour les blancs, Merlot, Cabernet Sauvignon et Refosco pour les rouges, la dégustation se révèle intéressante. Au delà d'une adresse emplette, le Bahama Barrel se présente aussi comme un lieu de sortie sympa le vendredi soir : l'happy hour à 20 US$ vous permet de goûter à tout, et d'accompagner votre verre d'une spécialité bahaméenne.

BAHAMA HAND PRINTS

Ernest Street ✆ +1 242 394 4111
www.bahamahandprints.com
Ouvert du lundi au vendredi de 10h à 16h et le samedi jusqu'à 15h. Achats possibles en ligne également.

Véritable institution, cette fabrique et boutique de tissus locaux haut de gamme est située dans un espace usine-boutique au centre de Nassau. On y trouve assurément de quoi faire ou se faire plaisir avec des créations féminines et très bien réalisées ! La marque « made in Nassau » est également distribuée dans certains établissements luxueux de l'archipel, mais c'est bel et bien là que vous aurez le plus de choix. L'accueil de Linda Brown et Joie Lamare est super et cerise sur le gâteau, cette dernière vous répondra en français !

BAHAMAS DIVING ASSOCIATION (BDA)

West Bay Street ✆ +1 800 866 3483
www.bahamasdiving.com
Cette association regroupe l'essentiel des centres qui offrent plusieurs plongées quotidiennes et des plongées de nuit.

La BDA prend en charge tous les plongeurs, des novices aux plus expérimentés, et des plus jeunes (généralement à partir de 8 ans en bubblemaker et de 12 ans en plongée classique) aux plus âgés. La BDA saura vous orienter vers le centre le plus adapté à vos envies de plongeur. Certains centres sont en effet très spécialisés, que ce soit sur les requins, les épaves ou autres passions sous-marines... Il est toujours préférable de réserver, quel que soit le type de plongée pratiquée.

HAPPY TRAILS STABLES

Norman Road ✆ +1 242 362 1820 - A moins de 10 min de l'aéroport international et de Lyford Cay.
www.ridingbahamas.com
À partir de 12 ans, balade d'une heure et demie à 150 US$ par personne, service de transfert inclus.

Situé à 25 minutes du centre-ville de Nassau, ce centre équestre plus connu sous le nom de Happy Trails Stables est ouvert depuis 1977 et géré par Susan et Duke. La famille Smith offre dans sa propriété de 2 hectares des balades au départ de ce petit coin pittoresque pour rejoindre les plages de Coral Harbour et Adélaïde, comptez un bon quart d'heure pour accéder aux plages et profitez ensuite d'une cavalcade unique sur le sable. Que vous soyez expérimenté ou débutant, les chevaux sont adaptés à vos compétences. Douches et bar à disposition.

STUART COVE'S DIVE BAHAMAS

Entre South Ocean Beach et Adelaïde Beach
✆ +1 242 362 4171 - 4 antennes entre Nassau et Paradise Island, mais les départs se font ici.
www.stuartcove.com
Transfert depuis tous les hôtels inclus. Plongée d'exploration à 182 US$ les deux plongées avec les requins.

Véritable usine à plongées, ambiance Disney, Stuart Cove est très connue pour les plongées avec les requins. Tout est organisé avec professionnalisme, les spécialistes nourrisseurs sont compétents et responsables, une expérience inoubliable. Si vous n'êtes pas certifié, faites-le savoir car la plongée requin n'est pas compromise pour autant : après une session initiatique en piscine, vous pourrez rejoindre nos amis les squales avec un instructeur privé, renseignez-vous.

POTTER'S CAY

Situé à 1,5 kilomètres du centre-ville, sous le pont de Paradise Island (Island Bridge Toll). C'est ici qu'on trouve le fameux marché aux poissons et aux fruits et légumes qui attire la foule. On y trouve également un poste de police et le bureau du port. En bordure de mer, de petites guinguettes en rangs serrés arborent de jolies couleurs vives ; on vient ici pour savourer les fameuses *conch salads*, regarder les arrivées et départs du fret, ou embarquer sur un ferry ou un bateau rapide à destination d'une autre île.

POTTER'S CAY MARKET ★★

Island Bridge Toll
Ouvert tous les jours 6h à 23h, quelques stands ferment le dimanche. Pour déjeuner, comptez environ 15 US$ par personne.

Le marché de poissons et de crustacés où le *conch* règne en maître se tient sur cet îlot, entre Nassau et Paradise Island. C'est l'un des endroits les plus authentiques de la capitale, le contraste est d'ailleurs frappant entre les aires touristiques de la ville et cet îlot aux accents purement bahaméens. De nombreux stands font office de bars et de restaurants populaires : idéal pour découvrir les saveurs de la salade de *conch* ou des *conch fritters*. On y consomme une bière fraîche en jouant aux dominos, et l'on peut y acheter du poisson frais à cuisiner soi-même.

PARADISE ISLAND ★★★

Naguère appelée « Hog Island », l'île aux Cochons, parce qu'elle était peuplée de sangliers, cette île au nom prometteur était le paradis d'une poignée de nantis qui en avaient fait une propriété privée. À l'époque, le caractère insulaire de Paradise Island lui assurait une certaine exclusivité. Mais depuis 1966 et la construction d'un premier pont la reliant à New Providence, les terrains et villas se sont vendus à de grands opérateurs touristiques, si bien qu'aujourd'hui, Paradise Island est devenue la plus grosse industrie touristique de l'archipel.

Balade

Les lieux de visite sur Paradise Island se limitent au cloître français et aux jardins de Versailles, qui font tous deux partie du très select Four Seasons. Propriété privée oblige, il est de rigueur de demander l'autorisation pour y pénétrer. On peut toutefois avoir une vue globale depuis la route principale puisqu'ils se déploient de part et d'autre de Paradise Island Drive.

Cependant, entre rencontre avec les dauphins ou les otaries, et excursions à la journée vers les Exumas, l'île regorge d'attractions touristiques. Le départ des excursions se fait au Terminal des ferries, côté Paradise Island. Les réservations sont quasi obligatoires. Ne vous attendez pas à être seul, Paradise Island compte en effet plusieurs milliers de lits pour les touristes.

Sortir

Les endroits animés pour sortir à Paradise Island sont en général situés à un jet de pierre du port de croisière ou directement au pied des nombreux hôtels. Une soirée à l'Atlantis permet aussi de profiter de l'ambiance très différente du complexe hors norme. Les boutiques sont ouvertes très tard et le casino, un des plus grands de la Caraïbe anglophone, tintinnabule 24h/24. Attention, vous jouez sous le regard des requins qui évoluent dans les aquariums gigantesques... On peut parfois se demander de quel côté de la vitre se trouve le zoo. Si vous êtes plutôt boîte de nuit, direction le Aura, toujours à Atlantis. L'avant-port offre aussi un grand nombre de clubs et bars où danser une bonne partie de la nuit au son de la musique live diffusée par les DJs locaux et parfois internationaux de renom.

Transports

▶ **Ferry**. Un ballet de petits bateaux relie Paradise Island à New Providence entre 9h et 18h avec la Ferry Boat Association (✆ +1 242 363 1030/40). La durée de la traversée est de 10 minutes, son coût de 4 US$ l'aller (8 US$ aller-retour). Les tickets peuvent être achetés au bureau touristique de Festival Place et à l'embarcadère de Woods Rogers Wharf situé à côté de Festival Place. Les tickets peuvent être également achetés au départ des ferries au terminal du même nom côté Paradise Island.

▶ **Taxi.** L'aller de Nassau centre à Paradise Island coûte 10 à 12 US$ selon votre destination exacte ; depuis l'aéroport, comptez 40 US$, péage du pont compris.

▶ **Pont de Paradise Island.** 2 US$ pour les voitures. Gratuit pour les piétons. À noter qu'aucun bus local (jitney) ne traverse le pont, il faut donc prendre un taxi ou y aller à pied, solution permettant de profiter de l'agréable spectacle de la baie.

Paradise Island.

THE CLOISTER ★

Ocean Club Drive

✆ +1 242 363 2501

Site libre d'accès, mais propriété du Four Seasons : permission requise (en théorie).

Incroyable curiosité que ce véritable cloître français sous un ciel tropical ! En 1968, Hartford, un riche propriétaire de l'île, acheta le cloître d'un monastère augustinien du XIVe siècle à William Randolph Hearst, le magnat de la presse américain immortalisé dans le film *Citizen Kane*. Le cloître a été transporté à Nassau depuis Lourdes via la Floride, et reconstruit pierre par pierre avec un grand soin, conformément à sa structure d'origine. Il domine le port. De l'autre côté de la route se trouvent les Versailles Gardens.

SEAHORSE SAILING ADVENTURES

✆ +1 242 323 8310

www.seahorsesailingadventures.com

De 49 à 79 US$ suivant l'excursion. Moins de 12 ans à mi-tarif.

Cet organisme propose divers programmes pour découvrir diverses facettes de Nassau... *Sail & Snorkel* pour découvrir les fonds marins depuis un voilier, *Nassau Land & Sea*, qui vous fera voir Nassau depuis la mer comme depuis l'intérieur, *Harbor cruise* pour découvrir le port de Nassau par la mer et enfin la *Sunset Dinner Cruise* avec un buffet bahaméen sur un catamaran, à l'ouest de Paradise Island, là où le coucher de soleil est le plus saisissant...

© ROXANE LAMOUILLE

The Cloister, Paradise Island.

VERSAILLES GARDEN AND FRENCH CLOISTERS ★

Ocean Club Drive ✆ +1 242 363 2501

Site libre d'accès depuis la route, mais propriété du Four Seasons : permission requise (en théorie).

Un peu pompeusement baptisés, ces jardins, qui se veulent inspirés des jardins du château de Versailles, se trouvent à la lisière sud de l'île surplombant les eaux de port de Nassau dans la propriété du Four Seasons. Construits en terrasses, ils sont particulièrement beaux vus du bas. Leurs terrasses fleuries de couleurs vives s'élèvent symétriquement jusqu'au cloître, avec des statues anciennes au centre de chacune d'elles. N'attendez cependant pas l'élégance des jardins originaux.

SIVANANDA ASHRAM YOGA RETREAT €

✆ +1 242 363 2902

www.sivananda.org/nassau

De 128 à 190 US$ par personne en chambre double selon la durée, la saison et la catégorie, tente pour deux à 180 US$.

Tout à fait unique en son genre, et pour le moins inattendu sur Paradise Island, le centre enseigne le yoga et la méditation selon la tradition du maître spirituel hindou Swami Shivananda Saraswati (précurseur de l'ouverture de l'hindouisme aux Occidentaux). Yoga et alimentation végétarienne sont de rigueur. Il donne directement sur la plage. Les chambres sont abritées dans des bungalows de bois. On peut également planter une tente dans le jardin. Yoga et repas compris !

DOLPHIN CAY ATLANTIS

Atlantis © +1 242 363 2000 - Derrière The Cove et The Reef

www.atlantisbahamas.com

85 US$ la rencontre avec les dauphins, 171 US$ pour l'interaction avec eux, 221 US$ pour les otaries (en piscine).

Dans le complexe de l'Atlantis Paradise Island, l'attraction Dolphin Cay vient s'ajouter au plus important aquarium du monde à ciel ouvert et vous accueille dans une atmosphère sereine, presque intime, au bord de ses bassins. En 2005, l'oceanarium de Gulfport dans le Mississippi fut entièrement détruit après le passage de l'ouragan Katrina. Quatorze dauphins, vingt-six lions de mer et un phoque se retrouvent alors livrés à eux-mêmes. Domestiqués et sans aucune aptitude à la chasse, ils ont dû être aidés par des volontaires. Les premiers dauphins furent placés dans un bassin de sauvegarde, les autres dans des piscines d'hôtels et les lions de mer au domicile d'un spécialiste de l'oceanarium. Ensuite transférés au parc Seaworld d'Orlando temporairement certains sont rapatriés ici à Atlantis. Aujourd'hui une quarantaine de dauphins et quelques lions de mer vous attendent pour une baignade encadrée par des pros. Cette équipe de spécialistes dédiée à ces mammifères est également en charge du plus grand centre de sauvetage et de soin de la faune sous-marine des Bahamas. Cette expérience peut se vivre en famille puisque l'on a pied jusqu'à la taille. Elle commence par une leçon de sensibilisation avec la projection d'une vidéo (en anglais) et se termine par une demi-heure d'intime interaction. Au programme également la rencontre avec les lions de mer. À disposition des visiteurs, des combinaisons, des casiers et la possibilité de rester la journée au bord de la plage artificielle qui entoure le bassin.

DOLPHIN ENCOUNTERS

Blue Lagoon Island © +1 242 363 1003 - Entre Paradise Island et Rose Island.

www.dolphinencounters.com

Plusieurs excursions quotidiennes ; réservation obligatoire. Rencontre avec les dauphins ou les lions de mer : 120 US$.

En 1996, Dolphin Encounters a été choisi par Universal Studios pour travailler sur la série *Flipper* en fournissant à l'époque trois dauphins. Aujourd'hui cet organisme propose un programme interactif et éducatif avec une rencontre avec les dauphins. Cette expérience est réellement originale et inoubliable pour les grands comme pour les petits. Le départ se fait du terminal ferry de Paradise Island, la durée totale de l'excursion est de 3h à 3h30, quel que soit le programme choisi. L'excursion commence par un transfert d'environ 20 minutes en bateau rapide jusqu'au Blue Lagoon Island, lieu de tournage du film *Splash* et lieu de résidence de la star internationale Flipper. Les 28 dauphins qui vivent dans la propriété, constituée d'enclos marins, tournent dans de nombreux films et documentaires. Les neuf programmes sont précédés d'une mini-conférence éducative sur les dauphins (durée 10 minutes). L'un consiste notamment en une séance d'approche et de caresses, à demi-immergé jusqu'à la taille sur une plateforme flottante dans un bassin délimité par des pontons où évoluent les dauphins. D'autres permettent de nager dans un grand bassin avec les dauphins, les otaries ou les raies pastenagues. Différentes approches sont organisées, sous la houlette d'un dresseur et rien n'est laissé au hasard. Le clou du programme est le *footpushing*, qui permet au nageur de se faire propulser dans l'eau par deux dauphins qui le poussent en prenant appui sur ses plantes de pieds, sensations garanties. Les réservations sont obligatoires.

BAY VIEW SUITES €€

Bay View Drive © +1 242 363 2555

www.bayviewsuitesparadiseisland.com

Selon la saison, de 150 à 230 US$ la chambre double, de 350 à 470 US$ le cottage (4 personnes).

Situé dans une zone résidentielle de l'île en haut d'une colline, le Bay View est un véritable havre de paix. Les 25 chambres et les villas sont réparties dans la propriété aux allures de jardin tropical. Spacieuses, elles possèdent toutes un patio ou une terrasse, l'air conditionné, la TV et un four à micro-ondes. Les villas comptent un salon et une cuisine totalement équipée. La décoration est simple et gaie, rotin et tissus fleuris. Trois piscines agréables bordées de chaises longues invitent à la détente. Un court de tennis attend même les sportifs.

COMFORT SUITES PARADISE ISLAND €€

Paradise Island Drive © +1 242 363 3680

www.comfortsuitespi.com

Chambre double de 150 à 395 US$ selon la saison. Petit déjeuner américain compris. Réductions par Internet.

Un hôtel de 223 junior suites dans un joli petit édifice, composées d'un salon et d'une chambre, vastes et bien équipés (TV, minibar, sèche-cheveux, réfrigérateur, coffre-fort, wifi gratuit…). Piscine avec bar et restaurant. La plage se trouve à quelques centaines de mètres. Les personnes résidant au Comfort Suites ont un accès gratuit aux infrastructures du parc d'Atlantis tout proche, prêt de serviettes compris ; comptez moins de 10 minutes à pied.

PARADISE ISLAND BEACH CLUB €€

Garden View & Ocean Ridge Drive
✆ +1 242 363 2523
www.gopibc.com
Resort à l'ambiance familiale. De 250 à 500 US$ la nuit par appartement (de 4 à 6 personnes). Wifi gratuit.

Caché dans un coin de Paradise Island, ce joli et curieux petit resort est une option totalement différente des macro-complexes de la zone. Les 44 villas entre 2 piscines sont séparées par des petits sentiers aménagés qui mènent à une plage de sable blanc, ambiance eau limpide et décor de palmiers. Les villas sont spacieuses, idéales pour 4 personnes (6 au maximum) avec une grande salle à manger, une cuisine bien équipée et 2 chambres (salle de bains privée pour chacune). Pool bar.

SUNRISE BEACH VILLAS & CLUB €€

Casino drive
www.sunrisebeachclub.com
A partir de 250 US$ pour une chambre double et de 550 US$ pour une petite villa de deux chambres.

C'est sur la plage de Cabbage beach, juste à l'entrée de Paradise Island en venant de Nassau que se niche cette charmante résidence composée de villas de 1 à 5 chambres réparties autour d'une belle piscine. Un petit bâtiment abrite également quelques chambres doubles. Toutes les unités comportent au moins une kitchenette, mais un bon petit restaurant, le Viola's bar & grill, est devenu un des lieux à la mode de Paradise Island où l'on peut déjeuner ou dîner sans totalement se ruiner.

ATLANTIS €€€

One Casino Drive ✆ +1 242 363 3000
www.atlantisbahamas.com
4 hectares de terrain. 5 hôtels, 11 piscines, 40 restaurants, bars et lounges, un immense casino, et des boutiques.

Bienvenue dans l'un des complexes hôteliers les plus extravagants au monde ! Tout ici est démesuré. Décor hollywoodien, clinquant et délirant, tours géantes aux faux airs du château de la Belle au bois dormant, reproduction d'un temple maya grandeur nature, immenses aquariums peuplés de raies mantas et de requins-marteaux, plages artificielles, multiples toboggans et lacs à bouées, musée imaginaire de la cité perdue d'Atlantis, casino rutilant… C'est un peu Las Vegas-sur-Mer avec une touche de Disneyland. On adore ou on passe son chemin.

FOUR SEASONS OCEAN CLUB €€€

One Casino Drive ✆ +1 242 363 2501
https://www.fourseasons.com/oceanclub/
Comptez de 300 à 800 US$ par personne en base double avec les services du majordome personnel compris.

So British ! Cette superbe étape de style colonial britannique, devenue Four Seasons fin 2017, compte 105 chambres, vastes et richement décorées avec balcon ou patio privatif, TV satellite, air conditionné, minibar, coffre-fort, salle de bains ; 14 suites et 3 villas exceptionnelles avec piscine à débordement pour un séjour exclusif. Le bois précieux contraste avec les tonalités beige et blanche de la déco, vous voilà dans l'esprit des anciennes plantations coloniales. À chaque chambre, suite ou villa est attaché un majordome qui veille à vos moindres besoins.

RIU PALACE PARADISE ISLAND €€€

6307 Casino Drive ✆ +1 242 363 3500
www.riu.com/fr
Réservé aux plus de 18 ans. Hôtel all inclusive. Comptez de 360 US$ à 580 US$ par nuit pour deux.

Fréquenté par de nombreux touristes américains, Riu est vendu par quelques tours opérateurs français. On est loin du Palace de Playa El Carmen au Mexique mais il figure parmi les bonnes références hôtelières de Paradise Island. Les services sont au rendez-vous, très agréable le petit déjeuner buffet sur la terrasse. Personnel efficace. Valeur ajoutée avec de belles vues sur mer. C'est un des meilleurs rapports qualité-prix sur cette île de la démesure.

WARWICK PARADISE ISLAND BAHAMAS - ALL INCLUSIVE €€€

Harbour Drive ✆ +1 242 363 2561
www.warwickhotels.com
Réservé aux plus de 16 ans. Hôtel all inclusive. À partir de 350 US$ pour deux en chambre double. Laverie.

Cet hôtel de 250 unités est fièrement dressé face à Nassau et propose 12 étages de chambres et suites tout confort avec air conditionné, TV et réfrigérateur. L'unique formule est le formule tout compris. La décoration se veut chic, moderne, minimaliste parfois. Cinq restaurants sont proposés et permettent de changer de décor chaque jour. Deux bars se passent également le relais pour vous servir jusqu'à 1h du matin. Spa, salle de fitness et prêt de vélos sont appréciés.

MURRAY'S DELI €€

Marina Village ✆ +1 242 363 3000
www.atlantisbahamas.com
Ouvert tous les jours de 7h à 11h30 pour le petit déjeuner et de 11h à 22h pour déjeuner et dîner. Plats de 10 à 30 US$.

C'est une des options les plus économiques du complexe. La cafétéria style Miami années 1950 sert une cuisine simple, à l'américaine, burgers, omelettes, salades. Vous vous retrouverez ici dans une ambiance digne de Miami Beach dans un Diners. Les serveurs et serveuses sont très avenants et se plieront en 4 pour vous satisfaire. De nombreux plats conviendront même aux végétariens : taboulé, salade d'aubergines grillées et lundi sans viandes vous raviront les papilles. N'oubliez pas les desserts dont le succulent *Cheesecake aux fruits rouges* que je vous recommande.

ANTHONY'S €

Paradise Village Shopping Centre
✆ +1 242 363 3152 - Face à la Marina
www.anthonysparadiseisland.com
Ouvert tous les jours de 8h à 22h30. Pizzas de 13 à 22 US$ hors suppléments. Plats de 29 à 46 US$.

Alors que la plupart des restaurants de Paradise Island sont au sein d'un hôtel, nous sommes ici dans un charmant petit centre commercial face à la marina. Ambiance joyeuse et familiale dans un décor haut en couleur fort sympathique. La carte proposée est longue et offre de la cuisine internationale et locale, *conch fritters, conch chowder, cracked conch*, avec les incontournables traditionnelles salades César, pizzas, pâtes et hamburgers. Les familles sont les bienvenues et les enfants ont un menu spécifique. Choix de cocktails aux saveurs caraïbes.

CARMINE'S €€

Marina Village ✆ +1 242 363 3000
www.carminesnyc.com
Ouvert tous les jours de 17h30 à 22h, pour le dîner seulement. Comptez entre 50 US$ et 80 US$ par personne.

Cette institution populaire de New York, également présente à Washington DC, Atlantic City et Las Vegas nous fait l'honneur d'être à l'Atlantis. Restaurant familial au décor traditionnel qui propose une cuisine italienne de qualité à des prix acceptables pour l'endroit. Pas moins de 20 sortes de pâtes, veau, bœuf et poulet à toutes les sauces et styles, tiramisu et cheesecake italo/new-yorkais en dessert. Attention, si vous êtes amateurs de vins, il y a le choix, mais les prix s'envolent vite ! Comme à Manhattan le service est rapide et efficace.

CASA D'ANGELO €€

Entre Coral Towers et Beach Tower
✆ +1 242 363 3000
www.casa-d-angelo.com
Ouvert tous les jours de 17h30 à 22h. Mieux vaut réserver comme souvent dans les restaurants d'Atlantis.

Le chef Angelo Elia excelle dans un savoureux mélange de la Toscane traditionnelle et du sud de l'Italie combiné aux saveurs caraïbes. Il a enseigné ses talents aux divers chefs qui officient dans ses restaurants de Floride et maintenant des Bahamas. Les saveurs et les textures des préparations culinaires subtilement accompagnées du vin qui va bien et le tour du palais est joué. Parmi les spécialités : le carpaccio de bœuf, le risotto à la piémontaise, le veau au parmesan ou encore les *fettuccine ai frutti di mare* ! A noter que les gnocchis sont faits maison.

SEAFIRE STEAKHOUSE €€

Marina Village ✆ +1 242 363 3000
www.atlantisbahamas.com
Ouvert tous les soirs de 18h à 22h. Plats de 14 à 32 US$.

Très bon Steak House dans le style brasserie traditionnelle. Fumée, poêlée, grillée, la viande est à l'honneur. Cake de crabe et langouste d'Andros en entrée (à moins que vous ne préfériez le très original carpaccio de bœuf en croûte de coriandre), New York Strip en plat de résistance (bœuf Akaushi), ou pourquoi pas Pearl Couscous pour les végétariens, le tout accompagné d'une bonne bouteille de vin ; la promesse d'un bon moment pour les plus carnivores d'entre nous ! En ce qui concerne les desserts, ne ratez pas le crumble aux baies de Goji.

SIP SIP €€

The Cove Pool ✆ +1 242 363 3000
www.atlantisbahamas.com
De 11h à 17h tous les jours, à la piscine de The Cove.

What's the sip-sip man ? Il faisait déjà un tabac sur Harbour Island, et bien c'est finalement en toute logique que le concept du Sip Sip (traduction bahaméenne pour « gossip », c'est-à-dire « ragot ») a été importé, dans l'un des hôtels les plus chics de Paradise Island : The Cove Atlantis. Partagé en deux espaces, côté piscine ou océan (voire même entre les deux !), on retrouve évidemment une carte similaire, un esprit tout aussi branché, et le même mobilier coloré faisant la part belle au bleu et orange. À découvrir, même si vous n'êtes pas client de l'hôtel !

CAFÉ MARTINIQUE €€€

Marina Village ✆ +1 242 363 3000
www.atlantisbahamas.com
Ouvert tous les soirs de 18h à 22h. Comptez environ 100 US$ par personne sans le vin. Dress code élégant.

Avec sa vue spectaculaire sur la marina, le Café Martinique propose dorénavant une cuisine raffinée et « plant-forward », concept assez récent consistant à mettre en avant les légumes sans exclure la viande ou le poisson. C'est en effet en 2019 que Atlantis Paradise a remis les reines de ce restaurant, qui était dirigé auparavant par Jean-Georges Vongerichten, le chef bien connu du Dune, à un chef italien expérimenté d'origine sarde, Alessio Pitzalis. Une cuisine raffinée et très moderne qui enchantera votre palais comme votre regard tant on se rapproche de l'art.

DUNE €€€

1 Casino Drive ✆ +1 242 363 2501
www.jean-georges.com
Ouvert tous les jours du petit déjeuner au dîner. Comptez facilement 100 US$ par personne pour un repas complet.

Bienvenue chez Jean-Georges Vongerichten aux Bahamas. Ici la cuisine, très créative et sans cesse renouvelée, est un savant mélange de cuisine française aux saveurs asiatiques, avec des touches bahaméennes. Les plats ne sont pas très copieux, gastro oblige, mais si savoureux... Le décor imaginé par un décorateur français, avec une cuisine ouverte sur la salle, évoque les tables branchées de New York plutôt que les tropiques. Cela dit, le cadre est juste somptueux, surtout à midi sur la petite terrasse au-dessus de la plage...

NOBU €€€

Casino ✆ +1 242 363 3000
www.noburestaurants.com
Plats de 16 à 85 US$; sushis et sashimis entre 6 et 22 US$ la pièce. Ouvert tous les soirs de 17h30 à 22h.

Né et élevé au Japon le chef Matsuhisa a fait ses classes dans les bars à sushis de Tokyo avant de s'envoler pour Lima au Pérou. Après avoir sillonné le globe il ouvre à Los Angeles en 1997 son premier restaurant, son imagination nourrie par la découverte du monde et son apprentissage classique crée la base de ses plats imaginatifs allant de la salade Sashimi de Matsuhisa au Toro sashimi avec piment jalapenos à la morue noire qui a figuré dans le magazine *Food & Wine*. Nobu Matsuhisa est considéré comme l'un des meilleurs chefs au monde dans sa catégorie.

OCEAN CLUB GOLF COURSE

Paradise Island Drive ✆ +1 242 363 2501
Club semi-privé. Comptez de 155 à 295 US$ le green free...

Dessiné par Joe Lee, le parcours est un 18 trous par 72. Il se déploie dans un cadre exceptionnel entre palmiers et mer, sur un terrain luxuriant et arboré en bordure de la mer qui le cerne sur trois côtés. Il a été revu récemment par Tom Weiskopf, ancien champion qui a déjà créé plus de 30 terrains de golf à travers le monde. Il est couvert de deux sortes d'herbes dont une particulière pour les fairways, la *Paspalum*, qui s'arrose à l'eau de mer. Ce parcours impeccable abrite des espèces d'oiseaux migrateurs, les vents rendent parfois difficiles les trajectoires.

POWERBOAT ADVENTURES

Ferry Terminal ✆ +1 242 363 2265
www.powerboatadventures.com
Excursions quotidiennes selon conditions météo. Comptez 219 US$ par adulte et 160 US$ par enfant. -10 % sur Internet.

Powerboat Adventures vous offre une journée complète dans les Exumas à la découverte de ses cays inhabités. Montez à bord de l'un des bolides marins pour un programme d'une journée d'excursions sensiblement identique aux concurrents. Après 1h de trajet à grande vitesse et un peu d'adrénaline, trois étapes sont au programme dont bien entendu un superbe snorkeling au milieu de la faune sous-marine multicolore. Les visites au bar (ouvert toute la journée) permettent de se rafraîchir : alcools, vins, bières, sodas et eau... C'est compris.

SANDY TOE'S

Ferry Terminal ✆ + 1 242 363 8637
www.sandytoesbahamas.com
Excursion et journée complète sur Rose Island. Comptez 129 US$ par adulte et 99 US$ par enfant de moins de 12 ans.

Sympathique option pour passer une journée loin de l'agitation de New Providence. Après 35 minutes de navigation agréable, on vient ici pour passer la journée et bénéficier de toutes les activités que propose l'équipe de Sandy Toe's. Le sud de l'île est rocheux et depuis les petites falaises on accède à l'eau pour profiter d'une plongée dans les eaux cristallines de Rose Island avec ou sans les fameux cochons nageurs bahaméens. De l'autre côté de l'île, une magnifique et longue plage de sable blanc pour jouir du soleil. Transfert depuis l'hôtel non inclus.

ATLANTIS CASINO

Atlantis ✆ +1 242 363 3000
www.atlantisbahamas.com
Ouvert 24h/24, les jeux de table sont ouverts tous les jours de 10h à 4h.

Une entrée magistrale, on se sent tout petit comme dans « Alice au pays des machines », le trône de Poséidon vous accueille pour la photo souvenir. Chef-d'œuvre de design innovant, Dale Chihuly maître de la sculpture sur verre américain a décoré l'intérieur. Le deuxième plus grand casino des Caraïbes compte 750 machines à sous, 80 tables de jeu, roulette (jeu de boules), craps, blackjack (jeu de cartes objectif 21 points), baccara (jeu de cartes) et mini-baccara. Les machines à sous sont abritées sous un dôme gigantesque orné de fenêtres panoramiques.

FOX HILL

Fox Hill est l'un des plus anciens villages des Bahamas. Ses habitants, communément appelés les Hillians Fox – du nom de Samuel Fox, esclave africain affranchi qui a disposé de plusieurs hectares de terre en 1801 – célèbrent la fête de l'Émancipation une semaine plus tard que dans le reste de l'archipel. Ainsi, si vous êtes à New Providence le deuxième lundi du mois d'août, faites-y un saut. L'héritage de la culture africaine (les esclaves arrivaient souvent du Congo et de ses alentours) est présent ici plus que dans n'importe quel autre village, que ce soit à travers de la musique ou de la peinture, l'Afrique est toujours présente.

CABLE BEACH ★★

Cable Beach, à une dizaine de kilomètres du centre-ville de Nassau, est connue comme la « Riviera de Nassau » et regroupe la plupart des grands complexes hôteliers, hors Paradise Island. La zone s'étend le long de la plage, et a vu sortir de terre ces dernières années le nouveau complexe Baha Mar, le SLS resort et le Rosewood. En plus de son golf 18-trous signé Jack Nicklaus, de son casino, de son spa ESPA, il compte plusieurs hôtels dont le Grand Hyatt, qui se déploie dans les deux ailes principales. Aux côtés du Sandals Royal Bahamian, du Melia Nassau et du Breezes Bahamas, les nuits s'annoncent d'ores et déjà calientes sur Cable Beach !

SANDYPORT BEACH RESORT €€

West bay street ✆ +1 242 327 4279
www.sandyportresort.com
De 215 US$ à 270 US$ suivant la saison pour une occupation double.

Une jolie résidence-marina composée de 72 petites villas réparties dans un grand et beau jardin entouré d'eau et de plages superbes. Vous êtes comme sur une île, mais à 10 minutes du centre de Nassau. Une superbe piscine, un club de fitness, tennis et spa complètent parfaitement l'offre. Un petit village artificiel existe même depuis quelques années et l'offre de restauration est très large, ce sont en effet 8 restaurants et cafés qui vous accueillent à presque toute heure de la journée pour un en-cas léger ou un véritable repas gastronomique au *Blue sail*.

Cable Beach.

BAHASEA BACKPACKERS €

560 West bay street ✆ +12424260688
https://bahasea.com/

A partir de 40 US$ la nuit en dortoir, 45 US$ en quadruple et 65 US$ en double.

Voici un hôtel complètement différent de ce à quoi nous sommes habitués aux Bahamas. Une des rares options bon marché de l'archipel, escale idéale pour les *backpackers*, mais pas uniquement. L'hôtel, qui appartient à la Française Nelly Biche de Berre, très bien situé à proximité directe de plusieurs restaurants de Cable beach et à 5 minutes en bus de Baha Mar, offre en effet des dortoirs de 4 à 12 personnes (non mixtes), mais aussi d'agréables chambres doubles avec salles de bain privatives. Retraites *bien-être*, *yoga* ou *méditation* sont également au programme.

SUPERCLUBS BREEZES RESORT & SPA €€

Breezes lane ✆ +1 242 327 5356
www.breezes.com

Comptez en moyenne de 115 à 141 US$ par personne en chambre double all inclusive.

L'hôtel donne directement sur la plage de Cable Beach ; les différents édifices encadrent les nombreuses piscines et bains à remous. Les chambres donnent sur la plage ou le jardin. Elles sont équipées de TV, de téléphone, de coffre-fort, de planche à repasser, de sèche-cheveux... De nombreuses activités sportives sont proposées et les options de sports nautiques sont multiples (voile, canoë, ski nautique...). 3 courts de tennis, une piste de jogging, volley-ball, vélos, centre de fitness.

MARLEY RESORT & SPA €€

West bay street ✆ +12426031055
www.marleyresort.com

De 149 US$ à 349 US$ la double suivant la saison. Jusqu'à 425 US$ pour la suite Lune de miel.

Vous voici soudain chez la légende du Reggae, Bob Marley, qui venait passer ses vacances en famille ici à Nassau dans cette belle demeure offrant aujourd'hui aux visiteurs 16 confortables chambres décorées avec beaucoup de goût, sur la plage de Cable beach. Différents types de chambres vous attendent, de la double avec vue jardin à la suite avec vue mer en passant par la villa personnelle de Bob Marley, qui comprend 6 chambres avec piscine privée, il y en a pour tous les goûts et (presque) tous les budgets. Et le bar, musical bien sûr, s'appelle... *STIR IT UP* !

GRAND HYATT AT BAHA MAR €€€

1 Baha Mar Boulevard ✆ +1 242 788 1234
bahamar.grand.hyatt.com

À partir de 300 US$ par personne en basse saison, plus de 800 US$ en haute saison.

Installé dans les deux tours principales du tout récent complexe Baha Mar, le Grand Hyatt est le premier des trois hôtels que compte l'ensemble, avec le SLS et le Rosewood. À lui seul, il compte 1 800 chambres et suites, 6 restaurants, 9 bars et lounges, un centre de convention, une chapelle pour la célébration de mariages, et pas moins de 6 piscines accessibles à tous les résidents de Baha Mar. Côté loisirs comme hébergement, les prestations sont de très haut standing ! Spa, centre de fitness, casino, Golf... difficile de s'ennuyer

SANDYPORT BEACH RESORT €€

West bay street ✆ +1 242 327 4279
www.sandyportresort.com

De 215 US$ à 270 US$ suivant la saison pour une occupation double.

Une jolie résidence-marina composée de 72 petites villas réparties dans un grand et beau jardin entouré d'eau et de plages superbes. Vous êtes comme sur une île, mais à 10 minutes du centre de Nassau. Une superbe piscine, un club de fitness, tennis et spa complètent parfaitement l'offre. Un petit village artificiel existe même depuis quelques années et l'offre de restauration est très large, ce sont en effet 8 restaurants et cafés qui vous accueillent à presque toute heure de la journée pour un en-cas léger ou un véritable repas gastronomique au *Blue sail*.

MELIA NASSAU BEACH €€€

West Bay Street ✆ +1 242 327 6000
www.melianassaubeach.com

À partir de 350 US$ par personne et par jour en formule all inclusive en basse saison.

A deux pas du nouveau complexe Baha Mar et de son casino (navettes gratuites depuis l'hôtel), Melia vous accueille dans un intérieur chic et moderne, et met à votre disposition en formule *all inclusive* ses 694 chambres et suites, ses 7 restaurants (le Black Angus est en extra), ses 4 bars, et son aire de baignade de près de trois hectares, comportant trois bassins d'eau douce agrémentés de cascades, de grands bains à remous et d'un bar « pieds dans l'eau ». Les chambres du 8e et du 9e étages sont plus chères et offrent des prestations et services complémentaires.

OCEAN WEST BOUTIQUE HOTEL €€€

West bay street ✆ +12426986744
www.oceanwestbahamas.com
De 215 US$ à 600 US$ la nuit pour deux personnes suivant la saison et le type de chambre.

Voici un beau boutique-hôtel à 5 kilomètres de Cable beach pour les animations, et où vous vous sentirez charmés par l'élégance luxueuse des lieux avec en prime une superbe vue sur le lagon. Toutes les chambres, au nombre d'une dizaine, portent des noms de pierres précieuses ou semi-précieuses. Elles ont toutes au moins une vue mer partielle et certaines jouissent d'un petit balcon privé sur la mer. Restaurant gourmet. Salle de sport sur le toit et superbe piscine surplombant l'océan.

SANDALS ROYAL BAHAMIAN €€€

Cable Beach ✆ +1 242 327 6400
www.sandals.com
Hôtel « all inclusive » réservé aux couples. Tarifs en temps et en heure sur le site Internet du groupe hôtelier.

Les vacances commencent une fois passée l'impressionnante façade géorgienne de l'hôtel. Le duc et la duchesse de Windsor avaient fait de cet endroit un haut lieu de la haute société sous le nom du « Balmoral Club » dans les années 1940. Transformé en hôtel, il reste la structure générale et des objets d'époque. D'un côté, des cottages pittoresques s'ouvrent sur des jardins ombragés, palmiers et piscine. Face à la mer, la Tour Balmoral. Les chambres et les suites disposent toutes d'un balcon, elles sont bien aménagées, et le mobilier est sobre et élégant.

MEZE GRILL €€

West Bay Street ✆ +1 242 327 6393
https://titanhospitalitygroup.com/meze-grill/
Ouvert tous les jours de 10h30 à midi et de 18h30 à 23h. Comptez environ 30 US$ au déjeuner et 50 US$ au dîner hors vin.

Amateurs de cuisine méditerranéenne, les habitants de Nassau ne tarissent pas d'éloges sur cette adresse de Cable Beach qui a été récemment reprise par le groupe bahaméen Titan Hospitality, par ailleurs propriétaire du Smugglers à Nassau et du Wreckers à Spanish Wells yacht haven & resort d'Eleuthera. On y déguste une cuisine colorée, des viandes et poissons grillés et (quand même...) des paninis et burgers. Dommage que l'établissement se situe un peu loin à pied des hôtels de la zone : pour s'y rendre, mieux vaut prendre un taxi.

POOP DECK €€

West Bay Street ✆ +1 242 327 3325
www.thepoopdeck.com
Ouvert tous les jours de 11h30 à 22h30. Comptez en moyenne de 20 à 50 US$ par personne.

Un nom, deux adresses, et deux chefs très appréciées des locaux pour leur cuisine bahaméenne et leurs spécialités de la mer, d'excellente tenue. Sur une superbe terrasse face à l'océan, on déguste par exemple un *surf and turf* avec viande et langouste, des grillades mixte de viandes et de poissons, des moules marinières, du crabe ou encore du mérou sous toutes ses formes, voilà qui donne tout simplement l'eau à la bouche ! N'hésitez pas non plus à découvrir la table de Nassau à East Bay Street, juste en face du pont pour Paradise Island.

BAHA MAR CASINO

Baha Mar Boulevard ✆ +1 242 788 8000
www.bahamar.com
Ouvert 24h/24, 7j/7.

Il s'agirait du plus grand casino des Caraïbes, il a détrôné Atlantis en ce domaine, rien que ça ! Avec plus de 9 000 m², 150 tables et 1 140 machines à sous, c'est purement et simplement un immense temple du jeu au sein d'une ville artificielle puisqu'il est au sein du complexe Bahamar. Des tournois de haut niveau seront organisés pour les professionnels. Si vous recherchez l'intimité d'un casino européen, passez votre chemin, mais si le jeu sous toutes ses formes, Blackjack, Baccara, roulette ou bandits manchots vous attire, le choix est vaste, faites vos jeux !

GAMBIER

Un village simple, dont la vie rurale contraste vivement avec l'activité de la capitale. Gambier et sa fameuse zone de Compass Point s'enorgueillissent d'un studio d'enregistrement connu des plus grands : entre 1977 et 2010, le Compass Point Studio a en effet vu défiler Dire Straits, ABBA, AC/DC, U2, Iron Maiden, The Rolling Stones, Lenny Kravitz, Shakira, Adèle et bien d'autres. C'est aujourd'hui devenu un restaurant : le Studio Café. Vous pourrez y déguster une cuisine locale en profitant d'une superbe vue sur la mer depuis le premier étage. A Gambier, on se sent loin de l'agitation du centre ville de Nassau, tout en en étant qu'à 20 minutes en bus.

COMPASS POINT BEACH RESORT €€

West Bay Street ✆ +1 242 327 4500 - A côté de Love Beach, si besoin accès facile avec le jitney jusqu'à 19h, 1,25 US$. Au-delà taxi, 30 US$ depuis le centre-ville.
www.compasspointbeachresort.com
De 315 US$ la double en basse saison à 475 US$ en haute. Petit déjeuner inclus. Piscine, restaurant et room service.

Ici les couleurs vives sont à l'honneur. Une fois le pas-de-porte franchi, vous voici dans un endroit réconfortant et revitalisant. Planchers et murs en bois naturel, wifi, air conditionné, frigo ; on se sent comme à la maison dans un cadre exceptionnel et rare sur New Providence. Petits patios dans les chambres, balcons privés avec vue directe sur l'océan… c'est divin ! Voilà une adresse simple et confortable pour les adeptes de la zen attitude !

ORANGE HILL BEACH INN €€

Dunmore Avenue ✆ +1 242 327 7157 - A 20 minutes du centre de Nassau et à 5 minutes de l'aéroport - www.orangehill.com
125 US$ à 145 US$ en single et de 160 US$ à 185 US$ l'appartement ou le cottage pour deux avec la vue qui va bien.

Voilà un hôtel sympathique où l'on se sent vraiment en vacances. Il est niché dans un grand jardin, sur le flanc de la colline « Orange » Les 30 unités (dont 2 cottages et 2 appartements) se logent dans une bâtisse de deux niveaux. Bien équipées (air conditionné, mini-réfrigérateur, TV, balcon ou terrasse), elles dominent une piscine plaisante. L'accueil est très chaleureux et Judy n'hésitera pas à vous donner moult conseils pour visiter Nassau. L'hôtel se trouve non loin de l'aéroport, ce qui en fait une halte commode en cas de départ matinal ou d'arrivée tardive.

A STONE'S THROW AWAY €€€

Tropical Garden Road
✆ +1 242 327 7030
www.astonesthrowaway.com
De 165 à 250 US$ la chambre double vue jardin, et de 245 à 400 US$ en vue mer. Petit déjeuner 12-18 US$. Dîner 40 US$.

Sur les hauteurs de Nassau, près de l'aéroport et à deux pas de la plage, cette adresse est une halte de grand charme. L'imposante bâtisse bahaméenne offre huit chambres et deux suites raffinées disposant d'une terrasse. La décoration est soignée : meubles de bois et influences asiatiques, couleurs sereines et équipements sophistiqués. Les terrasses, et leurs profonds sofas aux coussins moelleux, offrent une magnifique vue sur l'océan. Le petit déjeuner est servi en terrasse. Pensez à réserver si vous souhaitez dîner. Jolie piscine nichée dans le jardin tropical.

DINO'S GOURMET CONCH SALAD €

West Bay street

Salade de conch classique : 12 US$. Salade tropicale (la spécialité) : 15 US$. De midi à 22h tlj et jusqu'à 23h le we.

Le chef de cet endroit très local est, dit-il, l'inventeur de la « Tropical Conch salad » une belle salade de lambi, améliorée de fruits tropicaux, un vrai délice qui régalera vos papilles. Mais attention, ne la demandez pas trop piquante à moins que votre palais ne soit habitué au piment ! On la déguste au comptoir ou installé sur une des tables hautes face à la mer, ce qui ne gâte rien. Une adresse recommandée si vous avez une grosse faim et ne souhaitez pas dépenser trop.

TRAVELLERS WEST €

West Bay Street ✆ 424 0599 - Loin du centre en retrait de Gambier.

https://travellerswest.com/

Ouvert tous les jours sauf le mardi de midi à 23h. Entre 10 et et 30 US$ au déjeuner et entre 15 et 35 US$ pour le dîner

Face à la mer, la terrasse abritée du restaurant du voyageur invite à l'indolence. On peut préférer la salle intérieure, très chaleureuse et colorée. L'endroit est peu fréquenté par les touristes et c'est plutôt bon signe. C'est une clientèle d'habitués et l'ambiance y est parfaitement locale. Ici, la cuisine est exclusivement bahaméenne, très copieusement servie, en toute simplicité. C'est l'endroit idéal pour découvrir les *cracked conch* ou les *grouper fingers*. On peut aussi y boire un daiquiri et profiter de la plage après le repas.

AQUAFIRE €€

West Bay Street ✆ +1 242 698 0119 - Face au Compass Point Beach Resort.

www.aquafirebahamas.com

Du mardi au samedi de 11h30 à 23h, et le dimanche jusqu'à 21h. De 20 à 45 US$ le plat. Brunch du dimanche à 35 US$.

Une adresse très sympathique, à privilégier le soir pour profiter de l'atmosphère romantique et chaleureuse conférée par les illuminations en terrasse. Dans l'assiette, les plats tournent autour des produits de la mer, mais pas que : agneau rôti, linguine aux fruits de mer, gros steak de bœuf pour deux. En dessert, quelques douceurs aux saveurs bien locales, à l'image du *rum cake*, du *guava duff* et de la *coconut cream pie*. A noter le brunch du dimanche, copieux et aux saveurs locales. Emplacement idéal si vous séjournez au Compass Point Beach Resort.

STUDIO CAFÉ €€

851 West Bay Street ✆ +1 242 327 0919

www.studiocafebahamas.com

De 10h à 23h tous les jours sauf mardi. Brunch le dimanche de 11h à 15h. Plats de 15 à 35 US$. Nombreux événements.

Installée au premier étage des anciens studios d'enregistrement, c'est une superbe adresse à Compass Point. Ici ont enregistré des célébrités comme James Brown, Bob Marley ou même les Rolling Stones ! Dans une atmosphère musicale avec vinyles en set de table et célébrités placardées aux murs, on profite d'un joli panorama sur la mer en dégustant de savoureux plats bahaméens préparés avec amour par le chef Shawn Newton. Tous les vendredis, les dames sont invitées de 18h à 21h à un happy hour *signature* au rosé de Provence accompagné de gateaux apéritifs maison.

LOUIS & STEEN'S NEW ORLEAN'S COFFEE HOUSE

West bay street ✆ 601 9907

www.louisandsteens.com

Ouvert de 7h à 15h du mardi au vendredi, de 8h à 17h le samedi et de 10h à 17h le dimanche. De 3 US$ à 5 US$ le café.

Louis & Steen's (le nom des grands-parents du propriétaire) est un des meilleurs endroit aux Bahamas pour déguster un bon café. il y en a pour tous les goûts et les smoothies sont également délicieux. Le choix de plats est varié pour une halte gourmande aux saveurs Cajun et la connexion internet est offerte aux clients. Enfin, le cadre est magnifique, intérieur très joliment décoré et extérieur en terrasses escaliers qui donnent sur la mer. Une étape incontournable.

NIRVANA BEACH BAR

West Bay Street ✆ +1 242 327 4392

Tous les jours de 9h à minuit. Plats de 15 à 18,50 US$, snacks dès 11 US$, sandwiches de 7,50 à 13 US$. Douches et WC.

Situé sur la belle plage de Love Beach, une adresse séduisante pour passer un moment très agréable au bord de l'eau. Chaises, serviettes à disposition, les prix sont très honnêtes et vous êtes reçu avec le sourire. Dans l'assiette ce n'est pas du gastro, mais on y va pour se poser tellement le cadre est agréable. Un burger de *conch* et une bière suffisent pour être le roi du pétrole. Pour le reste de bons hamburgers, tapas style ailes de poulet, sandwichs et du poisson. Une plage idéale pour les enfants et quelques coups de palmes en snorkeling.

ADELAÏDE

L'intérieur de l'île de New Providence est couvert de larges forêts de pins et des collines. Les plages de sable blanc, souvent ignorées des touristes et oubliées par les groupes internationaux, ourlent la côte baignée d'eaux translucides. Sur la côte sud, le seul pôle touristique est Adelaide qui possède le très select Albany Resort Club. Ce paisible village fut peuplé à l'origine par des Africains affranchis. Ici, la vie se déroule à un rythme doux, comme à Lyford Cay, sa voisine, une enclave très exclusive où de nombreuses célébrités trouvent un refuge discret. Ainsi Sean Connery, qui y possède une demeure, y réside une bonne partie de l'année.

THE ISLAND HOUSE €€€

Mahogany Hill Western Road ✆ +1 242 698 6300 - Au sud de l'aéroport, entre Gambier et Adelaïde.
www.the-island-house.com
Comptez de 395 à 550 US$ pour une chambre double et de 750 à 990 US$ pour une suite. Petit déjeuner non compris.

Un joli boutique-hôtel ouvert sur les hauteurs de Lyford Cay. Les 30 chambres et suites tout comme les trois cottages se déclinent dans un style contemporain, l'ensemble est calme et très plaisant. Très beau point pour le cinéma (so chic), la piscine centrale, le spa, la salle de sport et de yoga, et pour les deux restaurants. Optez pour le Shima s'il vous prend des envies d'Asie : pad thaï et autres curry sauront réveiller vos papilles ; pour des saveurs plutôt méditerranéennes, le restaurant Mahogany est une table chaudement recommandée.

CLIFTON HERITAGE NATIONAL PARK ★★

South West Road ✆ +1 242 477 0978
https://cliftonheritage.net/
Visite guidée recommandée.

Étendu sur quelque 84 hectares à l'ouest de New Providence, le Clifton Heritage National Park figure parmi les sites culturels et historiques les plus intéressants de l'île. Il y a plus de 500 ans, les Lucayans installèrent d'abord leurs villages sur les plages environnantes, puis à la fin du XVIIIe siècle, alors que les loyalistes quittaient l'Amérique, ils établirent ici des plantations de coton dans lesquelles travaillaient les esclaves africains jusqu'à leur émancipation au début du XIXe. Au lendemain de l'émancipation, les terres de Clifton ont accueilli des activités agricoles, puis ont changé de mains plusieurs fois avant d'être acquises par Sir Harry Oakes en 1935. En 1998, des plans ont été élaborés pour un développement immobilier haut de gamme, sur le territoire qui est aujourd'hui un parc. C'est ce qui a déclenché la réaction de certains, qui ont obtenu la préservation de l'un des sites les plus historiques des Bahamas. On découvre aujourd'hui les lieux au gré de sentiers de randonnée : pas à pas se dévoilent l'ancien village des esclaves, le Banana Hole, un réseau de grottes souterraines qui fut notamment utilisé par les Lucayans lors de cérémonies spirituelles, la Coppice Forest qui vous en apprendra plus sur la bush medicine aux Bahamas, l'espace sacré composé de statues de femmes africaines faisant face à l'océan, la Carriage House, ancien lieu de stockage, et enfin the Great House, qui fut la maison du propriétaire William Wylly du temps des esclaves.

Clifton Heritage National Park.

GRAND BAHAMA ISLAND

L'île de Grand Bahama est baignée par des eaux d'un vert translucide et cristallin. De petits villages à la douceur de vivre comme West End, la plus vieille cité de l'île et sa capitale historique officielle – un village de pêcheurs spécialistes de la pêche au lambi –, ou encore McLean's, à l'est, ponctuent le bord de mer. Smith's Town, Pinder's Point, Williams Town, Cooper's Town, Martin Town…, créés en d'autres temps par les familles éponymes, sont encore habités par des Smith, des Pinder, des Williams… Les trois quarts de l'île sont recouverts de denses forêts de pins qui abritent une faune intéressante, aigrettes blanches, hérons, flamants et les tortues Hawksbill, une espèce en danger et protégée. L'île de Grand Bahama recense trois parcs et réserves naturelles classés.

Grand Bahama Island
15 KM
MIAMI
ÎLES BAHAMAS
WEST END
Garden of the Groves
Hamilton Bay
Vincent Town
Bootle Bay
Pelican Lake
Long Bay
Deadman's Reef
Holmes Rock
Broken Bay Point
Eight Mile Rock
Bahamian Brewery & Beverage Co
Grand Bahamia Inter. Airport
Freeport Harbour
Pinders Point
International Bazaar
Xanadu Marina
Running Mon Marina
FREEPORT
LUCAYA
Port Lucaya
Silver Point
Garden of the Groves
Cormorant Point
Water Cay
Grand Lucayan Waterway
Sharp Rocks Point
Peterson Cay National Park
Old FreeTown
Lucayan National Park
USAF Misille Base
FREE TOWN
High Rock
Riding Point
GRAND BAHAMA ISLAND
North Riding
Big Pelican Point
Pelican Point
Rocky Creek
MC LEAN'S TOWN
Big Harbour Cay
Sweeting's Cay
Lightbourne Cay
Big Cross Cay
East end Point

PAGES

120

●● GRAND BAHAMA ISLAND

L'île de Grand Bahama, au charme tranquille, offre de nombreuses plages de sable fin telles que la sublimissime Gold Rock ou même Pelican Point, la plus grande de l'île. L'île était peuplée de Lucayans à l'arrivée de Christophe Colomb qui la baptise « Gran Baja Mar ». Les Espagnols ne l'utilisèrent que comme une halte, mais ne s'y établirent pas. Les loyalistes s'y établissent au cours du XVIIIe siècle, créant de petits villages dont beaucoup portent le nom de leurs fondateurs. Durant la Prohibition et la Seconde Guerre mondiale, Grand Bahama Island connaît un regain d'activité. Mais jusqu'à la moitié du XXe siècle, l'île reste peu développée. Le développement économique et touristique de l'île de Grand Bahama est en effet récent. Freeport, deuxième ville des Bahamas, est une toute jeune ville, née d'une idée du financier Wallace Groves. Il imagine la création d'un port franc avec l'appui du gouvernement qui lui offre des concessions sur les terrains. En 1955, l'accord Hawksbill Creek est rédigé. Il délimite les rôles respectifs du secteur privé et du gouvernement dans l'avenir de Freeport et établit les autorités portuaires de l'île. Le tourisme se développant, l'affaire devient prospère. En 1965, Groves offre à Frank Strean, un homme d'affaires canadien, un grand terrain en bord de mer à Lucaya. En contrepartie de ce don, ce dernier s'engage à y construire et à gérer deux hôtels. Aujourd'hui jusqu'à quatre bateaux de croisière peuvent y accoster en même temps, garantissant à l'île la manne touristique internationale. L'île de Grand Bahama possède toutefois assez peu de structures de charme ou de très grand luxe comme New Providence ou certaines des îles extérieures.

120

FREEPORT- LUCAYA ★★

Située à l'ouest de la côte sud, Freeport, la ville principale de l'île est une ville moderne, plate, au tracé quadrillé, à l'américaine, bref sans beaucoup d'âme. Lucaya, distante de quelques kilomètres à l'est de Freeport, est quant à elle une zone purement dédiée au tourisme où se concentrent hôtels, restaurants, bars, boutiques et services destinés aux visiteurs.

128

WEST END

West End est connu pour son implication dans la contrebande d'alcool pendant la prohibition, et abrite le plus vieil hôtel de Grand Bahama Island. Incroyable, mais vrai : la petite bourgade est encore la capitale historique de l'île !

130

FREE TOWN

130

MC LEAN'S TOWN

Grand Bahama Island.

FREEPORT-LUCAYA ★★

Freeport, la moderne ville principale de l'île, n'offre pas beaucoup de charme. Les bâtiments administratifs, reconnaissables à leur couleur rose, et les petits centres commerciaux marquent le centre-ville à côté duquel on passerait presque, tant il manque de relief et de personnalité. Les quartiers résidentiels, aux maisons modernes nichées dans des jardins tropicaux, se déploient tout autour. Aux abords du centre, le quartier de Pine Ridge marque l'emplacement de l'ancien village de Freeport, et les ruines d'anciennes églises se devinent encore. Ici se concentrent des services de l'île. Lucaya, zone artificielle dédiée au tourisme, n'est pas dénuée de charme, avec ses cases créoles colorées, ses boutiques et ses marinas.

Sortir

L'animation à Freeport, c'est sans conteste le Fish Fry du mercredi ! Locaux et touristes s'y mélangent dans une atmosphère authentique, autour d'un bon repas traditionnel et d'une folle soirée musicale. Côté plage, les hôtels et restaurants organisent régulièrement des soirées feu de camp - ou *bonefires* - avec spectacles folkloriques. L'ambiance y est très bon enfant mais les bahaméens s'y font rares. Et bien sûr, vous pourrez vous divertir le soir à Port Lucaya Marketplace qui concentre une cinquantaine de boutiques, salles de jeux, glaciers, restaurants et cafés, sans oublier le fameux Marketplace square où l'on vient écouter du rake n'scrape ou du bongo drum la journée et danser sur de la musique bahaméenne le soir.

Transports

- **Bus.** Des minibus (*jitneys*) relient le centre de Freeport à Port Lucaya entre 8h et 19h. 1,25 US$ par trajet.
- **Taxis.** Environ 20 US$ de l'aéroport à Lucaya ; 15 US$ jusqu'au Viva Wyndham Fortuna Beach. Pour les courses au compteur, comptez 3 US$ les 400 premiers mètres puis 0,40 US$ par mile.
- **Voiture.** Avis et Hertz sont présents à Freeport. Les agences locales sont nombreuses, généralement moins chères et toutes aussi sérieuses (Brad's Car Rental, Island Jeep, etc) : vous les trouverez à l'aéroport. Comptez minimum 80 US$ par jour.
- **Scooter.** Le service de location de scooter est proposé dans la plupart des hôtels de la ville. Si ce n'est pas le cas dans le vôtre, rendez-vous sur la place du marché de Port Lucaya. Comptez 45 US$ pour 2h, 55 US$ pour 4h et 85 US$ pour 24h. Permis de conduire demandé.

BAHAMIAN BREWERY & BEVERAGE CO ★

Au nord de Freeport en direction de West End
✆ +1 242 352 4070 - A l'intersection sur la route de Queen's Highway et Grand Bahama Way.
www.bahamianbrewery.com

Ouvert du lundi au samedi de 9h à 18h. Visite 8 US$. Durée : 30 à 45 minutes suivies d'une dégustation. Boutique.

La brasserie de James Jimmy Sands a ouvert ses portes en 2006 avec le lancement de la aujourd'hui fameuse... Sands (5,2 %). On peut la visiter avec un guide pour se familiariser avec les techniques de brassage et déguster des bières locales en fin de visite. Elle emploie aujourd'hui une cinquantaine de personnes entre Freeport, Nassau et le reste de l'archipel. La brasserie abrite également une boutique et un jardin. À faire si vous aimez les brasseries !

DOWNTOWN FRUIT & VEGETABLE VENDORS MARKET

Bus Terminal

Situé dans le centre de Freeport, c'est un minuscule marché de fruits et légumes pour les locaux.

Il a été intégralement rénové en 2016 ! Les petits étals colorés proposent des ananas, des mangues, des pommes, des bananes, joliment empilés en un ordonnancement savamment étudié, de succulents crabes de terre s'entassent dans des nasses de fer où ils se débattent sans espoir. Les marchandes attendent le chaland en bavardant joyeusement et pour tuer le temps, les joueurs de dominos s'affrontent en sirotant une Sands ou une Kalik bien fraîche. Essayez la sauce maison au piment rouge !

PORT LUCAYA MARKETPLACE ★

Port Lucaya ✆ +1 242 373 8446
https://www.portlucaya.com

Ouvert tous les jours du matin au soir.

Port Lucaya Marketplace est un lieu où il fait bon flâner. C'est le plus vaste rassemblement extérieur de boutiques, bars et restaurants de tous les Bahamas. On adore ses gargotes colorées tirées à quatre épingles, où vous pourrez notamment dénicher de beaux articles de vannerie. Buvez un verre, mangez un morceau et perdez-vous aussi dans le dédale de boutiques. Vous trouverez ici plus de quarante boutiques, 16 restaurants et 4 bars/lounge pour la nuit. Ne ratez pas Daddy Brown's Conch and Seafood pour les spécialités bahaméennes !

Grand Bahama Island, l'ile plurielle!

C'est une des destinations des Bahamas les plus populaires, idéale pour les familles, les couples ou les tribus. Elle offre un parfait équilibre entre l'animation de ses hébergements variés et les grands espaces naturels de ses parcs nationaux et de ses incroyables plages de sable blond étirées sur 160 kms.

Située à 30 mn de vol de Nassau ou des côtes de la Floride, de nombreuses liaisons aériennes desservent Freeport. Vous pouvez également choisir de vous y rendre grâce aux liaisons maritimes de Balearia Caribbean ou Paradise Cruise Line.

GRAND BAHAMA ISLAND
ISLANDS OF THE BAHAMAS

GRAND BAHAMA ISLAND VOUS ATTEND!
INFORMATIONS ET RESERVATIONS SUR WWW.GRANDBAHAMAVACATIONS.COM
OU AUPRES DE VOTRE VOYAGISTE OU AGENCE DE VOYAGE

GARDEN OF THE GROVES ★★

Midshipman Road ✆ +1 242 374 7778 - A droite en sortant du Viva Wyndham Fortuna Beach. A 10 km de Port Lucaya Marketplace, prendre la E Sunrise Highway sur 9 km, prendre à droite sur Fortuna Bay Drive et à gauche vous trouverez Midshipman Road.

www.thegardenofthegroves.com

Ouvert tous les jours de 9h à 16h. Visites guidées sur réservation. Entrée adulte 17 US$, 12 US$ pour les -de 12 ans.

Baptisé du nom du fondateur et architecte de Freeport, Wallace Groves, le jardin tropical déploie son exubérante végétation au milieu de cascades, et un lac artificiel apporte une note de fraîcheur. Ici fougères, fleurs, arbres rares sont protégés. Une très large variété d'arbres, d'arbustes et de fleurs rares s'épanouissent en toute quiétude. Une réserve d'oiseaux, qui amuse les enfants avec ses perroquets, oies, tortues et des poissons aussi dans le lac artificiel. L'endroit est fort prisé pour immortaliser les couples de jeunes mariés dans un décor tropical idyllique. D'ailleurs une petite chapelle est perchée sur une hauteur pour que les couples y reçoivent les bénédictions. On y découvre également le labyrinthe spirituel qui n'est autre que la réplique de celui que l'on trouve à l'intérieur de la cathédrale de Chartres. Côté shopping on retrouve des produits artisanaux et naturels comme ceux d'Abaco Neem, librairie, les petites échoppes sont semblables aux constructions de Green Turtle et Hope Town. Conseil futé : au bar situé à côté du lac, ne pas hésiter à s'asperger de lotion anti-moustiques... On peut aussi y déjeuner. A noter enfin que le Garden of the Groves propose trois options d'hébergement type Bed & Breakfast à proximité. Visites guidées sur réservation. Un programme est par ailleurs proposé par Grand Bahama Nature Tours (même gestion) : tour de la ville et du Garden of the Groves incluant transfert vers et depuis votre hôtel. Accessible aux personnes à mobilité réduite (fauteuil roulant disponible).

RAND NATURE CENTRE

East Settler Way ✆ +1 242 352 5438 - A 3 km au nord de Port Lucaya Marketplace.

www.bnt.bs

Ouvert du lundi au samedi de 9h à 16h. Entrée 5 US$ par adulte, 3 US$ par enfant (5-12 ans).

Un temple pour le *birdwatching* ! Le parc de 40 ha est agrémenté d'agréables sentiers pédestres ondulants qui partent à l'assaut de la flore et de la faune locales. On dénombre pas moins de 130 variétés de plantes indigènes et de nombreuses espèces d'oiseaux, dont une espèce de passereau en voie d'extinction originaire de l'Ontario : la paruline de Kirtland, mais aussi le tangara, l'amazone de Cuba, on découvre également une vingtaine d'espèces d'orchidées différentes et des plantes tropicales utilisées dans la *bush medicine*. N'oubliez pas les jumelles !

THE PERFUME FACTORY ★

✆ +1 242 352 9391 - En face du Straw Market

www.perfumefactory.com

Ouvert du lundi au vendredi de 9h à 17h, et le samedi de 11h à 15h. Entrée libre.

Abritée dans une reproduction de demeure cossue datant du XVIIIe siècle, derrière le Bazar international, la fabrique conçoit des parfums à partir d'essences naturelles locales ou importées. On découvre un atelier de composition de parfums, l'assemblage des essences au cours d'une courte mais très intéressante visite guidée d'une dizaine de minutes. On vous proposera même, expérience originale, de créer votre propre parfum et d'en emporter une bouteille pour quelque 35 US$. Détour conseillé pour cette jolie maison de poupée.

Garden of the Groves.

OFFICE DE TOURISME GRAND BAHAMA ISLAND

Poinciana Drive and East Mall
✆ +1 242 352 8356
www.grandbahamavacations.com
Association publico-privée en charge de la promotion de l'île de Grand Bahama. Site web très complet.

Cet office du tourisme peut s'enorgueillir d'un site web très complet vous présentant la plupart des opérateurs de tourisme de l'île. Site très utile qui regroupe également les informations culturelles et historiques, les actualités en temps réel et un calendrier d'activités incontournables. Vous pourrez réserver vos séjours depuis le site web et même choisir les activités qui vous intéressent. N'oubliez pas de jeter un coup d'œil aux offres spéciales mises à jour en permanence.

BAHAMAS ADVENTURES

Jolly Roger Drive ✆ +1 242 602 5167 - À côté du Taino Beach Resort
www.bahamas-adventures.com
Un large choix d'activités de loisirs, essentiellement tournées vers la mer.

Plutôt nature, plutôt culture ou plutôt aventure ? Cesar Ochoa propose des activités variées et vous trouverez forcément chaussure à vos pieds : voile, snorkeling, safari en jet-ski, sorties en camion 4X4, ou encore excursions à la conquête des parcs nationaux de l'île, faites votre choix ! Cette agence est une des plus réputées de l'archipel et ses guides sont tous très expérimentés, ils prendront plaisir à vous faire découvrir les plus beaux endroits cachés. Et pour finir la journée, laissez-vous tenter par une petite croisière en voilier au coucher du soleil !

BLUE GREEN OUTDOORS

✆ +1 242 727 6161
De 76 US$ à 118 US$ suivant la durée et l'éloignement de l'excursion.

Natif de Grand Bahama et passionné par son île et ses richesses variées, Rudy Sawyer vous emmène à la découverte des recoins les mieux cachés de Freeport et des villages de la pointe est. Au cours de l'une de ses excursions à la journée, nage et snorkeling dans un blue hole méconnu, ou bien randonnée dans une forêt de pins avec observation des oiseaux à la clé. A midi, loin des restaurants à touristes, vous attend un repas de poisson ou de *conch* avec traditionnel *peas & rice*, concocté par les habitants d'un village presque oublié.

FLAMINGO AIR

✆ +1 242 351 4963
www.flamingoairbah.com
Freeport - Bimini : A/S 108 US$ ou A/R 208 US$. Freeport - Marsh Harbour (Abaco) : A/S 114 US$; A/R 219 US$.

Une petite compagnie locale basée à Freeport, une fois n'est pas coutume, reliant 2 fois par jour, Freeport à Bimini ou à Marsh Harbour (Abaco) et également Nassau à Mangrove Cay, Staniel Cay et Black Point. La compagnie propose également de faire l'aller-retour pour les Exumas dans la journée afin d'aller rencontrer les fameux cochons nageurs à Staniel Cay. Flamingo air propose également des vols charters vers la plupart des destinations de la Caraïbe en sus des îles de l'archipel des Bahamas. Cuba, Turks & Caicos ou même la République Dominicaine.

H. FORBES CHARTER SERVICES

✆ +1 242 352 9311
www.forbescharter.com
Excursions de 4 heures « swim with pigs » à partir de 75 US$ pour les adultes et 40 US$ pour les enfants.

C'est le numéro 1 des prestataires de transports sur Grand Bahama Island. Véritable tour opérateur, H. Forbes gère une flotte de voitures, bus et limousines, jamais en location mais toujours avec chauffeur. Sur une courte durée, ce package peut s'avérer intéressant. Pour des besoins temporaires, pensez aussi à leurs excursions tout compris : *East End cave tour* pour découvrir le Lucayan National Park, ou même un tour combiné de 3h pour vous donner une belle vue d'ensemble de Freeport.

ISLAND JEEP & CAR RENTALS

Freeport International Airport ✆ +1 242 373 4001
www.islandjeepcarrental.com
Comptez 75 US$ par jour pour une voiture 4-5 personnes, 85 US$ pour un SUV 5-7 personnes.

Voici un loueur un peu différent des autres, qui bien que proposant un parc de véhicules traditionnels, allant de la voiture compacte pour petits budgets au van pour 12 passagers en passant par une gamme de SUV, s'est aussi spécialisé dans les véhicules différents, bien adaptés à Freeport, comme le scooter et le petit tout-terrain de type Jeep. Attention, comme souvent, il faut avoir 25 ans pour louer un véhicule à 4 roues mais pour les scooters, si vous avez 21 ans, c'est suffisant.

DUNDEE BAY VILLAS €

20 Dundee Bay Drive ✆ +1 242 352 8038 - À 5 min en voiture du centre-ville.
www.dundeebayvillas.com
À partir de 99 US$ la chambre classique avec bain à remous, et de 109 US$ l'appartement 1 chambre.

Une petite résidence hôtelière de 14 unités seulement, tenue par la charmante Stacy, qui met du cœur à l'ouvrage pour faire de l'endroit une véritable maison du bonheur. Le salon commun est agréable avec ses plantes du sol au plafond et sa douce musique d'ambiance. L'établissement dispose d'un petit jardin et donne immédiatement sur le canal – des compétitions de pêche sont d'ailleurs organisées chaque semaine dans une ambiance chaleureuse et décontractée. A noter l'absence de restaurant sur place, mais cuisines et barbecue en font office les soirs de flemme.

ISLAND SEAS RESORT €

123 Silver Point Drive ✆ +1 242 373 1271 - Au sud de Midshipman Road.
www.islandseas.com
De 50 à 80 US$ l'appartement 1 chambre et de 65 à 95 US$ l'appartement 2 chambres selon la saison.

L'une des adresses les plus économiques de l'île, offrant pourtant des prestations honnêtes. Cette résidence hôtelière de 168 chambres climatisées possède une belle plage, un restaurant (le Seagrape Grill), un bar piscine (le Coconuts), ainsi que le Java Nutz Café. L'ensemble ne dégage pas un charme fou mais il est agréable et se situe tout près de Williams Town Beach, l'une des plages les plus prisées de la ville. Chaque unité se dote d'un petit coin cuisine mais les mardis, jeudis et dimanches, préférez plutôt les soirées feu de camp organisées par l'équipe.

GRAND BAHAMA BIRDERS B&B €€

✆ +1 242 357 5054 - À 3 minutes à pied de la plage de Lucayan Beach et du gold Reef Golf Course.
www.grandbahamabirdersbandb.com
À partir de 79 US$ pour 2 personnes à la Seagate House. Pour le Garden Apartment (2 chambres), comptez 150 US$ pour 4.

Une option comme on les aime, façon Bed and Breakfast intimiste à proximité immédiate de la plage et du golf. Erika Gates, qui tient par ailleurs le Garden of the Groves et l'agence Grand Bahama Nature Tours, est une ornithologue confirmée et a conçu trois maisons d'accueil pour les amoureux du grand air et des oiseaux. Toutes sont directement reliées à une réserve privée où vous pourrez flâner au fil de sentiers aménagés et de bancs parsemés. Toutes les 3 disposent d'une belle terrasse et d'une cuisine équipée pour les vacances.

OCEAN REEF & YACHT CLUB €€

Bahama Reef Boulevard ✆ +1 242 457 9177
www.oryc.com
Une résidence familiale au très bon rapport qualité-prix : à partir de 110 US$ l'appartement 1 chambre pour 2 personnes.

Après avoir travaillé dans les plus grands hôtels du vieux continent et s'être fait une expérience de plusieurs années au George V à Paris, Kor Dormans, belge francophone, a décidé de s'implanter ici même à Freeport. Avec son épouse, ils tiennent cette résidence hôtelière de mains de maîtres : 60 appartements de 1 à 3 chambres, une marina de 60 emplacements, deux piscines dont une avec bains à remous, le restaurant Ocean Blue, sympa et bon marché, des animations tous les soirs, sans oublier le pot d'accueil hebdomadaire du lundi.

TAINO BEACH RESORT & CLUB €€

Jolly Roger Drive
✆ +1 242 350 2200
www.tainobeach.com
157 appartements dans la structure principale de 125 US$ le studio à 175 US$ le T2.

C'est l'établissement type de Freeport, proposant à la fois une formule *time-sharing* prisée de la clientèle américaine, et une formule hôtelière classique. Mais particularité : le Taino Beach se targue de la plus grande piscine de l'île ! Toboggans, grottes, et même un bar dissimulé dans une cavité que l'on dirait presque marine. Beaucoup d'activités nautiques sont proposées, telles que du jet ski, des sorties bateaux, du kayak ou du paddle notamment.

VIVA WYNDHAM FORTUNA BEACH €€

Churchill Drive, Dubloon Road
✆ +1 242 373 4000
www.vivaresorts.com
À partir de 115 US$ par personne et par jour en formule all inclusive, la seule proposée.

Les 274 chambres, réparties en 3 catégories, s'égrènent dans des bâtiments de deux niveaux tout au plus, elles sont bien équipées et possèdent toutes balcon ou terrasse avec vue sur les mouettes. Côté restauration, outre le grand buffet Junkanoo, le Viva la Pizza propose des spécialités italiennes dans une ambiance plus intime, le Bamboo quant à lui, vous invite à un voyage culinaire en Asie, tandis que le restaurant fusion Viva Café, propose une carte gastronomique. All Inclusive.

GRAND LUCAYAN LIGHTHOUSE POINT €€€

1 Sea Horse Lane ✆ +1 242 373 1333
www.grandlucayan.com

196 chambres disponibles en hébergement seul ou en all inclusive. Tarifs variables selon la vue et la saison.

Du plus grand hôtel de l'île, seul demeure aujourd'hui le Lighthouse Point, son aile la plus récente et la plus intimiste peut-être. Les 196 chambres sont pimpantes : mobilier un brin imposant parfois mais tous les éléments de confort sont bien là. Un spa, un centre de fitness, un bassin de nage et un bain à remous viennent compléter l'ensemble, et l'on adore la piscine à débordement donnant sur la belle plage de sable fin. L'hôtel compte aussi quatre restaurants et bars.

SABOR €€

Pelican Bay Hotel ✆ +1 242 373 5588
www.sabor-bahamas.com

Ouvert tous les jours midi et soir. Plats entre 10 et 45 US$.

Installé dans le jardin du Pelican Bay Hotel et profitant de son emplacement exceptionnel sur la marina, le Sabor est une table agréable proposant une cuisine fusion et internationale permettant à tout un chacun de trouver son bonheur : escargots à l'ail ou pad thaï en entrée par exemple ; agneau braisé au vin rouge ou *cracked conch* en plat principal. La bisque de homard infusé au cognac vaut le détour à elle seule. Le restaurant jouit en plus d'un petit deck sur le canal que l'on peut privatiser en soirée pour un dîner romantique...

FISH FRY

Smith's Point Beach - A côté de Taino Beach

Tous les mercredis soir ambiance locale, on mange sur le pouce et on danse sur la tête.

L'histoire et les anecdotes créent les institutions. Le Fish Fry est l'endroit incontournable de l'île le mercredi. Sur la plage à droite, la gargote en extérieur prépare du poisson grillé et de la langouste fraîchement sortie de l'eau, accompagnés de riz et de macaronis, l'accompagnement le plus traditionnel ici, tandis qu'à gauche, le bar bien équipé vous garantit une soirée festive. Comme dans la plupart des Fish Fry des Bahamas, l'ambiance monte crescendo pour se terminer sur des rythmes endiablés. Roots ragga et salsa mix... C'est show !

GRAND BAHAMA NATURE TOURS

✆ +1 242 373 2485
www.grandbahamanaturetours.com

Comptez 96 US$ les excursions jeep, vélo, kayak et quad ; 38 US$ pour the Garden of the Groves.

L'agence propose un panel étoffé d'excursions et activités différentes, parmi lesquelles jeep, quad, VTT ou kayak à travers le Lucayan National Park, pour une découverte alternative de Grand Bahama Island. Les excursions kayak, commencent par une traversée des forêts de pins pour atteindre le centre de l'île. Ensuite, avant d'embarquer, les guides font un rapide briefing sur la technique du kayaking. La balade se fait en mer ou à travers d'étroites voies dans la mangrove sauvage.

PINETREE STABLES

À 10 minutes environ de tous les hôtels de Freeport ✆ +1 242 602 2122
www.pinetree-stables.com

Promenades à cheval tous les jours en matinée pour tous les cavaliers de plus de 8 ans. 165 US$ pour une balade de 2h.

Étant les seuls sur l'île à proposer des écotours à cheval, Chris May et Linda Buchanan sont très, très sollicités. Pensez donc à réserver pour profiter de ce moment d'exception à travers forêts de pins, dunes de sable, plages intactes et sentiers de randonnée. Nul besoin d'être un cavalier chevronné pour passer un excellent moment sur le dos de leurs dociles montures, elles sont choisies en fonction de votre niveau. Les balades se font à 4 cavaliers au maximum, il est donc vivement recommandé de réserver au préalable par téléphone ou internet.

PIRATES COVE ADVENTURES

Taino beach West ✆ +1 242 602 0936

David Wallace, un personnage de Grand Bahama, politicien, acteur et présentateur télévision a décidé de se retirer de la vie publique afin de créer cet espace d'aventure, d'amusement et de détente en bord de mer. C'est par ailleurs la seule tyrolienne des Bahamas et chacune de ses étapes correspond à un moment historique local. Le parc aquatique offre toutes les activités dont on puisse rêver pour une journée de détente en famille à la bahaméenne : kayak, hydro-bike, banana-boat, paddle surf, fly board, jet ski, châteaux gonflables sur la mer pour les enfants...

Junkanoo.

REEF GOLF CLUB

Le parcours fait partie du Grand Lucayan
✆ +1 855 350 4653
www.grandlucayan.com

Ouvert tous les jours de 10h à 18h, et jusqu'à 19h en été. Renseignez-vous auprès du Grand Lucayan Lighthouse Point.

Ce 18 trous par 72 dessiné en 2000 par Robert Trent Jones Junior, célèbre architecte américain spécialiste des golfs, se trouve proche des boutiques de Port Lucaya Marketplace, il est en effet sur la propriété du Grand Lucayan mais accepte bien entendu les joueurs de tous horizons. Le golf accueille le PGA Senior Slam, compétition internationale de renom. Immenses bunkers et grands plans d'eau ponctuent le parcours qui est assez plat et entouré de maisons avec une vue des plus agréables. Comptez entre 3 et 4h pour faire les 18 trous, il y a 11 lacs à passer...

REEF OASIS VIVA BAHAMAS

Churchill Drive and Dubloon Road
✆ +1 242 350 2923
www.reefoasisdiveclub.com

Comptez 55, 110, 165 et 209 US$ pour respectivement 1, 2, 3 et 4 plongées. Remise pour les réservations en ligne.

Le centre de plongée PADI du Viva Wyndham vous attend tous les jours pour vous emmener à la découverte de poissons tropicaux multicolores, de tortues de mer et de requins sur plus d'une vingtaine de sites. Vous irez également explorer les épaves qui gisent dans les fonds marins du coin dont le Papa Doc, gisant depuis 1968 à 20 mètres de fonds : il s'agit d'une embarcation appartenant à un groupe de mercenaires dirigés pour combattre pendant la révolution haïtienne François Duvalier (alias Papa Doc) le président dictateur au pouvoir de 1957 à 1971.

Famille de pêcheurs à West End.

REEF TOURS

Port Lucaya Marketplace ✆ +1 242 373 5880
www.reeftoursfreeport.com

Excursions diverses et variées partir de 80 US$ par adulte (tarifs sujets à évolution).

Depuis 1978, Douglas Silvera Jr vous accueille dans son agence spécialiste des activités de plein air à Grand Bahama. Située du côté de la baie à Port Lucaya, on ne peut pas la manquer. Sur terre ou en mer, cette agence propose des sorties de toutes sortes pour découvrir ou redécouvrir les trésors de Grand Bahama dans le meilleur respect de l'environnement possible. Pêche au gros, Segway, voile, bateaux à fond de verre, snorkeling, tours en Harley, et même parachute ascensionnel. Les départs sont quotidiens et se font sur réservation.

UNEXSO

Royal Palm Way ✆ +1 242 373 1244 - Situé sur la marina à côté de l'hôtel Pelican Bay.
www.unexso.com

Plongée dauphins à 235 US$, requins à 118 US$, plongée de nuit à 845 US$, etc.

Ce centre PADI est le plus ancien et le plus important de l'île. Il compte 18 instructeurs et possède 9 bateaux de 12 à 30 passagers. Étant très prisées, les réservations sont obligatoires pour les sorties dauphins : rencontre, nage, plongée en pleine mer ou même stage de dressage... Par ailleurs pionnier avec le programme de plongée requins depuis 1965, UNEXSO fait un grand travail de sensibilisation sur le comportement inoffensif des squales et de conscientisation sur la nécessité de protéger cette espèce marine tellement crainte par les humains.

WEST END

Capitale historique de l'île et malheureusement délaissée par le gouvernement face à la montée en puissance de Freeport, West End a des airs de village fantôme. Partiellement détruits par les deux ouragans successifs du milieu des années 2000, puis par Dorian en 2019, tous les bâtiments et installations n'ont pas encore été réhabilités, mais un programme de reconstruction pour une mise en valeur historique est en cours depuis plusieurs années, remis en question à chaque nouvel ouragan. Les points d'intérêts ne sont donc pas nombreux ; on viendra plutôt dans cette partie de l'île pour profiter du dépaysement et de la douceur de vivre qu'elle a à offrir.

OLD BAHAMA BAY RESORT & YACHT HARBOUR €€€

✆ +1 242 350 6500
www.oldbahamabayresorts.com
À partir de 210 US$ pour deux la suite côté piscine, et de 600 US$ la suite 2 chambres face océan.

Isolé à l'extrémité ouest de l'île, à proximité du village de West End et à 30 minutes de l'aéroport, ce complexe touristique propose ensemble de maisons bahaméennes donnant sur une magnifique plage aux eaux translucides. Les 75 vastes chambres et suites sont décorées avec goût, et bien équipées jusque dans les moindres détails. Belle piscine, tennis, planche à voile, *snorkeling*, kayaking, beach-volley, échecs géants, prêt de bicyclette, terrain de basket. Restaurant et bar.

NEAL WATSON AT OLD BAHAMA BAY

Bayshore road ✆ +1 242 602 5171
https://www.biminiscubacenter.com/tigerbeach
Journée de plongée avec les requins-tigres : 399 US$. Tous les jours de novembre à juin.

Le célèbre Neal Watson, spécialiste des requins-marteaux à Bimini, opère également ici à West End à la recherche des Tigres. Les amateurs de sensations fortes peuvent s'offrir le privilège de plonger avec les requins-tigres et les requins-citrons, depuis la base du Old Bahama Bay Resort. L'excursion est proposée maintenant tous les jours. Les fonds de West End offrent également la possibilité de plonger sur des épaves peuplées de murènes de belle taille ainsi que sur un beau récif.

WEST END ECOLOGY TOURS

5 Bayshore Road ✆ +1 242 727 1156
www.westendecologytours.com
Sorties privées pour 2 à 6 personnes. Comptez 599 US$ la demi-journée et 799 US$ la journée complète (pour le bateau).

Avec cette agence qui met en avant, jusque dans son nom, l'importance de la protection de la nature, vous aurez le choix parmi une assez vaste palette d'excursions en mer. Que vous choisissiez une de ces superbes sorties snorkeling à la rencontre des raies, une journée de pêche ou plus simplement un tour à la découverte des richesses du récif, l'équipe de West End Ecology vous traitera en VIP. Les tours sont en effet conçu pour les petits groupes de 3 à 6 personnes qui louent le bateau pour la demi-journée ou plus, avec un guide spécialisé.

GRAND BAHAMA ISLAND

FREE TOWN

Situé à une trentaine de kilomètres à l'est de Freeport, Free Town est le premier village de pêcheurs que vous croiserez dans cette partie de l'île. Légèrement en amont, ne manquez pas de marquer l'arrêt au Lucayan National Park pour arpenter les quelques grottes qui le composent, et pour fouler le sable fin de la fameuse et non moins sublime Gold Rock Beach. Si par chance vous y passez à marée basse, vous ne pourrez oublier la pureté de ce panorama idyllique... Au loin se dévoile Peterson Cay, également classé parc national. Les récifs coralliens affleurent et c'est un lieu privilégié pour les snorkelers qui y observent la vie sous-marine. Les oiseaux marins sont nombreux. La meilleure solution est de le découvrir en kayak.

PETERSON CAY NATIONAL PARK ★★

- À 24 km à l'est de Freeport, avant Free Town, cet îlot pointe son nez à 1,5 km de la côte.

www.bnt.bs

Peterson Cay est une petite merveille géologique de moins d'un hectare. Il comprend le petit îlot de Peterson ainsi que son habitat marin alentour. Les récifs coralliens affleurent et c'est un lieu privilégié pour les snorkelers qui y observent la vie sous-marine. Les oiseaux marins sont nombreux et l'îlot est très important dans le processus de reproduction de la Sterne bridée. Peterson Cay n'étant accessible qu'en bateau, il vous faudra passer par un opérateur local pour y aller.

MC LEAN'S TOWN

Ce bourg marque l'extrémité Est de l'île de Grand Bahama Island ; au-delà de cette limite se succèdent quelques *cays* inhabités, paradis incontesté des pêcheurs et des amateurs de tous types de vie marine. McLean's Town s'anime chaque année au début du mois d'octobre à l'occasion de son Conch Cracking Festival. Une manifestation authentique et haute en couleur durant laquelle depuis 1972 s'affrontent les meilleurs ouvreurs de *conchs* (lambis) de tout le pays ! C'est bien sûr un excellent prétexte pour se repaître de ce mets caribéen de choix et si typique dans une ambiance bon enfant. Des activités et animations musicales rythment la journée.

LUCAYAN NATIONAL PARK ★★

Gold Rock Creek - Situé à 30 km à l'est de Freeport, prendre la East Sunrise Highway et la poursuivre sur une douzaine de kilomètres jusqu'à trouver la Grand Bahama Highway, continuer sur 18 km.

www.bnt.bs

Ouvert tous les jours de 9h à 17h. Entrée 5 US$ par adulte, 3 US$ par enfant (5-12 ans) et gratuit pour les plus jeunes.

Le parc créé 1982 déploie ses 16 ha au cœur de l'île. À la fin des années 1970, un biologiste explorateur a recueilli en plongée sous-marine dans la grotte de Ben un organisme inhabituel semblable à un mille-pattes et il s'est avéré que le minuscule animal opaque n'était pas seulement une nouvelle espèce, mais également une classe de crustacés inconnue auparavant du nom de Rempedia (« pied d'aviron »). C'est une luxuriante forêt tropicale avec ses mangroves percées de petites voies d'eau que l'on peut parcourir en kayak avec Grand Bahama Nature Tours. D'immenses grottes sous-marines dont on ne voit que la partie immergée, sont peuplées de centaines de chauves-souris — parfois un peu timides... Ces profonds puits d'eau fraîche étaient autrefois des lieux funéraires pour les Indiens lucayans. Le réseau sous-marin de grottes calcaires et de trous bleus est l'un des plus longs du monde. Des sentiers cheminent à travers la forêt tropicale qui présente une flore préservée de massifs de lilas des Indes, de tamariniers sauvages, de raisiniers et de mangrove. Les balades permettent de découvrir les différents écosystèmes et de se familiariser avec les plantes médicinales utilisées sur les îles. Dans la moiteur des sous-bois, on apprend à se familiariser avec des plantes très confidentielles. De nombreuses espèces d'oiseaux et de papillons habitent le parc. On atteint la plage de Gold Rock Beach par une série de ponts qui traversent la mangrove. C'est un endroit idyllique pour la baignade, particulièrement époustouflant à marée basse.

FAMILY ISLANDS

Les liens culturels et historiques qui lient les habitants de ces îles, en font une étape particulière dans la géographie touristique des Bahamas. Loin des concentrations urbaines, les Family Islands offrent un autre visage des Bahamas, où la nature est préservée et où la tradition de l'hospitalité perdure de génération en génération. Ces îles sont encore épargnées par les constructions anarchiques qui ont défiguré certaines des grandes îles. Loin des immenses complexes, de petites structures de charme à taille humaine offrent une atmosphère sereine et calme. Le tourisme y prend un visage plus intime, plus convivial, et les rapports y sont plus authentiques. Ce sont les îles de la tranquillité, hors du temps, hors du monde, qui imposent un rythme lent, un véritable avant-goût du paradis.

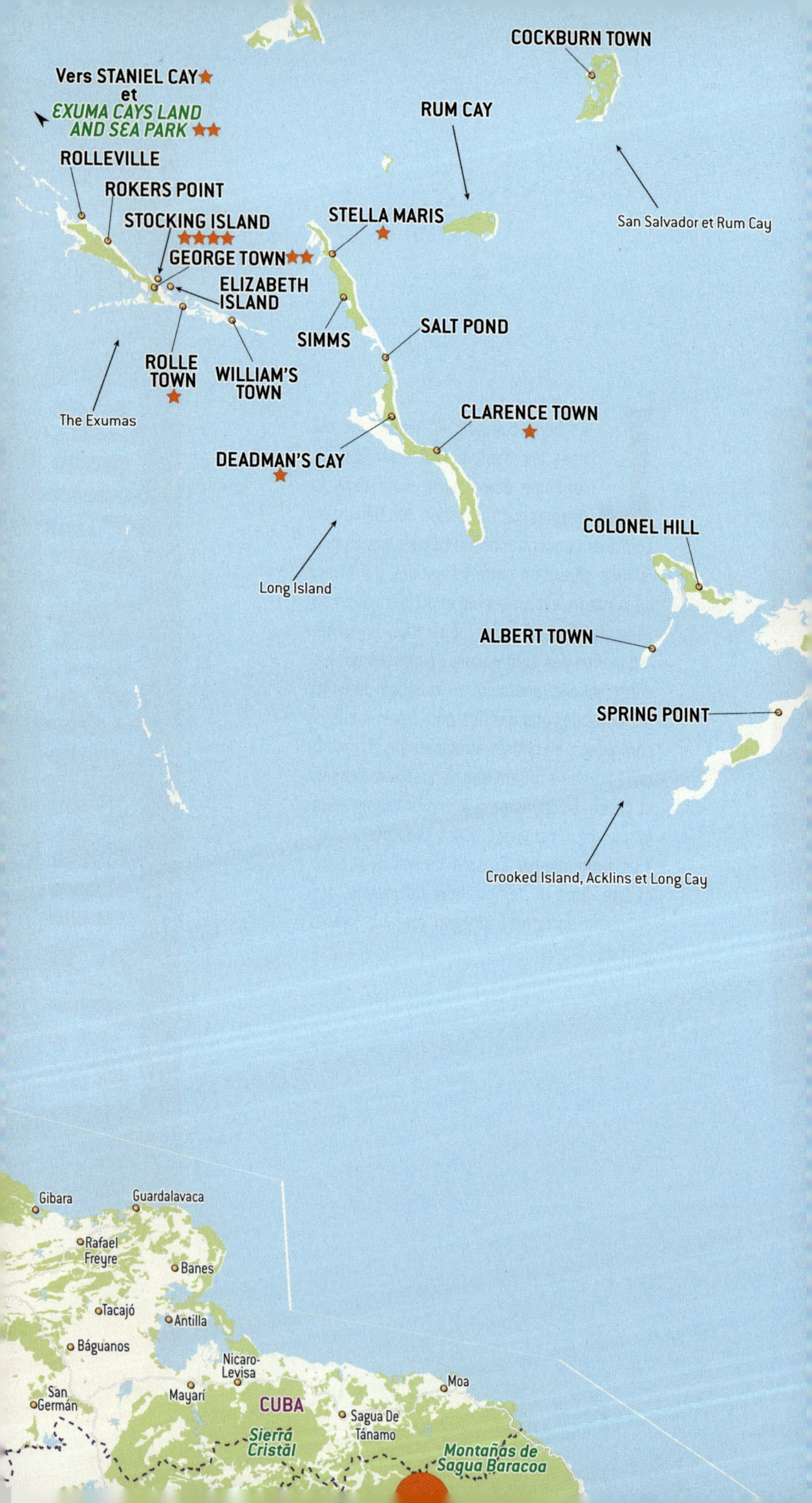
Vers STANIEL CAY
et
EXUMA CAYS LAND
AND SEA PARK
COCKBURN TOWN
RUM CAY
ROLLEVILLE
ROKERS POINT
STOCKING ISLAND
STELLA MARIS
GEORGE TOWN
ELIZABETH
ISLAND
San Salvador et Rum Cay
SIMMS
SALT POND
ROLLE
TOWN
WILLIAM'S
TOWN
The Exumas
CLARENCE TOWN
DEADMAN'S CAY
Long Island
COLONEL HILL
ALBERT TOWN
SPRING POINT
Crooked Island, Acklins et Long Cay
Gibara
Guardalavaca
Rafael
Freyre
Banes
Tacajó
Antilla
Báguanos
Nicaro-
Levisa
Moa
San
Germán
Mayarí
CUBA
Sagua De
Tánamo
Sierra
Cristal
Montañas de
Sagua Baracoa

Family Islands
PIRATE'S WELL
Mayaguana
BETSY BAY
ABRAHAM'S BAY
Inagua
LITTLE INAGUA
ORTON SALT
Inagua National Park
ATTHEW TOWN
50 KM

PAGES

● ● THE ABACOS

Le 1er septembre 2019, les Abacos ont été durement touchées par l'Ouragan Dorian. Si South Abaco a été relativement épargnée, les parties nord et centrale de ce sous-archipel travaillent aujourd'hui à leur reconstruction. Nous avons fait le choix de laisser dans ce guide tous les établissements que nous avions sélectionnés pour le précédent en espérant qu'ils puissent rouvrir leurs portes avant votre voyage. Toutes les actualités concernant les Abacos sont à retrouver sur bahamas.com/fr.

Les Abacos constituent le deuxième groupe d'îles de l'archipel des Bahamas par la taille. Ce sont les îles les plus septentrionales de toutes. Great et Little Abaco, au nord, sont les principales perles de ce chapelet qui égrène ses îles en croissant au nord-est de l'archipel sur quelque 210 kilomètres de long. La mer des Abacos désigne l'immense anse dessinée par ce croissant d'îles ; elle bénéficie d'eaux protégées et compte une multitude de « cays » désertes, Stranger's Cay, Umbrella Cay, Walker's Cay... Nombre de ces îlots sont minuscules, tout juste propices à une halte de quelques heures. Elbow Cay, Man-O-War Cay, Great Guana Cay, Green Turtle Cay, dénommées les Loyalist Cays, sont les autres centres habités, encore peuplées par des descendants des premiers émigrants loyalistes. Lagons turquoise, baies protégées, superbes récifs, plages de rêve, font de ces îles un paradis pour les vacanciers. Réputées pour la plaisance et la pêche en haute mer, les Abacos bénéficient d'eaux protégées ; les baies et lagunes constituent d'excellents mouillages pour les navigateurs, à tel point que les Abacos sont devenues capitale de la plaisance avec des marinas spectaculaires très fréquentées et de nombreux opérateurs de location de bateaux. Des régates renommées s'y déroulent chaque été. Les pêcheurs ne sont pas en reste, avec plus d'une demi-douzaine de concours de pêche au gros qui, chaque année, y attirent de nombreux amateurs. Les vacances sur les Abacos sont simples et authentiques ; ici, pas d'hôtels sophistiqués au luxe ostentatoire, pas de complexes gigantesques, mais des haltes de charme, un rythme de vie tranquille et serein et la communion avec une nature encore préservée. Les Abacos comptent deux aéroports, un à Treasure Cay, et l'autre à Marsh Harbour.

PAGES

158 ## ●● BERRY ISLANDS

Les Berry Islands, c'est un groupe de trente îles et une petite centaine d'îlots dont seuls quelques-uns sont habités ; il couvre 30 km² au nord d'Andros et de New Providence. Certains d'entre eux sont des propriétés privées. Les Berry sont accessibles en vol régulier depuis Nassau ou Fort Lauderdale et en avion privé depuis les autres îles des Bahamas, et sont fréquentées par des yachts de passage qui profitent de l'intimité qu'offrent ses côtes désertes et ses baies isolées. Fish Cay, Frozen Cay, Whale Cay sont des paradis de la pêche au bonefish dans les flats qui les cernent, marlin bleu, espadon et thon rouge peuplent les grandes eaux. De grands tombants se dessinent à proximité des Berry Islands. Les îles abritent 50 espèces de poissons qui en ont fait sa réputation de réserve de poissons des Bahamas et accueillent aussi des sternes, des pélicans et des noddies ; leurs plages sont parmi les plus belles et les plus sauvages du monde. Deux « stations balnéaires », deux îles, Great Harbour Cay et Chub Cay, concentrent la population et l'activité des îles. Situées près de la Langue de l'Océan, elles sont fréquentées par de gros poissons pélagiques qui attisent la convoitise des pêcheurs en eaux profondes. La plus grande île des Berry est Great Harbour Cay avec 9,6 km de long sur 4 km de large ; le principal village est Bullocks Harbour.

158 ### GREAT HARBOUR CAY ★

LITTLE WHALE CAY

158 Une fois n'est pas coutume, voici une île privative à louer dans sa totalité avec les services qui vont avec. Elle peut accueillir une douzaine de personnes dans une intimité inégalable, celle d'une île privée au cœur des Bahamas, que rêver de mieux ?

158 ### CHUB CAY

© HT-PIX

Iles Berry.

159

●● BIMINI

Ce petit chapelet d'îles de quelque 23 km², dont les plus importantes sont North et South Bimini, séparées par un chenal peu profond, se présente comme le plus proche des côtes de Floride, distantes seulement de 76 km à l'ouest. Par temps clair, on peut même voir depuis les Biminis les feux de Miami scintiller à la nuit tombée. Les Biminis sont situées au nord-ouest du plateau des Bahamas, à la limite du Gulf Stream. Sur ces îles flotte un parfum de romantisme avec le souvenir d'Ernest Hemingway qui y séjourna entre 1931 et 1937. Il en fit le décor de son célèbre roman, *Le Vieil Homme et la mer*. Les Biminis ont en effet acquis le statut de « Mecque » de la pêche en haute mer, quand Ernest Hemingway les découvrit en 1935. Les duels qu'il mena contre un requin mako de 356 kg et un thon de 233 kg, alors qu'il naviguait dans la zone nord des Bahamas à bord de son bateau *Le Pilar*, sont devenus mythiques. Ces eaux extrêmement poissonneuses sont très fréquentées par les Américains qui viennent y faire des raids de pêche depuis la Floride. De la proximité du courant chaud du Gulf Stream résultent aussi des possibilités incomparables de pêche en haute mer. C'est ici qu'il faut venir taquiner le marlin bleu, le wahoo, le thon, l'espadon voilier, le tarpon ou le mérou, et beaucoup d'autres représentants des espèces exotiques qui sont tous là à des périodes précises.

North Bimini regroupe l'essentiel de la population, sur une étroite bande de terre de 11 km de long et de seulement 650 m de large. Pendant les nombreux tournois de pêche qui animent les îles tout au long de l'année, l'ambiance devient chaleureuse. Alice Town, se réduit à une simple rue, King's Highway est bordée de quelques boutiques et d'une dizaine de bars et de restaurants.

Notons enfin que les Biminis sont une terre de légendes et de mystères. Une formation rocheuse sous-marine titanesque, qui pourrait bien être une partie de l'Atlantide engloutie, hérisse les fonds marins et interroge les scientifiques et les plongeurs. Quant aux aventuriers terrestres, ils pourront partir à la recherche de la fontaine de Jouvence sur les traces de Ponce de Leon, le conquistador espagnol qui entreprit de la découvrir, en 1513, à South Bimini.

Bimini.

● ● ANDROS

Si elle est la plus grande des îles de l'archipel (5 800 km²), c'est aussi l'une des moins explorées. Connue comme la « Plate », parsemée de très nombreux îlots et lagunes intérieures, elle se trouve à 48 km au sud-ouest de Nassau, de l'autre côté de la profonde faille marine appelée la « Langue de l'océan ».

Longue de 150 km pour 65 km de large, c'est une île très sauvage à la topographie tourmentée. Ses côtes sont incisées de criques profondes et de chenaux, dessinant de nombreux îlots inhabités. L'île est scindée en trois parties par de vastes golfes qui la découpent d'est en ouest, Andros Nord, Andros Centre et Andros Sud. Considérée comme inhospitalière du fait de sa complexité géographique, c'est une destination « éco-touristique » idéale pour les amoureux de la nature. Les paysages intérieurs se composent de vastes et denses forêts tropicales de pins, de palmiers et d'acajous, habitats d'oiseaux comme des perdrix, des canards, des pigeons et des perroquets. Andros compte quatre espèces d'oiseaux endémiques, que l'on peut notamment découvrir lors d'une balade nature, par exemple organisée au Small Hope Bay Lodge. Les zones broussailleuses appelées « bush » abritent une quarantaine d'espèces d'orchidées sauvages. La mangrove, très présente sur la côte ouest, abrite de nombreux oiseaux marins. De nombreux iguanes, des lézards à queue enroulée et des sangliers sauvages sont également les hôtes permanents d'Andros. La population est concentrée sur la côte est, qui compte seulement une douzaine de villages. La majorité des hôtels aussi se situent entre Nicholl's Town et Mangrove Cay. Il s'agit le plus souvent de petites structures qui comptent, au plus, 10 à 20 chambres. La barrière de corail se déploie le long de la côte est et sépare l'île de la haute mer. La Langue de l'Océan, une faille de 1 800 m de profondeur est un haut lieu de la plongée. Ses fameux trous bleus attirent de nombreux plongeurs fascinés par cette énigme de la nature. L'île abrite d'ailleurs le plus vieux centre de plongée de l'archipel au Small Hope Bay Lodge, ouvert en 1960, qui en a fait sa spécialité. L'autre activité reine à Andros, c'est le *bonefishing*. La pêche s'est développée grâce aux possibilités multiples qu'offrent les platiers comme les eaux profondes. On y pêche à la mouche, au harpon, à la traîne, à la palangre, avec un permis à se procurer au port d'entrée de l'île.

Quand les conquistadors espagnols découvrirent cette île, ils la baptisèrent « la Isla del Espíritu Santo » (l'île du Saint-Esprit). Les premiers colons de l'île furent des esclaves échappés des plantations du sud de l'Amérique (Louisiane) et des Indiens Seminoles venus de Floride au XIXe siècle. Compte tenu de sa topographie, Andros représentait pour ces fuyards d'un autre temps des cachettes à la fois proches et difficiles à repérer. Ils se réfugièrent notamment au nord de l'île où ils fondèrent le village de Red Bays ; leurs descendants y vivent encore et y entretiennent une tradition artisanale autour de la paille. Enfin, un artisanat de batik, original sous ces latitudes, s'est développé sur l'île dans les années 1970, et ses productions colorées sont exportées sur toutes les îles de l'archipel. On peut en visiter l'atelier.

PAGES

Eleuthera se déploie au nord-est de l'archipel, à 96 km à l'est de Nassau. Longue de 176 km pour seulement 5 km au plus large, elle est réputée pour sa beauté, et ses longues plages désertes en ont fait un des best-sellers de l'archipel. Eleuthera regroupe trois îles : l'île d'Eleuthera, divisée en North et South Eleuthera par un isthme étroit ; la très chic île de Harbour Island riche en infrastructures hôtelières ; et celle plus intimiste de Spanish Wells. Eleuthera est la première île colonisée des Bahamas, on retrouve d'ailleurs des traces de ce passé dans la Preacher's Cave, près de Gene's Bay sur la pointe Nord. L'île est bien desservie puisqu'elle ne compte pas moins de trois aéroports desservis depuis Nassau. Et par les lignes américaines depuis Miami, Fort Lauderdale ou Atlanta.

FAMILY ISLANDS

Eleuthera et Harbour Island.

PAGES

●● CAT ISLAND

Située à 210 kilomètres au sud-est de Nassau, voisine de San Salvador, Cat Island s'étire sur 80 km de long pour 6,5 km de large, dans un axe nord-sud. Cette petite île, la sixième par la taille, est l'une des plus charmantes de l'archipel. Ce fut le repaire du pirate anglais Arthur Catt qui y aurait enfoui des trésors qui restent encore à mettre au jour. Certains lui attribuent le nom de l'île.

Réputée pour sa beauté et sa quiétude, cette île de Robinson offre un véritable havre de tranquillité, ponctué de hameaux de pêcheurs et de fermiers, dominés de petites églises touchantes de modestie. On devine encore, par endroits, les ruines d'anciennes plantations et de maisons, datant du XIXe siècle, ainsi que des traces de culture indienne qui n'ont pas encore été mises au jour par les archéologues. Plus fertile que ses voisines, l'île possède de riantes collines, des forêts de pins denses et des kilomètres de plages magnifiques et absolument désertes.

Cat Island possède trois titres de gloire. Elle est fière d'abriter le plus haut sommet des Bahamas, le mont Alvernia, qui culmine glorieusement à 63 m d'altitude. Le père Jérôme y fit bâtir un minuscule monastère, connu sous le nom de l'Hermitage. Par ailleurs, elle s'enorgueillit d'être le lieu de naissance de l'acteur Sidney Poitier qui fut le premier acteur noir à être oscarisé. Enfin, l'île est réputée pour ses musiciens inventifs qui jouent avec des instruments imaginés à partir de détournements d'objets.

Les orchestres improvisés de rake n'scrape se rencontrent au détour d'un bar perdu, en fin de semaine. Le festival de musique, le Cat Island Rake and Scrape Musical Festival, attire les amateurs chaque année au début du mois de juin. En août, la Annual Cat Island Regatta voit s'affronter les voiliers. Le littoral est contrasté, la côte nord est sauvage et peu fréquentée, la côte sud, face au Bahama Bank, est paisible.

Côté plage, Cat Island possède sa « Pink Sand Beach », une magnifique plage de sable rosé, longue de 12 km. Fernandez Beach est une magnifique plage de sable blanc en demi-lune. Le tourisme est peu développé à Cat Island, les possibilités d'hébergement sont restreintes mais souvent très authentiques.

Cat Island.

PAGES

●● THE EXUMAS

Connu comme la capitale de la croisière aux Bahamas ou encore la capitale de l'oignon doux (moins glamour), appartenant au groupe des « îles du coton » avec Cat Island et Long Island, ce groupe d'îles, situé au milieu de l'archipel, se compose d'un chapelet de 365 îles et îlots, pour la plupart désertiques et inhabités, qui se déploie sur 230 km de longueur à 65 km au sud-est de Nassau. George Town est la capitale administrative et économique de cet archipel. Les Exumas sont un Eden de nature encore vierge, aux paysages de douces collines et aux plages de sable blanc, mouchetées d'ancrages secrets, de baies ciselées et de petits ports accueillants. A plusieurs reprises, les Exumas ont été élues comme lieu de tournage, deux fois pour *James Bond*, puis pour *Splash*. Certaines îles abritent des colonies d'iguanes endémiques protégés. Les deux îles principales, Great Exuma et Little Exuma, sont reliées par un pont. Elles concentrent la majeure partie de la population et des infrastructures touristiques. Les îles vivent aujourd'hui de la culture, de la pêche et du tourisme. De petits villages de fermiers développent la culture des ananas, des tomates, des goyaves, des mangues, des avocats dodus, et des pois pigeon qui sont exportés vers les îles voisines. Au nord de Great et Little Exuma, préservées de l'afflux des touristes, les Exumas Cays restent des îles exclusives où s'est développé un tourisme individuel. Certaines d'entre elles ont été vendues à des particuliers fortunés qui y ont bâti des maisons de vacances ; d'autres sont en vente pour quelques millions de dollars. Les eaux bleu roi qui baignent le groupe d'îles sont propices à la pêche en eau calme (albula ou banane de mer), mais également en eau profonde (thazards batards, pèlerins, voiliers, marlins...). Chaque année en mars se déroule la Cruisers Regatta qui, pendant une semaine, voit s'affronter quelque 500 embarcations de différents pays. Puis, en avril, c'est le tour de la National Family Island Regatta ou régate des îles extérieures, qui voit s'affronter à George Town, dans la baie d'Elizabeth Harbour, des embarcations en bois de construction locale, les *sloops* à large voile. Cette régate est le point culminant de la vie sociale des Exumas. En mars également a lieu le traditionnel Heritage Festival qui permet de rendre hommage à la culture et l'histoire et profiter pendant 3 jours des festivités locales ! Le 4 juillet, au tournoi de pêche au bonefish à Staniel Cay Yacht Club se mesurent des concurrents venus du monde entier.

● ● LONG ISLAND

Cette île, longue de 128 km pour seulement 6 km au plus large, est traversée par le tropique du Cancer. Elle se trouve au sud-est de l'archipel des Exumas. Île à forte personnalité, elle présente deux côtes fort contrastées. La côte ouest affiche de belles plages dolentes, propices au farniente, comme la belle plage du Cape Santa Maria, tandis que la côte est, ventée, rocheuse, accidentée et découpée, possède des falaises qui tombent abruptement dans la mer, dessinant des grottes qui se perdent dans la profondeur de l'océan. Dans le nord, des collines pentues ponctuent le paysage, tandis que le sud-est est doucement ondulé.

L'île est desservie sur toute sa longueur par le Queen's Highway qui la parcourt sur quelque 100 km ponctués d'une quarantaine de villages et de hameaux pittoresques dominés de petites églises, anglicanes et catholiques.

Peu développée touristiquement, Long Island offre en conséquence peu d'infrastructures. On peut, en revanche, y voir des grottes séculaires avec des traces de la civilisation précolombienne, des villages authentiques, des églises traditionnelles, des ruines de plantations, témoignages de la période coloniale.

Chaque année le premier week-end de juin, l'Annual Long Island Regatta anime l'île et ses côtes, elle est réservée aux sloops locaux. Fin novembre, le Vertical Blue Free Diving attire quant à lui les apnéistes du monde entier pour une compétition de 10 jours dans les profondeurs mystérieuses du Dean's Blue Hole, le trou d'eau le plus profond du monde.

© THE ISLANDS OF THE BAHAMAS

Long Island.

●● SAN SALVADOR ET RUM CAY

A l'est de Long Island, s'évadant vers le grand large, Rum Cay et San Salvador évoquent un double ricochet, frôlant d'abord les eaux peu profondes du lagon bahaméen avant de plonger, presque sans l'once d'une onde, dans les profondeurs de l'Atlantique. San Salvador, première escale de Christophe Colomb lors de sa première expédition à la conquête du Nouveau Monde, ne constitue en effet que la partie immergée d'une immense montagne sous-marine, s'élevant depuis 4 500 mètres sous la surface, et faisant la part belle aux parois verticales et aux tombants abrupts. San Salvador, située à l'extrémité est de l'archipel, ne mesure que 160 km^2, 19 km de long sur 8 km de large, et culmine à 42 m, ce qui, dans l'archipel, est spectaculaire : le point le plus haut des Bahamas se situant à 63 m. Peuplée de quelque 1 200 âmes, c'est l'une des îles les plus « mouillées » de l'archipel, avec de nombreuses criques profondes, des lagunes intérieures et d'importantes zones de mangrove qui représentent près de la moitié de sa surface. Des kilomètres de plages désertes au sable immaculé, des criques solitaires, des lacs intérieurs cernés de mangroves, du « bush » qui se déploie sous le soleil, tel est le visage de San Salvador. De son nom original amérindien « Guanahani », l'île aux iguanes, San Salvador est l'île la plus importante historiquement puisque c'est la première terre à avoir été abordée par les conquistadors espagnols menés par Christophe Colomb, en route pour les Indes. Le Grand Amiral la découvrit, le 12 octobre 1492, lors de son premier voyage, à bord de la *Santa Maria*. A Landfall Park, un monument marque l'emplacement exact du débarquement de l'illustre voyageur... Plus tard le pirate anglais George Watling l'investit et l'île porta son nom, Watling Island, durant de nombreuses années jusqu'en 1926. Ancrée dans le passé, calme et paisible, San Salvador vit nonchalamment, alanguie sous le soleil. C'est une île idéale pour se ressourcer loin de toute civilisation. Cependant, les possibilités d'hébergement y sont fort restreintes. Peu fréquentée, à l'écart du tourisme de masse et des itinéraires des grandes croisières, elle est devenue une île de prédilection des plongeurs, notamment des plus expérimentés. Ses côtes sud et ouest sont bordées par l'un des murs les plus impressionnants des Bahamas qui s'enfonce de 12 m jusqu'à plusieurs centaines de mètres. En mai 2015, San Salvador s'est vu attribuer 5 parcs nationaux : 4 parcs terrestres et une réserve marine. Chaque année autour du 12 octobre (férié), San Salvador s'anime pour le Discovery Day Weekend, qui célèbre le jour de la découverte de l'île par Christophe Colomb. Une véritable fête du Home Coming, la population double pendant quatre jours de festivités.

PAGES
215

●● CROOKED ISLAND, ACKILNS ET LONG CAY

Acklins et Crooked ne forment pratiquement qu'une seule île ; situées à 385 km au sud-est de Nassau, elles sont séparées par un étroit chenal, the Going Through. Avec Long Cay, ce sont les îles les plus méridionales de l'archipel. Le climat y est plus sec. Les premiers colons s'y installèrent à la fin du XVIIIe siècle. Entourées de récifs, elles constituent un excellent site de plongée. Crooked est plus petite que sa voisine Acklins, avec 235 km^2. C'est un paradis de la pêche avec des flats et des criques profondes. Elle possède de nombreux récifs coralliens et des grottes peuplées de chauves-souris. Colonel Hill, la capitale de Crooked, concentre l'essentiel de l'activité. Au sommet de la colline se dresse l'église Saint-Jean-Baptiste. L'aérodrome de Crooked est également à Colonel Hill. Le Bird Rock Lighthouse est un phare construit en 1876 avec les pierres des ruines d'un fort anglais voisin, le Gun Bluff. L'île possède également de belles plages qui sont loin d'être surpeuplées. Pêcher, plonger, se balader pour visiter les grottes de Pirate's Bluff, profiter des merveilleux couchers de soleil, et ne rien faire, « farniente », voilà le programme d'un séjour à Crooked. Acklins, plutôt rocheuse, s'étend sur 300 km^2. C'est un havre de paix composé de minuscules villages et d'anses cachées. L'île abrite 450 personnes, concentrées à Spring Point, qui vivent principalement de la pêche. L'aérodrome se trouve non loin de Spring Point. Au sud du village, on trouve les vestiges de ce qui semble avoir été le principal établissement lucayan des Bahamas. Le site n'est que partiellement fouillé et n'a pas encore livré tous ses secrets. Le phare de Castle Island, bâti en 1867, se dresse à la pointe sud de l'île.

215 COLONEL HILL

215 SPRING POINT

215 ALBERT TOWN

PAGES

216

●● MAYAGUANA ET INAGUA

Les deux îles, Great Inagua et Little Inagua, se déploient à l'extrême sud de l'archipel, à quelque 300 miles au sud-est de Nassau et à seulement 80 kilomètres des côtes de Cuba. Elles constituent la troisième île de l'archipel par la surface et la plus au sud. Elles couvrent 1 650 km² et sont peuplées d'environ 1 000 habitants. Quant à Mayaguana, certains de ses habitants disent d'elle qu'elle est restée juste comme Colomb l'a trouvée... Paisible, tranquille et presque déserte.

▸ **Great Inagua** est connue pour les marais salants de la Morton Salt Company, qui produisent près d'un demi-million de tonnes de sel par an, la deuxième production nord-américaine. Paradis pour les ornithologues, l'île est fort appréciée des amateurs de vie sauvage et d'écotourisme. En dehors des salines et du village de Matthew Town, Great Inagua possède le 2e parc national ouvert aux Bahamas en 1963 : Inagua National Park, qui accueille aujourd'hui une colonie de quelque 80 000 flamants roses, le West Indies Flamingo, une espèce protégée.

▸ **Managuana** est une des rares îles de l'archipel à avoir conservé son nom indien. Mayaguana resta inhabitée jusqu'en 1812 lorsque des colons y arrivèrent des îles Turques. Elle se trouve à 105 km au nord de Great Inagua. L'île offre de bons ports, des ancrages calmes, un territoire de pêche aux eaux poissonneuses. Elle abrite une espèce ressemblant à un croisement entre le rat et le lapin, le Bahamas Hutia, que l'on pensait disparue jusque dans les années 1960. C'est une halte de Robinson où les facilités et les services sont peu nombreux. Le village le plus important de l'île, tout juste un hameau, est Abraham's Bay.

© JHOUTSMA
Phare Birdrock sur Crooked Island.

MARSH HARBOUR ★★

Troisième ville des Bahamas et capitale des Abacos, Marsh Harbour occupe un isthme situé au milieu de l'île de Great Abaco. Autrefois prospère grâce à la pêche à l'éponge et à une activité de chantiers navals, le petit port a bien su profiter de la manne plus récente du tourisme. Marsh Harbour concentre l'essentiel des ressources touristiques des Abacos, aéroport, hôtels, restaurants et boutiques.

Attention. Les plaisanciers considéraient Marsh Harbour comme l'un des ports les plus faciles à aborder, mais il fait hélas partie des localités les plus touchées par l'ouragan Dorian de novembre 2019 et sa réouverture au tourisme n'est prévue que pour fin 2021. Renseignez-vous bien avant votre départ.

ABACO BEACH RESORT AND BOAT HARBOUR €€€

East Bay Street

✆ +1 242 367 2158

www.abacobeachresort.com

Ouverture partielle depuis Dorian. Vérifier sur le site Internet.

La propriété est située sur une petite hauteur qui descend doucement vers la petite plage privée. La marina est très belle et profite d'une piscine avec bar resto. Le ton blanc et jaune de l'ensemble se marie plutôt bien avec le vert des palmiers qui inondent les installations. Les chambres ne sont pas très luxueuses dans le premier bâtiment de 3 niveaux, mais demeurent propres et confortables : petit évier, frigo et machine à café à disposition et TV.

ALBURY'S FERRY SERVICE

✆ +1 242 367 0290

www.alburysferry.com

Aller simple 19 US$; aller-retour 30 US$. Service de charter également disponible.

Une compagnie de ferry historique, dont les bateaux en bon état partent du Ferry Dock de Crossing Beach pour Hope Town et Man-O-War Cay, et de l'Union Jack Dock pour Guana et Scotland Cay.

Pour Man-O-War, comptez 20 minutes de bateau depuis le dock de Marsh Harbour. 4 à 5 allers-retours entre 7h15 et 17h45.

Pour Hope Town, 20 minutes également. 9 liaisons aller et 11 liaisons retour entre 6h20 et 22h30.

Pour Guana Cay et Scotland Cay, comptez 30 minutes de bateau depuis l'Union Jack Dock. 5 allers-retours quotidiens entre 6h45 et 18h30.

COLORS BY THE SEA - UTOPIA €

East Bay Street

✆ +1 242 699 3294

Établissement touché par Dorian, se renseigner pour la réouverture.

Vert, rose, bleu... La façade en bois du bâtiment déjà affiche la couleur ! Le Colors by the Sea fait partie des derniers nés de Marsh Harbour en terme de restaurants et lieux de sortie, et il attire déjà bien du monde. Particulièrement sympa en soirée quand les néons s'allument sur la terrasse sur pilotis, il propose en plus une programmation variée : karaoké, tacos et margaritas le mardi, *Ailerons de poulets* le mercredi, happy hours tous les jours sur la bière de 17h à 19h...

CONCH INN RESORT AND MARINA €€

Bay Street ✆ +1 242 367 4000

www.conchinn.com

Établissement encore fermé temporairement, en février 2020, à cause de l'ouragan Dorian, se renseigner avant.

Une marina à échelle humaine (enfin !), un centre de plongée (indépendant) et un restaurant avec une petite piscine. Possibilité de réserver un capitaine de bateau et un cuistot si besoin. Bon plan : les vestiaires et les douches sont à disposition des plaisanciers derrière la piscine. Les 9 chambres sont basiques, avec meubles en rotins à l'ancienne, mais avec une vue sur un jardin agréable avec petite terrasse. Mini-frigo, machine à café, sèche-cheveux, coin toilettes et douche.

JIB ROOM RESTAURANT €

Pelican Shores ✆ +1 242 367 2700

www.jibroom.com

Établissement encore fermé temporairement, en mars 2020, à cause de l'ouragan Dorian, se renseigner avant.

Une adresse très populaire avec soirée à thème grillades, ouverte depuis les années 1970 et reprise en 1997 par Stephen Petersen et père. Ribs le mercredi et steak le samedi dans la cour arrière, le tout au son de la musique Rake n'Scrape. Happy hour le jeudi, limbo et bière au rendez-vous. L'ambiance est bon enfant et les locaux sont ravis de recevoir des visiteurs. A l'heure où nous écrivons ces lignes, l'endroit est fermé à cause du passage de l'ouragan Dorian en 2019, mais gageons qu'il rouvrira avant la fin 2020 et vous accueillera dans un confort amélioré !

JU NOVIA'S €

Don McKay Boulevard
✆ +1 242 367 1271

Ouvert tous les jours de 7h à 20h, du petit déjeuner au dîner. Plats de 9,50 à 16 US$.

Un régal d'adresse locale ! Pas grande chance d'y croiser des touristes et pourtant, cette petite table sert de véritables spécialités de la vie quotidienne. C'est clairement le meilleur petit déj' que l'on ait dégusté sur place et pour cause : émincé de langouste et *grits* (bouillie au maïs), le tout pour une dizaine de dollars ! Vous pouvez également choisir un petit déjeuner moins exotique et opter par exemple pour d'excellents œufs brouillés accompagnés de pain bahaméen grillé et d'un très bon Johnny cake. On ne repart jamais d'ici l'estomac vide.

WALLY'S FINE DINING AND BOUTIQUE €€

East Bay Street ✆ +1 242 367 2074 - Amarré au quai en face de l'hôtel Abaco Beach Resort.

Établissement encore fermé temporairement, en mars 2020, à cause de l'ouragan Dorian, se renseigner avant.

Dîner romantique et cuisine raffinée servie en terrasse face à la mer ou en salle climatisée décorée de peintures naïves. Spécialités de poissons. La belle maison rose a été très abîmée par l'ouragan Dorian mais les propriétaires travaillent d'arrache-pied à la reconstruire, gageons qu'ils pourront ouvrir leurs portes avant fin 2020. Tous les employés ont été retrouvés après le passage du cyclone et l'équipe pourrait bien revenir au complet dès la réouverture.

SNAPPAS GRILL & CHILL €

East Bay Street ✆ +1 242 367 2278
www.snappasbar.com

Établissement encore fermé temporairement, en mars 2020 à cause de l'Ouragan Dorian, se renseigner avant.

Un endroit réputé pour ses sandwiches, salades et burgers, mais aussi et surtout pour ses soirées animées les vendredis, samedis (concert ou DJ), et chaque fois que l'occasion s'y prête. Happy hours tous les jours de 17h à 19h30 et le mercredi jusqu'à 23h ! Totalement détruit par Dorian en 2019, l'établissement doit être reconstruit de zéro. Espérons qu'il renaîtra de ses cendres sans quoi il manquera à ceux qui aiment la fête. L'emplacement est tellement beau qu'il serait dommage de ne pouvoir relancer cette jolie petite affaire locale.

ABACO NEEM

1 Don McKay Boulevard ✆ +1 242 367 4117
www.abaconeem.com

Établissement encore fermé temporairement, en mars 2020, à cause de l'ouragan Dorian, se renseigner avant.

Le neem est le cousin de l'acajou, il provient précisément du sud de l'Himalaya, c'est un arbre sacré aux vertus innombrables. En langage populaire on l'appelle : « La pharmacie du village ». Une étape emplette et pédagogique à la fois puisque l'on peut découvrir le process de fabrication des produits naturels confectionnés par l'équipe de Daphné de Grégory. Anti-douleur, désinfectant, stimulant, savonnettes, problème de circulation, toute une gamme de produits et une lotion miracle contre les démangeaisons de piqûres de *sandflies* (testée et approuvée !).

MANGOES RESTAURANT & BOUTIQUE €€

Bay Street ✆ +1 242 367 2366

Près du port, cuisine internationale avec des spécialités bahaméennes servies sur un deck face à la mer. Petit déjeuner de 7h30 à 11h entre 8 et 12 US$, à midi poissons, fruits de mers et langouste grillée de 7 à 19 US$ le plat, pour le soir de 25 US$ (saumon grillé) à 48,50 US$ (surf & turf avec langouste et viande Black Angus). Le bar propose une happy hour entre 17h et 19h et des mercredis « margarita ».

Nappes blanches, service de table bleu en harmonie, joli bar en bois de cèdre, un restaurant assez chic qui attire les plaisanciers et les habitants. Dans l'assiette mérou grillé à la mangue et à la tomate, poisson frais du jour. Le midi des hamburger de lambi. Au bar de bons Smash Gombay, Bahama Mama ou Pina Colada. carte de vins français, italiens, californiens et australiens.

DIVE ABACO

✆ +1 242 367 2787
www.diveabaco.com

Établissement encore fermé temporairement, en mars 2020, à cause de l'Ouragan Dorian, se renseigner avant.

Le centre labellisé PADI se trouve juste à l'entrée de la marina. À l'intérieur une petite boutique et du matériel de plongée et de plage. Derrière le comptoir le propriétaire vous reçoit avec le sourire, son équipe de jeunes locaux est sérieuse, motivée et très bien formée. Le club qui propose une plongée par jour en moyenne, ainsi que des plongées de nuit, offre également toute la gamme de formations de plongeurs depuis le débutant jusqu'à l'initiateur. Le centre a été durement touché par l'ouragan et fera tout pour rouvrir ses portes au plus vite.

TREASURE CAY ★★

Située à 32 km de Marsh Harbour, accessible par ferry depuis d'autres *cays*, cet îlot s'enorgueillit de posséder une plage classée parmi les dix plus belles plages au monde par le *National Geographic*. Un parcours de golf dessiné par Dick Wilson y accueille de nombreux tournois. Il est toutefois légèrement délaissé depuis quelques années et mériterait un peu plus d'entretien. La marina de 150 emplacements est au cœur de l'activité locale.

Attention. Treasure Cay fait malheureusement partie des localités les plus touchées par l'ouragan Dorian en septembre 2019 et sa réouverture au tourisme est prévue pour fin 2021. Renseignez-vous bien avant votre départ.

BAHAMA BEACH CLUB €€

✆ +1 242 365 8500
www.bahamabeachclub.com
Etablissement encore fermé temporairement, en mars 2020 à cause de l'Ouragan Dorian, se renseigner avant.

Une résidence hôtelière qui propose des appartements spacieux et bien équipés. Une décoration aux accents bahaméens, le complexe se compose de deux parties constituées de modules qui entourent chacun une piscine… Superbe plage en toile de fond. Personnel serviable et sympathique. Les activités s'organisent directement sur place. L'établissement est prisé pour l'organisation de mariages. Espérons que ce bel établissement pourra ouvrir bientôt, il a été très sévèrement touché par l'ouragan Dorian, mais ses propriétaires mettent les bouchées doubles.

GREEN TURTLE FERRY

Airport Ferry Dock ✆ +1 242 365 4166
www.greenturtleferry.com
Liaison entre Green Turtle Cay Town Dock et Treasure Cay, Airport Ferry Dock. Comptez 19 US$ l'aller-retour.

La meilleure (et la seule) manière de rejoindre Green Turtle Cay à moins d'avoir un avion ou un bateau privé. Pour rejoindre le dock en taxi, comptez 15 US$ pour deux personnes depuis l'aéroport de Treasure Cay, et 85 US$ environ depuis Marsh Harbour. Après le passage de Dorian et la destruction presque totale de Green Turtle Cay, la ligne de ferries a repris et adapté ses horaires jusqu'à nouvel ordre. En ce moment, 5 liaisons par jour sont assurées, mais le site internet est mis à jour et les changements y seront détaillés.

TREASURE CAY BEACH, MARINA & GOLF RESORT €€

✆ +1 242 365 8801
www.treasurecay.com
Établissement encore fermé temporairement, en mars 2020, à cause de l'ouragan Dorian, se renseigner avant.

Ce resort fonctionne quasiment en autarcie avec tous les services (distributeur, église, clinique, épiceries, poste, boutiques, salle de sport et centre de spa, restaurants et bars et même poste de police !) ; il est situé à 5 minutes à pied de la plage, l'une des plus belles de l'archipel. Les chambres et les suites sont confortables et bien équipées (TV, téléphone, air conditionné, sèche-cheveux, vaste balcon ou patio, réfrigérateur, four à micro-ondes, cafetière…).

© PICS721 - SHUTTERSTOCK.COM

Treasure Cay.

TREASURE SANDS CLUB €€

✆ +1 242 365 9385
www.treasuresandsclub.com
Établissement encore fermé temporairement, en mars 2020, à cause de l'ouragan Dorian, se renseigner avant.

Grande classe ! Une grande allée au milieu d'une pelouse accède directement à la piscine, entourée de chaises longues et de palmiers. Au fond, la belle salle de restaurant, ouverte pour profiter au mieux des espaces, s'ouvre directement sur la plage de sable blanc. Granité de Côtes de Provence aux fraises et à la menthe, délicieusement frais ! La carte permanente est complétée de trois nouveaux menus par semaine. Circuits courts sont privilégiés, d'autant que l'établissement peut se vanter d'avoir sa propre ferme bio de l'autre côté de la route... *What else ?*

ABACO CERAMICS

✆ +1 242 365 8489 - Juste avant le portail d'entrée du complexe de Treasure Cay.
www.abacoceramics.com
Ouvert du lundi au vendredi de 9h à 16h. Fermé pendant les vacances.

Un atelier de céramique réputé sur l'île. Burella Gardiner à la poterie, Karen McIntosh à la peinture, toutes deux réalisent des objets décoratifs et des éléments d'art de la table, et se feront un véritable plaisir de vous renseigner sur leur processus de fabrication. Nous n'avons pas pu les contacter pour cette édition, mais il semblerait que leur atelier puisse ouvrir ses portes très bientôt à nouveau. Espérons que certaines des plus belles céramiques et poteries de ces deux amies sympathiques ont survécu à l'ouragan Dorian, elles étaient si fragiles...

TREASURE CAY GOLF CLUB

✆ +1 242 365 8045
www.treasurecay.com
Établissement encore fermé temporairement, en mars 2020, à cause de l'ouragan Dorian, se renseigner avant.

Il compte 18 trous et a été dessiné par Dick Wilson, un architecte américain renommé. La brise marine alimentée par les arbres crée un cadre et une atmosphère très agréable. Le parcours est très étendu, avec 3 trous (7, 8 et 9) qui se déploient en bordure de l'océan. Un léger manque d'entretien est tout de même à déplorer ces dernières années : le green n'est plus aussi vert qu'à ses grands jours. Espérons que les dégâts occasionnés par le cyclone Dorian permettront aux propriétaires d'en profiter pour donner une deuxième jeunesse à ce parcours.

HOPE TOWN - ELBOW CAY ★★★

A l'est de Marsh Harbour se trouvent les trois « îlots loyalistes », Great Guana, Man-O-War et Elbow Cay. Ce dernier, un îlot de 8 km de long à 10 km à l'Est de Marsh Harbour, est plus connu sous le nom de Hope Town. Bâti à partir de 1785 par les colons loyalistes, toujours habité par leurs descendants, ce village tout en longueur de 650 âmes est charmant, avec des airs de décor d'opérette. Il s'étire entre port et océan, et dévale une pente douce jusqu'au port. Les cottages de bois blanc, rehaussés de dentelle de style *gingerbread*, cernés de clôtures aux délicates couleurs pastel, rivalisent de joliesse, telles des maisons de poupées. Les jardins regorgent de plantes aux abondantes floraisons de couleurs vives.

ELBOW REEF LIGHTHOUSE ★★

- Au niveau de la marina
Visite du lundi au samedi de 9h à 18h. Entrée gratuite (n'oubliez pas de signer le registre des visiteurs).

Construit en 1862, le phare fonctionne encore à l'ancienne, c'est-à-dire manuellement, et serait le dernier au monde à fonctionner au kérosène ! Sa construction a permis de sécuriser les îles qui souffraient d'une mauvaise réputation liée à la présence de pilleurs d'épaves. On recommande l'ascension des 101 marches par l'étroit escalier en colimaçon qui permet de découvrir les entrailles du phare : du haut de ses 36 m, il domine la côte et offre une vue panoramique exceptionnelle qui embrasse toute l'île, le port et jusqu'à l'océan.

WYANNIE MALONE MUSEUM ★

Bay Street ✆ +1 242 366 0293
www.hopetownmuseum.com
Ouvert sur demande (appeler en amont). Entrée libre (donations bienvenues).

Abrité dans deux maisons jumelles blanches et vertes typiques de l'époque loyaliste, né en 1978 d'une initiative locale et animé par des habitants de Hope Town, le petit musée est touchant, c'est un témoignage de l'histoire de Hope Town. Il porte le nom de l'un des fondateurs de la colonie de l'île et reproduit le style de vie de l'époque loyaliste au travers de pièces qui ont conservé le mobilier et le style d'autrefois. Une intéressante exposition retrace l'histoire des premiers colons et des Amérindiens qui habitèrent les îles avant l'arrivée des Espagnols.

HOPE TOWN CANVAS & BIKE SHOP

✆ +1 242 577 6983

Ouvert du lundi au samedi de 9h à 17h. Horaires susceptibles d'évoluer selon la saison. Comptez 12 US$ par jour.

Pour se déplacer dans le village, les jambes feront largement l'affaire : il est particulièrement plaisant de flâner le long de ses deux rues principales en admirant les jolies maisons qui les entourent. Pour se rendre au sud de l'île en revanche, et pour se déplacer au quotidien si vous séjournez sur l'île, mieux vaut louer une voiturette de golf ; tous les hôtels sauront vous renseigner, la plupart en louent d'ailleurs eux-mêmes. Autre option plus sportive : le vélo !

HOPE TOWN HARBOUR LODGE €€

Back Street ✆ +1 242 366 0095 - Parallèle à Queen's Highway, face au Lodge ferry Dock.
www.hopetownlodge.com

Établissement encore fermé temporairement, en mars 2020, à cause de l'ouragan Dorian, se renseigner avant.

Cette belle propriété à la végétation tropicale, sur une hauteur face à la plage, a tout d'une maison de poupées. C'est une adresse de charme idéale pour un séjour à deux, qui s'abrite dans une des premières maisons de colons du village. Les cabanes colorées sont douillettes et joliment décorées, les cottages quant à eux sont plus vastes et disposent de chambres communicantes idéales pour les familles. La piscine est ombragée de palmiers dans le jardin, et un chemin conduit à une plage de rêve. L'établissement compte également deux restaurants.

HOPE TOWN INN & MARINA €€

✆ +1 242 366 0003
www.hopetownmarina.com

Etablissement encore fermé temporairement, en mars 2020 à cause de l'Ouragan Dorian, se renseigner avant.

N'évoque-t-il pas immédiatement une maison de poupée d'antan, ce bel hôtel aux tons roses pastel ? Ouvert depuis 2012, ce charmant établissement offre un panel de 6 catégories de chambres, suites et villas pour deux à huit personnes, réparties dans un jardin fleuri de superbes bougainvilliers roses et violets. Situé à deux pas du phare rayé, il donne immédiatement sur sa propre marina, qui peut accueillir jusqu'à 50 embarcations. Un restaurant, deux piscines dont une chauffée et quelques kayaks et paddles sont à disposition pour compléter le tout.

ABACO INN €€€

Au sud de Hope Town ✆ +1 242 366 0133
www.abacoinn.com

Selon la saison, de 150 à 275 US$ la chambre double standard, de 230 à 295 US$ avec vue mer.

Entre la mer d'Abaco et l'océan, une vingtaine de bungalows et villas luxueusement équipées dans un style très tropical. Bon restaurant de cuisine bahaméenne et internationale, ouvert tous les jours pour le petit déjeuner, le déjeuner et le dîner (sur réservation). L'Abaco Inn fut durement touché par l'ouragan Dorian et a perdu plusieurs villas et quelques chambres mais il a rouvert ses portes dès le 15 novembre après d'énormes efforts de nettoyage et de remise en état des bâtiments et jardins. Il vous accueille à nouveau dans une douce ambiance de bout du monde.

FIREFLY SUNSET RESORT €€€

Centre Line Rd ✆ +1 242 366 0145
www.fireflysunsetresort.com

8 villas de standing de 2 à 4 chambres. De 395 à 795 US$ par nuit en basse saison et de 450 à 875 US$ en haute saison.

Une propriété de standing adossée à la colline et dévalant une douce pente jusqu'au restaurant et au ponton. Relativement éloignée du village de Hope Town, nous recommandons la location d'une voiturette de golf pour profiter pleinement de tous les atouts de l'île. Sur place, les huit villas, deux piscines et certaines des villas jouissent même de leur bain à remous privatif. Le restaurant est ouvert à tous midi et soir (mieux vaut réserver) L'ensemble s'apparente finalement à une résidence privée avec service hôtel, le personnel est aux petits oignons.

HOPE TOWN HIDEAWAYS €€€

✆ +1 242 366 0434
www.hopetown.com

Établissement encore fermé temporairement, en mars 2020, à cause de l'ouragan Dorian, se renseigner avant.

Situées majoritairement au cœur du village de Hope Town, les villas à l'architecture traditionnelle offrent toujours terrasse avec une belle vue, décoration sympathique et équipements très complets : TV, air conditionné, et un service de femme de chambre. Certaines propriétés se nichent dans un grand parc fleuri qui cache également une accueillante piscine. Chacune dispose d'un petit bateau mis à disposition. Une adresse sympathique pour loger sur place, on s'occupe de réserver votre parcours de golf, location de bateau, plongée et pêche.

© ROXANE LAMOUILLE

Le phare rayé de Hope Town, Abacos.

CAP'N JACKS €

Sur le port ✆ +1 242 366 0247
www.capnjackshopetown.com
Du lundi au vendredi de 8h30 à 10h pour le petit déjeuner (comptez 6-15 US$), et de 11h à 21h (plats 10-22 US$).

Extérieur blanc et liseret rose, tables en plastique dehors, boiseries dedans, un restaurant simple, face au port, où la cuisine bahaméenne est assez basique, avec cependant quelques plats de poissons. Happy-hour de 17h à 18h30. Très souvent le mercredi et le vendredi, c'est ambiance musicale avec de la musique «live» jouée par de bons groupes locaux. Il n'est pas rare d'y venir pour boire une verre entre amis et d'y terminer la soirée. Cap'N Jacks a rouvert très vite après l'ouragan Dorian et propose désormais des pizzas à manger sur place ou à emporter.

HARBOUR'S EDGE RESTAURANT & BAR €€

1 Front Bay Street ✆ +1 242 366 0087
www.harboursedge.net
Ouvert tous les jours sauf lundi et mardi à partir de 11h. Plats de 25 à 45 US$, pizzas de 11 à 24 US$.

Un restaurant sans prétention, aux couleurs vert pastel, ambiance très agréable. Clay et Lisa servent une bonne cuisine locale orientée vers les produits de la mer, des plats simples, salades, pâtes et hamburgers. Le samedi soir est consacré aux pizzas et à la musique. Un concert live est en effet organisé chaque samedi soir. Clay propose également de la location de vélos pour ceux qui souhaitent quitter leur voiturette de golf et se dégourdir les jambes en découvrant l'île.

SUMMER BREEZES STRAW MARKET

Juste à côté du Munchies
✆ +1 242 807 0394
Ouvert du lundi au samedi de 10h à 12h et de 13h à 17h.

Chaka Blatch crée tout un tas d'articles de vannerie qu'elle expose et vend ici dans sa jolie petite boutique. De belles emplettes en perspective ! Vous trouverez ici tous les souvenirs nécessaires à votre retour des Bahamas. Artisanat de qualité, fait aux Bahamas, avec des matériaux naturels et originaux, Chaka est très stricte concernant l'origine de ses produits et vous ne vous tromperez pas en faisant vos emplettes de fin de voyage ici, cadeaux appréciés garantis.

MAN-O-WAR CAY

Situé à 20 minutes de ferry de Marsh Harbour, c'est toujours le centre historique des chantiers navals où d'habiles artisans travaillent encore avec les méthodes de leurs ancêtres. Le port offre une anse profonde et très protégée. La majorité des habitants porte ici le patronyme de « Albury », héritage de l'histoire loyaliste. Une marina d'une soixantaine de places offre aux plaisanciers tous les services pour leur escale, ainsi que quelques restaurants intéressants.

Attention. Man-O-War cay fait partie des îles les plus touchées par l'ouragan Dorian en novembre 2019 et sa réouverture au tourisme est prévue pour 2021. Renseignez-vous bien avant votre départ.

SCHOONER'S LANDING OCEAN CLUB €€€

✆ +1 242 367 4469
www.schoonerslanding.com
Comptez 275 US$ par nuit pour 2, réservation de trois nuits minimum et forfait semaine à 1 850 US$.

Perchée sur un promontoire rocheux, cette petite propriété de style méditerranéen donne directement sur la mer et propose quatre villas avec deux chambres chacune. Vastes, joliment meublées et bien équipées (air conditionné, TV, patio privatif), elles dominent une belle plage de sable blanc. Une jolie piscine vous permettra de vous dessaler au retour de la plage. Pas de service de restauration. Possibilité de louer un bateau et le laisser sur le quai privé (moins de 23 pieds).

HIBISCUS CAFÉ €

Marina
Plats de 5 à 15 US$ en moyenne à midi et de 15 à 35 US$ le soir.

Ouvert sur la brise et une vue sur les bateaux très appréciable. Les résidents et les plaisanciers aiment s'y poser pour savourer une cuisine simple et généreuse. Tous les plats traditionnels sont au programme : beignets de poulets, lambis frits, poissons grillés, hamburgers, l'agneau grillé est réputé. La langouste peut être mise à l'honneur sur commande en saison. Un porc rôti est au menu régulièrement, c'est d'ailleurs le jour où vous rencontrerez le plus de locaux ici. Plus qu'un café, l'Hibiscus est un petit restaurant digne de ce nom.

GREAT GUANA CAY ★

Great Guana Cay, tout comme ses voisines d'Elbow Cay, Man-o-War Cay et Green Turtle Cay, fait partie des Loyalist Cays, encore peuplées par des descendants des premiers émigrants loyalistes. Petite bande de terre au large de Marsh Harbour, Great Guana ne compte qu'une centaine d'habitants et offre intimité et solitude. La plupart des visiteurs n'y font qu'une excursion d'une journée depuis Marsh Harbour. L'île fut l'une des plus touchées par l'Ouragan Dorian en novembre 2019 et sa réouverture au tourisme est prévue pour 2021. Renseignez-vous bien avant votre départ.

NIPPER'S BEACH BAR AND GRILL €€

✆ +1 242 365 5111
www.nippersbar.com
Établissement encore fermé temporairement, en mars 2020, à cause de l'ouragan Dorian, se renseigner avant.

Welcome chez Jenessee et Johnny Roberts ! Depuis une vingtaine d'années, le restaurant et sa terrasse en surplomb de la plage sont particulièrement fréquentés le dimanche, jour du cochon grillé et du buffet bahaméen, quand la population de Hope Town et de Marsh Harbour y débarque. Miss Beety et miss Debbie vous mitonnent des plats familiaux des plus appétissants, élaborés avec des produits de saison. Dans un hamac ou dans la piscine essayez le jus de Nipper vous y reviendrez…

ORCHID BAY YACHT CLUB & MARINA €€

2 Marina Lane ✆ +1 242 365 5175
www.orchid-bay-marina.com
Établissement encore fermé temporairement, en mars 2020, à cause de l'ouragan Dorian, se renseigner avant.

Au milieu de 15 hectares de nature, la marina offre un service complet pour les plaisanciers, carburant, douches, piscine, tennis et un restaurant de spécialités locales et américaines. Une grande véranda agréable. Accueil décontracté et service de qualité. La marina, par essence est très exposée aux intempéries et l'ouragan Dorian ne l'a pas épargnée, tout le monde travaille à l'heure actuelle à la reconstruction qui devrait prendre jusqu'à fin 2020.

GREEN TURTLE CAY ★★★

L'îlot, littéralement « de la tortue verte », est considéré à juste titre comme un des joyaux de l'archipel. Il est situé à 5 km de la côte nord-ouest de Great Abaco. Green Turtle Cay possède de belles baies, de longues plages de sable fin et des hauts-fonds sablonneux. La « capitale » de l'îlot est la petite bourgade de New Plymouth, située au sud de l'île à l'extrémité de la côte occidentale. Fondé par les loyalistes en 1783, c'est un village adossé à une douce colline, traversé par une rue principale. Ses ruelles étroites, bordées de cottages de style créole qui possèdent une touche très « British style », sont fleuries de bougainvillées, d'hibiscus et de poinsettias. Une ambiance désuète y flotte avec un parfum d'autrefois. La plupart de ses 600 habitants vivent de la pêche et de l'exportation de la langouste qui abonde dans ses eaux. Fierté locale, et non des moindres, c'est ici que fut créé le fameux Goombay Smash, le cocktail emblématique de l'archipel, élaboré par Emily Cooper, propriétaire du Blue Bee Bar à New Plymouth dans les années 1960 et qui existe toujours aujourd'hui sous le nom de Miss Emily Blue Bee Bar. C'est sa fille, dépositaire de la fameuse recette, qui gère l'établissement aujourd'hui. Les amateurs de solitude apprécieront la plage de Coco Bay qui est quasiment déserte. La pêche est l'activité la plus recherchée. Elle se pratique dans les *flats* de l'îlot et des îlots voisins, Double Breasted Cay, Guineaman Cay, Fish Cay, Hawksbill Cay.

Attention, l'ouragan Dorian a frappé cette île en novembre 2019. Renseignez-vous avant de partir.

© ROXANE LAMOUILLE

The Loyalist Memorial Sculpture Garden à New Plymouth.

ALBERT LOWE MUSEUM ★

Angle de Parliament et King Streets
✆ +1 242 477 1951

Établissement encore fermé temporairement, en mars 2020, à cause de l'ouragan Dorian, se renseigner avant.

Officiellement inauguré en 1976 le musée porte le nom du père de l'artiste Alton Roland Lowe qui fut sculpteur sur bois et maquettiste de bateaux. L'endroit, mouchoir de poche, est dédié à un artisan naval descendant des premiers colons. Il occupe une jolie demeure typique verte et blanche, datant de 1826, qui connut plusieurs nobles visiteurs. Une exposition d'œuvres d'art, du peintre Alton et du sculpteur James Mastin, et une exposition d'objets, de documents, de photographies, de maquettes de bateaux témoignant de l'histoire des Abacos attendent les visiteurs.

CIMETIÈRE ★

Parliament Street

Au cours d'une balade, vous pourrez glisser un coup d'œil curieux au cimetière qui compte des tombes loyalistes très anciennes, mais toujours fleuries par leurs descendants. Le cimetière couvre environ 1 hectare dans la partie la plus basse de New Plymouth et bien que la tombe la plus ancienne encore visible date de 1830, ce cimetière est supposé avoir été ouvert en 1790. Le cimetière de New Plymouth a été plusieurs fois ravagé par les cyclones. Lors du creusement d'une nouvelle tombe, il n'est pas rare de trouver des restes d'une des tombes dévastées.

LOYALIST MEMORIAL SCULPTURE GARDEN ★

Parliament Street

Ce jardin, situé non loin du musée Albert Lowe est aussi le fruit de l'artiste et fut construit grâce aux fonds recueillis par la Société historique de New Plymouth. Il est un hommage à ceux qui ont joué un rôle important dans l'histoire des Abacos : les loyalistes et leurs esclaves, qui ont survécu et construit une nouvelle vie aux Bahamas. Les 25 bustes de personnages éminents sont disposés sur des piédestaux dont la disposition reproduit la forme du drapeau britannique !

KOOL KARTS

Devant l'embarcadère du ferry ✆ +1 242 365 4140

Établissement encore fermé temporairement, en mars 2020, à cause de l'ouragan Dorian, se renseigner avant.

Rien de tel qu'une voiturette de golf pour visiter ce petit îlot. Ce moyen de locomotion procure l'avantage de vous protéger du soleil tout en vous évitant les longues montées à pied. Vous pouvez louer des voiturettes pour 4, 6 ou 8 personnes. Marche avant, marche arrière, rien n'est plus simple, c'est comme un scooter à 4 roues. Pas besoin de mettre un cadenas lors du stationnement, il n'y a pas de voleur à Green Turtle Cay ! Malheureusement à ce jour, Kool Karts n'est pas ouvert, suite aux dégâts occasionnés par l'ouragan Dorian.

BLUFF HOUSE €€

✆ +1 242 365 4247
www.bluffhouse.com

Etablissement encore fermé temporairement, en mars 2020 à cause de l'Ouragan Dorian, se renseigner avant.

Sur une colline entre marina et océan, le Bluff House propose six différentes catégories de suites et appartements, et de toutes celles que nous avons visitées, ce sont finalement les suites deluxe (les plus économiques) que nous avons préférées : si elles ne sont pas équipées d'une cuisine, leur décor moderne et épuré nous a séduit. Celles sous pentes sont bourrées de cachet ! Côté restauration, du déjeuner au dîner plusieurs options sont proposées au Tranquil Turtle (sur la plage) ou au Ballyhoo (plus élégant avec son parquet vitrifié).

COCOBAY COTTAGES €€

✆ +1 561 202 8149
www.cocobaycottages.com

Établissement encore fermé temporairement, en mars 2020, à cause de l'ouragan Dorian, se renseigner avant.

Situé à l'extrémité nord de Green Turtle Cay, 2,5 hectares bien entretenus avec des arbres tropicaux et des fruits à disposition pour le plaisir des clients. Deux plages de premier choix, celle de Cocobay calme et idéale pour de longues promenades les pieds dans l'eau et celle de l'océan avec son récif intérieur. Tous les cottages proposés à la location sont climatisés et décorés avec goût, meubles en rotin et cuisine équipée. Les chambres sont lumineuses, tons blancs (sauf le Pink Cottage) et couvre-lits ambiance coquillages et crustacés...

GREEN TURTLE CLUB AND MARINA €€€

✆ +1 242 365 4271

www.greenturtleclub.com

De 219 à 279 US$ la chambre Club Room (avec terrasse en front de mer pour certaines).

De superbes bungalows, à l'architecture traditionnelle de bois, abritent 34 chambres de différentes catégories donnant sur l'océan. Vastes, élégantes, de style très classique à l'anglaise, elles sont bien équipées. Grande piscine. Un restaurant chic à l'ambiance intime et une terrasse plus décontractée donnant sur la marina. Grand bar à l'anglaise. Personnel très efficace. Marina de 40 places. Réouverture en mars 2020, bravo à toute l'équipe qui s'est donnée à fond.

HARVEY'S ISLAND GRILL €

Bay Street ✆ +1 242 365 4389

Ouvert tous les jours de 11h à 14h et de 17h à 20h30, sauf le mercredi pour dîner. Plats de 16 à 30 US$.

Trois tables ombragées de parasols sur le sable face à la baie… Cuisine locale simple, bien tenue et servie dans un décor de rêve. Après avoir vendu, grâce aux réseaux sociaux, le stock de sa boutique dévastée par l'ouragan Dorian, Harvey a reconstruit son petit restaurant et a rouvert en mai 2020, juste après le passage du coronavirus dans les Bahamas. Souhaitons à toute l'équipe une prochaine saison plus sereine et lui permettant de relancer au mieux ce lieu très apprécié des locaux et des visiteurs pour le déjeuner comme pour le dîner.

MCINTOSH RESTAURANT €

✆ +1 242 365 4625

Ouvert tous les jours de 8h à 21h. Plats de 18 à 25 US$.

La sympathique Shirley tient ici une petite table simple, abritée dans une maison pêche orangée. On y mange simplement, du mérou frit, des sandwichs copieux avec du pain légèrement sucré. Le soir des viandes dont des côtelettes de porc de compétition de production locale, du poisson évidemment, des langoustes sous toutes leurs formes et de grosses crevettes servies avec le cake aux macaronis et fromage typique. En dessert, quatre-quart, Johnny Cake, tarte à la crème de noix de coco et gâteau au chocolat sont ses spécialités.

MISS EMILY'S BLUE BEE RESTAURANT €

✆ +1 242 458 4032

www.missemilysbluebeebar.com

Ouvert du lundi au samedi de 11h30 à 22h. Soupes et entrées pour moins de 10 US$, plats 15-25 US$ en moyenne.

C'est l'endroit à ne pas manquer pour prendre un verre et manger (en saison). Sa propriétaire, Violet Smith a la réputation de confectionner le meilleur Goombay Smash des îles. Pas étonnant puisque c'est sa mère, Emily Cooper, qui inventa ici même ce fameux cocktail. En partant, n'oubliez pas de laisser votre carte de visite qui ira rejoindre sur les murs celles des illustres visiteurs qui vous ont précédés. Le burger au mérou est l'un des meilleurs que nous ayons goûtés aux Bahamas.

GRIFTED HANDS

✆ +1 242 475 2606

Une toute petite boutique à côté du terrain multisports. Articles entre 40 et 70 US$.

Hilda Curry et ses doigts de fée confectionnent de très jolies pièces de vannerie aux formes et couleurs très actuelles. Il faut à peine à madame une demi-heure pour fabriquer un portefeuille, chapeau ! Elle fait d'ailleurs également de très beaux chapeaux décorés aux motifs des Bahamas ; tortues, dauphins et autres créatures marines font de bien beaux ornements. L'établissement était encore fermé temporairement en mars 2020 à cause de l'ouragan Dorian, nous vous invitons à vous renseigner auprès des habitants du village pour trouver Hilda.

BRENDAL DIVE'S CENTER

✆ +1 242 365 4411

www.brendal.com

Établissement encore fermé temporairement, en mars 2020, à cause de l'ouragan Dorian. Doit rouvrir vite.

Quatre bateaux d'une capacité de 6 à 22 personnes, et des kayaks pour des sorties tous niveaux dans la zone de Green Turtle Cay où se trouvent l'une des plus longues barrières de corail des Bahamas. Au programme une multitude de poissons tropicaux que Brendal se fera un plaisir de vous faire découvrir. C'est un personnage haut en couleur, plongeur et épicurien, et une figure locale. Ses spécialités sont la plongée à la rencontre des dauphins et les plongées sur épaves. Les sorties, avec bouteilles ou non, se font à la journée, pique-nique compris.

CHEROKEE SOUND ★

Ce village, qui compte environ 200 habitants, est un vieil établissement de colons, qui est longtemps resté ignoré des visiteurs. Désormais desservi par une route asphaltée, le village est un havre de paix, où plane l'esprit des anciens colons. Une seule et unique route traverse l'île principale de part en part. En direction du sud, quelques bifurcations à gauche sont toutefois à noter pour être sûr de ne rien manquer : parmi elles, celle de Cherokee Point et Little Harbour pour découvrir le Pete's Pub & Gallery, celle du Bahama Palm Shore pour observer les perroquets, et plus loin celle du nouveau village de Schooner Bay. Toutes sont bien indiquées.

THE DELPHI CLUB €€€

✆ +1242 366 2222

www.delphi-bahamas.com

Plus de 1 000 US$ la nuit, mais tout est compris pour le pêcheur, même le bateau.

Voici un lodge conçu et géré pour les pêcheurs, très fréquenté par les pêcheurs à la mouche qui viennent chercher les Bonefish et Permit que la zone abrite dans ses fameux flats. C'est un petit hôtel de luxe et lodge de pêche caché dans un lieu idyllique. Belle piscine pour se reposer après une longue journée à arpenter les plages. Les chambres sont grandes et bien décorées, réparties dans une superbe demeure de style coloniale, au milieu de la mangrove, celle-là même qui sert de nurserie aux poissons recherchés par les visiteurs du lodge.

THE ABACO CLUB €€€

Winding Bay ✆ +1 242 367 0077 - A 40 kilomètres au sud de Marsh Harbour.

www.theabacoclub.com

Selon la saison, suite de 595 à 895 US$ par nuit, cottage 2 à 4 chambres de 1 799 à 3 949 US$ par nuit.

L'immense propriété annexe d'une étroite langue de terre est cernée par deux éperons rocheux entre la plage de Winding Bay et le Yellow Wood Creek. Outre les résidences privées, elle offre à la location de magnifiques villas de luxe, style « Cape Cod », en surplomb de la mer avec service hôtelier. Une piscine se dessine en prolongement des eaux turquoise de la baie et la plage privée est immense. Spectaculaire parcours de golf. Un club privé et exclusif : après votre troisième visite, il faudra acquérir la carte membre pour un minimum de 5 000 US$!

PETE'S PUB & GALLERY €€

✆ +1 242 577 5487

www.petespubandgallery.com

Ouvert tous les jours midi et soir. Galerie ouverte tous les jours de 11h à 17h. Comptez 15-30 US$ en moyenne le plat.

Un endroit à part tenu par l'artiste sculpteur Peter Johnston et sa famille, qui apprécient sans stress leur quotidien dans cette jolie baie de Little Harbour. C'est la seule fonderie d'art de l'archipel en fonctionnement. Tout en extérieur, les pieds dans le sable, abrité du soleil par de vastes préaux en bois dont on n'aperçoit plus une once de plafond tant il est recouvert de t-shirt, on vient ici manger un bout, boire un verre, visiter la galerie et pourquoi pas y faire des emplettes. Une adresse fort sympathique ; mieux, un *must-see* sur Abaco !

© SINN P. PHOTOGRAPHY - SHUTTERSTOCK.COM

Cherokee Sound.

SCHOONER BAY

Sorti de terre au début des années 2010, ce nouveau village, construit sur une superbe baie protégée au milieu de nulle part s'est volontairement inspiré du style de Harbour Island. Construit autour d'un îlot résidentiel, il réserve un ponton à chaque propriété, un bel hôtel, le Sandpiper Inn et même un lodge de pêche. Pas encore de commerce ni de lieux de sortie, mais un lieu de villégiature privilégié pour des vacances au calme et en famille. Une forêt tropicale de 20 hectares réserve quelques 10 kilomètres de sentiers propices aux joggings. L'endroit est principalement voué aux investisseurs qui souhaitent profiter de leur coin de paradis tout en mettant leur bien en location au travers de la société de gestion.

DESTINATION SCHOONER BAY

✆ +1 242 376 9858

www.dsbbahamas.com

Fermé en septembre et parfois en octobre. Organisation de séjours et location de villas à partir de 300 US$ par nuit.

Une agence réceptive spécialisée sur Schooner Bay et les Abacos, qui peut à la fois se charger de vos liaisons aériennes jusqu'ici, réserver votre voiture de location, organiser vos excursions et vous proposer un hébergement en famille dans un charmant cottage du village.

THE SANDPIPER INN AND COTTAGES €€

✆ +1 242 699 2056

www.sandpiperabaco.com

Fermé de septembre à mi-octobre. Comptez 200 à US$ par nuit le Town cottage, 285 US$ la Master suite.

Posée face au joli port, avec ses volets orange et sa piscine mouchoir de poche, cette bâtisse est l'une des premières sorties de terre à Schooner Bay. Trois town cottages se répartissent le jardin, deux Master suites occupent le premier niveau, tandis que la plus vaste suite monopolise le deuxième étage, et offre depuis sa terrasse privative de superbes perspectives sur l'île résidentielle lui faisant face ! Restaurant ouvert matin, midi et soir. Joli bar en cabine de bateau.

SANDY POINT

A la pointe sud-est de l'île, la petite communauté de pêcheurs qui ne dépasse pas les 500 âmes est desservie par le ferry de la compagnie Bahamas Fast Ferries trois fois par semaine. On y vient pour la pêche ou pour le repos absolu sur un îlot paradisiaque, presque seul au monde. Les habitants de Sandy point sont très accueillants et si vous avez la chance d'y venir un dimanche, vous aurez le plaisir de découvrir toute la population en habit d'apparat à l'occasion de la grande messe hebdomadaire. C'est juste en face de Sandy Point que les studios Disney ont acheté Gorda Cay, une petite île privée qui sert d'étape aux paquebots de Disney Cruise line.

OEISHA'S RESORT €€

✆ +1 242 366 4139

www.oeishasresort.com

Établissement encore fermé temporairement, en mars 2020, à cause de l'ouragan Dorian, se renseigner avant.

Le resort offre un hébergement confortable, les repas sont copieux et honorables, surtout la langouste farcie, le poisson frais et la sempiternelle conche. Les chambres sont simples, mais équipées de l'air conditionné. Une belle terrasse en bois, certainement reconstruite aujourd'hui, vous accueille pour boire un verre en surplomb de l'océan aux innombrables variantes de bleu et de turquoise. Les couchers de soleil sont particulièrement spectaculaires depuis ce petit hôtel au charme local. Une petite salle de jeu est à la disposition des clients.

RICKMON BONEFISH LODGE €€

✆ +1 242 366 4477

www.angleradventures.com/Rickmon

Forfait allant de 3 nuits et 2 jours de pêche (à partir de 2 000 US$) à 7 nuits et 6 jours de pêche (se renseigner).

Comme son nom l'indique, ce lodge situé à la pointe sud de l'île est spécialisé dans la pêche. Sont compris dans la formule votre transfert depuis Marsh Harbour ou l'aéroport de Sandy Point, l'hébergement bien sûr, tous les repas, boissons gazeuses et eau minérale à bord, bateau et guide de pêche tous les jours. On est reçu par le propriétaire Ricardo qui a mis sur pied un site attrayant : il est considéré comme l'un des meilleurs guides de pêche à Abaco depuis une vingtaine d'années. Profitez de son expérience pour sortir vos plus belles prises.

GREAT HARBOUR CAY ★

Le village qui regroupe la majorité des habitants des Berry Islands est Bullock's Harbour, un îlot relié à Great Harbour Cay par un passage à gué. Le long de la côte est se déroule une plage de sable blanc longue de 12 km ponctuée de quelques beaux cottages. La côte ouest est ourlée de mangrove et de *flats* qui attirent hérons et aigrettes.
L'aéroport est au sud de l'île. En dehors de Leair Charter ou Makers Air, qui assurent des vols réguliers vers les Berry Islands, les îles ne sont desservies que par des vols charters privés. Sinon, il y a toujours le *mailboat*...

Argent

Attention : il n'y a pas de banque sur les Berry Islands.

CARRIEARL BOUTIQUE HOTEL €€

Great Harbour Drive ✆ +1 242 367 8785
www.carriearl.com
Comptez 290 US$ la chambre vue jardin et 350 US$ la chambre vue océan.

Proche de l'aéroport, à quelques minutes à pied de Great Harbour Cay et d'une belle plage de sable blanc, un petit resort de charme dans un cadre paisible et détendu de la côte Est ; on surplombe l'océan. Quatre chambres type suite, lumineuses avec salle de bains, vue océan, lit King size, TV, DVD et connexion wifi, agréable piscine carrelée sous les palmiers, une terrasse avec transats et hamacs. Pour les cocktails, rendez-vous au bar Driftwood Bar ; comme au restaurant de l'hôtel, ouvert à tous, il y a toujours une belle ambiance !

LITTLE WHALE CAY

Développée en 1930 à l'initiative de Wallace Groves, un des pionniers de la découverte de Bahamas, Little Whale Cay est une splendide île de rêve à louer, exclusive avec 3 villas de luxe pour une capacité de 12 personnes, 13 personnes à vos petits soins, piscine à débordement, court de tennis, piste d'atterrissage privée, un petit port et une flottille de bateaux de pêche, de croisière et de sports nautiques.

Transports

Une piste de 800m permet aux bimoteurs de se poser directement sur l'île. Si vous arrivez en avion privé depuis les Etats-Unis, prévoyez un stop à Chub Cay pour les formalités d'entrée internationale.

LITTLE WHALE CAY €€€

- Contact par mail
www.littlewhalecay.com
Tarifs sur demande, comprenant le plus souvent hébergement, nourriture, boissons et le personnel bien sûr.

Pour des vacances exclusives, location de trois villas sur cette île privative de rêves. Une, deux ou trois chambres, à vous de choisir la villa qui vous convient le mieux. L'île se loue dans sa totalité, prévoyez de venir avec des amis ! Dans le prix, à demander par courriel, presque tout ce dont vous aurez envie est bien entendu compris. Utilisation de toutes les installations, bateaux, carburant, appels téléphoniques et Internet wifi dans chaque chambre. En extra, cours de tennis, guide de pêche, services de Spa, jet-ski, plongée sous-marine et les pourboires.

CHUB CAY

Avec la proximité de la Langue de l'Océan, « Tongue of the Ocean », de grands tombants se dessinent à proximité des Berry Islands. L'îlot de Chub Cay est réputé pour ses eaux cristallines et la bonne visibilité de ses fonds. Les nombreux jardins de corail qui émaillent les fonds sont les lieux de rencontre des requins de récifs et des raies aigles ; les tombants vertigineux, qui dégringolent jusqu'à 2 000 m, et de belles épaves sont les principales curiosités sous-marines des Berry Islands. Voici quelques spots :

- **Mama Rhoda Rock.** Un véritable jardin japonais sous-marin. Corail cornes d'élan, énormes mérous, raies aigles, poissons-anges, murènes et langoustes, le tout très accessible, le récif est peu profond entre 3 et 6 m de profondeur.
- **Truck Lagoon and Plane Wreck**. Entre 18 et 20 m de profondeur, une cabine d'avion et un châssis de camion sont habités par des poissons-anges ; mérous et espadons leur tiennent compagnie.
- **Dynamite Wall.** À partir de 24 m démarre un tombant très coloré ; on y rencontre des bancs de thons qui sillonnent les profondeurs.
- **Canyon and Caves.** Entre 4,5 et 15 m, grottes et tunnels émaillent le récif peuplé de poissons-anges et de barracudas.
- **Scuba Hole**. Entre 7,5 et 12 m. Un des lieux de tournage de *Splash*, où abondent les poissons-anges et le corail.
- **Sugar Beach Caves**. Considéré comme le plus beau site des Bahamas, est un ensemble de cavernes sablonneuses creusées dans la paroi des falaises.
- **Hoffman Cay.** Un trou bleu de 180 mètres de profondeur.

ALICE TOWN ★

Alice Town, ce sont des églises coquettes et de vieilles bâtisses sur Queen's Highway, ainsi que des bars aux enseignes colorés. Au bout se trouve la piste d'amerrissage des hydravions et le ponton d'arrivée du ferry qui relie Port Everglades en Floride à Bimini. En saison, les rues se peuplent de touristes qui discutent aux terrasses avec les pêcheurs locaux, jamais avides d'anecdotes. Côté adresses locales, outre The End of The World et l'Anchorage Restaurant, la route principale d'Alice Town en direction de South Bimini regroupe quelques adresses bien sympathiques, qui peuvent aussi faire office de bar : Big John's figure parmi les plus réputés.

Transports

- **Avion**. Pour relier la Floride à Bimini, Silver Airways assure des liaisons directes régulières depuis Fort Lauderdale ; Tropic Ocean Airways propose quant à elle des vols charters en hydravion. Depuis les Bahamas, Western Air opère des vols internes vers et depuis Nassau, tandis que Flamingo Air vole tous les jours entre Freeport et Bimini.
- **Mailboat**. Le « Sherice M », au départ de Potter's Cay à Nassau, assure une traversée vers Bimini tous les mercredis : arrivée le jeudi matin et retour le jeudi après-midi. Comptez 12 heures de trajet et 86 US$ l'aller-retour.
- **Water-taxi.** On relie North Bimini et South Bimini, où se situe l'aéroport, en bateau-taxi.
- **La voiturette de golf**. Elle reste le moyen de transport le plus utilisé. Le nombre de voitures est limité en raison de la petite taille de l'île.

ERNEST HEMINGWAY

Le prix Nobel de littérature avait 36 ans quand démarra son histoire d'amour avec les Biminis en 1935. Il fut un des premiers à découvrir ce qui est aujourd'hui devenu la capitale de la pêche au gros des Bahamas. Hemingway s'y installe pour donner libre cours à sa passion de la pêche et pour écrire. Il accumule les anecdotes qui lui permettront d'écrire *Le Vieil Homme et la Mer* puis *Îles à la dérive*. Il écrit aussi des articles pour le magazine *Esquire* et termine *En avoir ou pas*. Quand il ne vit pas sur son yacht, le *Pilar*, il loge dans le cottage d'un club de pêche ou au Compleat Angler Hotel, à Alice Town, qui a hélas brûlé en 2006. Il séjournera à Bimini jusqu'en 1937.

DOLPHIN HOUSE ★★

✆ +1 242 347 3201
https://dolphin-house-museum.business.site
Ouvert du lundi au samedi de 10h à 18h, téléphonez si besoin. Contribution volontaire.

Historien et membre de l'illustre famille Saunders, très connue localement, Ashley Saunders a écrit deux ouvrages sur Bimini et a érigé cet étonnant musée de ses mains d'artiste. Mélange loufoque entre les œuvres de Gaudi et du Facteur Cheval, cette maison évolue au fil des ans et des trouvailles éclectiques de son propriétaire. Pour une expérience tout à fait extraordinaire, il est possible de séjourner dans tout ou partie de l'habitation pour une centaine de dollars par nuit. Le slogan : « Un pont entre les consciences de l'Homme et du dauphin ».

BIMINI MUSEUM ★

King's Highway ✆ +1 242 347 3038
www.biminimuseum.org
Ouvert tous les jours de 8h à 18h, passez un coup de fil le cas échéant. Contribution volontaire.

Ce musée mouchoir de poche, qui restitue l'histoire des Biminis au travers d'une collection de vieilles photographies, tient en une pièce. Les différentes périodes de l'île, de l'âge de la piraterie à celui de la Prohibition sont évoquées. Hemingway et ses trophées de pêche font partie des fiertés locales. Le musée a été fondé en 1995, mais l'ouverture réelle n'a eu lieu qu'en 2000, après une levée de fonds et un programme de restauration qui a vu le bâtiment du gouvernement alors abandonné pendant près de vingt ans, ramené à la vie en tant que musée.

BIMINI BIG GAME CLUB RESORT & MARINA €€

Kings Highway ✆ +1 242 347 3391
www.biggameclubbimini.com
Comptez de 179 à 425 US$ la nuit pour deux en moyenne selon la saison et la catégorie.

Fondé dans les années 1930, le Bimini Big Game Club est une institution élégante et complète avec hébergement en cottage, suite ou en chambre classique, restaurant à la carte pour le petit déjeuner, déjeuner et dîner, et belle marina. Intégralement rénové en 2016 et 2017, il jouit aussi d'une piscine toute neuve et de cottages plus accueillants encore, d'un centre de plongée intégré et d'un snack-bar en plus du restaurant principal. Il est idéalement situé à quelques pas de la plage.

HISTOIRE DES BIMINI ISLANDS

Durant les XVIIe et XVIII e siècles, les îles Biminis ne sont pas habitées de façon permanente. Elles servent de halte aux pirates qui y font relâche entre leurs raids ; Francis Drake, Henry Morgan et Barbe Noire en sont les familiers. En effet, leur situation en fait un parfait endroit pour piéger les galions espagnols qui rentrent en Europe, chargés de richesses du Nouveau Monde. Les sources de South Bimini permettent aux pirates de se réapprovisionner en eau douce.

À partir de 1840, les premiers colons s'installent aux Biminis. Le déclin de la piraterie et du pillage organisé des bateaux contraint les habitants à se tourner vers des activités plus légales, telles la pêche aux poissons, à l'éponge, à la culture du sisal et à la confection de cordes. En 1900, les Biminis comptent 600 habitants qui survivent misérablement. La Prohibition américaine va leur fournir une manne providentielle. Les îles sont toutes proches du territoire américain, les *rum runners* font la navette et transportent de l'alcool en provenance de Cuba, d'Europe et des autres îles des Caraïbes. Chaque bouteille qui transite par les îles est taxée, constituant de substantiels revenus. La population décuple d'un seul coup. Parmi les familiers de l'époque, on compte notamment Al Capone. On commence alors à construire des hôtels et un casino. À la fin de la Prohibition, en 1933, beaucoup craignent que les Biminis ne renouent avec la pauvreté. Mais les pêcheurs ont découvert les eaux poissonneuses et les premières prises records propulsent les îles comme un nouvel eldorado de la pêche au gros. Ernest Hemingway participera à cette renommée en venant taquiner le poisson durant plusieurs années ici, à Alice Town notamment, ce qui lui inspirera son célèbre et magnifique *Le Vieil Homme et la Mer*. Durant la Seconde Guerre mondiale, l'engouement pour la pêche s'atténue, les eaux fourmillent de bateaux et de sous-marins, mais dès les années 1950, le tourisme fait revivre les Biminis qui sont désormais une destination incontournable pour la pêche.

Les îles ont également hébergé de nombreux tournages de films dans les années 1990, *Le Silence des agneaux*, entre autres.

ANCHORAGE RESTAURANT & BAR €

✆ +1 242 347 3166

Ouvert tous les jours sauf mardi de 18h à 22h. Plats de 11 US$ à 30 US$ environ.

C'était, paraît-il, le restaurant favori d'Ernest Hemingway ! Ce restaurant est géré par la même famille native des Biminis, les Shermann, depuis plus de 40 ans et c'est maintenant Betty qui en a reçu la charge de son père qui savait qu'elle le ferait prospérer en respectant son authenticité. C'est encore aujourd'hui l'unique adresse de l'île pour dîner côté ouest : au-delà de l'assiette, qui propose une cuisine américano-bahaméenne, on se régale du coucher de soleil sur Radio Beach.

THE END OF THE WORLD SAND BAR €

King's Highway

Sert la meilleure salade de conch du coin. Ouvert jusqu'à... fort tard !

Cette petite taverne typique qui donne sur le port est décorée d'une multitude de graffitis et de cartes de visite. Pas une once des murs n'y échappe. Il vous sera difficile de trouver un espace pour marquer votre passage. Dans une ambiance bruyante et parfois survoltée, où se mêlent locaux et touristes, on sirote une bière, on s'affronte au backgammon, on commente les prises du jour. Il faut absolument y goûter la salade de lambi, c'est une des meilleures de l'archipel.

BIMINI SCUBA DIVE CENTER

Bimini Big Game Club ✆ +1 242 347 3391

www.biggameclubbimini.com

119 US$ pour 2 immersions, 89 US$ pour une plongée de nuit. Excursion dauphins 129 US$ et 99 US$ pour les enfants.

Rattaché au Bimini Big Game Club, ce centre de plongée certifié PADI est dirigé par Neal Watson Jr., figure des Bahamas quand il s'agit de plongée. En plus des stages de formation, sont programmées des plongées raies ou requins-marteaux, ainsi que des sorties snorkeling à la rencontre des dauphins. Les sites de plongée les plus réputés se situent à quelque 20 minutes de bateau à bord du « Bimini Blue », un beau bateau dédié aux activités sous-marines. Alex, un instructeur français sur place vous attend pour plonger ou vous former en toute sécurité.

BAILEY TOWN

Accolé à Alice Town, juste avant Porgy Bay, on quitte le chef-lieu sans même s'en apercevoir. C'est à Bailey Town que vivent la majorité des habitants de Bimini. En termes touristiques, on s'y arrêtera pour rencontrer Ansil Sauders ou pour déguster une bonne salade de *conch* au Joe's Conch Stand, immanquable sur la route principale. En réalité, on ne vient pas ici visiter un lieu mais rencontrer un homme. Ansil Saunders, né à Bimini au début des années 1930, est un *bone-fisherman* de renom, et sans l'once d'un doute le plus célèbre fabriquant de bateaux de pêche de l'île, si ce n'est de l'archipel entier. Son atelier est une caverne d'Ali-Baba à la hauteur de sa mémoire d'ailleurs.

ATELIER D'ANSIL SAUNDERS ★

Demandez votre chemin : tout le monde connaît ce grand Monsieur.

Dans son atelier, Ansil Saunders se fera un plaisir de vous conter sa vie, ses prestigieux prix de pêche, et surtout sa marquante rencontre avec Sir Martin Luther King, qu'il a guidé dans les mangroves de Bimini lors de sa visite en 1964, et où il aurait rédigé une partie du discours qui lui vaudra son Prix Nobel de la Paix le 10 décembre la même année. Photos à l'appui, il vous racontera enfin les titres de reconnaissance que lui ont attribués de grands noms de la politique internationale – un certain Barack Obama notamment.

PORGY BAY

Le petit bourg de Porgy Bay accueille une maison d'hôtes qui propose des retraites à la semaine basées sur la rencontre humains-dauphins. À la différence d'autres expériences plus « artificielles », ce centre propose la rencontre avec les dauphins dans leur habitat naturel : une eau turquoise à 10 mètres de profondeur sur des fonds de sable d'une blancheur éclatante ! L'équipe passionnée a créé ce concept en 1995 et depuis, elle s'occupe de tout pour permettre aux visiteurs de nager librement avec les dauphins. Pas d'alimentation, pas de persécution, juste une douce approche pour jouir d'une interaction totalement naturelle et sauvage, sans altérer leurs habitudes de vie.

WILDQUEST

✆ + 1 561 964 9466

www.wildquest.com

Avril à novembre. Formule pack 1 semaine à partir de 1 895 US$, rencontre avec les dauphins sauvages, all inclusive.

Wildquest vous offre de confortables hébergements, et tous les repas sont basés sur une cuisine 100 % naturelle et saine (salades, menu végétarien, poulet et poisson frais). En règle générale, la journée débute par une séance de yoga et méditation pour l'harmonie du corps et de l'esprit – pour les adeptes d'une option moins mystique, on peut toujours s'évader et déconnecter sur la belle plage, presque toujours déserte –, et le déjeuner est servi sur le catamaran pendant l'excursion avec les dauphins sauvages. Tout est compris dans le pack.

BIMINI BAY ★

Le nord de Bimini dévoile un visage bien contrasté par rapport au reste de l'île, celui d'une industrie touristique de masse avec plusieurs centaines d'hébergements (en chambres ou appartements), un petit casino et de nombreux restaurants : vous voilà au Resorts World Bimini. Bienvenue dans cet immense village résidentiel aux tons roses, bleus, jaunes et verts pastel. Avec ses 300 villas, ses six options de restauration, son immense marina, son casino flambant. Un Hilton y a même ouvert les portes en 2014 et propose plus de 300 chambres de grand standing aux standards de la chaîne internationale. Le contraste est frappant avec l'authentique atoll de pêcheurs si cher à Hemingway, mais il en est à qui cela plaît, alors...

HILTON AT RESORTS WORLD BIMINI €€€

✆ +1 888 930 8688

https://www.rwbimini.com/hilton-hotel

À partir de 210 US$ par nuit, par personne, en chambre double standard. Vue mer.

Le dernier venu dans le paysage haut de gamme du complexe Resorts World Bimini appartient à la fameuse chaîne Hilton. Dans un bâtiment vert sorti de terre courant 2014, 305 chambres et suites aux prestations grand standing sont aménagées de façon épurée et décorées dans des tons clairs naturels. La moitié donne côté mer avec une vue spectaculaire. Outre son restaurant, sa salle de fitness et son extravagante piscine de toit, l'hôtel dispose d'un accès direct au casino.

RESORTS WORLD BIMINI €€€

✆ +1 888 930 8688 - 4 km au nord d'Alice Town.
www.rwbimini.com

Nous sommes ici dans un village moderne construit sur une île d'un autre temps. L'ensemble dévoile un tout autre visage de Bimini : celui d'un royaume du haut de gamme gouverné par Sa Majesté la consommation. Si vous cherchez le parfum des Bahamas authentiques, vous ne le trouverez pas ici, mais si vous souhaitez un séjour de grand confort avec activités semblables à celles proposées en paquebot de croisière, vous apprécierez les services haut de gamme proposés dans ce « resorts world » qui porte bien son nom. Après tout, chacun profite de ses vacances à sa façon.

SABOR STEAK & SEAFOOD RESTAURANT €€

King's Highway
✆ +1 242 347 2900

Ouvert pour déjeuner tous les jours sauf mercredi et vendredi (de 12h à 16h) et pour dîner le mardi, jeudi, vendredi et samedi de 18h à minuit (jours et horaires d'ouverture susceptibles de changer). Comptez à la carte autour de 70-90 US$ par personne, entrée, plat, dessert et verre de vin.

Dans un cadre superbe, une adresse haut de gamme pour savourer une cuisine fusion d'inspiration méditerranéenne. Vous vous régalerez ainsi avec une paella, des poissons grillés ou encore quelques spécialités grecques. Les tacos de poissons sont délicieux.

BIMINI UNDERSEA ADVENTURES

✆ +1 242 347 2941
www.biminiundersea.com

Comptez 129 US$ la plongée 2 immersions ; 139 US$ l'excursion snorkeling avec les dauphins, 89 US$ avec les requins.

Bimini dispose d'une grande variété de sites de plongée : récifs, épaves, murs, plongées dérivantes, requins. Les structures récifales sont en bonne santé, mais la principale caractéristique de la plongée à Bimini est la vie marine avec une variété et un nombre de poissons stupéfiants (requins marteaux, raies mantas...). Les meilleurs sites de plongée sont situés dans deux grandes zones géographiques. La zone de Bimini (North & South Bimini) et la zone Cat Cay.

PORT ROYAL

Port Royal est l'œuvre d'un certain Colonel Joseph Mackey, fondateur de la compagnie aérienne Mackey Airlines, aujourd'hui disparue. Considérant ce petit coin de Bimini Sud particulièrement propice à la construction de résidences secondaires, il y acquit une propriété dans les années 1950, avant de s'offrir en 1958 une modeste parcelle de 38 ha, qu'il consacrera au développement immobilier. Canaux, église, station-service et centre commercial sont bientôt créés. Quelques décennies plus tard, les résidences secondaires firent place à un complexe hôtelier avec marina, détruit par un ouragan en 2004. Aujourd'hui, le Bimini Sands assure la relève et accueille des centaines de visiteurs.

BIMINI SHARK LAB ★

✆ +1 242 347 4538
www.biminisharklab.com

Ouvert tous les jours selon le programme scientifique. Contribution volontaire de 10 US$ par personne.

Une petite plateforme pourtant bien riche : pas moins de 20 chercheurs y vivent à l'année ! Ce centre de recherche est un *must-see* à Bimini. Après une brève visite (il faut réserver auparavant), des installations intérieures et un récapitulatif de la mission et des travaux réalisés par les scientifiques, direction les enclos à quelques encablures de la plage, pour rencontrer deux espèces de requins juvéniles : les requins-nourrices et les requins-citrons ; intéressante comparaison des deux espèces. Possibilité de formations ou de missions de recherches volontaires.

BIMINI SANDS RESORT & MARINA €€

✆ +1 242 347 3500
www.thebiminisands.com

Comptez en moyenne 350 US$ par nuit ; tarifs variables selon la saison et la catégorie.

Concept de *condominiums* à l'américaine : 130 appartements confortables de 1 à 3 chambres, abrités dans des bâtiments identiques couleur ocre orangé. La Marina est petite mais permet aux plaisanciers de se poser quelques jours pour se reposer et profiter des installations. Les prix des restaurants restent raisonnables, le service efficace et les plats de qualité. On choisira la *Petite Conch* en version café décontracté, ou le *Ship Wrecked Bar & Grill*, pour un repas plus complet.

ANDROS TOWN – FRESH CREEK

Le petit village d'Andros Town qui compte environ 2 000 âmes se trouve à 3 kilomètres de l'aéroport international. Fresh creek est en effet dotée d'un aéroport international ! Ce village pittoresque concentre tout ce que la région compte de vie sociale et offre comme possibilités d'hébergement ou de restauration. Cette région constitue le centre d'Andros. C'est un coin très prisé des plongeurs, avec la présence du Small Hope Bay lodge, premier centre de plongée ouvert aux Bahamas en 1960, et les nombreux trous bleus terrestres et océaniques aux alentours. Les pêcheurs, particulièrement ceux qui recherchent le Bonefish pour le pêcher à la mouche sont également omniprésents ici et occupent la majorité de logements disponibles.

Transports

Avion : Andros Town (Fresh Creek) au centre, tout comme Mangrove Cay d'ailleurs, est desservi tous les jours avec Leair Charter. La compagnie charter Makers Air est également présente à Andros Town depuis Fort Lauderdale.

Si vous comptez louer une voiture, mieux vaut la réserver à l'avance par l'intermédiaire de l'hôtel.

Les taxis sont toujours présents à l'arrivée des avions. Comptez 1 US$ par km, soit par exemple 20 US$ pour rejoindre le Small Hope Bay Lodge.

ANDROSIA BATIK WORKS FACTORY & OUTLET STORE ★★

✆ +1 242 376 9339 - A côté du Lighthouse
www.androsia.com

Fabrique ouverte du lundi au vendredi de 9h30 à 16h. Boutique ouverte aussi le samedi matin jusqu'à 14h30.

Il ne faut pas manquer la visite de cet atelier textile créé en 1973, l'année de l'indépendance des Bahamas. La fabrication des batiks se décompose en cinq phases, la conception des motifs, l'application des formes, la teinture, le séchage et la confection. Les produits griffés Androsia, la marque de la version bahaméenne du batik, sont réalisés ici et vendus dans toutes les Caraïbes. Réalisées à la main, chaque pièce est unique. Vous pourrez aussi commander vos propres motifs.

LE CHICKCHARNY ET LE LUSCA, CRÉATURES MYTIQUES D'ANDROS...

La légende du Chickcharny est née au XIXe siècle des traditions orales véhiculées par les Indiens séminoles. C'est une étrange espèce de monstre, mythique à Andros, mi-humain mi-volatile aux yeux rouges phosphorescents, portant une sorte de barbe hirsute, et dont le corps est revêtu de plumes vertes. Il possède trois doigts et trois orteils, et vit suspendu aux arbres par la queue, embusqué dans les forêts. Il guette le passant solitaire pour lui jeter un sort ou lui porter chance selon la nature de ses intentions. Méfiance, donc, lors des balades nocturnes... Le Lusca quant à lui, mi-pieuvre, mi-requin, habiterait les nombreux trous bleus de l'île : ouvrez l'œil !

BLUE HOLE & ROCKLAND PINE FOREST NATIONAL PARK ★★

- Dans les terres grosso modo entre Small Hope et Love Hill.

Ouvert à tous et entrée libre, nous recommandons de faire appel à un guide pour faire de plus belles découvertes.

Il fut le tout premier parc national d'Andros, classé en 2002. S'étendant sur plus de 160 km², il abrite la plus grosse concentration de trous bleus des Bahamas. Espace de protection de la faune et de la flore, il accueille de rares espèces de poissons et de crevettes, et recèle de nombreux fossiles et vestiges du passage des Lucayans les habitants originels de l'archipel. Le parc protège par ailleurs une très vaste forêt de pins poussant directement sur la roche. S'il est complexe de quantifier précisément les trous d'eau, il est recensé 12 trous parfaitement circulaires mais les deux incontournables sont ceux de Captain Bill (près de 140 mètres de diamètre pour 50 mètres de profondeur) et celui de Cousteau, nommé ainsi suite à la découverte du Commandant Cousteau au début des années 1970, qui établit à la suite de recherches ici-même, que ces trous d'eau étaient tous reliés à l'océan. Ce dernier est l'un des plus profonds trous bleus terrestres des Bahamas avec 110 mètres de profondeur. Andros présente une concentration exceptionnelle de trous bleus, avec plus de 170 trous recensés en mer et plus de 50 à terre. Le trou bleu le plus connu des Bahamas reste cependant le Dean's Blue Hole de Long Island, d'une profondeur de 202 m en faisant le deuxième plus profond du monde et que nous vous conseillons d'aller photographier tant sa forme de cœur est touchante. La circonférence des trous bleus du parc national d'Andros est pour sa part d'une régularité étonnante.

MAKERS AIR

+1 954 771 0330
www.makersair.com
A partir de 350 US$ un aller simple depuis Fort Lauderdale vers les Family Islands.

Cette petite compagnie aérienne basée à Fort Lauderdale et opérant depuis l'aéroport réservé aux vols privés professionnels (FXE) s'appelait auparavant Watermakers air, car elle fut créée par un fabricant de dessalinisateurs d'eau de mer qui utilisait ses avions pour livrer ses clients dans les îles les plus reculées des Bahamas. Aujourd'hui, Makers air est une compagnie charter haut de gamme, exploitant des avions récents en très bon état et offrant des places au siège vers toutes les Family Islands, à l'exception de Long Island.

HANK'S PLACE €€

Fresh Creek +1 242 368 2447
www.hanksplace2.com
95$/N (1 ou 2 personnes). Pêcheurs : 1 105$ par personne. (7N, loc. d'un bateau, 3 repas par jour et accès Internet)

Délicatement posé sur l'eau, de beaux couchers de soleil en perspective, l'hôtel compte quatre chambres avec air conditionné. Elles sont spacieuses et très propres. On mange sur une terrasse sur pilotis surplombant la baie. La cuisine met à profit les produits de la mer. Sorties pêche au bonefish. L'endroit est agréable et très bien entretenu. C'est un endroit très apprécié des habitants de Fresh Creek qui aiment venir y déguster le fameux cocktail de la maison, le Hanky Panky. Vous pouvez aussi louer à Hank un de ses bateaux à la journée pour aller à la pêche.

SMALL HOPE BAY LODGE €€

Queen's Highway +1 855 841 6966
www.smallhope.com
Entre 295 US$ et 348 US$ par adulte en formule tout compris. Forfaits plongée, pêche et découverte disponibles.

Cette propriété offre une vingtaine de bungalows de bois et de pierres qui donnent directement sur la plage ombragée de cocotiers. D'une ou de deux pièces, ils conviennent aux familles comme aux couples, sont simples et de bon goût, décorés de batiks locaux aux couleurs gaies. De nombreuses activités, kayak, paddle, hobbie-cat, planche à voile, VTT, pêche et autres balades nature sont proposées. Le centre de plongée est très bien équipé et propose également des sorties *snorkeling*. Une super adresse pour des vacances relaxantes, sportives et 100 % bahaméennes.

ANDROS ISLAND BONEFISH CLUB €€€

+1 242 3685167
https://www.androsbonefishing.com/
A partir de 1 452 US$ par personne en base double, pension complète et guide de pêche inclus pour 3 jours et 2 nuits.

Amateurs de pêche du bonefish, votre paradis se trouve peut-être ici. Créé et géré pendant plus de 30 ans par le capitaine Rupert Leadon, originaire de l'île, ce *lodge* est comme on les aime. Il est merveilleusement situé près de *flats* riches en poissons où vous passerez de longues heures de bonheur accompagné d'un guide local dont la prestation est comprise dans les forfaits. Les bungalows sont confortables et bien équipés, les repas sont de qualité et l'emplacement est unique.

KAMALAME CAY PRIVATE ISLAND & RESIDENCE €€€

+1 876 631 5845 - A 20 km au nord de Fresh Creek.
www.kamalame.com
À partir de 450 US$ le beach bungalow, 525 US$ la beach room, 625 US$ la beach suite, et 785 US$ la cottage suite.

Oasis de grand luxe et étape romantique et discrète à souhait, le *lodge* se trouve sur un îlot privé de près de 5 km de long, desservi par un bateau de la propriété. Les villas et bungalows indépendants de style local, tout de pierres et de bois, sont disséminés dans la propriété, isolés et cachés dans la végétation. Ils peuvent accueillir de 2 à 12 personnes. Douillets, bien équipés, mobilier indonésien et tons reposants, ils sont très ouverts sur la nature.

SUNSET POINT HOUSEBOAT €€

+1242 368 2033
https://sunsetpointhouseboat.business.site/
A partir de 350 US$ la nuit pour 2 personnes. Minimum 2 nuits.

Cette maison unique sur pilotis qui peut accueillir jusqu'à 6 personnes est plantée dans la zone d'estran de Fresh Creek, difficile un logement plus près de l'eau ! Chaque fenêtre ayant vue sur l'océan, vous aurez vite l'impression de loger dans un bateau. C'est l'endroit idéal pour ceux qui souhaitent profiter d'un séjour en toute tranquillité en ayant accès direct à la pêche, la voile, le snorkeling, la plongée ou tout simplement le farniente. La maison est en effet entourée de belles terrasses en bois qui permettent d'accéder à l'eau en toute autonomie.

NICHOLL'S TOWN

Nicholl's Town est surtout connue pour le Morgan's Bluff, point culminant d'Andros, un tribut à l'ancien pirate Henry Morgan qui, selon la légende, y allumait des lanternes de nuit pour attirer les bateaux sur les récifs voisins et pouvoir ensuite les piller. La plage de Morgan's Bluff a été baptisée en sa mémoire. Dans cette zone, le pirate aurait enfoui des trésors qui n'ont pas encore été découverts à ce jour. A l'entrée du village se trouve l'édifice gouvernemental qui regroupe la poste, Batelco (compagnie de télécommunication BTC), et le commissariat de police. Une banque pourra également vous dépanner. Côté hébergement, rien de mirobolant, mais quelques sympathiques adresses familiales citées dans ce chapitre.

ANDROS ISLAND BEACH RESORT €€

Nicholl's Town ✆ +1 242 329 1009
www.androsislandbeachresorts.com/
De 150 US$ à 250 US$ la chambre double suivant la saison et la localisation.

Chambre, suite ou cottage, ce tout récent établissement propose des prestations modernes et des équipements tout confort. Les unités, colorées et relativement espacées, sont dotées d'écrans plats avec TV satellite, de machines à laver et sèches-linge, d'une kitchenette et du wifi. Côté loisirs, le resort se targue d'une salle de gym très complète, d'un terrain de beach-volley, d'une table de ping-pong, et met à disposition des clients vélos, matériel de snorkeling et kayaks de mer.

CONCH SOUND RESORT INN €€

Entre Nicholl's Town et Conch Sound
✆ +1 242 329 2060
À partir d'une centaine de dollars la chambre double. Wifi disponible.

Situé à 3 km du village, ce motel plutôt basique se niche dans une forêt de pins. Il offre 6 chambres simples, mais confortables, avec air conditionné et TV, et 4 suites de 2 chambres en bungalows avec cuisine équipée. Piscine, organisation de parties de pêche, restaurant. La plage est distante de quelques centaines de mètres, une bonne dizaine de minutes suffisent à pied. Le personnel est extrêmement accueillant et sympathique et vous fera vous sentir en famille. Vous trouverez un restaurant et un bar au sein de l'hôtel, vous pourrez donc diner sur place.

RED BAY

Situé à l'extrémité nord-ouest, à 29 kilomètres à l'ouest de Nicholls Town, à environ une demi-heure par la route, Red Bay est un pittoresque village de pêcheurs. Il est encore habité aujourd'hui par les descendants des Indiens Seminoles de Floride qui ont cherché refuge dans l'île au cours du XIXe siècle lorsque la Floride devint territoire américain et que les propriétaires terriens souhaitèrent les éloigner au profit de l'agrandissement de leurs terres. Cette population compte environ deux petites centaines d'individus. Ils y vivent encore de manière traditionnelle et réalisent de beaux objets de vannerie et de superbes sculptures sur bois qui font la joie des visiteurs. Red Bay ne possède pas de possibilités d'hébergement.

MANGROVE CAY ★★

Mangrove Cay est isolée par deux chenaux qui la cernent, le Middle et le South Bight. Little Harbour (ou Moxey Town) est le seul village du coin. L'îlot a rejoint la civilisation tardivement puisqu'il n'a été équipé en électricité qu'en 1989. Une étroite plage longe tout l'îlot face à la barrière de corail. Quelque 25 trous bleus se trouvent à proximité de Mangrove Cay, ce qui en fait une enclave très prisée des pêcheurs à la mouche et bien entendu des plongeurs.
On peut se déplacer facilement à vélo à Mangrove Cay, mais si vous souhaitez découvrir l'île avec un local, n'hésitez pas à faire appel à Rhoda, la seule femme taxi de l'île !

RHODA'S TAXI

✆ +12424714476

Plus qu'un taxi, Rhoda est un vrai guide touristique à Mangrove Cay. Contactez-la avant d'arriver et elle viendra vous chercher au pied de votre avion à toute heure, même le dimanche ! Elle adore rencontrer les visiteurs et vous fera découvrir avec plaisir tous les petits endroits insoupçonnables, même s'ils ne sont pas si nombreux, de Mangrove Cay. N'hésitez plus, si vous souhaitez découvrir la vie locale, les petits restaurants cachés ou les ateliers d'artisans, voire de pêcheurs d'éponges d'Andros, Rhoda est votre solution !

FAMILY ISLANDS

SEASCAPE INN €€

✆ +1 242 369 0342

www.seascapeinn.com

Toute l'année, comptez 165 US$ la cabane standard vue mer et 183 US$ la cabane supérieure vue mer avec petit-déjeuner.

Situés directement sur la plage, au milieu des cocotiers, les quelques bungalows avec terrasse et ventilateurs offrent un confort simple mais sont très propres. Des vélos sont mis gratuitement à la disposition des clients et quelques kayaks sont également disponibles. Pour le déjeuner comme pour le diner vous pourrez profiter d'une belle salle en étage rappelant un bar de pirates d'un autre temps. La cuisine est locale et de qualité et vos hôtes vivant sur place se feront un plaisir de vous conseiller sur les activités de l'île.

SWAIN'S CAY LODGE €€

✆ +1 242 422 5018

www.swainscaylodge.com

Selon la saison et le type, la double de 188 à 262 US$ et le duplex de 598 à 650 US$ en B&B. Prêt de kayaks et vélos.

Un lodge perdu sur la plus grande île des Bahamas, base parfaite pour découvrir l'habitat marin des espèces comme le barracuda, ou quelques variétés de requins. Des chambres avec vue mer ou jardin. Un appartement duplex totalement équipé (3 chambres, 2 salles de bains, cuisine, salle à manger spacieuse), idéal pour les groupes et les familles. Terrasse avec vue sur 360 degrés ! Niveau gastro, le restaurant Reefside prépare la langouste, poisson, viandes et du poulet. Ouvert pour le petit déjeuner, déjeuner et dîner. Très apprécié des pêcheurs à la mouche.

MANGROVE CAY CLUB €€€

Mangrove Cay ✆ +1 242 369 0731 - Situé à 10 minutes de l'aéroport Clarence A Bain.

www.mangrovecayclub.com

Formule pêcheur tout compris à partir de 2 675 US$ pour 2 personnes et 3 nuits. Transport offert depuis l'aéroport.

Couvrant 4 hectares de nature sauvage sur la rive nord-est de Mangrove Cay, à l'est de Moxey Town, l'hôtel est situé tout près de *flats* propices à la pêche. Sa clientèle est d'ailleurs essentiellement composée de pêcheurs. Les 8 suites sont réparties dans 4 chalets le long du rivage. Chacun des chalets est divisé en deux suites, séparées par un mur épais. Les suites sont climatisées et disposent de hauts plafonds, d'un salon, d'une vaste salle de bains et d'une terrasse privée donnant sur la mer. Bienvenue dans le fief du bonefish pour des sorties d'anthologie.

DEANNA'S CAFÉ €

✆ +1242 369 08 36

Ouvert de 7h à 23h30. De 10 US$ à 25 US$ suivant les repas.

Voici un charmant restaurant local qui ne paye pas de mine mais où Deanna vous fera découvrir les spécialités locales comme si vous viviez à Mangrove Cay. Le petit déjeuner traditionnel est à essayer si vous aimez les expériences nouvelles, il est en effet souvent à base de poisson bouilli ! Deanna prépare également un excellent Coconut Johnny cake, spécialité locale très réussie ici. Vous pourrez aussi déguster d'excellents Dumplings, sortes d'aumônières au diverses saveurs traditionnelles. Qu'ils soient au porc ou aux crevettes, ils vous raviront les papilles.

ROLLE'S DOWN HOME €€

✆ +12423690806

Ouvert tous les jours sauf le dimanche. Petit-déjeuner et déjeuner. Plats entre 10 US$ et 20 US$, bière 4 US$.

Norris a ouvert en 2018 ce joli petit restaurant très prisé des locaux pour les repas de fête. Il est situé tout près du ponton de Lisbon Creek et est l'endroit idéal pour déjeuner comme un local en découvrant une cuisine un peu plus élaborée que d'ordinaire. Les spécialités de Norris sont les côtelettes d'agneau et les fish fingers mais il excelle également dans la préparation de la langouste sous toutes ses formes à prix acceptables. Leshan vous la servira avec un grand sourire et vous passerez un bon moment dans une salle climatisée aux couleurs chaleureuses.

CLARENCE MOXEY'S SHOP

Petites éponges naturelles d'Andros à 5 US$. Belles maquettes de bateaux à partir de 100 US$. Petit musée gratuit.

Clarence L Moxey, (chaque caractère compte dans les prénoms, car presque tout le monde s'appelle Moxey à Moxey Town !) vous reçoit personnellement avec son épouse dans cette petite boutique bien cachée dans le centre de Moxey Town, où il expose les superbes maquettes de bateaux traditionnels bahaméens qu'il fabrique en bois et en matériel de récupération pour certaines. Issu d'une famille de charpentiers de marine, il a transformé son savoir en art et vous serez nombreux à vous demander comment faire entrer dans votre valise la pièce qui aura su vous attirer l'œil.

CONGO TOWN

Congo Town est une zone balnéaire active comptant même un aéroport international (le 3e d'Andros!). C'est la ville plus au sud de l'île. La plage de sable blanc longue de plusieurs kilomètres est fermée par deux pointes à ses extrémités ; à l'abri du vent, c'est un endroit idéal pour savourer les plaisirs de la mer. À quelques minutes au nord, se trouve le petit port de Driggs Hill où accoste chaque semaine le Captain Moxey, un mail-boat qui vient de Nassau avec marchandises, courriers et quelques passagers. C'est une bonne façon d'arriver ici si on veut éviter l'avion ou tout simplement découvrir une façon originale de voyager. C'est à 30 minutes en bateau d'ici que se niche le resort éco-chic Tiamo South Andros.

TIAMO RESORTS €€€

Entre Congo Town et Mangrove Cay
✆ +1 786 374 2442
www.tiamoresorts.com

Fermé en septembre et octobre. Le propriétaire est français. Consulter le site internet pour les tarifs.

Ravissant *Eco-Chic Hotel* de 11 villas, isolé et exclusif, on y accède par la mer uniquement, en bateau ou en hydravion. Chambres tout confort, avec terrasse et accès direct à la mer. Kayak, Hobie cat, PMT à disposition pour les clients. Salle de gym, bibliothèque, Internet en accès libre partout. Les transferts depuis et vers Mangrove Cay ou Congo Town sont compris dans le prix. Excellent restaurant. Service complet de soins au spa et de massages de qualité (non-inclus). Pour des occasions très spéciales, la réservation privée de tout le resort est possible.

RAHMING'S RENTAL

✆ +1 242 369 1608

Peu de loueurs dans le Sud, cette agence et Mal-Jack's Rental sont les seuls, autrement rendez-vous au nord de l'île.

SOUTH ANDROS HANDICRAFT MANUFACTURING ASSOCIATION

Aéroport de South Andros ✆ +1212 369 1688

Souvenirs à partir de 5 US$. Objets en vannerie de 15 US$ à 100 US$.

En entrant dans cette petite boutique à côté de la piste de South Andros, on n'imagine pas pousser la porte de la caverne d'Ali Baba des souvenirs des Bahamas ! Emily vous y attend pour vous présenter les créations de ses élèves de tous âges auxquels elle se consacre depuis qu'elle a pris sa retraite d'enseignante. La petite boutique est la vitrine des productions des membres et élèves de SAHMA, l'association qu'elle dirige et qui se consacre à l'intégration par l'artisanat.

CAERULA MAR CLUB €€€

www.caerulamar.com/

De 385 US$ à 785 US$ la chambre double suivant la saison et l'emplacement. Villas pour 4 personnes à partir de 975 US$.

Le Caerula Mar a ouvert ses portes fin 2019 après 2 années de construction qui ont fait l'objet d'une émission de télévision très connue au Canada, «The island of Bryan». Bryan et Sarah ont en effet remis à neuf l'endroit et l'ont transformé en un hôtel de rêves tout en présentant les travaux à la télévision. Vous rencontrez en conséquence beaucoup de Canadiens parmi les clients ! Les chambres sont superbes et ont la particularité de disposer d'une vue mer, quelle que soit leur situation. Le restaurant au bord de la piscine domine la superbe plage. Splendide !

TIAMO RESORTS DIVE CENTER

✆ +1 786 374 2442
www.tiamoresorts.com

115 € pour une plongée. 215 € pour une journée de 2 immersions en bateau. 860 € le forfait de 10 immersions en 5 jours.

Situé dans le magnifique resort Tiamo, le centre de plongée, francophone, propose des sorties sur une vingtaine de spots de plongées à Andros, le plus loin étant situé à 45 minutes de bateau. Sa situation privilégiée le long de la 3ème barrière de corail au monde, vous garantit des plongées d'exception dans des eaux considérées comme les plus transparentes au monde (60 mètres de visibilité, rien que ça !). Requins, raies mantas, tortues, crustacés... Matériel très récent de qualité.

KEMP'S BAY

Petite localité du sud d'Andros, Kemp's Bay constituait jusqu'en 1996 un district à part entière. Aujourd'hui administrativement considérée comme simple village, la localité dispose d'une petite épicerie, d'une station-service, d'un magasin de nautisme, et accueille également l'hôtel Andros Beach Club. C'est un très bon point de chute pour profiter des plongées sur la barrière de corail juste en face du village ou pour s'aventurer, avec un guide bien entendu, vers les trous bleus de l'intérieur des terres où les plongées sont également inoubliables. Les amateurs de conque seront au paradis ici, car Kemp's Bay est réputée pour ses énormes coquillages rose perlé, de la taille d'un ballon de rugby, qui peuvent peser plusieurs kg.

ANDROS BEACH CLUB €€

✆ +1 242 369 1454 - A 15 km au sud de Congo Town
www.androsbeachclub.com
Selon la saison, chambre double de 550 à 595 US$ par nuit pour 2 personnes tout compris. 3 nuits minimum.

L'établissement est situé sur une superbe plage de sable blanc, vous aurez l'occasion de faire de belles plongées dans cette zone (trous bleus, épaves...) en compagnie de Jesse, le patron de l'hôtel qui est également instructeur et propriétaire du centre Andros diving situé sur place. Les chambres sont grandes et très aérées. On se sent comme à la maison, sur les petites terrasses surplombant la mer turquoise. Côté restaurant rien à redire, les cuisinières font tous les efforts nécessaires pour satisfaire les clients. Une bonne adresse.

ANDROS DIVING

✆ +1242 369 1454
www.androsdiving.com
110 US$ la plongée en bateau, 160 US$ les deux plongées successives. Location équipement : 30 US$/jour. (combi +10 US$)

Jesse vous reçoit dans son centre de plongée, créé en 1993, l'un des premiers sur Andros, c'est dire qu'il connait les sites comme sa poche. Ce n'est pas bien difficile d'ailleurs car son hôtel Andros Beach Resort, qui accueille le centre de plongée est situé juste en face du récif sur lequel ont lieu les plongées. 5 à 15 minutes de navigation sur un beau catamaran de 300CV et vous êtes prêts à vous mettre à l'eau avec un matériel récent et très bien entretenu. Les prix sont intéressants et l'attention très personnalisée, nous recommandons vivement !

GREGORY TOWN ★★

La capitale de l'ananas, située à 23 kilomètres au sud de l'aéroport de North Eleuthera, se présente aussi comme le village principal du district nord d'Eleuthera, en dehors de Dunmore Town (sur Harbour Island) et de Spanish Wells. La bourgade est nichée à flanc de colline et étage ses constructions jusqu'au centre du village. La réputation de la bourgade vient de l'ananas qui fut longtemps une source de richesse inestimable. Le Pineapple Festival est un événement populaire célébré au mois de juin, donne lieu à nombre de réjouissances comme le concours du plus gros mangeur d'ananas. Le village abrite une des meilleures boutiques de souvenirs de l'île, Island Made Gift Shop, qui propose une belle sélection d'objets originaux.

Champs d'ananas à Gregory Town.

THE COVE ELEUTHERA €€€

Queen's Highway ✆ +1 242 335 5141 - Au nord de Gregory Town
www.thecoveeleuthera.com

57 chambres de 300 à 5 000 US$ la nuit (le triple zéro n'est pas une faute de frappe !) selon la saison et la catégorie.

À quelques kilomètres au nord de Gregory Town, le Cove Eleuthera est selon nous l'un des meilleurs établissements de l'archipel. Situé sur une petite hauteur dominant la mer, l'hôtel égrène sobrement ses 57 suites, cottages et villas. Les chambres sont spacieuses, les prestations grande classe, pas de meilleure retraite pour se ressourcer loin de toute agitation. Côté restauration, pas de faux pas pour le restaurant, qui propose une cuisine audacieuse et un joli panel de makis (*rolls*). Kayaks, paddles et équipement de snorkeling sont à disposition gratuitement.

SURFER'S MANOR €€

À la sortie sud de Gregory Town
✆ +1 242 335 5300

À partir de 120 US$ TTC par nuit la chambre standard. Petit déjeuner continental inclus.

Isolé des centres villageois, à deux pas de la plage, cet hôtel de style motel propose 13 chambres doubles avec air conditionné et balcon pour certaines. La décoration est simple, l'ensemble est bien tenu. Le restaurant sert une cuisine locale et internationale. L'adresse est idéale pour les surfers qui se trouvent à quelques minutes à pied de la plage, et qui pourront sur place louer leur matériel, et le ranger dans un local prévu à cet effet. L'ambiance est décontractée et les discussions sur la plus belle vague vont bon train le soir.

SURF SHACK RESTAURANT €

Centre-village ✆ +1 242 470 8369

Du mercredi au samedi de 11h à 19h / dimanche jusqu'à 16h. Toasts pour le petit déjeuner : 3 US$. Plats de 10 à 18 US$.

Voici un endroit incontournable que vous soyez surfeur ou non, si vous passez par Gregory Town, arrêtez-vous ! Quelques tables dehors, une planche de surf en guise de banc, un intérieur coloré et une ambiance très bahaméenne ; la joyeuse équipe de cette récente adresse sait comment nous amadouer. Jennifer, Bill et Melissa proposent ici un joli choix de spécialités typiques telles que le grits aux crevettes ou le cracked conch par exemple. À l'heure du goûter, nous avons testé le Banana split à la Surf Shark… Quelques calories certes, mais un pur délice !

MONICA'S DIS & DAT BAKERY

✆ +1 242 335 5664 - Petite maison blanche et verte au centre de Gregory Town. Pas franchement indiqué mais il suffit de demander : ici tout le monde connaît.

Ouvert du lundi au samedi de 10h à 18h.

L'endroit ne paie pas forcément de mine et pourtant… C'est incontestablement la meilleure boulangerie-pâtisserie (et épicerie) de l'île ! Monica confectionne de très bonnes tartes à l'ananas, ainsi que, pour les plus grosses faims, des burgers et autres *chicken wings* pour moins de 5 US$. L'ananas est bien entendu à l'honneur, car nous sommes dans sa capitale, mais Monica utilise toute la palette de saveurs locales pour créer ses délicieuses pâtisseries.

ISLAND MADE GIFT SHOP

Centre village

✆ +1 242 335 5369

Ouvert du lundi au samedi de 9h30 à 17h.

Pam vous reçoit dans une charmante boutique où vous croiserez touristes et locaux, fouinant les petits rayons pour trouver la perle rare. Boucles d'oreilles en bois, en coquillage ou en corail, articles de vannerie, café, sauces et confitures : faites le plein de souvenirs « made in Bahamas » pour votre retour à la maison ! On y trouvera notamment des batiks de la fabrique Androsia à Andros, des poteries de l'atelier Abaco Ceramics à Treasure Cay (très touché par l'ouragan Dorian en 2019) ainsi que de nombreuses pièces uniques produites à Eleuthera.

THE GLASS WINDOW BRIDGE ★★★

Queens Highway

C'est l'isthme le plus étroit de l'île, si étroit qu'un pont a dû y être construit pour relier ses deux extrémités. Il sépare la Caraïbe de l'Atlantique et le contraste y est absolument saisissant entre le bleu profond et le tumulte de l'océan d'un côté, et le calme du lagon turquoise à perte de vue de l'autre. Les jours de grand vent, la mer et l'océan se mêlent un court instant, faisant disparaître les nuances de bleu, mais le phénomène naturel reprend vite le dessus et les sépare à nouveau. Halte photo obligatoire, en veillant bien sûr à la circulation.

The Glass Window Bridge.

LOWER BOGUE

La pointe nord est séparée du reste d'Eleuthera par le Glass Window Bridge. C'est le pont qui sépare l'Atlantique des Caraïbes. Puis l'on atteint le petit bourg d'Upper Bogue et son grand frère Lower Bogue, assoupi sous le soleil. S'ils n'offrent pas grand intérêt, ils marquent le croisement entre Current, l'extrémité est, et la route du nord vers l'aéroport international de North Eleuthera, Harbour Island, Gene's Bay et Spanish Wells. C'est donc un village par lequel tout les visiteurs, comme les locaux transitent pour se rendre à l'aéroport ou pour rejoindre Harbour Island, point le plus visité d'Eleuthera.

THE OTHER SIDE €€€

✆ +1 242 333 2276

www.ontheos.com

Pour 2 personnes, de 550 US$ à 850 US$ suivant la saison et le type de logement.

Trois tentes, trois cases et trois bungalows : neuf unités seulement conçues dans un esprit sain, alliant modernité et tradition, prestations haut de gamme et respect de l'environnement. Le luxe en toute simplicité finalement. L'ensemble est autosuffisant en électricité grâce à l'installation de panneaux solaires, le restaurant est alimenté par les produits du potager ou à défaut par les agriculteurs locaux. On est séduit du début à la fin par l'esprit comme par le cachet des lieux. Harbour Island se situe à un jet de pierre, 7 minutes en bateau privé précisément.

HISTOIRE D'ELEUTHERA

Ceux qui s'immortalisèrent comme les « Eleutheran Adventurers » (les aventuriers d'Eleuthera) s'installent en 1648 après le naufrage de leur navire sur un récif corallien près du rivage de l'île alors appelée Cigatoo. Menés par William Sayle, ex-gouverneur des Bermudes, ces dissidents religieux venus des Bermudes fuient les persécutions religieuses et cherchent un endroit où ils pourront suivre leur culte en toute liberté. Ils se réfugient dans une grotte qui servira de premier abri et de lieu de culte. Cette grotte, Preacher's Cave, est LE haut lieu de l'histoire de l'île. Les aventuriers fondent un premier établissement qu'ils baptisent « Eleuthera », du grec « liberté », tout un symbole pour ces puritains à la recherche de la liberté de culte. Ces 80 aventuriers organisent ce qui peut être considéré comme la première démocratie du monde occidental en 1649. Les pénuries de vivres, les échecs des cultures vivrières, les rivalités séparent le groupe en différents clans qui forment de petites communautés qui s'égrènent le long de la côte. Dans l'espoir d'apaiser les différends, le capitaine William Sayle fait voile vers les côtes américaines et les colonies du Massachusetts. Il obtient des vivres et des fournitures pour sa communauté et décide de la protéger des attaques des Espagnols qui rôdent dans la région en créant un nouvel établissement à Harbour Island. Plus tard, d'autres émigrés, les loyalistes, rejoindront ces premiers colons. Ils arriveront avec leurs esclaves et développeront des activités agricoles et la pêche. Au cours du XVIIIe siècle, la culture de l'ananas prospère pour atteindre le pic historique de 1900 quand 7 millions de fruits sont exportés, un véritable record pour un si petit territoire. Cette culture périclite dès que Hawaï se lance dans la culture du fruit et s'accapare le marché américain. Depuis, Eleuthera s'est résolument tournée vers le tourisme. De petites communautés agricoles ponctuent l'île mère des plantations prospères qui approvisionnent en fruits et légumes les îles voisines. Spanish Wells, quant à elle, a développé une industrie de pêcheries et ses marins sont réputés ; Harbour Island, enfin, s'est convertie en rendez-vous d'un tourisme haut de gamme plutôt élitiste.

CURRENT

L'extrémité ouest de la pointe nord abrite le tranquille village de Current, peuplé de descendants des premiers colons blancs. C'est le plus ancien bourg de l'île. Parmi les maisons multicolores, on trouve quelques vieux bâtiments gris patinés assez classiques qui ont résisté à l'épreuve du temps ce qui est remarquable compte tenu de la rigueur de l'environnement sur les îles. À l'extrémité de la pointe se profile l'îlot désert, tout en longueur, de Current Island. Le fameux Current Cut, l'un des sites de plongée les plus réputés de l'archipel, sépare Current Island de Eleuthera et offre aux plongeurs un courant parfois impressionnant.

GENE'S BAY

L'extrême nord de l'île est marqué par le quai de Gene's Bay, face à Spanish Wells. C'est de là que partent les bateaux-taxis et les ferries qui desservent l'île Saint George. Une petite activité commerciale signale l'activité du dock, chauffeurs de taxi et bateaux-taxis guettent le client en sirotant une bière. Un grand comptoir d'alcools est ouvert, car il n'y a pas, par tradition, de commerce d'alcool à Spanish Wells ; c'est là que viennent s'approvisionner les descendants des puritains anglais pour respecter la tradition rigoriste de leur îlot. Non loin de là, Preacher's Cave a accueilli les premiers colons de l'île et ses premiers offices religieux : un bref détour y est recommandé si l'histoire vous intéresse.

PREACHER'S CAVE ★

La grotte est assez bien indiquée : on y arrive après une piste caillouteuse de 2 km.

Site ouvert : entrée libre.

La « grotte du Prêcheur » est un haut lieu historique qui revêt une importance particulière aux yeux de tout Bahaméen et particulièrement de la population d'Eleuthera. Elle a accueilli les premiers colons de l'île, les aventuriers d'Eleuthera, après le naufrage de leur navire sur un récif tout proche. Ce fut le lieu des premiers services religieux sur l'île. A quelques dizaines de mètres, une haie de dunes cache la plage et le récif, cause du naufrage. Une stèle rappelle le rôle de leur chef, le capitaine William Sayle, dans l'histoire de la colonisation du pays.

FAMILY ISLANDS

HARBOUR ISLAND ★★★

La petite île d'Harbour Island, à 3 km au nord-est de l'île principale, est incontournable et possède parmi les plus belles plages de l'archipel. Le pittoresque village de Dunmore Town, qui fut la première capitale de l'archipel, borde la côte face à Eleuthera. De l'autre côté, la longue plage de Pink Sand, déroule ses 5 km de sable rose, poudre blanche rehaussée de minuscules débris de corail rose, et fait face à l'océan Atlantique. Reconnue comme l'un des plus beaux joyaux de l'archipel, elle est internationalement connue et inscrite au hit-parade des plus belles plages du monde. Familièrement baptisée « Briland » par les locaux, Harbour Island a la réputation non usurpée d'être un lieu de villégiature de la jet-set, qui y jouit d'un relatif anonymat, conséquence du niveau de prix pratiqué et de la taille réduite de l'île. Des têtes couronnées aux stars de la scène rock ou jazz, en passant par l'élite des top-models, on ne compte plus les illustres visiteurs de l'île, dont certains possèdent des maisons. Aujourd'hui, quelque 20 milliardaires, pour la plupart américains, résident ici. D'immenses regroupements de propriétés privées cernent l'île à ses deux extrémités. Harbour Island compte les hôtels parmi les plus chics de l'archipel. Au Who's who tropical du sable chic, Briland tient une place de choix.

Le petit village de Dunmore Town, qui compte aujourd'hui quelque 1 800 âmes, a su préserver une atmosphère coloniale faite d'élégance et de nonchalance. Il date de l'ère de lord Dunmore (1787-1796), un gouverneur corrompu qui y possédait une résidence de vacances. Dans les années 1800, Dunmore Town devient la deuxième ville de l'archipel des Bahamas, avec notamment trois raffineries de sucre et un chantier naval qui n'existent plus aujourd'hui. Son architecture créole, datant de la fin du XVIIIe siècle, lui confère le charme d'un décor de carte postale. Les cottages de bois aux couleurs pastel ou soutenues, rehaussés de galeries à colonnettes et lambrequins de bois peints en blanc et dentelés au style *gingerbread*, se découpent hardiment dans le bleu intense du ciel. Des jardins aux pelouses impeccablement vertes jaillissent bougainvillées, hibiscus et autres fleurs exubérantes aux couleurs éclatantes ; rouge, rose, bleu, vert, jaune, toutes les nuances de l'arc-en-ciel s'y déclinent. Les rues étroites et pentues partent à l'assaut de la gentille colline qui domine le port et la baie. Tout ici, jusqu'au moyen de transport favori – les voiturettes de golf – concourt à donner l'impression d'un décor de village de poupées. Dunmore Town ne compte pas moins de sept églises d'où s'échappent des flots de musique aux accents de gospel en fin de journée et le dimanche. Le jour du Seigneur, les villageois endimanchés se pressent dans les églises. De décembre à août, la petite île vit littéralement au rythme soutenu des arrivées touristiques. Rares sont les moments de répit accordés aux hôteliers, aux restaurateurs, aux habitants eux-mêmes et aux quelques bars nocturnes, dont l'activité est à son comble en période de haute fréquentation américaine. C'est seulement entre septembre et octobre (voire novembre) que le calme revient : la plupart des infrastructures touristiques ferment leurs portes, et la bourgade revêt alors des allures de village d'un autre temps. La vie nocturne s'atténue, les habitants prennent le frais sur le pas de leur porte, commentant les événements de la journée à la lueur du faible éclairage public. De petits étals de fortune jaillissent devant les maisons, une friteuse frémissant au-dessus d'une plaque de cuisson reliée à une grosse bonbonne de gaz, proposant d'alléchantes spécialités locales. Plus loin des joueurs de dominos s'acharnent à faire claquer bruyamment leurs jetons sur une table branlante. Harbour Island est, en soi, un témoignage du temps jadis, et de longues flâneries permettent de découvrir toute la magie de cette île si particulière. On recommande particulièrement les balades en fin d'après-midi, quand la baie miroite au soleil couchant ; les façades des maisons de bois revêtent alors leurs plus belles couleurs et les teintes des haies fleuries se font plus chatoyantes. Au titre des curiosités, vous pourrez glisser un œil indiscret dans les églises, ou même assister à une répétition musicale ou à un office typique qui témoigne de la ferveur religieuse locale.

Balade le long de Bay Street. Bay Street est l'artère qui cerne la baie ; de l'autre côté se dressent les plus anciennes demeures de l'île, quelques boutiques et des restaurants. C'est aussi un lieu de promenade vespérale. On y trouve le modeste, mais non moins charmant marché de la vannerie de l'île.

Les pittoresques cottages de bois. Ils se succèdent le long de la baie et on remarquera le modeste cottage loyaliste de bois gris datant de 1797. Moins pimpant, mais plus vénérable que ses voisins, il n'en garde pas moins une certaine noblesse historique et s'enorgueillit d'être, sur papier glacé, l'un des plus immortalisés de Harbour Island.

Eleuthera et Harbour Island.

▶ **Queen Conch.** un des stands du Straw Market, qui a la réputation non usurpée de faire la meilleure salade de *conch* de l'île, préparée à la demande. Quant aux pêcheurs, notamment de langoustes, vous les verrez sur la promenade, proposer leurs prises du matin à peine sorties de l'eau aux restaurateurs et aux touristes.

▶ **Church of God of Prophect.** Très originale, cette église possède un orchestre qui s'accompagne à la batterie et à la guitare... électrique !

▶ **Cimetière de Sainte-Catherine**. Voilà un lieu qui, paradoxalement, est loin d'être empreint de nostalgie et se révèle fort pimpant.

▶ **Église anglicane Saint John.** Datant de 1768, c'est la plus ancienne des Bahamas.

▶ **Fantasy Corner**. Au coin de Dunmore Street et de Clarence Street. C'est un spectaculaire et minuscule bout de terrain planté de multiples plaques minéralogiques et d'écriteaux en tous genres, qui ne manque pas d'une certaine poésie. Attention, il est précisé que pour toute photographie, il faut s'acquitter d'un droit de 50 *cents* qui iront à l'église ; malheureusement, on ne sait pas où laisser l'obole.

Se loger

Le choix est vaste à Harbour Island, sauf pour les petits budgets... C'est en effet une île où vivent de nombreux milliardaires et tout y est à cette mesure. Malgré des prix qui font parfois peur, l'offre de petits hôtels de charme ou de lodges de grand luxe est très intéressante, allant de la petite guesthouse les pieds dans l'eau à la maison coloniale face au port. Prenez le temps de réserver votre chambre avant d'arriver, quelle que soit la saison, car les meilleurs hôtels affichent complet la plupart du temps. Les hôtels de Harbour Island ferment généralement en septembre et jusqu'à mi octobre pour la saison pendant laquelle le risque cyclonique est élevé.

Tous les hôtels haut de gamme de l'île offrent de très bonnes tables. D'une manière générale, attention au portefeuille dans cette catégorie : la clientèle de l'île est prête à dépenser sans compter, ce qui se ressent inévitablement sur les prix qui peuvent transformer la note en véritable douloureuse.

Sortir

Déroulement d'une soirée type sur Harbour Island : premiers verres et premiers pas de danse au Beyond the Reef sur fond de musique reggae, deuxième étape au Gusty's, pour s'affirmer sur une piste aussi bondée qu'enflammée, troisième escale au Daddy D's ou Vic Hum pour les noctambules les plus déchaînés, et dernière halte au Peter Pan ou au Boar's Grill pour les vaillants affamés : rien de tel qu'un repas nocturne avant d'aller se coucher !

Transports

▶ **Avion**. Pour rejoindre l'île depuis l'aéroport de North Eleuthera, il faut prendre un taxi (5 US$ par personne, compter 10 minutes jusqu'au dock) puis un bateau-taxi. L'aéroport de North Eleuthera dessert les îles périphériques de Harbour Island et Spanish Wells ainsi que le tiers nord de l'île d'Eleuthera.

▶ **Water-taxi.** On le prend depuis le Tree Island Dock au nord d'Eleuthera. Comptez également 5 US$ par personne pour le quai principal (Harbour Island Main Dock)

▶ **Ferry**. Pour rejoindre Harbour Island au départ de Nassau, le Bo Hengy de la compagnie Bahamas Fast Ferries quitte Potters Cay Dock tous les jours à 8h, il dessert d'abord Spanish Wells et atteint Harbour Island à 10h55. Dans le sens retour, départ de Harbour Island à 15h55 tous les jours.

▶ **Mail-boat.** Le « Day Break » et le « Eleuthera Express » desservent Spanish Wells, North Eleuthera, Harbour Island et Governor's Harbour.

▶ **Location de voiturettes de golf**. Elle est très répandue sur l'île, et les loueurs sont légion. Il faut avoir 18 ans et posséder un permis de conduire, et laisser une empreinte de carte de crédit pour la location. Pour ne pas créer de problème, les insulaires ont instauré un tarif unique sur l'île. Il faut compter 50 US$ par jour pour 4 passagers et 70 US$ pour 6 passagers. Tarifs dégressifs en fonction de la durée de la location. En période de haute saison, il est recommandé de réserver son véhicule à l'avance.

FISHERMAN'S DOCK

Le quai grouille d'activité le matin, les jours d'arrivée des mail-boats et lors de l'arrivée des ferries.

Dès l'arrivée des premiers bateaux chargés de visiteurs et/ou de marchandise, le quai des pêcheurs de Harbour Island s'anime. Les golf carts déposent les passagers qui repartent de l'île, prennent en charge les nouveaux arrivants avec leurs bagages pour les conduire à leur lieu de villégiature ou viennent prendre livraison des marchandises commandées par les opérateurs locaux. On vient chercher du courrier, des colis ou des messages, dans une joyeuse effervescence propre à ces portes d'entrée des îles du monde entier. Le calme revient dès le départ des bateaux.

FAMILY ISLANDS

PINK SANDS BEACH ★★★

Cette somptueuse plage de plus de 5 km mérite de longues balades ; avec son sable blanc aux reflets roses, ourlée par les vagues de l'océan, surplombée de beaux cottages et d'hôtels luxueux, elle a des allures de Nouvelle-Angleterre. C'est une des plages les plus photographiées du monde et elle fait partie du TOP 10 des plus belles plages de nombreuses publications chaque année. Vous apprécierez son côté mystérieux et vous émerveillerez des couleurs bleu et rose pastel qui la recouvrent au lever du soleil si vous êtes un lève-tôt.

MICHAEL'S CYCLES

Colebrook Street ✆ +1 242 333 2384

www.michaelscyclesbriland.com

Comptez 50 US$ par jour la voiturette 4 personnes et 70 US$ par jour pour 6 personnes.

Michael's Cycles loue des voiturettes de golf, des bateaux, des vélos, des kayaks et plus à Harbour Island, depuis plus de 20 ans. Michael offre un service personnalisé et peut répondre à vos besoins uniques. Faites livrer vos voiturettes de golf au quai, à votre maison ou à votre hôtel. Michael s'assurera personnellement que votre séjour sur Harbour Island est aussi confortable que possible. Les tarifs pratiqués par Michaël sont les tarifs de ce tout petit marché ; rien ne sert de chercher moins cher, c'est la qualité du service qui fait la différence.

© ZOE ESTEBAN - SHUTTERSTOCK.COM

Pink Sands Beach.

THE LONE TREE ★★

Cet arbre glamour est l'un des arbres les plus photographiés au monde. Il est même à l'origine de nombreuses suppositions rocambolesques car il est arrivé là un beau matin, vertical comme s'il avait poussé sur place. Planté au milieu de la baie, il émerge totalement à marée basse et son tronc tourmenté et ses branches décharnées dépourvues de tout feuillage ont accueilli plus d'un top-model pour des prises de vue destinées aux plus grands magazines de mode du monde, de *Elle* à *Harper's Bazaar*. Tout un chacun peut s'y aventurer à marée basse.

ROYAL PALM HOTEL €

✆ +1 242 333 2738

www.royalpalmhotel.com

Selon la saison, de 90 à 110 US$ la nuit pour une chambre standard et de 150 à 170 US$ pour une deluxe.

Cet hôtel propose des chambres et des studios répartis dans plusieurs bâtiments situés au cœur du village, et aisément identifiables au ton pêche des portes et des fenêtres. 23 chambres de différentes capacités avec air conditionné, ventilateur et TV, cuisine équipée pour certaines (réfrigérateur, four à micro-ondes). Bien tenu, mais sans beaucoup de charme, on ne choisira pas cet hôtel à la décoration minimale pour se prélasser dans sa chambre, mais bien pour son remarquable rapport qualité-prix. Pas de service de restauration.

TINGUM VILLAGE €

Colebrook Street ✆ +1 242 333 2161
www.tingumvillage.com

Selon la saison, de 140 à 185 US$ la chambre double en catégorie standard, petit-déjeuner inclus.

Un hôtel bien local à l'écart du cœur du village, qui propose 8 chambres standard simples mais confortables en bungalow (air conditionné, terrasse), 6 suites plus vastes et 2 cottages de 3 ou 5 chambres avec cuisine équipée. Toutes les chambres disposent d'une petite terrasse donnant sur la cour et le jardin... Du voisin. Le jardin tropical mériterait un petit coup de tondeuse, les salles de bains un coup de fraîcheur mais l'endroit est convivial et bon enfant ; le restaurant Ma Ruby's sert le petit déjeuner et repas. Pour réveil, les coqs... Du voisin.

VALENTINES RESORT €€

✆ +1 242 333 2142
www.valentinesresort.com

Selon la saison et le type de chambre, de 370 à 1 365 US$ pour 2 personnes. Bar sur le port et restaurant assez chics.

Un superbe complexe de 5 villas divisées en suites de 1 à 3 chambres, pouvant accueillir de 4 à 6 personnes, avec piscine, restaurant et bars. Belle fusion entre la tradition des constructions et le style moderne des installations. Chaque suite avec parquet vitrifié est équipée d'une cuisine et d'une belle salle de bains en marbre avec un vrai souci du détail. Massage à domicile si besoin et cours de yoga à proximité. Club de plongée, spa, salle de gym. L'hôtel accueille chaque année un célèbre tournoi de pêche au marlin. Location de jet-skis et kayaks à deux pas.

© THE ISLANDS OF THE BAHAMAS

Dans les rues d'Harbour Island.

FAMILY ISLANDS

RUNAWAY HILL INN €€

Love and Colebrook Lanes ✆ +1 242 333 2150
www.runawayhill.com

Selon la saison et la catégorie, de 325 à 600 US$ par nuit en chambre double.

L'établissement appartient à Mark Messier joueur professionnel de base-ball. Tout proche du centre, le Runaway est situé sur la colline dominant la plage, avec un accès direct sur un bout de plage aménagé de chaises longues et de parasols. La grande maison est accueillante, avec une décoration colorée et fleurie, rehaussée d'une jolie collection d'aquarelles. Les 10 chambres confortables sont réparties entre la maison principale et la villa annexe. Elles sont vastes avec air conditionné et ventilateur, terrasse. La décoration en est simple. Piscine avec solarium.

BAHAMA HOUSE INN €€€

✆ +1 970 349 7761 - En face du Rock House
www.elevenexperience.com

Tarifs sur le site internet. Petit déjeuner compris.

Un établissement quasi privé, 11 suites luxueuses réparties dans une maison traditionnelle abritant un coquet jardin fleuri vous attendent derrière le mur d'enceinte de la propriété. 4 chambres offrent un grand lit king-size et les autres de beaux lits Queen avec des matelas de haute qualité. L'hôtel dispose même d'un coin de plage privatisé où les hôtes profiteront du wifi, d'une bonne musique ainsi que d'une glacière. La devise ici, c'est d'offrir à ses hôtes un séjour 100 % personnalisé ; le personnel est donc aux petits soins, en toute discrétion.

CORAL SANDS HOTEL €€€

Chapel Street ✆ +1 242 333 2350

www.coralsands.com

Selon la saison et la catégorie de chambre ou cottage, à partir de 370 US$ la double.

Un peu à l'écart du centre de Dunmore Town, l'hôtel a pour atout majeur sa proximité de la plage de Pink Sand. Les 38 chambres et cottages de différentes catégories sont agréables : ces derniers disposent d'une ou deux chambres avec accès direct à la plage, équipée de chaises longues et de parasols. Piscine, court de tennis, salle de gym et même shopping dans la récente boutique de l'établissement. Le soir, vous pourrez dîner sur place au restaurant Latitude 25, qui propose une belle carte de cuisine internationale élaborée par un chef français.

THE LANDING €€€

Bay Street ✆ +1 242 333 2707

www.harbourislandlanding.com

De 235 à 395 US$ pour deux selon la chambre et la saison.

Situé face à la baie, The Landing se tient dans deux anciennes demeures en bois construites en 1800, qui ont su conserver intact leur charme créole. L'hôtel a été complètement rénové après le passage dévastateur du cyclone Floyd en 1999. Les 13 chambres, chacune baptisée d'un joli nom évocateur des tropiques, sont décorées dans un style sobre, reposant et élégant, avec des meubles de style qui évoquent une époque révolue. Certaines possèdent un balcon donnant sur la baie. Belle piscine à l'arrière dans le jardin, et très bon restaurant.

OCEAN VIEW CLUB €€€

✆ +1 242 333 2276

www.ilovetheoceanview.com

Fermé de septembre à novembre. 15 chambres de 335 à 575 US$ en basse saison et environ le double en haute saison.

Un peu différent, un brin moins exubérant que ses voisins, l'Ocean View Club n'en demeure pas moins une adresse haut de gamme raffinée et idéalement située à côté du Sip Sip, elle est posée en contre-haut de la sublime plage de Pink Sands, offrant un superbe panorama. Affaire de famille depuis trois générations, il y règne une atmosphère plus authentique qu'ailleurs. Belles photos aux murs, instruments de musique un peu partout, on apprécie l'ambiance artistique un peu bohème. Le restaurant sert une bonne cuisine bahaméenne aux influences méditerranéennes.

PINK SANDS RESORT €€€

Chapel Street ✆ +1 242 333 2030

www.pinksandsresort.com

De 500 à 1 200 US$ pour 2 personnes suivant la vue et la saison.

La propriété se trouve en retrait du centre du village, juste en face du cimetière, au-dessus de la plage dont elle porte le nom. C'est un refuge très exclusif. Les 26 bungalows d'une ou de deux chambres sont tous différents, décorés dans une thématique couleur. Ils sont bien équipés (air conditionné, réfrigérateur, téléphone, coffre-fort) et sont égrenés dans un vaste parc tropical, jouissant d'un patio privatif avec mobilier en teck ; les chambres face à l'océan ont une vue remarquable. Piscine, gymnase, tennis, billard, salon, bibliothèque. Deux restaurants.

ROCK HOUSE €€€

Corner of Hill & Bay Street ✆ +1 242 333 2053

www.rockhousebahamas.com

Réservé aux plus de 18 ans. Chambre « classique » de 395 à 950 US$ pour 2 personnes.

Ce boutique hôtel est une halte de grand charme. Niché dans l'ancienne école catholique, juste à côté de l'église, il se trouve à une volée de marches de la baie, en hauteur, au centre du village. Une voiturette de golf est toutefois bienvenue pour rejoindre la plage, dont une partie est aménagée par l'hôtel. Tout ici respire le luxe et le bon goût, des tonalités douces, aux draperies, en passant par les œuvres d'art. Somptueusement décorées et bien équipées (air conditionné, TV, accès Internet, minibar, coffre-fort), les chambres sont toutes différentes.

THE DUNMORE €€€

✆ +1 242 333 2200

www.dunmorebeach.com

De 395 à plus de 1 000 US$ la chambre double suivant la saison. 3 nuits minimum.

Un hôtel ravissant à côté du Coral Sands, niché au milieu de 4 hectares de terrain, Le Dunmore propose 5 villas de type cottage de 2 à 5 chambres chacune. Elles sont toutes bien aménagées avec des équipements de luxe dignes d'un hôtel de ce niveau. Coup de cœur pour les chemins intimes qui mènent au nid d'amour. Les structures blanches sont bien intégrées dans l'ensemble, au calme, spacieux et exclusif. Accès direct à la plage, court de tennis, jardin tropical. Le restaurant accepte les enfants jusqu'à 18h30 pour garantir la sérénité du dîner aux autres hôtes.

QUEEN CONCH €

Bay Street - Face à la mer, à quatre pâtés de maison de l'embarcadère des ferries.

Cuisine ouverte tous les jours de 12h à 21h30 ; conch salad de 12h à 18h, sauf le mercredi.

Ce petit stand de bois bleu, aux heures d'ouverture erratiques, est réputé pour servir la meilleure salade de conque de l'île. La fraîcheur est garantie, les coquillages sont en effet pêchés le matin même de la dégustation. Richard et Lavaughn préparent la salade devant vous, assaisonnée de citron vert et de coriandre, juste ce qu'il faut. Un vrai régal sans chichis, pour quelques dollars, face aux eaux turquoise de la baie. Le week-end, beaucoup de monde au portillon tant pour le déjeuner que pour le dîner. Très bon rapport qualité-prix (enfin) !

ANGELA'S STARFISH €

Nesbit Street ✆ +1 242 333 2253

Ouvert tous les jours de 9h à 20h30. A partir de 8 $ le plat. Le meilleur rapport qualité-prix de l'île.

Perché sur les hauteurs de Harbour Island, ce restaurant sans prétention est fréquenté par une clientèle locale d'habitués qui connaissent le petit jardin caché derrière la façade un peu austère de l'endroit. La cuisine traditionnelle d'Angela est très agréable et parfois originale comme pour l'excellent burger de mérou, la rafraîchissante salade de langouste ou les beignets de lambi. On peut s'asseoir en salle, mais l'on préfère les tables du jardin, ombragées de parasols. On y vient pour manger de copieuses portions au meilleur prix de l'île sans aucun doute.

BAHAMA BAYSIDE CAFÉ €

Bay Street

Ouvert du lundi au samedi du matin au soir, le dimanche pour le petit déjeuner. Compter environ 15-20 US$.

Bonne adresse pour découvrir la gastronomie bahaméenne, dans une salle à la décoration recherchée dans un style très local... De grandes tables conviviales dans une salle rafraîchie à grand-peine par des ventilateurs poussifs. La cuisinière opère derrière une cloison de bois, la télévision déverse les téléfilms américains, et la clientèle est bon enfant. Vous aurez vite fait de lier connaissance avec un des habitués du lieu, nombreux sont les habitants de l'île à y avoir leurs habitudes, gage que les plats sont fidèles aux traditions locales.

BAHAMAS COFFEE ROASTERS €

Dunmore Street ✆ +1 242 470 8015

www.bahamascoffeeroasters.com

Ouvert tous les jours de 7h30 à 14h. Comptez 13-16 US$ le petit déjeuner. Café torréfié pour 20 US$ le sachet de 450 g.

Le seul torréfacteur des Bahamas sert aussi, pour un tarif forfaitaire – la bonne idée ! –, de très bons petits déj' et des repas complets à midi. Le café est bien entendu l'élément fort du lieu, vous pourrez déguster les différents cafés proposés, tous torréfiés sur l'île d'Eleuthera. C'est sans aucun doute le meilleur café proposé à Eleuthera. Si vous avez un petit creux, vous pourrez le combler en dégustant une des pâtisseries proposées sur place. Très bon accueil, ambiance décontractée et bonne humeur générale font de ce petit café un endroit incontournable.

BEYOND THE REEF €

Bay Street ✆ +1 242 333 3478

Ouvert tous les jours de 11h jusque tard (voire très tard le vendredi et samedi). Burgers autour de 10-15 US$

Une adresse au double visage : celui d'une terrasse bien locale en journée, où l'on déguste de délicieuses spécialités locales comme le fameux cracked conch ou d'excellents burgers de viande ou de poisson, en admirant les pêcheurs au loin à marée basse, et celui d'un authentique bar dansant en soirée, où locaux et vacanciers se retrouvent autour de quelques verres (parfois plus !) avant de poursuivre la nuit au Gusty's, un peu plus haut. Le point de vue sur le coucher de soleil vaut à lui seul de venir prendre un verre sur la belle terrasse. Super ambiance !

DUNMORE DELI €

Princess Street

✆ +1 242 333 2644

De 7h à 15h tous les jours sauf dimanche. Comptez en moyenne 15-20 US$ pour un repas simple.

Dommage que cette charmante terrasse surélevée sur la rue ne soit ouverte que pour le petit déjeuner et le déjeuner. On peut y observer à loisir la vie locale, tout en dégustant un café, un jus de fruit, un sandwich ou une salade. Presque tous les plats sont préparés avec des produits bio et les végétariens sont les bienvenus pour découvrir une partie de la carte composée spécialement à leur attention. C'est une adresse où l'on aime revenir tant pour la qualité des plats que pour l'amabilité du personnel. Bon, bien tenu et pas cher.

© PIETRO CANALI
Vue sur la plage.

BLUE BAR €€

Plage de Pink Sands ✆ +1 242 333 2030
www.pinksandsresort.com/dining/
Ouvert de 7h30 à 11h pour le petit déjeuner et de 12h à 15h pour le déjeuner. Plats 30-35 US$ en moyenne.

C'est le restaurant de plage de l'hôtel Pink Sands ; sa terrasse domine la plage éponyme avec un accès direct à celle-ci. La décoration est… Toute bleue ! Du mobilier aux parasols, pas une fausse note. Halte agréable et informelle, la carte propose quelques originalités comme le *jerk chicken*, poulet grillé à la jamaïcaine, parmi les classiques sandwichs et salades. Si l'envie vous en dit, vous pourrez même vous faire servir sur la plage pour laquelle une carte spécifique a été développée. Le Stone Crab Platter est un must pour ceux qui aiment les crustacés.

SIP SIP €€

Court Street ✆ +1 242 333 3316
www.sipsiprestaurant.com
Ouvert tous les jours en saison, sauf mardi de 11h30 à 16h. Plats de 14 à 45 US$. Cocktails de 12 à 18 US$.

La décoration intérieure dans les tons vert-bleu et avec de grandes tables est conviviale. À l'extérieur en terrasse, superbe vue sur la plage de Pink Sands. La cuisine de Julie Lightbourn met à l'honneur les produits locaux. La spécialité de *Quesadilla* de langouste est surprenante, délicieuse dès les premières bouchées mais un peu pesante sur la fin : elle est très chargé en fromage, à deux c'est mieux. On y dégustera aussi de bonnes salades, des plats végétariens, et de superbes margaritas. L'endroit reste plutôt cher et ultra huppé, il faut y être vu !

THE BOATHOUSE RESTAURANT €€

✆ +1 242 333 2142
www.valentinesresort.com
Fermé de fin-août à mi-novembre. Ouvert tous les jours du petit déjeuner au dîner. Comptez au minimum 40 US$ par repas.

Idéalement posée sur une terrasse en teck face à la prestigieuse marina du Valentines Resort, cette adresse propose une vaste gamme de salades, plats de poisson et sandwichs. Notre préférence ? Sans nul doute le mahi-mahi grillé pour son originalité, avec sa sauce aux ananas locaux, ses petits légumes et son *Bahamian mac 'n' cheese*, ou peut-être encore le filet de mérou, décidément très fin. En fin de journée, le Rooster Tail Bar vous accueille en mode bar-lounge pour siroter un Goombay Smash, une Kalik, ou un autre cocktail exotique en guise d'apéritif.

THE LANDING €€€

Bay Street ✆ +1 242 333 2707
www.harbourislandlanding.com
Ouvert tous les jours sauf mercredi, pour le petit-déjeuner et le dîner. Comptez 100 US$ pour un repas avec le vin.

Le chef fait de gros efforts pour utiliser des produits locaux, souvent bio, pour concocter de bons plats inspirés des cuisines méditerranéennes et asiatiques (épices et fruits, poissons) ; essayez les raviolis de chèvre, les calamars sauce chili, le risotto de langouste ou encore l'agneau grillé. La carte des vins français, californiens et australiens réserve de bonnes et coûteuses surprises. L'ambiance un peu surannée vous donnera l'impression d'être à une autre époque. Les repas sont servis soit en salle intérieure soit sur une jolie terrasse face à la baie.

LATITUDE 25 €€€

Chapel Street
www.coralsands.com
Ouvert tous les jours du petit déjeuner au dîner. Plats de 30 à 40 US$ en moyenne.

Surplombant une superbe piscine, c'est le restaurant de plage de l'hôtel Coral Sand où son chef français Ludovic Jarlan vous fait découvrir sa façon de revisiter les recettes locales. Excellente option pour un lunch décontracté, sur une grande terrasse fraîche qui domine la plage. La carte est simple, mais créative. Laissez-vous tenter par exemple par les supions rôtis au four de pierre, une recette originale pour un résultat digne d'un restaurant étoilé ! Un escalier permet un accès direct à la plage une fois le repas terminé afin d'aller digérer sous un parasol.

ROCK HOUSE €€€

Corner of Hill & Bay Street ✆ +1 242 333 2053
www.rockhousebahamas.com
Petit déjeuner de 8h à 10h, déjeuner de 12h à 14h et dîner de 18h30 à 21h. Environ 100 US$ par personne le repas.

Cet élégant restaurant dispose d'une magnifique terrasse avec une vue sublime sur la baie. La salle intérieure est décorée dans un style colonial très britannique, sobre et raffiné. La carte propose des suggestions à base de poissons et de crustacés locaux comme la queue de langouste ou le filet de mérou en croûte notamment. On peut au choix être servi à une table individuelle ou partager la table du chef où 14 hôtes peuvent converser. C'est une façon originale de faire de nouvelles rencontres. Le service est efficace et discret et la carte des vins honorable.

ARTHUR'S BAKERY

Dunmore & Crown Streets ✆ +1 242 333 2285

Ouvert de novembre à août, du lundi au samedi de 8h à 14h. Comptez 15 US$ pour le petit-déj et 25 US$ pour le déjeuner.

Une pâtisserie-salon de thé locale dont le propriétaire est également agent immobilier, c'est rare. Si en plus on peut y déguster des œufs brouillés à la langouste pour le petit-déjeuner, il n'y a plus aucun doute, nous sommes au cœur de Harbour Island ! Ses habitants s'y retrouvent d'ailleurs pour discuter musique, peinture ou investissement immobilier, suivant l'humeur du jour. N'hésitez pas et commandez vite le fameux Arthur's Frozen Key Lime Pie, il ravira vos papilles si vous aimez la pâtisserie à l'américaine aux saveurs tropicales.

DILLY DALLY

King street

✆ +1 242 333 3109

Ouvert du lundi au samedi de 9h à 17h.

Une échoppe colorée et bariolée qui ne passe pas inaperçue. On est sûr de découvrir des petits cadeaux pas trop chers parmi la belle collection d'objets d'artisanat présentée. De nombreux artisans des Bahamas ont faufilé leurs créations jusqu'à Dilly Dally, sachant que Harbour Island est l'endroit idéal pour trouver des clients à Eleuthera ! Pour les amoureux de rythmes tropicaux qui disposent encore d'une platine pour écouter les disques vinyle, c'est également le meilleur endroit où se procurer des albums d'artistes locaux, introuvables ailleurs.

PRINCESS STREET GALLERY

Princess Street ✆ +1 242 333 2788

www.harbourislandgallery.com

Ouvert du lundi au samedi de 10h à 13h et de 14h à 17h.

Très belles aquarelles, gravures et huiles déclinant des thématiques locales à prix élevés. La galerie propose aussi de belles photographies. On trouve également des livres illustrés, des accessoires pour la maison, et de l'artisanat. Depuis 1997, le propriétaire Charles Carey s'est bâti une réputation dans le monde de l'art avec une clientèle huppée qui fréquente sa boutique. La galerie mène des travaux sur des artistes célèbres des Bahamas. A signaler, une belle collection d'œuvres de Michel Brosseau, peintre de marine nantais qui expose ici depuis 2012.

VALENTINE'S DIVE CENTER

✆ +1 242 333 2080

www.valentinesdive.com

Ouvert tous les jours de 8h à 17h, ou jusqu'à 19h selon la saison. 129 US$ la plongée et 159 US$ pour 2 immersions.

Dans l'enceinte du *resort* du même nom, face à la baie, se trouve le centre de plongée (Padi). Comme pour toute autre prestation touristique, les tarifs sont plus élevés sur Harbour Island qu'ailleurs dans l'archipel. Que se soit pour une sortie en PMT, une plongée bouteille ou même pour aller nager avec les cochons, les bateaux de ce centre sont toujours parfaitement entretenus et le service est haut de gamme. Les divemasters qui accompagnent les plongeurs vont même jusqu'à proposer vidéos et photos individuelles aux participants.

DADDY D'S

Dunmore Town ✆ +1 242 359 7006

Ouvert tous les jours jusqu'à tard. Un bar club très sympa.

Cette adresse à la mode montée par le célèbre DJ Devon Sawyer est surtout fréquentée en fin de soirée après le Gusty's. Ambiance électrique sur la piste jusqu'à 4h du matin les fins de semaine. La musique est assez variée et très tendance. Terrasse et piste de danse climatisée. Tous les mardis, l'endroit se transforme en salle de Karaoke pour que vous puissiez enfin vous sentir star. Chaque 4 juillet, le Daddy D's organise une extravagante beach party que nous vous recommandons si vous êtes à Eleuthera à cette époque de l'année, ambiance survoltée garantie.

GUSTY'S

Coconut Grove Avenue ✆ +1 242 333 2342

Ouvert du mercredi au dimanche soir à partir de 21h, mais c'est en fin de semaine que l'ambiance y est à son comble.

Le Gusty's est LE rendez-vous des noctambules à Harbour Island. Le grand bar domine la baie. Sur la piste de danse les pieds dans le sable rose comme celui de la célèbre Pink Beach, comme autour du billard, les touristes se mêlent aux locaux dans une joyeuse atmosphère. Ambiance assurée en fin de semaine. La terrasse extérieure est parfois le théâtre de défilés de mode au cours desquels de charmantes mannequins bahaméennes présentent le plus souvent des collections développées dans l'archipel qui abrite de nombreux créateurs.

SPANISH WELLS ★★

A la pointe nord d'Eleuthera, le minuscule îlot de Saint George's Cay abrite le gros bourg de Spanish Wells sur une étroite bande de terre de 3 kilomètres de long sur 400 mètres de large. Au cours du XVIIe siècle, les Espagnols utilisaient son anse comme port d'étape dans leurs incessants voyages entre le Nouveau Monde et le Vieux Continent et profitaient de ses sources d'eau douce pour refaire le plein d'eau, d'où le nom de Spanish Wells (puits espagnol).

La population de Spanish Wells, estimée à un millier d'habitants, descend pour la majorité en droite ligne des premiers aventuriers d'Eleuthera. C'est une communauté blanche qui compte parmi les plus riches personnes de l'archipel, descendants des premiers colons. Comme aux Saintes en Guadeloupe, il n'y a pas eu de brassage de population, cheveux blonds et yeux clairs, les habitants de Spanish Wells, dont une bonne moitié porte le patronyme de Pinder, se sont taillé une solide réputation de marins, de pêcheurs et de plongeurs. Le gros bourg a développé une activité florissante de pêcherie, notamment de langoustes, et de conserverie de poissons, ainsi qu'une activité agricole, mais ne s'est pas vraiment tourné vers le tourisme. C'est pourquoi Spanish Wells ne manque ni de charme ni d'authenticité. Les petits cottages de bois aux vives couleurs qui tranchent sur le bleu du ciel semblent tout droit sortis de Nouvelle-Angleterre. Ambiance très familiale, on a l'impression que le temps s'est arrêté et que les habitants vivent en autarcie. Les possibilités d'hébergement sont rares. Sur la côte nord se déploie une belle plage de sable fin.

SPANISH WELLS YACHT HAVEN €€

✆ +1 242 333 4255
www.swyachthaven.com

La marina offre des possibilités hébergement avec 6 chambres (250 US$ environ) et 1 master suite (450 US$). Wifi gratuit

Ce bel établissement comporte six chambres avec une salle de bains privée, air conditionné, télé câblée et deux lits « queen », ainsi qu'une master suite avec vaste chambre, deux salles de bains, un salon-salle à manger et une cuisine tout équipée. Pour les plaisanciers, sa marina de 30 emplacements peut accueillir des embarcations jusqu'à 50 mètres. Petite piscine et service de restauration-bar sont également disponibles au Wreckers. Bref, un établissement bien complet !

GOVERNOR'S HARBOUR ★★

La capitale, qui porte également le nom de Colbrook Town, se trouve à 13 km au sud de l'aéroport. La route menant à Governor's Harbour est ponctuée d'anciens silos à grains. Ce sont les derniers témoignages des fermes d'élevage qui furent une activité agricole locale qui a vite périclité. Elle se déploie autour d'une large baie protégée, aux eaux turquoise et calmes, et part à l'assaut d'une douce colline qui surplombe la baie. Tout ici respire un art de vivre au ralenti que rien ne semble pouvoir perturber. Les arrivées bi-hebdomadaires des mail-boats mettent un peu de piment dans la vie quotidienne, mais l'animation retombe vite et la langueur reprend ses droits, sauf le vendredi soir quand le Fish Fry ouvre ses portes.

VILLA ALLAMANDA €€

✆ +12423323934
www.villaallamanda.com

Chambre double à partir de 194 US$ en basse saison et 234 US$ en haute saison. Prix dégressif selon la durée du séjour.

© VILLA ALLAMANDA

Construite et gérée par John, l'architecte, dernier-né d'une famille de charpentiers de 13 enfants de Governor's Harbour, la Villa Allamanda est une belle maison de bois au sommet d'une colline, dotée d'une vue (la seule d'Eleuthera) à 360°. Décorée avec goût et peaufinée jusque dans les plus petits détails, elle vous accueille toute l'année pour des vacances de rêve et une ambiance locale. Les chambres sont grandes et disposent d'une vue à couper le souffle. La superbe plage de Twin Coves est à quelques encablures et le centre du village à 5 minutes en voiture.

Néanmoins, la capitale de l'île abrite l'administration locale dont les édifices se reconnaissent à leur couleur rose, et c'est le principal centre habité de l'île en dehors de Harbour Island. Ici se concentrent hôtels, restaurants et boutiques. Au titre des curiosités, on retiendra la Haynes Library, un charmant édifice de pierre rose, qui est l'un des rares témoignages de la période coloniale. Elle abrite la bibliothèque locale et date de 1897. En bordure de la baie, on remarque une jolie église à l'allure modeste et aux ouvertures cernées de bleu ; c'est la Saint-Patrick's Anglican Church. Governor's Harbour ne révèle ses secrets qu'à ceux qui prennent le temps de la découvrir en se baladant et en allant à la rencontre de ses habitants.

HAYNES LIBRARY ★

1 Haynes Avenue ✆ +1 242 332 2877

Ouvert du mardi au jeudi de 9h à 18h, le vendredi de 9h à 17h et le samedi de 10h à 16h. Entrée libre.

Installée dans un bâtiment de 1897, cette petite bibliothèque communale mérite au moins une courte halte pour en apprécier l'architecture, et au mieux un moment plus prolongé, si possible à la sortie des écoles pour s'imprégner de l'atmosphère simple et à la fois si magique du quotidien insulaire. L'ensemble a été rénové en 1999 mais conserve tout son esprit d'autrefois. Quelques ordinateurs avec wifi, et une vue idyllique sur la mer à l'étage font de cette bibliothèque un endroit parfait pour faire une pause tout en profitant de l'ambiance locale.

PINEAPPLE FIELDS €€

Bank Road ✆ +1 242 332 2221 - Entre Palmetto Point et Governor's Harbour.

www.pineapplefields.com

Selon la saison et l'emplacement, appartement 1 chambre de 185 à 299 US$ pour 2 personnes.

8 bâtisses de 2 étages dans les tons vert et jaune pastel autour d'une piscine, divisées en 4 appartements. Cuisine équipée comme à la maison, wifi compris et vue mer garantie. Une belle terrasse et un salon TV. Nous avons préféré les appartements du haut pour la vue, la plage se trouve à un lancer d'ananas (niveau régional !). C'est simple, propre et confortable grâce à l'air conditionné, les espaces sont lumineux. La construction est au cœur d'un luxuriant jardin qui assure un cadre de séjour des plus relaxants. A proximité du Leon Levy Nature Preserve.

LEON LEVY NATIVE PLANT PRESERVE ★★

Banks Road ✆ +1 242 332 3831

www.levypreserve.org

Ouvert tous les jours de 9h à 17h. Entrée 10 US$ par adulte, 8 US$ pour les séniors et 6 US$ pour les moins de 12 ans.

Une agréable balade dans cette réserve de 10 hectares, protégée et exploitée par la Bahamas National Trust et financée par la fondation Leon Levy, réalisation de la vision des résidents de longue date Leon Levy et Shelby White, qui aimaient l'environnement naturel et le mode de vie à Eleuthera. Après la mort de Leon Levy en 2003, Shelby White a voulu célébrer la dévotion de son mari à l'île tout en contribuant à un avenir meilleur pour tous les Eleuthériens. Au milieu d'une mangrove on se promène sur des sentiers bien entretenus et des points d'eau artificiels où l'on découvre des orchidées, des plantes médicinales, des arbres fruitiers et d'autres qui ont joué leur rôle dans l'histoire de l'île. De belles passiflores et tabébuias des Bahamas et une trentaine d'espèces d'oiseaux, dont des hérons verts, des Sucriers à ventre jaune (*coereba flaveola*), un petit oiseau bleu superbe appelé *indigo bunting* (passerina cyanea) et le colibri des Bahamas (*calliphlox eveynae*). Un parcours bien conçu vous permet d'en connaître plus sur la *Bush Medicine*, 200 espèces de plantes et d'arbres y sont répertoriées : on vous remet une fiche technique explicative à l'entrée, tout est numéroté afin de bien visualiser. La réserve sert de laboratoire expérimental pour la médecine traditionnelle et un centre éducatif met l'accent sur l'importance de la végétation locale sur la biodiversité. Les élèves fabriquent des objets et des meubles fonctionnels que l'on peut en acheter à l'entrée.

SKY BEACH CLUB €€

Huts Point ✆ +1 242 422 9597 - Tournez à droite en sortant de l'aéroport et prenez la direction sud sur Queen's Highway. Sky Beach Club est situé sur le côté gauche de la route adjacente à Wykee Estates et Huts Point.

www.skybeachclub.com

De 235 à 425 US$ par nuit pour le bungalow et 560 à 1 300 US$ pour la villa de 4 chambres avec cuisine toute équipée.

Situés à moins de 10 minutes de l'aéroport, de jolis bungalows avec baies vitrées pour apprécier la vue, dans un environnement isolé mais finalement très artificiel. Si tous les équipements sont à disposition, l'esprit minimal et moderne de l'ensemble demeure un peu froid et les chemins d'accès nécessitent une bonne rénovation, prévue pour cette année aux dires du responsable. Pas forcément ce que l'on recherche lorsque l'on vient jusqu'à Eleuthera. Laissons aux installations le temps de vieillir un peu et à la végétation de reprendre ses droits...

Haynes Library.

FRENCH LEAVE €€€

Queens Highway ✆ +1 242 332 3778
www.frenchleaveresort.com
Suivant la saison, 350 US$ à 550 US$ la villa pour 2 personnes et de 600 US$ à 900 US$ la villa de deux chambres.

Un établissement de toute beauté, qui se décline en une douzaine d'unités seulement. Faisant toutes face au lagon d'un bleu inégalable, les villas sont superbement meublées, décorées et équipées : toutes disposent notamment d'une cuisine complète, d'une machine à laver et d'un sèche-linge. Véritable invitation au repos sur votre propre terrasse, au bord de la piscine, ou sur la plage éponyme sur la côte opposée, que vous pourrez rejoindre avec votre voiturette privée... Côté restauration, le 1648, offre une cuisine de qualité à des prix pour le coup raisonnables.

SQUIRES ESTATE €€

✆ +1242 323 1410
www.squiresestatebahamas.com
8 villas et cottages de 1 à 4 chambres, de 950 à 3 500 US$ la semaine. Minimum 2 nuits sur place.

L'agence gère ici 8 belles demeures historiques qui font partie du patrimoine historique des Bahamas. Un style ancien avec toutes les commodités modernes, et un total de trois piscines réparties dans la propriété. Le cottage le plus abordable est très confortable et vous permettra de vous sentir dans le luxe bahaméen sans en payer le prix. Nous recommandons cette propriété à tous ceux qui souhaitent passer une semaine de vacances en toute liberté à Eleuthera. Elle est située au cœur du village, juste au bord de sa superbe baie.

DA PERK [THE COFFEE HOUSE] €

De 8h à 16h tous les jours. Ferme à 13h le WE. De 8 US$ à 20 US$ pour une pause gourmande.

Da Perk est l'endroit idéal pour un copieux petit déjeuner avec vue sur la superbe baie du village. Le chef Horatio Smith qui fut le chef privé d'un célèbre joueur de basket new-yorkais est revenu sur son île pour ouvrir cet endroit à la mode et proposer une belle option à ceux qui veulent manger sur le pouce. Musique live et petits concerts organisés régulièrement rendent l'ambiance très agréable et attirent tant les locaux que les visiteurs de passage.

BACCHUS FINE FOODS

Banks road ✆ +12424706563
De 8h à 17h. Fermé en septembre/octobre. 30 US$ un déjeuner simple avec un verre de vin. Dîner sur commande.

Sandra Gulino et Angelica Bacchus (c'est vraiment son nom), deux chefs internationaux, vous reçoivent dans cet endroit qui ne ressemble à aucun autre. Épicerie fine avec de beaux produits locaux et importés d'Europe et USA, c'est aussi un agréable restaurant gourmet. Produits végétariens et organiques. La spécialité de la maison : Pâtes à la coriandre, délicieuses. Belle carte de vins. Happy hours de 18h à plus soif au M de Minuty s'il vous plaît. Vous pouvez aussi vous arrêter pour boire un verre et même jouer aux boules sur un beau terrain de pétanque !

BUCCANEER CLUB €

✆ +1 242 332 2000
Ouvert tous les jours de 7h à 21h. Petit déj 10-15 US$; plats midi et soir autour de 15-30 US$.

Un restaurant très populaire, qui rassemble des insulaires et des visiteurs autour de plats inspirés de la cuisine bahamienne et créole, comme le « Conch fried rice » ou encore le fameux mérou cuisiné sous toutes ses formes, véritable spécialité d'Eleuthera. N'hésitez pas à goûter le « island curry », savoureux curry épicé qui peut être préparé avec du poulet, des crevettes ou du mérou. Après plusieurs années en Europe, Katherin a finalement décidé de revenir aux sources de sa culture et vous reçoit, avec Michelle, dans une ambiance musicale des plus agréables.

NEW SUNSET INN €

Queens Highway ✆ +1 242 332 2487
Ouvert tous les jours sauf jeudi de 9h à 21h. Plats de 7 à 20 US$ en moyenne.

Située sur la route principale avec une belle vue sur le « Exuma Sounds », voici une table simple et bien locale, pour déguster de bonnes spécialités à prix doux, idéalement en fin de journée pour faire l'expérience du splendide coucher de soleil sur la mer qui lui a valu son nom... Goûtez la version maison du fameux « Cracked conch » de la salade de conque ou des croquettes de mérou, elles sont particulièrement savoureuses et à un prix très acceptable pour l'île en particulier pour de telles portions calculées pour le marché nord-américain.

1648 BAR & GRILL €€

French Leave ✆ +1 242 332 3777
www.frenchleaveresort.com
Ouvert tous les jours pour le déjeuner et le dîner. Plats 15-20 US$ en moyenne à midi, jusqu'à 44 US$ le soir.

Tout comme l'hôtel French Leave dont il dépend, le 1648 jouit d'un emplacement exceptionnel face à un lagon aux 50 nuances de bleus. Attablé sur une belle terrasse en bois, sous l'ombre bienfaitrice de vastes parasols blancs, on déguste une cuisine faisant la part belle au poisson (bisque de homard, *conch*, crevettes, *fish taco nachos* ou sashimi de thon), ou bien des plats moins exotiques tels que les burgers et les pizzas, pour autant très réussis. Une belle adresse, à privilégier peut-être à midi pour profiter de prix plus doux et de tous ses atouts.

PASCAL'S €€

Huts Point ✆ +1 242 332 3422
www.pascalsoceanfront.com
Ouvert tous les jours pour déjeuner de 11h à 16h. Sandwiches, quesadillas et salades de 12 à 30 US$.

Un restaurant de plage dans un lieu époustouflant vous attend au bout du long chemin de sable qui traverse le Sky Beach Club. La plage est incroyablement belle, sable blanc, cocotiers et une eau d'un turquoise éclatant qui fait presque mal aux yeux. Accueil extrêmement sympathique de Sammy au bar à côté de la jolie piscine à débordement pavée de petites pierres phosphorescentes qui vous donnent l'impression de vous baigner dans la Voie lactée dès la nuit tombée. Un endroit à ne pas rater. Dimanche live band de 15h à 20h et BBQ Pool party.

TIPPY'S €€

Banks Road ✆ +1 242 332 3331 - Face à Pineapple Fields, entre Palmetto Point et Governor's Harbour
Ouvert du mardi au dimanche de 12h à 14h30 et de 18h à 21h. Comptez 20 à 50 US$ par personne pour un repas sans vin.

Voilà un endroit à ne pas rater sur Eleuthera, surtout les soirs de concert live ! Un grand bar, une petite salle et une terrasse en bois devant la plage, l'adresse est simple mais efficace et très prisée. Samedi soir, c'est concert live avec le groupe Big Belly and the Haitian Sensation ! Le stone crabe est simplement délicieux ; Le chef aime aussi cuisiner le fameux capitaine, certainement l'un des meilleurs poisson de l'île. Les vins sont exposés, levez-vous et faites votre choix. Cigares pour les amateurs, avec de préférence un bon porto ou un rhum vieux.

FISH FRY

Anchor Bay ✆ +1 242 332 2748 - A côté de Haynes Library
Le vendredi soir dès 18h, c'est ici que ça se passe : une tradition qui perdure depuis 1996.

L'incontournable du vendredi soir à Eleuthera (le samedi c'est le Tippy's). Le poisson fraîchement pêché est prêt à être cuisiné. À partir de 19h30, les grillades commencent à prendre forme avec salade de *conch* maison *y tutti chianti*. Pour accompagner les plats, rien de tel qu'une *Kalik* fraîche suivie d'un puissant *Rum Bubba*. Autour du bar on papote, on trinque à la beauté de l'île. Plus tard dans la soirée le matériel de son est installé à l'extérieur et que la fête commence. C'est l'endroit idéal pour rencontrer Bahaméens et vacanciers dans une bonne ambiance..

EDWIN'S TURTLE LAKE

Queens highway ✆ +1 242 332 2138
www.edwinsmarinepreserve.com
Ouvert sur réservation. Location de kayaks, canoës et paddles à 30 US$ l'heure.

Cette réserve marine riche en tortues, a été créée en 1954 par la famille Burrows qui s'efforce de protéger et de célébrer l'histoire culturelle et l'environnement unique de ce lac d'eau salée de 17,5 ha. Le lac, appelé « lac aux tortues », est un endroit idéal pour profiter de l'environnement vierge et unique d'un trou bleu intérieur entouré d'une dense mangrove. Il abrite de nombreuses espèces d'oiseaux et de poissons, ainsi que d'innombrables tortues vertes à tous les stades de croissance. C'est un endroit incontournable pour les passionnés de nature sauvage.

HATCHET BAY

Hatchet Bay se trouve à 10 km de l'aéroport de Governor's Harbour, elle est connue pour son réseau de grottes parcourant plus de 2 km sous terre et abritant nombre de chauves-souris qui virevoltent au milieu des stalagmites et stalactites. Pendant longtemps, Hatchet Bay était la capitale des Bahamas pour l'élevage de poulets et l'exploitation laitière. Aujourd'hui, il ne reste plus que les silos utilisés jadis comme réserve de nourriture pour le bétail. Sa petite plage paisible est très agréable. Elle est devenue un des meilleurs mouillages des Bahamas depuis la création d'un passage vers la mer en 1940. Auparavant, ce n'était qu'un lac intérieur sans grand intérêt.

HATCHET BAY CAVES ★

✆ +1 242 464 0962 - Entre James Cistern et Hatchet Bay

Une visite à faire accompagné d'un guide : contactez Calvin Monroe (premier numéro) ou Marina Esfaks (second).

Il s'agit de l'un des plus grands systèmes de grottes souterraines des Caraïbes. Sa longueur fait penser à une cathédrale voûtée. Une échelle permet de descendre au cœur de la grotte. Compter environ une heure de visite, pour voir quelques chauves-souris et bien d'autres surprises souterraines. Un must pour les amateurs de nature et les spéléologues en herbe. On raconte qu'elle servait de cachette aux pirates. À l'intérieur on a retrouvé des graffitis datant du XIXe siècle. Des stalagmites et des stalactites ornent le sol et la voûte des grottes.

THE RAINBOW ROOM €€

Rainbow Bay ✆ +1 242 5513219 - Juste avant Hatchet Bay sur la Queen's Highway en direction de Gregory Town qui se trouve à 13 km.
www.rainbowinn.com

Chambre double ou triple de 150 à 265 US$ suivant la saison avec le petit-déjeuner. Internet gratuit.

Récemment racheté par un Français dont la fille, Rebecca, est devenue la directrice, cet hôtel connu auparavant sous le nom de Rainbow Inn, à quelques kilomètres de Governor's Harbour, est composé de 10 chambres dont 6 king suites deluxe rénovées en 2019, au sein de petits bungalows aux couleurs pimpantes, essaimées dans la propriété qui domine la mer. Une jolie piscine ombragée de cocotiers, un bout de plage de sable fin aménagé, et du matériel de snorkeling en prêt complètent les services de l'hôtel qui dispose d'un restaurant/pizzeria sur place.

THE RAINBOW ROOM €€

Rainbow Bay ✆ +1 242 5513219 - Juste avant Hatchet Bay sur la Queen's Highway en direction de Gregory Town qui se trouve à 13 km.
www.rainbowinn.com

Pizza moyenne (2 pers.) de 21 à 30 US$. Salades de 14 à 18 US$. Plats principaux de 22 à 37 US$.

Perché en surplomb de Rainbow Bay, cette grande maison de style colonial offre une vue à couper le souffle sur la mer. Rebecca en salle et Corey en cuisine vous reçoivent dans une ambiance très chaleureuse et moderne. Corey est le spécialiste des pizzas dont il a appris les secrets de fabrication aux États-Unis. Il a la chance de disposer d'un beau four à bois dans lequel il prépare sans doute les meilleures pizzas de l'île. Vous pourrez aussi choisir un plat plus local dans une belle carte variée allant de la salade toute simple au plateau de fruits de mer.

TWIN BROTHERS €€

✆ +1 242 335 0730 - Sur la gauche en entrant dans le village
www.twinbrothersbahamas.com

Ouvert tous les jours du petit déjeuner au dîner. 10-15 US$ les sandwichs, 6-15 US$ les entrées et 25-30 US$ le plat.

Cette franchise qui a son siège sur Nassau est la meilleure option du coin pour manger dans un cadre où le bois est à l'honneur. L'accès au restaurant se fait par une petite salle d'entrée inutile, avant d'être guidé vers un joli bungalow où l'on se pose. Spécialités de poissons et viandes grillées, pâtes au saumon, mérou ou aux fruits de mer. En dessert, gâteau au chocolat ou à la carotte. Une adresse sympa aussi pour goûter leur célèbre daïquiri, réputé jusqu'à la capitale où la franchise est née il y a plus de 20 ans. Petite boutique pratique pour les urgences.

PALMETTO POINT

Palmetto Point se situe tout près de Governors Harbour et comprend deux petites collectivités, North et South Palmetto Point. Bien qu'elle n'ait pas l'histoire de son voisin du nord, Palmetto Point – ou « The Point » – est devenue ces dernières années une communauté insulaire pleine de vie. Le voyageur trouvera ici des services précieux, des gens sympathiques, quelques hôtels, des locations en bord de mer, et le sentiment d'être chez soi, en famille. La plage est très belle, étroite et ombragée de pins. Les eaux y sont d'une limpidité extrême ! Des célébrités du monde entier fréquentent cette région en raison de son charme et de son isolement relatif leur permettant de passer plus facilement incognito qu'à Harbour Island.

LA BOUGAINVILLEA €€

Banks Road ✆ +1 242 813 7436
www.labougainvillea.com

Comptez de 200 à 325 US$ la chambre double en vue jardin, et de 250 à 385 US$ en vue mer. Villa de 795 à 1 450 US$.

Dans le bâtiment principal de ce petit hôtel de charme, vous attendent 7 vastes chambres, claires épurées et décorées avec beaucoup de goût. Dans les parties communes, comme dans l'architecture en elle-même, des influences arabes ont été sobrement parsemées pour un dépaysement garanti. Dehors, une belle piscine s'étend côté océan, ainsi qu'un restaurant proposant en extérieur petit déjeuner, déjeuner et dîner. De part et d'autre de l'établissement, deux villas de quatre chambres sont proposées en location intégrale pour les familles ou les groupes d'amis.

UNIQUE VILLAGE €€

North Palmetto Point ✆ +1 242 332 1830
www.uniquevillage.com
À partir de 110 US$ par nuit, formules demi-pension et pension complète disponibles.

Ce petit complexe touristique situé tout près de Palmetto Point, compte dix chambres classiques, deux villas de deux chambres et deux appartements avec une chambre. L'ensemble domine la plage de sable rose que l'on atteint par un escalier de bois. Un petit bâtiment de deux niveaux abrite les chambres avec air conditionné, Internet, TV, cafetière, sèche-cheveux et terrasse. Les appartements et villas possèdent une cuisine équipée et une vue sur le sable rose poudré et le bleu de l'océan. La cadre est superbe et la piscine bien agréable au retour de la plage.

ISLAND FARM

✆ +1 242 332 0141
www.islandfarmeleuthera.com
Ouvert du lundi au samedi de 9h à 16h.

Fruits et légumes bio cultivés ici même, pain maison, confitures et sauces locales (attention, certaines sont très piquantes) ; tout ce dont on a besoin en somme pour remplir le frigo quand on séjourne en appartement ou en villa sans services de restauration. Possibilité de flâner dans les allées de la ferme à la découverte de ses pépinières. Plus qu'un tour au magasin, c'est une véritable visite touristique que de venir ici. Une délicieuse visite ! Vous pouvez même profiter de votre visite pour vous connecter à internet grâce au wifi gratuit mis à disposition.

TARPUM BAY ★★

Situé à 25 km au sud de l'aéroport de Governor's Harbour, Tarpum Bay est sans doute le village plus charmant d'Eleuthera. Il borde la mer et charme avec ses ruelles bordées de jolies maisons de bois aux couleurs pastel. Les rues sont arpentées par des chèvres, plus nombreuses que les visiteurs. Tarpum Bay abrite un petit centre culturel et les ruines de l'ancien château construit par l'excentrique Lord Mc Millan Hugh, un Britannique ayant fait d'Eleuthera son petit royaume. On peut encore voir le château depuis la Queen's Highway, mais il ne se visite pas. La pêche et une agriculture vivrière sont les principales activités économiques de Tarpum Bay.

ROCK SOUND

Rock Sound est l'une des localités les moins peuplées de l'île. Elle possède un petit aéroport qui dessert la partie sud de l'île. Le village se réveille le mardi quand accoste le mail-boat en provenance de Nassau qui repart pour la capitale le même jour. À proximité se trouve le lac intérieur d'Ocean Hole, extrêmement profond et relié à la mer par des tunnels. Il est un agréable lieu de baignade au milieu des poissons multicolores. En descendant vers Cotton Bay, vous pourrez même jouer au golf sur le parcours Robert Trent Jones ou simplement profiter des vues spectaculaires qu'offre ce golf du bout du monde, tâche verte au milieu d'un océan de nuances de bleu. St Luke, une très belle église anglicane mérite le détour.

ROCK SOUND OCEAN HOLE PARK ★★

Site ouvert : entrée libre.

Ce bel étang est en fait un trou bleu de plus de 180 mètres de profondeur, relié à l'océan à travers des passages souterrains, formé il y a près de 300 000 ans suite à l'érosion de la roche calcaire sur l'île. L'eau est légèrement salée avec un taux minéral élevé et une bonne teneur en soufre. Les locaux disent que l'eau a des pouvoirs de guérison ! Voilà une belle occasion de joindre l'utile à l'agréable, au milieu de poissons-anges, perroquets, mérous et sergents-majors.

WILD ORCHIDS €

William street ✆ +1 2423342000
Entrées de 10 US$ à 12 US$. Plats de 15 US$ à 30 US$. Ouvert tous les jours de novembre à mai de 11h à 21h. Wifi gratuit

Un joli restaurant de bord de mer dans ce petit village du bout du monde, qui propose une belle carte pour le déjeuner et le dîner. Vous pourrez y déguster Conch fritter, crab cakes et diverses recettes locales préparées par Shivell, une cuisinière originaire du village et qui prendra plaisir à vous décrire ses recettes personnelles. L'accueil est très sympathique comme presque partout à Eleuthera. Les pâtes à l'ail et aux crevettes sont délicieuses et le Mérou créole, une des spécialités, ravira les papilles des amoureux de saveurs bahamiennes un peu épicées.

CAPE ELEUTHERA ★

À l'extrême sud de « l'île boomerang », Cape Eleuthera s'enorgueillit d'une école de développement durable très réputée sur le Nouveau Continent. Des étudiants et chercheurs de toutes nationalités travaillent ici sur le thème de la faune et de la flore marines ; une visite de l'établissement est recommandée pour en apprendre davantage sur les richesses aquatiques des Bahamas. On pourra séjourner à l'hôtel Cape Eleuthera, et plonger dans les eaux cristallines du lagon qui accueille une superbe marina où de nombreux bateaux viennent profiter du port aux eaux les plus claires que vous ayez jamais vues. La marina bénéficie en effet d'un léger courant qui la traverse et lui donne la couleur lagon si prisée de tous les visiteurs !

CAPE ELEUTHERA INSTITUTE - ISLAND SCHOOL ★

✆ +1 242 334 8552
www.ceibahamas.org
L'institut de Cape Eleuthera est un endroit pour apprendre, enseigner, et expérimenter. Visites gratuites de 11h à 14h.

Cette institution favorise le lien entre les personnes et l'environnement, ce qui contribue à renforcer les initiatives de conservation, la prospérité économique à l'échelle locale, régionale et mondiale. Le CEI agit comme une plaque tournante pour l'exploration, la recherche fondamentale, et l'échange d'informations. Si vous êtes intéressé par leurs programmes de recherche, si vous êtes scientifique ou curieux de venir voir le travail de terrain, vous serez plus que bienvenus.

CAPE ELEUTHERA RESORT & YACHT CLUB €€€

✆ +1 242 334 8500
www.capeeleuthera.com
En occupation double, comptez de 199 à 250 US$ par nuit le cottage et de 299 à 375 US$ l'appartement « villa ».

Des appartements sur deux niveaux, les terrasses donnent directement sur la marina. À l'étage, des chambres ambiance grosse moquette et jolie couette, la salle de bains et l'armoire sont tellement grandes que l'on peut dormir dedans. Le bar Barracuda's que l'on aperçoit planté tout seul propose une jolie carte locale et offre une superbe vue, des happy hours y sont proposés de 16h30 à 18h30. L'ensemble s'enorgueillit d'une belle piscine dont profitent aussi les yachties de passage.

OCEAN FOX COTTON BAY

Cape Eleuthera Marina ✆ +1 242 470 2407
www.oceanfoxcottonbay.com
Comptez 170 US$ la double immersion avec équipement complet, 130 US$ avec équipement partiel.

Ce petit centre offre un service personnalisé avec Al Curry, un instructeur d'expérience. La plupart des plongées débutent à 15-20 mètres. Plongées requins au programme (pointes noires, taureau), et l'on n'est pas à l'abri de rencontrer des mérous de toute beauté, carangues, langoustes, araignées de mer et une murène toujours contente de se faire caresser le museau. Petits trous bleus pour les débutants, et programme spécial pour les plongeurs chevronnés. Probablement le centre de plongée le plus professionnel d'Eleuthera, on y va en toute confiance.

ARTHUR'S TOWN

Grande fierté des habitants de ce village : c'est ici qu'est née une des seules véritables stars que comptent les Bahamas, Sir Sidney Poitier. En se promenant dans le village, on imagine aisément à quel point l'itinéraire de l'enfant du pays a dû être complexe et parsemé d'embûches pour se hisser au-devant de la scène en passant des modestes fermes des membres de sa famille aux néons de New York. L'acteur a d'ailleurs raconté, dans son autobiographie, son enfance à Arthur's Town et son parcours jusqu'à Hollywood.

L'île ne compte pas de transports en commun. La meilleure solution pour se déplacer reste de louer une voiture, de faire appel à un guide, ou de prendre le taxi. Comptez 25 US$ pour Orange Creek depuis l'aéroport.

PIGEON CAY BEACH HOTEL €€

✆ +1 242 354 5084

www.pigeoncaybahamas.com

Selon le type de cottage, de 180 à 425 US$ par nuit, plus 5 % pour les paiements en carte de crédit.

Jolie propriété isolée sur un bout de plage désert, Pigeon Cay est un petit refuge de 7 cottages construits en matériaux naturels, pierres et palme. Situé à plus d'un kilomètre de Queen's Highway la route principale dans une langue de terre en face d'une spectaculaire et longue plage de sable blanc. Idéal pour une complète évasion, les curieuses habitations sont décorées avec un style très artisanal sans perdre la touche caribéenne, très confortables et totalement équipées (salle de bains complète, cuisine ou kitchenette, climatisation, wifi...).

SIDNEY POITIER, L'ENFANT DU PAYS

Véritable icône dans son pays, le premier acteur noir à avoir été oscarisé fut le Bahaméen Sidney Poitier. Il en a fait du chemin, sir Sidney Poitier, depuis son enfance modeste dans un village oublié de Cat Island jusqu'à son anoblissement par la reine Élisabeth II. Né le 20 février 1927, dans une famille pauvre de Cat Island, il a vécu ses années d'enfance sur son île, qu'il quitte jeune pour tenter sa chance aux États-Unis. Après avoir surmonté les difficultés que lui valent sa couleur de peau et son fort accent bahaméen, il apparaît dans son premier rôle, celui d'un jeune médecin face à Richard Widmark dans *No Way Out* en 1950. Il tourne la majorité de ses films en tant qu'acteur entre 1950 et 1970. Parmi les plus connus, *Porgy and Bess* (1959), *Le Lys des champs* qui lui vaudra son oscar en 1963, et *Devine qui vient dîner ce soir ?* (1967) qui montre le premier baiser entre un homme noir et une femme blanche à l'écran. Avec le film *Dans la chaleur de la nuit* (1967) où il joue le rôle du détective Virgil Tibbs, il s'impose comme un formidable acteur avant d'être un acteur noir. Il réalise son premier film en 1972, *Buck and Preacher* avec Harry Belafonte, cinq ans avant *Spike Lee*. Il dirigera par la suite plusieurs comédies. En avril 1977, il a été nommé ambassadeur des Bahamas au Japon et est également ambassadeur à l'Unesco. Sa fille Pamela Poitier est revenue vivre sur la terre de ses origines à Cat island.

SAMMY T'S BEACH RESORT €€

Bennett's Harbour ✆ +1 242 354 6009 - Environ 10 km au sud d'Arthur's Town.

www.catislandbeachresort.com

Fermé de septembre à mi-octobre. Comptez de 145 et 160 US$ la double vue jardin, de 160 et 175 US$ en vue mer.

Le *resort*, plutôt de la taille d'une maison d'hôte posée sous les cocotiers, propose six bungalows simples, mais bien équipés, d'une ou deux chambres, permettant d'accueillir couples et familles. Magnifique plage privée, kayaks, jardin botanique et collection d'art bahaméen dans le restaurant de l'établissement. Sammy T's propose un programme varié et divertissant d'activités sportives et de loisirs. Il ne vous reste qu'à décider si vous souhaitez être actif pendant vos vacances ou simplement vous détendre, vous trouverez tout ici.

SHANNA'S COVE €€

✆ +1 242 359 9668

www.shannas-cove.com

Comptez 220 US$ par nuit pour un cottage de 32 m². Petit déjeuner complet à 17 US$. Plats de 8 à 18 US$ à midi.

À l'extrême nord de Cat Island, l'établissement aux couleurs chaudes et aux influences méditerranéennes décline cinq bungalows parfaitement équipés donnant immédiatement sur la plage. Gaby et Frank sont aux petits oignons pour leurs hôtes, l'ensemble est très bien tenu et dispose même d'un centre de plongée pour les amateurs. Et si vous êtes plutôt balades, le sentier de Man-O-War débute de la propriété : en une trentaine de minutes de marche, on atteint de beaux sites de snorkeling. Une très belle adresse dans sa catégorie.

NEW BIGHT ★★

Le village concentre tout ce que Cat Island compte de vie sociale et économique : c'est du côté du charmant Regatta Site que se concentre la majeure partie des restaurants et gargotes du coin, un délice dans l'assiette comme pour l'atmosphère et la vue sur le lagon ! Le reste des points d'intérêt de New Bight réside dans le Step Well Blue Hole, un joli trou bleu ; en ouvrant l'œil, on repérera aussi les restes de l'ancien chemin de fer qui desservait le village. Puis, en sillonnant les environs, on atteindra l'Hermitage et le point culminant des Bahamas : le mount Alvernia qui culmine tout de même à… 63 mètres d'altitude.

Transports

Le village compte l'un des deux aéroports de l'île, il est donc facile d'y arriver.

Si vous souhaitez sillonner l'île pour en explorer ses moindres recoins, nous vous recommandons de louer une voiture ou de faire appel à Danny King (C&O Taxi & Tours) pour une visite guidée bien détaillée. Si vous optez pour un séjour plutôt farniente à l'hôtel, et que vos déplacements ne sont qu'occasionnels, le taxi fera très bien l'affaire. Voici une idée des tarifs pratiqués en 2020 au départ de l'aéroport de New Bight : Fernandez Bay : 15 US$; Ocean Dream : 30 US$; Rollezz Villas : 35 US$; Greenwood Beach Resort : 60 US$; Hawk's Nest : 80 US$; Pigeon Cay : 65 US$; Sammy T's : 65 US$

CHURCH OF THE HOLY REDEEMER ✞

Cette jolie église est également l'œuvre du Père Jérôme qui dès son arrivée sur Cat Island, en entreprit la construction, avant même celle du fameux Hermitage. Cette petite église compte de nombreux détails traduisant l'inspiration mauresque venue d'Europe dans le cartable de cet admirable moine-architecte britannique apprécié aux Bahamas. La fresque qui orne l'entrée de l'église fut d'ailleurs peinte par les villageois du vivant du Père Jérôme, ce qui explique son état dégradé.

L'HERMITAGE - MOUNT ALVERNIA ★★

Non loin de New Bight se trouve le sommet culminant des Bahamas. Sur cette hauteur appelée l'Hermitage repose le père Jérôme, de son véritable nom John Hawes, qui s'est éteint à l'âge de 80 ans en 1956. On considère sa tombe comme un lieu très sacré. Ce religieux anglican, converti au catholicisme, parcourut le monde avant de s'établir aux Bahamas. On lui doit la construction de deux églises sur l'île de Long Island, celle de Saint-Paul et de Saint-Peter-and-Saint-Paul, ainsi que le monastère de Saint-Augustin à Nassau. Après cette activité de bâtisseur, il se retira à Cat Island pour y vivre les 17 dernières années de sa vie comme un ermite. Il sculpta dans la pierre les marches inégales qui grimpent à l'assaut de la colline et mènent au sommet du mont Alvernia, ainsi que les 14 étapes du chemin de croix qui le ponctuent ; puis il construisit le petit monastère qui couronne le sommet avec une chapelle à tour conique coiffée d'un toit pointu, et les trois modestes pièces d'habitation qui lui servirent de retraite. On y voit encore un four et un puits. L'endroit est le théâtre d'un chemin de croix très populaire qui a lieu le Vendredi Saint. On atteint le site par un chemin de terre qui démarre à proximité du bureau de police de The Bight. Après une lente ascension en terrain rocailleux, qui demandera quelques efforts compte tenu de la chaleur (ne pas oublier une bouteille d'eau), on pourra admirer la vue magnifique qui offre un panorama à 360 ° sur l'océan.

© WALLACE WEEKS - SHUTTERSTOCK.COM

DANNY C&O TAXI AND TRANSPORTATION

✆ +1 242 474 8462
www.catislandexperience.com
Pour une visite complète de l'île, comptez 200 US$ pour 1 à 4 personnes, 45 US$ par personne de 5 à 7 personnes.

Le MacGyver de Cat Island ! Mécano, pro de la *bush medicine* à ses heures, et représentant officieux de l'office de tourisme, il est surtout un grand amoureux de son île et aime par-dessus tout la faire découvrir aux visiteurs curieux. Tours guidés, transferts aéroports, excursions terre ou mer, sorties *snorkeling*, il connait tout et tout le monde et pourra organiser tout ce dont vous rêvez, toujours dans une humeur rayonnante ! N'hésitez pas à le contacter avant votre arrivée.

FERNANDEZ BAY VILLAGE €€

✆ +1 242 342 3043
www.fernandezbayvillage.com
7 cottages de 260 à 285 US$ selon la saison, et 5 villas de 2 chambres de 345 à 425 US$.

A quelques minutes au nord de l'aéroport, cette propriété s'étend le long d'une magnifique baie courbe au sable blanc léché par l'océan. C'est une bonne option pour des vacances au grand calme, dans une ambiance familiale et décontractée. 7 cottages et 5 villas de deux chambres ponctuent la plage du complexe sur laquelle ils donnent directement. Pierres, bois, toits de palmes, la décoration est rustique et de bon goût et les salles de bains ouvertes leur confèrent un charme tout particulier. Chaque soir, un beau buffet vous sera proposé en option pour le dîner.

FOUNTAIN BAY €€

✆ +1 242 342 3207 - À 5 minutes au sud de l'aéroport de New Bight.
www.fountainbaybahamas.com
Selon la catégorie, à partir de 225 US$ pour le Beach Bungalow et de 325 US$ pour l'Ocean View Condo (2 chambres).

Cet ensemble moderne et récent compte 5 villas doubles et 4 appartements de deux chambres avec chaque fois cuisine équipée et salle à manger, pour séjourner en toute autonomie. Murs blancs, carrelage clair, le tout est très bien tenu mais manque peut-être d'un peu de cachet. Les unités sont parsemées dans une vaste propriété donnant l'impression d'être encore en friche : laissons le temps à la végétation de reprendre ses droits. Préférez tout de même les villas côté mer. Un restaurant-bar mettant à l'honneur la cuisine bahaméenne est à disposition des hôtes.

OCEAN DREAM BEACH RESORT €€

✆ +12423422052
www.oceandreambeachresort.com/
195 US$ la nuit pour le cottage d'une chambre pour 2 personnes et 245 US$ le 2 chambres pour 4 personnes.

Au bout d'un long chemin menant en haut de la colline qui surplombe la mer ainsi qu'une immense plage de sable blanc, vous découvrirez 6 jolis cottages spacieux et colorés offrant une ou deux chambres dans une agréable atmosphère de bout du monde. L'hôtel est autonome en électricité grâce à ses panneaux solaires et le restaurant propose une carte à base de produits organiques locaux souvent encore préparés par Olga, la propriétaire qui vous recevra avec cœur et vous racontera son archipel, dont elle fut responsable de l'éducation à une autre époque.

BLUEBIRD CAFÉ €

✆ +1 242 342 3095
Ouvert du lundi au samedi de 9h30 au dernier client. Plats à 11-12 US$ à midi et entre 20 et 30 US$ le soir.

Situé au pied du mont Alvernia, ce délicieux restaurant typique des Bahamas accueille les habitants et les visiteurs pour le poulet frit, les fruits de mer, sa boisson Blue Bird, sa musique de Rake n'Scrape et la danse.Un modeste restaurant qui sert une cuisine locale épicée. De nombreux plats sont préparés avec du pigeon ou poulet, *peas and rice* avec des épices, des tomates et des oignons. C'est un endroit idéal pour se sentir comme un vrai Bahaméen, et en profiter pour essayer de lier connaissance avec les habitants du village.

GRAMMY FARAH €

✆ +1 242 342 3159
Ouvert tous les jours de 8h à 20h. Téléphoner en amont. Plats de 10 à 12 US$ à midi, un peu plus le soir.

En plus de la langouste dont on raffole, quelle que soit la recette choisie, Cruz Farah propose dans son restaurant à la façade bariolée une cuisine bahaméenne de bonne qualité dans une ambiance très chaleureuse et avec une vue à couper le souffle. Elle fait bien entendu la part belle au *conch* et autres produits de la mer, mais vous pouvez vous arrêter pour une simple bière ou quelques frites. L'endroit est bien situé, en surplomb de la baie, une adresse incontournable pour ceux qui passent quelques jours à Cat Island et souhaitent découvrir la vie locale.

REGATTA SITE €

Les plats sont très abordables : 10 à 15 US$ en moyenne à midi (langouste à 16 US$!), 20 à 40 US$ maximum le soir.

C'est le centre névralgique de New Bight, avec son lot de gargotes et restaurants locaux comme on les aime. Du *Sunshine* au *Duke Deck*, en passant par le *Ceedee's*, le *Hidden Treasures*, le *Little Gippys* ou encore l'*Anniboo*, l'accueil est toujours extra et les produits de la mer d'excellente qualité. Le site même où sont installés ces cabanons colorés est des plus propices à la déconnexion : existe-il meilleur endroit pour déguster une langouste que face au lagon les yeux dans l'eau... Attablé avec des îliens, la conversation tourne vite autour du *Rake n'Scrape*.

HAWK'S NEST RESTAURANT €€

✆ +1 242 342 7050

www.hawks-nest.com

Service non-stop du matin au soir. Plats de 18 à 35 US$.

Spécialités de l'archipel, fruits de mer et cuisine italienne. Certainement la carte la plus généreuse de l'île avec un vaste choix de produits de la mer à peine sortis de l'eau. Le restaurant fait partie de l'hôtel éponyme, mais est fréquenté également par de nombreux expatriés de Cat Island. On s'y retrouve pour boire un verre dans une ambiance détendue ou pour dîner à partir de 18h. Pour le dîner, mieux vaut confirmer avant 15h. Le « honor » bar qui vous accueille, vous propose de préparer votre propre boisson et de la payer au prix qui vous semble juste !

OLIVE'S BAKERY

✆ +1 242 342 3134

Ouvert du lundi au samedi de 8h à 18h (ou 19h), dimanche avant 9h ou après 14h, messe oblige !

Voici l'endroit idéal pour découvrir les pâtisseries délicieuses aux recettes bien gardées, fabriquées artisanalement à Cat Island. Olive King, la propriétaire de l'endroit est la reine incontestée (sans mauvais jeu de mots) du gâteau aux amandes et du pound cake, une sorte de quatre-quarts à la crème souvent aromatisé à la vanille. Parmi les autres cordes à son arc, ses pains à la saveur coco ou ananas sont vraiment à découvrir. Si vous souhaitez une commande spéciale, n'hésitez pas à en discuter avec Olive qui se fera un plaisir d'adapter ses recettes pour vous.

OLD BIGHT

Légèrement au sud de New Bight se tient le village de Old Bight, qui peut s'enorgueillir de posséder la plus longue plage de l'île : 13 km de sable blanc sur fond de mer turquoise. Elle est l'endroit idéal pour une pause pique-nique avec ramassage de coquillages, balades aquatiques et bain de soleil au programme ! L'activité à Old Bight est pourtant fort réduite, les quelques touristes en donnent le rythme en journée tandis que l'Island Style Destiny, la boîte de nuit locale, prend le relais le vendredi et le samedi soir. Si vous souhaitez loger dans le coin, vous trouverez à quelques kilomètres le très joli petit complexe de Carl et Yvonne Rolle, natifs d'Old Bight convertis en hôteliers.

PRINCESS STRAW CRAFT & MERCHANDISE

✆ +1 242 342 4075

Ouvert en principe de 10h30 au coucher du soleil. Belles pièces de 15 à 60 US$ en moyenne.

Voici un charmant petit magasin créé et dirigé par un couple d'agriculteurs qui du coup ne sont pas toujours sur place. N'hésitez pas à revenir si les portes sont closes, ça vaut le coup. Princess Styles confectionne ici chapeaux, paniers, portefeuilles, plateaux et autres pièces de vannerie. Tout est fait à la main sur place et jouit d'une touche d'authenticité qui n'est pas courante dans ce type d'échoppe. Les jours de grand chaud, vous pourrez même vous offrir une glace !

SMITH'S BAY

C'est le premier village suivant New Bight en direction du nord après avoir passé le Fernandez Bay village. La vie s'y écoule paisiblement, au rythme de son magasin général Alvernia, qui propose d'ailleurs de la location de voiture, et de son petit restaurant-bar Starlite. La plage de Smith's Bay est réputée pour ses rouleaux de surf qui amène les aficionados à découvrir un des rares spots qu'il faut partager avec les chèvres qui vivent en liberté sur les rochers qui le bordent sur sa partie Sud. Il est à noter la présence d'une petite clinique communautaire bien utile en cas de bobo. N'hésitez pas à y entrer, l'accueil est sympathique et la pharmacie achalandée en cas de besoin.

ROLLEZZ VILLAS €€

Joe Sound Creek © +1 242 557 0005
www.rollezz.com
259 US$ la nuit en chambre vue mer et 550 US$ la nuit pour la petite maison de 3 chambres.

© ROLLEZZ

Carl et Yvonne Rolle vous accueillent dans l'une de leurs 9 villas colorées, directement côté mer ou légèrement en retrait dans le jardin. Les unités qu'ils proposent sont très fonctionnelles, toutes disposent d'une kitchenette, d'un salon-salle à manger avec canapé convertible, et d'une chambre séparée. L'ameublement est plus moderne dans certaines villas que dans d'autres, mais tout y est. Sur place, une petite salle de restaurant où l'on sert petit déjeuner et dîner ; si vous souhaitez aussi y manger à midi, n'oubliez pas d'en faire la demande. Superbe plage.

KNOWLES VILLAGE

Un petit bourg bien tranquille et un lieu de villégiature idéal si vous cherchez le véritable retour aux sources : les activités sont vraiment limitées dans les environs, mais l'on peut tout de même y séjourner chez l'habitant ou dans une des deux villas proposées par Melvin Seymour, un écrivain natif de Knowles village et revenu récemment sur les terres de ses ancêtres. Le village est bien situé pour servir de base à la découverte de toute l'île de Cat Island et se trouve à peine à 25 minutes à pied de Alligator Beach, sur la côte est, où vous découvrirez un sable aux tons blanc/rosé exceptionnels. De superbes photos en perspective près de Knowles village.

CARVELS JUNEBAY HILLTOP VILLAS €€

© +1 242 342 6008
Comptez de 125 à 150 US$ pour deux, petit déjeuner 7-10 US$.

Seymour Melvin, jeune retraité du gouvernement, puits de science et écrivain est revenu à ses sources, il est natif de Cat Island, pour construire ce magnifique endroit avec l'intention de faire de ses deux cottages un havre de paix pour les amateurs de dépaysement. Les villas sont très récentes et offrent chacune une belle chambre. Comme leur nom l'indique aux anglophones, elles sont construites sur les hauteurs de la colline, et surplombent un joli jardin fruitier.

PORT HOWE

Le village porte le nom d'un amiral anglais qui combattit durant la révolution américaine. Aux abords du village se dessinent les ruines de l'imposante Deveaux Mansion, une austère bâtisse de deux niveaux, flanquée des restes des dépendances. Ce fut la demeure principale de l'ancienne plantation de coton du colonel américain Deveaux qui obtint la terre en récompense du raid vainqueur qu'il mena contre les Espagnols à Nassau en 1783. En direction de Greenwood, vers le sud, une superbe plage de sable fin décline toutes ses nuances de bleu. Si vous logez près du village, vous y trouverez un petit magasin disposant de tout ce dont vous avez besoin et pourrez même aller à pied prendre un verre au Greenwood Beach resort tout proche.

GREENWOOD BEACH RESORT €€

1 Ocean Drive © +1 242 342 3053
www.greenwoodbeachresort.com
A partir de 135 US$ la double avec ventilateur, 170 US$ avec air conditionné. Selon la saison.

Pauline et Antoine, instructeurs de plongée et de kitesurf, vous reçoivent au Greenwood Beach Resort, l'un des bijoux les mieux gardés des Bahamas. L'expérience commence avec une noix de coco de bienvenue et l'on se sent très vite chez soi. 16 chambres colorées pour deux à trois personnes, une jolie piscine, un centre de plongée, une école de kite donc, et la superbe plage en toile de fond. Depuis leur arrivée, ils œuvrent au quotidien pour faire de leur établissement un véritable havre de bonne humeur et le résultat est réussi : l'ambiance est très agréable.

FAMILY ISLANDS

GREENWOOD BEACH RESORT - PLONGÉE ET KITE

✆ +1 242 342 3053
www.greenwoodbeachresort.com
75 US$ la plongée, 125 US$ les 2 immersions. Pour le kite, cours semi-particuliers dès 130 US$.

▸ **Sous l'eau.** Pauline, instructrice MSDT, et Antoine, *dive master*, vous proposent de découvrir les plus beaux sites de plongée découverts depuis leur arrivée sur Cat Island. Passionnés et professionnels, ils vous encadrent dans les meilleures conditions... Et en français !

▸ **Sur l'eau.** Quand il s'agit de kite, c'est Antoine qui prend les rênes. Instructeur IKO niveau II, il dispense des cours de kite quel que soit votre niveau (toujours en français !). Location de matériel aux autonomes.

BAIN TOWN

Entre Port Howe et Devil's Point se situe le modeste village de Bain Town. En parcourant le village, à l'arrière d'une maison en ruines (encore une construction du père Jérôme... décidément !), on dénichera un trou appelé « Bat Cave ». C'est une grotte peuplée de chauves-souris et dans laquelle les stone crabs ont élu domicile fixe. Rien de transcendant, mais si vous n'avez jamais vu de stone crab, ou « crabe cailloux » ailleurs que dans votre assiette, nul doute que vous en trouverez ici. Profitez de cette visite pour pousser jusqu'au Mermaid hole, le trou des sirènes profond d'environ 3 m et large de 25 m, porte d'entrée d'un réseau de grottes sous-marines et souterraines qui selon la légende abrite une belle sirène.

DEVIL'S POINT

Le petit village de Devil's Point, avec ses maisons aux murs clairs et au toit de paille, se trouve à l'extrémité sud de la Queen's Highway, à 9 miles au sud-ouest d'Old Bight. Surveillez les dauphins, qui sont communs dans ces eaux. De Devil's Point, roulez vers le nord à travers le sud-ouest aride de l'île jusqu'à McQueens, puis vers l'ouest jusqu'à la plus grande station balnéaire de la région, Hawk's Nest Resort, qui dispose d'une piste d'atterrissage, d'une marina, d'un restaurant et d'un bar. L'extrémité sud-ouest de l'île regorge de grands tombants pour la plongée, de récifs et d'épaves ainsi que d'un abondante vie sous-marine.

HAWK'S NEST RESORT €€

✆ +1 242 342 7050
www.hawks-nest.com
Comptez entre 168 et 185 US$ la nuit en chambre double suivant la saison.

La propriété est nichée dans un jardin tropical fleuri, à la pointe sud-ouest de l'île, face à la plage de sable fin. Les 10 chambres bien équipées (air conditionné, TV, vidéo) sont charmantes et disposent chacune d'une vaste terrasse donnant sur la mer. Une belle piscine donne sur la plage. La propriété dispose de 3 plages privées, d'un restaurant de cuisine locale dont la terrasse domine la mer et d'un bar. Des activités pour les sportifs, kayak, vélo, tennis, volley-ball, plongée, excursions en bateau. Marina et piste d'atterrissage complètent le tout !

DA PINK CHICKEN €

✆ +12424741133
https://www.dapinkchicken.com/
Bière 5 US$, Conch salad 13 US$. Ouvert tlj de 14h au coucher du soleil sauf le lundi.

On vient ici pour déguster la fameuse *conch salad* de Patty, préparée sur le moment avec des lambis tout juste sortis de l'eau, sous vos yeux si vous le souhaitez. Le bar et la salle sont tenus par Dean, enfant adoptif de Cat Island qui n'en repartirait pour rien au monde. Le slogan ici c'est « un superbe endroit où ne rien faire », il est bien choisi. Profitez de la superbe baie au coucher du soleil et désaltérez-vous d'une bonne Kalik bien fraîche pour accompagner votre salade de lambis, le paradis est peut-être ici, en tout cas ça y ressemble beaucoup !

GEORGE TOWN ★★

La capitale de l'île est une paisible bourgade en forme de boucle, dont l'unique rue encercle un étang appelé le lac Victoria. Il n'y a pas grand-chose de notable dans ce petit port où la vie s'écoule au ralenti. Les habitations s'étagent à flanc de colline, ombragées de cocotiers. Au cours d'une balade, on remarquera la Saint Andrew's Anglican Church, la majesté de l'édifice gouvernemental néoclassique, avec ses colonnes blanches en front de mer, et le quai, Government Wharf, où se concentre l'activité diurne à l'arrivée des mail-boats et des bateaux de pêche. Le tropique du Cancer traverse la partie sud appelée Little Exuma. L'aéroport se trouve à 15 km de George Town, comptez 35 US$ en taxi pour se rendre « en ville ».

AIRPORT CAR RENTAL

Exuma International Airport
✆ +1 242 345 0090
www.exumacarrental.com
À partir de 80 US$ par jour hors Taxes.

Granville Ferguson et son équipe mettent à votre disposition un parc automobile de quelque 100 véhicules, de la voiture compacte à la berline en passant par le 4X4, en boîtes manuelles ou en automatique, volant à droite ou volant à gauche ! A Exuma, une voiture est presque indispensable et vous trouverez ici un service professionnel et sympathique. Si la voiture ne vous convient pas, elle sera changée dans la journée, sans aucune discussion. N'hésitez pas à choisir un 4X4 si vous comptez partir à la découverte des petits recoins de l'île.

AUGUSTA BAY €€

Queen's Highway ✆ +1 242 336 2251
www.augustabaybahamas.com
16 chambres. De 175 à 270 US$ la double et de 295 à 400 US$ pour le cottage quadruple suivant la saison.

D'un côté des chambres de plain-pied et de l'autre des cottages et des chambres sur deux niveaux. Un style assez classique avec mobilier en bois, écran plat, climatisation et ventilateur. Les chambres jouissent d'une petite terrasse bien agréable pour le petit déjeuner si vous le prenez dans votre chambre. Au bout de l'embarcadère vous attend un petit bar posé sur l'eau face à Stocking Island : des *happy hours* s'y tiennent le vendredi de 17h à 23h. Le restaurant, quant à lui, vous accueille dès 7h30 pour un copieux petit-déjeuner : il sert aussi midi et soir.

CLUB PEACE & PLENTY €€

George Town ✆ +1 242 336 2551
www.peaceandplenty.com
Comptez de 150 à 400 US$ selon la saison et la catégorie, sur base double.

Le Peace & Plenty est l'un des pionniers et une institution de l'île. Il se trouve au cœur du village, en bordure de l'eau, mais ne possède pas de plage. Un ponton permet aux bateaux d'accoster, la vue sur le lagon azur et sur Stocking Island est spectaculaire. L'établissement vient de faire peau neuve et de fusionner avec l'ex Lumina Point, renommé Kahari, qui vous accueille sur l'île de Stocking Island, juste en face. Choisissez Peace & Plenty pour être en «ville» et Kahari pour être isolé au bout du monde sur une île déserte !

EXUMA BEACH RESORT €€

✆ +1 242 336 3100 - Entre Hideaway Palm Bay et Augusta Bay.
www.theexumabeachresort.com
Selon la saison, de 189 à 226 US$ la chambre double vue jardin, de 210 à 278 US$ en vue mer. Petit-déj' inclus.

Un petit hôtel de 9 chambres et 1 cottage avec cuisine posé sur la plage de George Town. L'ensemble a été rénové il y a quelques années et offre un sympathique restaurant face à la piscine, à la mer et à Stocking Island. Les chambres sont grandes et propres, c'est un bon rapport qualité-prix pour l'endroit. On y apprécie le calme de la baie tout en étant à quelques pas du centre de la charmante petite ville. L'endroit est également réputé pour ses animations nocturnes : fréquents concerts live du mardi au dimanche, DJ le vendredi.

HIDEWAYS PALM BAY €€

Queens Highway ✆ +1 242 336 2787
www.hideawayspalmbay.com
Selon la saison, de 192 à 242 US$ en chambre standard, de 250 à 314 US$ pour la villa 2 chambres. Petit-déj' inclus.

Un ensemble agréable de 32 chambres et jolis cottages pastel tantôt verts, tantôt bleus. Les unités climatisées sont au minimum dotées de kitchenettes avec frigo, les plus grandes profitent carrément de cuisines équipées. Les chambres sont grandes et lumineuses et les lits très confortables. Piscine, plage aménagée et prêt de kayaks et paddles pour la détente. Bon point aussi pour le restaurant-bar Splash et sa déco bariolée. Cet hôtel est un bon choix pour ceux qui souhaitent séjourner à George Town tout en restant dans le « beachspirit » des Exumas.

HISTOIRE DES EXUMAS

Le peuplement des Exumas commence au XVIIe siècle avec l'arrivée de colons installés à Nassau qui fuient les excès des pirates. Ils vivent de l'échouage de bateaux et de l'exploitation du sel. Bientôt ils sont rejoints par des Anglais. George Town est fondée en 1793 pendant les années loyalistes. Certains de ces immigrants, des planteurs de coton, voyagèrent à bord du navire *Peace and Plenty*, sous la houlette de Dennis Rolle, pour acheminer leur matériel et leur personnel jusqu'aux Exumas, qui, avec Cat Island et Long Island, deviennent connues comme les « îles du coton ». Ils établissent des plantations. Les esclaves libérés en 1834 se tournèrent vers l'agriculture et la pêche tout en réclamant les meilleurs terrains de l'île connus comme la « Generation Land ». Quelques-unes des ruines des plantations se dressent encore sur Great et Little Exuma et, sur Crab Cay, à Elisabeth Harbour, les ruines d'une exploitation de fruits exotiques, dont le *breadfruit* rapporté de Tahiti par le capitaine Blight. Singularité locale, un habitant sur deux porte le nom de Rolle, celui de la première famille d'émigrants qui fut transmis à ses esclaves. À l'abolition de l'esclavage, les Rolle transmirent leurs 2 800 ha de terre sur Great Exuma à leurs esclaves. Rolleville porte encore les restes des anciens quartiers d'esclaves. À la fin des années 1950, la construction à George Town de l'hôtel Peace and Plenty, baptisé en souvenir du bateau des premiers émigrants, marque la naissance du tourisme à Exuma.

FEBRUARY POINT €€€

1 February Point Drive ✆ +1 242 336 2661
www.februarypoint.com
Location de villas de 3 à 6 chambres, certaines avec piscine privée, entre 550 et 1 500 US$ par nuit.

Voilà une autre façon de se loger, et pas des moins agréables si on en a le budget. Toutes les villas ou presque offrent une vue imprenable sur la mer et font partie d'une propriété de standing avec courts de tennis, spa, centre de fitness, deux piscines, et bientôt qui sait, un complexe sportif... Une marina et un bon restaurant sont également à votre disposition. Le dernier né des aménagements de ce superbe complexe est le « Beach club » où vous pourrez dîner, écouter de la musique live ou profiter des animations quotidiennes qui y sont proposées, sur la plage !

DRIFTWOOD CAFÉ & PIZZA €

George Town centre ✆ +1 242 336 3800 - Face au Peace & Plenty.
Ouvert le lundi de 8h à 18h, du mardi au samedi de 8h à 22h. Sandwichs et salades entre 10 et 15 US$.

Un café agréable avec air conditionné, quelques tables en intérieur, quelques autres dehors sur la terrasse ensoleillée, et un tout petit patio orné de quelques plantes. On vient ici prendre son petit déjeuner, manger sandwich ou salade à midi, ou avaler un café à toute heure de la journée. L'emplacement est idéal, au cœur de la ville, pour profiter pleinement de l'ambiance bon enfant qui règne ici. Le propriétaire italien en a fait l'endroit où l'on trouve peut-être les meilleures pizzas des Exumas. Les pizzas sont proposées au dîner du mardi au samedi.

BLU ON THE WATER €€

Kidd Cove ✆ +1 242 3455258
https://bahamasblu.com
Ouvert du jeudi au mardi de 11h à 21h (déjeuner et dîner). Plats de 10 à 24 US$ au déjeuner et de 28 à 45 US$ le soir.

Ce restaurant propose une cuisine américano-bahaméenne. Les pêcheurs amènent directement les langoustes, le mérou et le mahi-mahi au chef qui les prépare à toutes les sauces, meilleures les unes que les autres. Les fruits et légumes sont achetés aux producteurs de l'île et proviennent souvent de potagers organiques. Le point de vue depuis la terrasse est superbe, il donne sur l'ensemble de Elizabeth Harbour. En saison, nous vous conseillons vivement de réserver, car l'endroit est si agréable que la terrasse est souvent complète.

TOWNE CAFE & BAKERY

Rolle Town ✆ +1 242 336 2194 - Derrière le shop Rite

Ouvert du lundi au samedi de 7h30 à 17h. Le samedi petit déjeuner seulement.

Situé au cœur de George Town, le Towne Café est un restaurant intime à l'ambiance agréable, où vous pourrez vous détendre et même regarder les nouvelles quotidiennes. Il propose une large sélection de plats bahaméens et non bahaméens pour le petit déjeuner et le déjeuner, notamment des soupes locales, du bacon et des sandwichs aux œufs, ainsi que des plats chinois et italiens à base de poisson ou de poulet. Nous vous recommandons d'essayer le mérou bouilli (Boiled grouper) pour le petit déjeuner, un délice surprenant pour démarrer la journée.

DIVE EXUMA

Government Dock ✆ +1 242 336 2893

www.dive-exuma.com

75 US$ l'immersion, 148 US$ les deux immersions. Certification PADI de 650 à 700 US$.

Spécialisé dans l'écoplongée, le centre organise des plongées dans le respect strict de l'environnement ; l'aspect pédagogique est privilégié. Le centre organise également des sorties snorkeling. Maximum 9 plongeurs sur un catamaran de 10 m, le confort n'est pas accessoire ici ! Ne ratez pas une plongée dans le trou bleu du poisson-ange «Angelfish blue hole», une superbe grotte sous-marine située dans la baie qui sépare Georgetown de Stocking Island et qui cale à 30 mètres. Une plongée au cours de laquelle vous rencontrerez tortues et raies de belles tailles.

MINNS WATER SPORTS

George Town centre ✆ +1 242 336 3483

https://sites.google.com/site/minnswatersports/home

Location de bateaux avec ou sans skipper. Selon l'embarcation, de 198 à 374 US$ par jour.

Outre la vingtaine d'embarcations qu'il propose en location pour naviguer côté lac Victoria, Minns Water Sports est aussi le magasin phare pour se procurer tout ce qui a trait aux sports nautiques : ventre palmes, masques et tubas notamment. En ce qui concerne les bateaux, vous avez le choix entre des Boston Whalers de 15' et 17' avec 1 moteur et des catamarans de 19' à 20' pour les plus aventureux qui souhaitent parcourir plus de distance en moins de temps. Les zones autorisées vont de Lily Cay jusqu'à Man O War cay en restant à l'intérieur de Elisabeth harbour.

ROLLE TOWN ★

À 7 kilomètres au sud de George Town, Rolle Town est un village typique des Exumas, où les fermiers vivent de la culture des oignons, des mangues et des bananes. Il était autrefois la propriété d'un loyaliste, lord Rolle, qui légua la terre à ses esclaves les rendant ainsi impossibles à vendre ou à saisir. Le village a hérité du nom de son ancien propriétaire et beaucoup d'habitants portent encore ce patronyme. Des tombes historiques datant de 1792 témoignent d'un passé finalement pas si lointain. Vous pouvez en retrouver trois dans une petite clairière, qui datent du temps des loyalistes.

HAULOVER BAR & GRILL €€

✆ +1 2425242108

Du dimanche au jeudi de 9h à 17h et de 9h à 15h le vendredi. De 17 à 25 US$ le plat. Bière à 5 US$.

Un endroit du bout du monde comme on les aime. Petite terrasse en bois surplombant une eau turquoise, musique d'ambiance. Tenu par une petite famille locale, on y sert le déjeuner et le dîner (sur commande). La cuisine est locale et de qualité, principalement basée sur les produits de la mer. C'est notre coup de cœur du sud des Exumas. Le Barbecue est exceptionnellement savoureux, agrémenté d'une vue imprenable à marée haute comme à marée basse. Magasin de souvenirs produits localement. Peintures, huiles essentielles, artisanat.

ROKERS POINT

À une vingtaine de minutes de voiture de George Town en direction du nord, Roker Point regroupe quelques belles options d'hébergement de gammes moyennes et supérieures. Le regroupement de ces logements de vacanciers, allié à la présence du fameux golf d'Emerald Bay fait que vous pourrez trouver quelques commerces dans les environs bien que le petit centre commercial en face du Sandals ait été déserté par ceux-ci. Vous trouverez aussi, derrière le golf, une sympathique petite marina fréquentée par les voiliers et yachts de passage aux Exumas. L'extension est déjà prévue et de belles villas avec ponton privé et accès direct au golf devraient pousser ici dans les années à venir.

PARADISE BAY BAHAMAS €€

Queen's Highway ✆ +1 242 357 0186
www.paradise-bay-bahamas.com
De 259 à 289 US$ le cottage double et de 319 à 379 US$ le quadruple, suivant la saison.

© PARADISE BAY

Sans conteste notre coup de cœur sur Exuma ! Tenu par une équipe francophone, le Paradise Bay est une véritable invitation au dépaysement, posé à quelque 20 minutes de George Town sur l'une des plus belles plages de l'île. Andros, Bimini, Eleuthera, Guana Cay ; les onze cottages jaunes, bleus ou verts pastels se composent d'une à deux chambres confortables avec salles de bains et toilettes séparés. Pour les grandes familles, l'hôtel dispose également de deux villas de deux chambres avec salles de bains privatives, vaste salon, cuisine équipée et petit patio.

GRAND ISLE RESORT & SPA €€€

✆ +1 242 358 5000 - A côté du Sandals
www.grandisleresort.com
Comptez de 550 à 1 400 US$ par nuit selon la saison et la catégorie pour un logement de 1 à 4 chambres.

Très belle adresse ! Les chambres sont luxueuses, deux chambres avec terrasse et vue sur la mer et sur la belle pelouse. Salles de bains avec baignoire et des produits l'Occitane pour vous faire une beauté. Salle à manger et une cuisine pour le confort, un salon à l'étage avec une vue imprenable. Décoration néo-classique, beaucoup de boiserie et de charme. Un spa pour se refaire une beauté et une santé. A l'extérieur une salle de fitness autour de la piscine à débordement. Un accès direct à une belle plage longue de 1,5 kilomètre, de belles balades en prévision.

SANDALS EMERALD BAY €€€

✆ +1 242 336 6800
www.sandals.com
All inclusive de luxe pour environ 4 300 US$ en chambre double pour 7 nuits. Tarifs sur le site Internet de la chaîne.

Un resort de luxe véritablement *all inclusive* et exclusivement réservé aux couples. Les 249 suites et les villas sont en harmonie avec l'environnement et les vastes jardins fleuris ; préférez si possible les chambres en front de mer, la vue est splendide. Le complexe est agrémenté de trois belles piscines, de six courts de tennis, d'une plage aménagée avec prêt de kayaks et autres matériels sportifs, et de plus d'une dizaine de bars et restaurants. L'un d'eux, le *Barefoot*, est posé sur le sable : le cadre est très agréable le soir s'il n'y a pas de vent.

LA FOURCHETTE €€

✆ +1 242 358 5229 - Au sein du Paradise Bay.
https://www.lafourchettebahamas.com
Ouvert tous les jours dès 7h30 pour un buffet continental, de 12h à 15h30 pour le déjeuner et de 18h à 21h30 pour dîner.

Le nom est français, l'équipe également, mais la cuisine elle, fait la part belle aux spécialités locales et aux produits de la mer, à l'instar des *conch fritters* ou des excellents *fettucine aux crevettes*, sauce Alfredo... On se régale, le cadre est super, les prix raisonnables et l'atmosphère des plus conviviales, en particulier lors des soirées feu de camp organisées régulièrement. Les pizzas sont également à l'honneur que ce soit sur place ou à emporter. Au déjeuner vous dégusterez pizzas, salades et fish-tacos avec une vue imprenable sur Paradis Bay.

EMERALD REEF GOLF COURSE

Sandals Emerald Bay ✆ +1 242 336 6800
www.sandals.com
Comptez 175 US$ le green fee si vous êtes clients de l'hôtel. Voiturette de golf en sus.

Les hôtels de la chaîne Sandals offrent des parcours de golf assez prestigieux, celui-ci est sans doute le plus beau de par son cadre absolument exceptionnel surplombant l'océan turquoise. En fonction de la catégorie de la chambre choisie vous avez un green fee offert et au mieux du *no limit*. 18-trous, Le parcours est un par 72, dessiné par le talentueux Greg Norman. Les 9 premiers trous serpentent à travers un mélange de dunes en bord de mer et la végétation, les 9 suivants sont situés sur la péninsule rocheuse de la baie d'Emeraude (*Emerald Bay*).

EXUMA WATERTOURS

✆ +1 242 357 0328

www.exumawatertours.com

Exuma Cay's à 130 US$ la demi-journée et 199 US$ la journée complète. Journée depuis Nassau à 450 US$, vol inclus.

Un concentré de sites touristiques incontournables à découvrir en une journée ou demi-journée. Starfish Bay, les *swimming pigs* (cochons nageurs), les iguanes, Blowhole Beach et quelques trous bleus mystérieux figurent chaque fois au programme. Vous pouvez même venir dans les Exuma Cays juste pour une journée au départ de Nassau grâce au col affrété plusieurs fois par semaine depuis Nassau. Une fois sur place, l'équipe vous fera découvrir son petit paradis avec professionnalisme et passion. Pat Smith connaît ses îles comme sa poche, il est un incontournable !

© EXUMA WATER TOURS

© THE ISLANDS OF THE BAHAMAS
Stocking Island.

ROLLEVILLE

Un village paisible au nord de Great Exuma, qui mérite le détour au moins pour son sympathique restaurant local Exuma Point ou tout simplement pour s'enfoncer plus avant dans la facette sauvage d'Exuma. C'est également un des points de départ pour les excursions vers les petits *cays* du nord, dont un des plus fameux, Staniel Cay où les visiteurs adorent aller nager avec les cochons... Vous pouvez aussi découvrir le meilleur cochon de l'île le dimanche, au Chat'n chill, à la broche il est délicieux ! Les *cays* du nord d'Exuma offrent un nombre important d'excursions qui nécessitent toutes de disposer d'un bateau ou de participer à une excursion organisée.

CREEKSIDE COTTAGES €€

✆ +12423570328

http://exumacottagerental.com

Cottage double à partir de 150 US$ et de deux chambres jusqu'à 6 personnes à partir de 325 US$.

C'est dans le nord de l'île, sur la route qui mène vers les *Cays* que Pat Smith a construit ces jolis cottages colorés en 2019. Ils sont pimpants de couleurs claires et proposent tout le confort nécessaire à ceux qui font le choix de venir loger aussi près de la nature, loin des centres habités, sur la petite commune d'Alexander. Les cottages sont bien conçus et disposent tous d'une petite cuisine bien équipée. Le wifi est disponible gratuitement partout et Pat, qui est le propriétaire d'Exuma Watertours est un spécialiste pour vous conseiller sur vos sorties.

EXUMA POINT €

✆ +1 242 345 6244 - Compter 35 min en voiture de George Town.

www.exumapoint.com

Ouvert tous les jours de 12h à 17h. Comptez autour de 20 US$ le repas (buffet bahaméen).

Situé au nord de l'hôtel Sandals, le restaurant d'Elvis Rolle et de sa femme présente une belle terrasse devant la plage, des chaises longues pour siroter un cocktail et en plastique pour déjeuner, peu importe le cadre est sublime et l'ambiance décontractée, parfait en somme pour passer l'après-midi. On y déguste de très bonnes spécialités locales : poissons, côtes de porc, *conch*, poulet, *peas and rice*, curry, salade, macaroni et fromage... Une adresse bien tenue et très séduisante, qui offre depuis peu 5 cottages de deux chambres à la location.

EXUMA KITESURFING

✆ +1 242 524 7099

www.exumakitesurfing.com

Leçons et locations de matériel de kite et de stand-up paddle. Forfait 4 jours Kite Adventure à partir de 715 US$.

Passionné de glisse, Gary Sweeting a créé cette école en 2007 ; il propose cours et location de kitesurf ainsi que des paddleboards à la location. Les plus mordus pourront opter pour un séjour entièrement placé sous le signe du kite, avec possibilité d'hébergement dans certains hôtels environnants. Gary conseille en général le Paradise Bay, notre coup de cœur à Exuma, n'hésitez pas à réserver un forfait dans ces conditions. Les forfaits « kiteventure » comprennent les transports vers divers sites de kitesurf ainsi que 1/2 journée de location de SUP.

STOCKING ISLAND ★★★★

Facilement accessible par bateau à partir de Government Dock ou d'Elizabeth Harbour, Stocking Island possède l'une des plus belles plages de sable blanc aux Bahamas. Les plongeurs viennent ici pour explorer les trous bleus, les jardins de coraux et les grottes sous-marines, et pour se restaurer au fameux Chat n'Chill. Depuis peu, l'île accueille un nouvel éco-resort de luxe : le Kahari. Le lieu est dépaysant et très glamour. C'est à Stocking Island, qui jouit de quatre petites baies presque fermées vers la mer, que viennent s'abriter des centaines de voiliers à la période des cyclones. L'abri est parfait, l'aéroport proche et les plages de rêve.

KAHARI RESORT €€€

https://www.kahariresort.com

12 villas de 305 à 560 US$ selon la saison (basse saison d'avril à septembre). Taxe locale de 59 US$ par jour en sus.

Nature et dépaysement, voici les maîtres mots de ce récent éco-ressort qui a récemment été repris par les propriétaires de Peace & Plenty. Accessible uniquement par bateau, l'établissement égrène ses 12 villas-cottages de bois dans un parc arboré : la végétation a gardé ses droits sur la propriété, et est joliment mise en valeur. Côté confort, les unités sont toutes dotées de kitchenettes avec frigo, micro-ondes et machine à café. Le petit déjeuner et le dîner sont servis au Beacon Restaurant, ou sur la terrasse en surplomb du *turtle lagon*, ouvrez l'œil !

CHAT 'N' CHILL €

✆ +1 242 336 2700 - Water-taxi au départ de Government Dock
www.chatnchill.com
Tous les jours de 11h à 19h. Conch salad minute : 10 US$. 22 US$ le cochon grillé du dimanche.

Plus de 25 ans d'existence et de succès, et pour cause ! Situation de rêve, ambiance décontractée, nourriture saine et bières fraîches : plus qu'un restaurant c'est une véritable plage avec terrain de beach-volley, échiquier grandeur nature, et tables disposées un peu partout pour s'installer confortablement. Tellement cool que les raies viennent vous manger dans la main. D'un côté de la plage, le restaurant avec une belle terrasse en bois, et de l'autre, une petite gargote fait office de *conch bar* où l'on prépare sous vos yeux de succulentes salades de lambi.

PEACE & PLENTY B EACH CLUB

✆ +1 8882034843
www.peaceandplenty.com/beach-club/
5 US$ le trajet depuis le dock de Peace & Plenty à Georgetown. Gratuit pour les hôtes de l'hôtel.

C'est au pied de l'établissement Kahari que se cache cette splendide petite plage abritant le club de plage commun au Kahari et à Peace & Plenty. Certains autres hôtels de l'île, comme le Paradise bay par exemple, ont également négocié un accès pour leurs clients. L'accès au club de plage et au snack-bar qui s'y trouve se fait exclusivement par la mer grâce aux navettes organisées toutes les 1/2h. Une petite langouste grillée, les pieds dans l'eau, ça vous dit ?

WILLIAM'S TOWN

La dernière bourgade de l'île avant l'extrême pointe sud de Sandy Point est William's Town. Dans cette région pousse du coton sauvage. Non loin de là, subsistent d'ailleurs les vestiges de la plantation la mieux préservée des Exumas, l'Hermitage, dont les ruines rappellent les temps lointains de l'esclavage. On peut la visiter ainsi que les restes des quartiers des esclaves. À noter qu'au XVIIIe siècle, il existait aussi des activités de transvasage de sel près des trois étangs de Little Exuma. Cette ville, comme de nombreuses autres aux Bahamas, est habitée par les descendants des esclaves auxquels les propriétaires terriens ont donné leurs terres au moment de l'abolition.

SANTANA'S BEACH BAR €

Queen's Highway
✆ +1242345 4102

Cuisine locale et bar au bord d'une belle plage de sable blanc. Dans un style guinguette-bar, le Santana's fait l'unanimité pour la langouste en saison. L'endroit est simple, les assiettes jetables, mais la préparation est exceptionnelle ! L'adresse est considérée par beaucoup comme la meilleure adresse des Bahamas pour déguster la langouste, alors n'hésitez plus, c'est ici qu'il faut venir si vous ne devez en manger qu'une ! Autre adresse tout près, prisée également pour ses langoustes et ses lambis frits ou en salade : le Tropic Breeze.

Bientôt, la salade de conch sera prête et les raies se régaleront des restes !

STANIEL CAY ★

Staniel Cay abrite la fameuse grotte marine Thunderball, qui vit le tournage de deux James Bond, *Opération Tonnerre* en 1965 et *Jamais plus jamais* en 1983. Le réalisateur américain Ron Howard s'est aussi approprié les lieux pour son film *Splash*, romance entre un jeune New-Yorkais et une sirène. On vient également à Staniel Cay pour les fameux *swimming pigs* (les cochons nageurs), qui ont fait de Pig Beach l'un des spots les plus « instagrammables » du pays.

Transports

Makers Air depuis Fort Lauderdale (Floride) dessert Staniel Cay et l'aéroport international d'Exuma en direct. Flamingo Air relie également Nassau à Staniel Cay quotidiennement.

© RUSSELL INGRAM - SHUTTERSTOCK.COM

Staniel Cay.

EMBRACE RESORT €€

✆ +12423552101

www.embraceresort.com

7 villas bahaméennes comportant de 1 à 3 chambres. Tarifs à partir de 219 US$ pour la villa pour deux selon la saison.

« E » pour Eleuthera, « M » pour Mayaguana, « B » pour Bimini, « R » pour Ragged Island, « A » pour Andros, « C » pour Cat Island, et « E » pour Exuma ; un bel acronyme pour cette sympathique adresse aux tarifs plutôt doux. Les villas sont superbes et très bien disposées dans une ambiance bahaméenne des plus agréables. Chaque villa a son propre cachet, mais toutes offrent une belle cuisine, un coffre-fort et une décoration soignée. Le wifi est bien entendu inclus dans le prix. On se sent chez soi au bout du monde dans ce joli petit complexe que nous recommandons.

STANIEL CAY YACHT CLUB RESORT €€

✆ +1 242 355 2024

www.stanielcay.com

Selon la saison et la vue, de 205 à 505 US$ le cottage pour 2 personnes.

Le yacht club fait partie intégrante de la communauté de Staniel Cay depuis 1956. Il y propose aujourd'hui 14 cottages de bois aux couleurs pimpantes posés sur un petit bout de côte rocheuse, à proximité immédiate de la plage. Confortables, ils offrent différentes capacités et possèdent air conditionné, réfrigérateur, cafetière et terrasse. Voiliers et équipements de *snorkeling* à disposition des clients. Repas servis au yacht-club ; l'établissement compte aussi une belle marina.

FOWL CAY €€€

✆ +1 877 845 5275

www.fowlcay.com

Selon la saison, de 1 800 à 2 100 US$ la villa 1 chambre ; 4 500 US$ la villa pour 6 en haute saison. Pour une nuit.

Fowl cay est une superbe île privée sur laquelle on retrouve six villas toutes équipées de 1 à 3 chambres qui vous invitent à une escapade hors du temps dans ce qui se rapproche peut-être le plus du Paradis... Ici, tout est inclus, placards et le frigo sont remplis à votre arrivée, boissons comprises au bar Hill House, équipements de pêche et de snorkeling sur place, voiturette de golf pour chaque cottage et, cerise sur le gâteau, un bateau à moteur avec carburant illimité ! Le soir, vous pourrez choisir de dîner au restaurant Hill House, c'est compris aussi.

EXUMA CAYS LAND AND SEA PARK ★★

Côté terre, oiseaux rares, reptiles tropicaux, espèces de fleurs extraordinaires. Côté mer, spectaculaires récifs coralliens, jardins de corail, grottes et cavernes, trous bleus, la vie sous-marine est intense. Le commandant Cousteau a souvent filmé les récifs de cette zone. Les scientifiques viennent nombreux pour y étudier les plus vieilles formations coralliennes du monde, les coraux « stromatolite » de Stocking Island, dont l'origine remonte à 3,5 millions d'années, pour en déterminer la composition. Ils sont formés d'amas de minuscules bactéries, les Cyanobacteria, qui emprisonnent le sable pour en faire de minces couches de calcaire.

Exuma Cays Land dnd Sea Park.

STELLA MARIS ★

À quelques kilomètres au sud du cap se trouve Stella Maris, la localité la plus importante pour l'économie locale. C'est une bourgade résidentielle qui s'étire sur 2 km le long du rivage ; c'est aussi le centre de ralliement des amateurs de plongée et de pêche au gros ; la large baie peu profonde et ses flats offrent de bonnes possibilités de pêche. Ici se situe le principal aéroport de l'île. Le joli complexe Stella Maris Resort domine le village, à 1 km de la piste.

Transports

- **Avion.** Vols privés réguliers entre Stella Maris et Nassau, et entre Stella Maris et George Town sur les Exumas avec la compagnie Stella Maris Air Charter (☒ +1 242 338 2050 - reservations@stellamarisresort.com), qui dépend du Stella Maris resort.
- **Voiture**. Comme quasiment partout sur l'archipel, la location d'une voiture reste le meilleur moyen pour partir à la découverte de l'île au gré de vos envies. Si vous arrivez à Stella Maris, l'agence Annie's Car Rental se trouve directement à l'aéroport, pratique. Si vous atterrissez au sud à Deadman's Cay, optez plutôt pour Unique Wheels, dont le siège est à Clarence Town, mais qui propose un service de livraison. (☒ +1 242 337 3088)
Une troisième adresse pour la route, cette fois-ci disponible depuis les deux aéroports : Aaron's Rentals (✆ +1 242 477 0407). Les routes sont d'assez bonne facture sur Long Island, à l'exception du nord, où les chaussées privées de la zone de Stella Maris mériteraient un sacré coup de neuf – quoiqu'après tout, c'est aussi ça le charme insulaire ! En tous cas, 4X4 conseillé.

ADDERLEY'S PLANTATION RUINS ★

La plantation, qui était au début consacrée à la culture du coton, a vu le jour à la fin du XVIIIe siècle suite à l'attribution de terres dont a bénéficié Abraham Adderley un businessman anglais de l'époque. En trente ans la propriété est passée de 280 à 1 000 hectares et a fini par englober la totalité de ce qui est connu aujourd'hui comme « Stella Maris ». Le nom de Adderley est aujourd'hui porté par de nombreux habitants de la région. La majorité des descendants de cette famille vit encore dans les village de Burnt ground, Glinton's ou Simms et travaille ou a travaillé pour le Stella Maris Resort, Club, Marina and Estates qui occupe la plus grande partie de cette extrémité de l'île. La balade dans les ruines de la plantation commence au bord de l'eau avant de s'aventurer sur un sentier où les plantes médicinales sont plantées. Il ne reste pas grand-chose de la propriété, mais la vue depuis les vestiges est agréable et des tables permettent de pique-niquer. La pédagogie se mêle à la petite randonnée puisque des écriteaux informent sur les propriétés de chaque plante rencontrée. Le tamarinier (*Tamarindus Indica*) donne un fruit comestible que l'on utilise pour préparer une boisson rafraîchissante, du thé ou de la confiture ; l'anacardier (*Leucaena Glauca*) traite les gaz, les nerfs et le cœur ; le gommier rouge (*Bursera Simaruba*) est un antidote, il traite les piqûres d'abeille et les problèmes de dos, etc. Belle introduction donc à la *bush medicine*.

COLUMBUS MONUMENT ★★

4X4 chaudement recommandé pour parcourir ce chemin accidenté et non asphalté.

A l'extrémité nord de Long Island, d'ailleurs appelée North End, un sentier indiqué mène au Columbus Monument. Cet obélisque de 4,5 mètres de haut commémore le débarquement des conquistadors. A marée basse, la vue sur la baie et son anse bien protégée est magnifique. L'escalier d'accès, comme la portion de route en terre qui mène jusqu'ici ont été rénovés en 2020 et il est maintenant facile de grimper tout en haut pour admirer cette spectaculaire vue. Attention, les jours de grand vent, il peut devenir dangereux de s'approcher des falaises abruptes.

HISTOIRE DE LONG ISLAND

Christophe Colomb découvre cette île au cours de son troisième voyage vers les Indes. Selon son habitude, le grand amiral changea le nom originel de l'île, Yuma, pour la baptiser d'un nom espagnol, Fernandina, avant de la délaisser faute d'intérêt économique. Plus tard, les loyalistes y établissent des plantations de coton. Mais elles périclitent rapidement du fait d'un sol pauvre et des suites d'une invasion de chenilles voraces qui détruisent les plants rapportés d'Amérique du Nord. Aujourd'hui, des fermes continuent à exploiter la terre et Long Island est réputée pour ses légumes et son bétail (des chèvres) qu'elle « exporte » vers d'autres îles.

CAPE SANTA MARIA ★★

© MARCO RAMERINI - SHUTTERSTOCK.COM

Une balade le long du Queen's Highway offre de superbes points de vue sur l'océan et l'occasion de découvrir un visage moins connu des Bahamas, celui des îles traditionnelles restées à l'écart de la frénésie touristique. A l'extrémité nord, le Cape Santa Maria, frangé d'une immense plage baignée d'eaux turquoise peu profondes, est le coin le plus prisé des visiteurs, c'est aussi là que se concentrent les infrastructures touristiques les plus importantes. Il fut ainsi baptisé par Christophe Colomb qui y fit halte au cours de son troisième voyage vers les Indes.

STELLA MARIS RESORT €€

✆ +1 242 338 2050

www.stellamarisresort.com

Selon la saison, de 215 à 230 US$ la double classique, de 260 à 270 US$ le cottage 1 chambre (base 2 personnes).

La propriété est nichée dans un vaste jardin tropical fleuri, planté de grands arbres. Elle compte 32 chambres réparties dans des villas, cottages, appartements et des bungalows (air conditionné, ventilateur, réfrigérateur, terrasse). Décoration « island style », luxe intérieur et extérieur (piscine privée). Trois piscines, salon-bar, bibliothèque à disposition et trois plages privées, avec une piscine naturelle. Un service de navettes dessert le Cape Santa Maria. Voile, snorkeling, plongée, pêche, vélos, tout ce dont vous avez besoin pour connaître le coin.

CAPE SANTA MARIA RESORT €€€

✆ +1 800 663 7090 - A l'extrémité nord de l'île, à 12 kilomètres de Stella Maris.

www.capesantamaria.com

Comptez de 245 à 340 US$ la nuit pour un bungalow 1 chambre ; pension complète 83 US$ adulte et 39 US$ enfant.

L'hôtel est superbe et luxueux ; il fait face à la plage du Cape Santa Maria, du côté de la côte sous le vent, dans un décor idyllique. Les chambres spacieuses, à la décoration plutôt neutre, avec air conditionné, ventilateur et terrasse, sont réparties dans 20 villas. L'hôtel offre un beach house avec un centre de fitness, un salon TV, une bibliothèque. De nombreuses activités sportives (plongée, pêche, planches à voile, volley, catamarans, bicyclettes) sont proposées. Laverie et boutique. Restaurant ouvert aux personnes extérieures.

BUSTED BRIDGE BAR&GRILL €

✆ +1242472420

Du jeudi au dimanche. Horaires variables se renseigner. Salade de conche 10 US$, Conch fritters 8 US$

Une jolie adresse du bout du monde, ce bar, restaurant, aire de repos est situé au bord d'une lagune peuplée de tortues marines sur laquelle les kayakistes s'en donnent à cœur joie. Son nom provient du pont cassé voisin qui reliait autrefois Long Island à Newton's cay qui sera bientôt ouvert à nouveau aux visiteurs, car un joli pont en bois est venu le remplacer en février 2020. Sur place, vous pourrez déguster une délicieuse salade de conche sur une des belles tables disposées à l'ombre de petites constructions en bois et y attendre le superbe coucher de soleil.

DOCKY'S FLATS BAR €

✆ +12423382035

www.bonafidebonefishing.com/

Déjeuner et dîner. Plat de 15 à 26 US$. Verre de vin à 7 US$.

Une jolie maison en bois très récente (les poutres proviennent des poteaux d'électricité tombés pendant le dernier cyclone) colorée sur 2 étages vous accueille pour des repas locaux simples, mais délicieux, principalement concoctés à base de produits de la mer. Docky, le propriétaire, est en effet un guide de pêche renommé dans le coin, il fait ce métier depuis 27 ans ! Salade de Lambi, filet de mérou et bien entendu langoustes, les plats locaux sont à l'honneur. Pour ceux qui ont faim, les burgers sont copieux. Un verre entre amis après la pêche ? C'est ici.

BONAFIDE FLY SHOP

Queen's highway ✆ +1 242 357 1417
http://bonafidebonefishing.com/
De 8h à 15h sauf jeudi et dimanche.

C'est juste à côté de Docky's flats bar que vous trouverez ce splendide magasin d'articles de pêche tenu justement par Docky, le fameux guide de pêche. Il est pratiquement le seul à avoir une vaste gamme d'articles de pêche (principalement à la mouche, mais pas exclusivement) de toutes les Family islands. Docky achète lui-même ses produits à l'occasion de ses voyages aux États-Unis et vous propose bien entendu ses services de guide pour aller taquiner les Bonefish et autres Permit qui peuplent les eaux de Long Island et de ses satellites. Une très bonne adresse.

CAPE SANTA MARIA DIVE CENTER

✆ +1 242 338 5273
www.capesantamaria.com
Centre affilié Padi qui n'appartient pas au resort mais qui vient chercher les clients directement.

Plongée à la carte, plongée avec les requins. Forfaits avec le resort Cape Santa Maria. Le site le plus lointain, Conception Island, est à environ 1h30 de navigation depuis Cape Santa Maria. Pour les autres sites intéressants comme le sec des Barracudas, le récif des poissons anges, le sec des tortues ou l'épave du *Comberback*, il faut compter entre 12 et 25 minutes de navigation. Le matériel est récent et très bien entretenu, ce qui vous garantit de belles plongées sans soucis.

STELLA MARIS DIVING

✆ +1 242 338 2050
www.stellamarisresort.com
Centre affilié Padi et SSI, intégré au complexe du même nom. Comptez 130 US$ par plongeur et par jour (2 immersions)

Petit centre de plongée dépendant du resort éponyme et grâce auquel vous pourrez aller plonger en petit comité. Plongées classiques et plus originales avec les requins de récif ou à Conception Island, à 1h30 de bateau rapide. Le centre organise aussi des plongées de nuit et des stages de certification PADI Open Water et Advanced Course. N'hésitez pas à demander d'aller plonger dans le célèbre Dean's Blue Hole, situé au sud de l'île, où se déroulent chaque année des championnats de monde d'apnée et où a été filmé le fameux «basejump» sous-marin de Guillaume Nery.

SIMMS

À 13 kilomètres au sud de la marina Stella Maris se trouve ce paisible petit village, le plus vieux hameau de Long Island. Il possède beaucoup de charme avec ses bicoques de bois aux jolies couleurs, cernées de murets blancs, mais n'est pas très riche en options de logements ou de restauration. Les descendants des premiers habitants y vivent encore et le village est connu pour le travail de vannerie qu'y pratiquait Ms Ivy Simms, réputée pour la qualité de ses créations. Aujourd'hui encore subsistent quelques artisans qui travaillent la paille et vous pourrez trouver ici quelques pièces intéressantes comme des poupées ou des décorations de Noël qui plaisent aux amateurs.

SALT POND

À 16 km au sud de Simms. Tous les ans au mois de mai ou juin, durant le week-end prolongé de la fête du Travail, a lieu la régate qui réunit les sloops de facture locale de toutes les îles. C'est le plus grand événement annuel de Long Island et l'une des plus grandes régates des Family Islands, juste après celle d'Exuma. À cette occasion, de nombreuses festivités sont organisées et des participants arrivent de toutes les Bahamas même si de nombreux voiliers qui participent à la régate sont fabriqués ici, dans la mangrove. Nourriture locale, jeux en famille et bien entendu concerts de Rake n'Scrape sont aux programmes. Attention, il est conseillé de réserver son logement à l'avance pour cette période très demandée.

THE SHRIMP HOLE

Par beau temps. Visite libre.

Prenez bien vos repères et n'hésitez pas à demander votre chemin. Au bord de la Queen's highway, côté est, vous découvrirez les ruines d'une petite église anglicane St Mary the Virgin et pourrez vous garer devant. Le chemin contournant les ruines vous conduira tout droit à ce trou d'eau au milieu de la pampa. Les locaux ont pour habitude d'y venir se baigner le week-end. Ce trou d'eau est peuplé de milliers de crevettes rouges qui lui ont donné son nom. Il faut y venir par beau temps vers 15h, les couleurs deviennent très brillantes et les crevettes écarlates.

CHEZ PIERRE €€

Millers Bay ✆ +1 242 338 8809
www.chezpierrebahamas.com
En demi-pension, comptez 175 US$ TTC par nuit par bungalow (2 personnes) pour un séjour de moins de 4 nuits.

Pierre vous reçoit personnellement dans son joli petit complexe du bout du monde. La propriété est située entre Stella Maris et Deadman's Cay. Elle égrène ses 6 modestes bungalows en bordure d'une plage superbe et intime. Tous jouissent d'une grande véranda et peuvent accueillir 2 à 3 personnes. On peut, au choix, prendre ses repas au restaurant, autour d'une table d'hôtes préparée par le propriétaire, ou demander des paniers repas. Location de voitures possible et organisation d'éco-tours ou de parties de pêche à la mouche.

TINY'S HURRICANE HOLE €€

✆ +1 2424728104
www.tinysbahamas.com/
Du mercredi au samedi de midi à 21h et le dimanche de 14h à 21h. En été seulement le vendredi et samedi.

Un sympathique bar-restaurant de plage pour déguster un cocktail ou déjeuner et dîner les pieds dans le sable, face à la baie où mouillent de nombreux voiliers dont les propriétaires se retrouvent souvent ici. Ce petit coin de Paradis est en effet situé à mi-chemin des caps nord et sud de l'île. Un petit ponton accueille leurs annexes. Ambiance détendue et festive sous la houlette de Michele & Jason tombés amoureux de Long Island. L'accueil est très sympathique et la cuisine n'est pas en reste. 2 studios-cottages et 1 chambre double sont également à louer.

DEADMAN'S CAY ★

Deadman's Cay se trouve à 56 km au sud de Stella Maris. La bourgade, qui abrite l'essentiel de la population locale, s'étire le long du Queen's Highway sur plusieurs kilomètres sans jamais constituer un véritable centre. Le second aéroport de l'île se trouve à proximité, il dessert Clarence Town et est assez actif. Non loin du centre inexistant de Deadman's Cay se trouvent les ruines d'une ancienne plantation encore possible à visiter en solo. Vers le sud un peu après le village de Pettys se trouve la grotte Hamilton, la plus vaste des Bahamas et où il ne faut pas manquer de faire un arrêt afin d'y observer les nombreuses chauves-souris qui la peuplent.

HAMILTON'S CAVES ★

Au sud du village, on peut visiter cette enfilade de grottes ornées de stalagmites et de stalactites, autrefois habitées par les Indiens Lucayans. La grotte principale est une des plus grandes des Bahamas et les tunnels de connexions entre les grottes peuvent atteindre 8 mètres de large sur 3 mètres de haut. En 1935, on y a identifié des pictogrammes précolombiens attribués aux Indiens lucayans qui les fréquenteront jusqu'à l'arrivée de Christophe Colomb. Les chauves-souris ont remplacé les Lucayans et sont désormais les habitants officiels des grottes.

LONG ISLAND MUSEUM & LIBRARY ★

✆ +1 242 337 0500
De 8h30 à 15h30 du lundi au vendredi. Entrée à 3 US$ pour les adultes et enfants de moins de 12 ans à 0,50 US$.

Un écomusée bibliothèque très intéressant dédié à l'histoire de l'île et de ses habitants, œuvrant pour la conservation de son patrimoine culturel. Vous découvrirez ici une reproduction de l'habitat de l'île avant l'arrivée des services modernes. Toits de chaume, lampes à huile et fers à repasser au charbon illustrent les conditions de vie d'une autre époque au Paradis. Une belle collection d'artisanat local ainsi que de divers instruments utilisés pour le Rake n'Scrape vous y attend.

UNDER THE SUN €

Queen's highway ✆ +1 2423370199
De 7h30 à 18h tous les jours sauf le dimanche. 5 à 10 US$ le petit déjeuner. 10 US$ l'équipement PMT pour la journée.

Ce qui était un bazar où les habitants des environs venaient chercher de l'ustensile de cuisine au pneu de voiture s'est partiellement transformé en une halte bien sympathique où Cathy et Francis vous accueillent pour un café ou un petit déjeuner à prix local. Pour le déjeuner, vous trouverez sandwiches, paninis et tacos préparés sur le moment. Vous pourrez aussi louer du matériel de snorkeling si vous avez oublié vos palmes ou votre masque alors que vous êtes juste à côté du fameux Dean's Blue Hole ! Francis propose également des bateaux à louer à la journée.

MAX'S CONCH BAR & GRILL €

Queen's Highway ✆ +1 242 337 0056 - Quelques minutes au nord de Deadman's Cay

Ouvert du lundi au samedi de 11h à 21h. Salade de conch autour de 6 US$ le petit bol et 10-12 US$ l'assiette.

Une institution à ne pas manquer pour déguster la meilleure salade de conque de l'île ! Avec un bluffant savoir-faire, Max, appliqué et un brin déjanté, concocte sa recette devant vos yeux : lambi, tomates, poivrons verts, céleri, oignons, un peu de pomme, citron vert, orange, poivre et sel marin de Long Island... Un délice pour les yeux comme dans l'assiette ! C'est le rendez-vous de tous les habitués de Long Island qui ne manquent jamais de passer par ici pour retrouver leurs amis et boire une bonne Kalik, la bière des Bahamas.

BIG BONES GUIDED FISHING

✆ +1 242 557 2171

Comptez 300 US$ l'excursion à la journée pour deux pêcheurs ou 4 personnes en Eco-tour.

Le Capitaine Locksley Cartwright propose des écotours en bateau et des sorties de *bone-fishing* dans les environs de Deadman's Cay. C'est le guide attitré de Pierre, le propriétaire de l'hôtel-restaurant Chez Pierre et c'est par lui qu'il faut faire vos réservations. Locksley connaît les côtes de Long Island comme sa poche et vous amènera pêcher dans les meilleurs spots de l'île, parfois connus de lui seul. Si vous n'êtes pas pêcheur, il vous proposera un écotour très intéressant sans aucun supplément de prix même si vous êtes 3 ou 4.

CLARENCE TOWN ★

Ici, vous pourrez visiter les églises jumelles du père Jérôme qui, une fois leur édification terminée, se retira pour finir ses jours en ermite sur l'île de Cat Island. Saint-Paul est une église anglicane quand Saint-Peter & Saint-Paul est catholique. Encore plus au sud se trouvent trois autres jolies églises bâties par le père Jérôme et les vestiges de la plantation fruitière Dunmore, qui appartenait à l'ancien gouverneur des Bahamas dont elle porte le nom. Aux abords de la côte ouest, on distingue des étangs d'eau salée qui servaient de marais salants jusque dans les années 1970 ; leur exploitation est aujourd'hui arrêtée, mais l'on peut toujours voir à Hard Bargain une ancienne usine de sel.

DEAN'S BLUE HOLE ★★★

Situé à 4,5 km de Clarence Town.

Le deuxième trou bleu le plus profond au monde est visitable à tout moment. Accès libre.

Le trou de 203 mètres de profondeur et ses 76 mètres de large a été immortalisé grâce à la splendide vidéo de Guillaume Nery. Quadruple recordman du monde d'apnée en poids constant (descente et remontée à la seule force des palmes ou sans) il s'est amusé à y faire du Base Jumping, sous l'eau, et en à produit un superbe court-métrage visible sur le net. Ce trou bleu était considéré comme le plus profond du monde jusqu'à la découverte, en 2016, dans les eaux des Îles Paracels en mer de Chine méridionale, du trou bleu du Dragon qui cale à 300,89 mètres !

FAMILY ISLANDS

Église Saint Peter & Saint Paul.

Dean's Blue Hole.

GEM'S AT PARADISE €€

✆ +1 242 337 3016

www.gemsatparadise.com

En haute saison, comptez de 114 à 224 US$ selon la catégorie, en basse saison, de 119 à 275 US$.

Une grande maison, à la haute stature et à l'allure britannique, domine le port et le village d'un côté et de l'autre un jardin qui descend vers la mer. Une douzaine de chambres et suites confortables à la décoration soignée mais un peu chargée, avec climatisation, TV et DVD (prêt de films). Location de vélos et activités nautiques proposées (kayak gratuit). Wifi partout. Le mari de la propriétaire propose également des excursions en bateau à la journée au départ du port et vers tous les endroits intéressants du coin, ils sont très nombreux !

HARBOUR BREEZE VILLAS €€

Lochabar ✆ +1 242 337 3088

www.harborbreezevillas.com

À partir de 140 US$ par nuit pour un appartement 1 chambre. Wifi dans chaque villa.

Quelques marches, un tunnel de bougainvilliers, un petit chemin ombragé par une végétation luxuriante, et vous voilà arrivé dans votre appartement ! Tous équipés d'une cuisine et d'un coin salon, ils disposent d'une à deux chambres pour une capacité maximale de 4 personnes. L'établissement est idéal pour des séjours longue durée, une supérette se situe à 5 minutes en voiture pour remplir le frigo. Les appartements sont répartis dans une quinzaine de villas récentes dessinées par les propriétaires Ingrid et Ellis en tenant compte de l'environnement exceptionnel.

WINTER HAVEN €€

✆ +1 242 337 3062

www.winterhavenbahamas.com

Comptez autour de 150 US$ la nuit pour deux en haute saison et 120 US$ en basse. Petit déjeuner 10 US$. De 8h à 22h tlj.

L'hôtel est bien situé à proximité du Dean's Blue Hole et l'accueil y est sympathique. Les 15 chambres avec un joli parquet sont assez spacieuses et bien entretenues, 13 d'entre elles bénéficient d'un lit king seize. Toutes donnent sur l'océan et certaines sur la piscine. Côté restaurant le Rowdy Boys Bar & Grill sert de bons plats copieux. La carte est classique, mais la cuisinière excellente et son filet de Mérou poché dans un bouillon d'oignons et de poivrons citronné, est un véritable délice. Les hamburgers sont bons et copieux et nombre de locaux le savent !

ROWDY BOY'S BAR & GRILL €€

✆ +1 242 337 3062

www.winterhavenbahamas.com

Ouvert tous les jours de 8h à 22h. Petit déjeuner à la carte (environ 20 US$), burgers 11-12 US$, plats 18-32 US$.

Le restaurant de l'hôtel Winter Haven est ouvert au public, la salle non-fumeurs peut recevoir 40 convives et l'on peut aussi manger au bar. L'adresse est simple et sans chichi. Nous avons apprécié les *fettuccine* à la langouste et le fameux filet de mérou. De nombreux habitants du coin se retrouvent ici pour déjeuner ou dîner, le dimanche ou pour une occasion familiale. L'ambiance est sympathique, la cuisine de qualité et le choix de rhums intéressant. Chaque vendredi on vient y écouter un groupe de musique en live et manger un excellent cochon rôti.

COCKBURN TOWN

Cockburn Town est le village principal, « capitale » de l'île. Petit village paisible aux rues étroites, Cockburn Town compte plusieurs églises, un commissariat de police, un drugstore, deux épiceries et quelques bars. Un petit cimetière désolé hérisse ses pierres tombales dans le sable face à la mer. Le musée de San Salvador, résultat d'une initiative associative, a malheureusement fermé ses portes suite à l'ouragan Wilma en 2008 et n'a pas rouvert depuis. Enfin, un modeste Straw Market a vu le jour dans un tout nouveau bâtiment, mais ne vous attendez à rien de grandiose : les projets sont encore en cours pour le rendre plus attractif.

Transports

- **Mailboat :** le *Lady Francis*, le *Lady Roselyn* et le *Lady Matilda* assurent chacun une traversée hebdomadaire vers Cockburn Town (voire Rum Cay) au départ de Nassau. *Lady Francis* quitte Nassau le mardi et arrive à San Salvador le vendredi matin. *Lady Roselyn* et *Lady Matilda* quant à eux quittent Nassau le jeudi et atteignent San Salvador le vendredi après-midi ou le samedi matin. Comptez environ 70 US$ par personne.
- **Avion :** l'aéroport international accueille des compagnies du monde entier dont Air Caraïbes qui arrive de France.
- **Voiture :** la Queen's Highway fait le tour de l'île en une boucle de 55 km. Comptez 3 heures pour faire la boucle en vous arrêtant çà et là visiter les points d'intérêt de l'île. San Salvador abrite quelques monuments, vestiges et épaves rappelant son histoire mouvementée ; une visite permet de prendre la mesure du rythme de vie des Family Islands.

LANDFALL PARK ★★

A quelques kilomètres au sud de Cockburn Town

C'est un bout de plage en face de Long Bay. Ici se dressent quatre stèles. La première est le monument qui est dédié aux Jeux olympiques de 1968 ; la flamme fit halte à San Salvador pendant son périple entre Athènes et Mexico. Tout proche se trouve le monument dédié à Christophe Colomb, une simple croix de béton blanc plantée le 2 décembre 1956, le troisième monument est une stèle commémorant les 500 ans de la découverte. Le dernier est une plaque offerte par le gouvernement japonais qui construisit en 1992 une réplique de la Santa Maria.

Croix de Landfall Park.

MONUMENT DU PÈRE SCHREINER

Quelques kilomètres après l'aéroport, se dresse ce monument à l'endroit où le religieux est enterré. Celui-ci s'est rendu célèbre pour ses études au sujet de la découverte des Bahamas par Christophe Colomb : les îles se jalousent en effet le titre de la première île découverte par le navigateur : le Père Schreiner aurait élucidé le mystère, c'est bel et bien à San Salvador que revient le trophée. L'endroit est signalé sur la route. Un petit escalier mène à la tombe.

RIDING ROCK RESORT AND MARINA €€

✆ +1 242 331 2631
www.ridingrock.com
Comptez en moyenne 158 US$ par nuit en chambre double. Petit déjeuner : 20 US$. Déjeuner : 25 US$. Dîner : 45 US$.

A l'entrée du village de Cockburn, l'hôtel de style motel compte 18 chambres opérationnelles en 2020. Simples mais correctes, elles sont climatisées et équipées de TV et réfrigérateur. L'établissement compte aussi un bar et un restaurant. Une belle piscine compense la difficulté de la baignade en mer. Le centre de plongée est affilié PADI. Il offre 3 bateaux de 18 passagers, 3 plongées quotidiennes ainsi que des plongées de nuit. Idéal pour les plongeurs.

THE SANDS HOTEL €€

✆ +1 242 331 1018
Ouvert toute l'année. Sur la base de 2 personnes, comptez 250 US$ la nuit.

Faisant face à la mer et à ses cinquante nuances de bleu, le Sands Hotel se targue d'une superbe petite plage à ses pieds… Le pied ! Bâtis sur deux niveaux, les quelques bâtiments bien entretenus revêtent tantôt du jaune, tantôt du rouge, tantôt encore du bleu ou du vert. Idéal pour un séjour en autonomie, les unités disposent toutes d'un coin cuisine et d'une terrasse. Bientôt devrait voir le jour un restaurant servant le matin, le midi et le soir. L'accueil chaleureux de Hilton Ferguson et de son associée Geneviève, francophone, finit de nous séduire.

CLUB MED COLOMBUS ISLE €€€

✆ +1 242 331 2000 - 3 kilomètres au nord de Cockburn Town.
www.clubmed.fr
À partir de 1 890 € la semaine pour un adulte hors promotion, tarifs préférentiels pour les enfants. All inclusive.

À quelques kilomètres de la plage du débarquement de Christophe Colomb le 12 octobre 1492, ce village en bordure d'une immense plage de sable blanc est l'un des fleurons du Club Méditerranée. Les 236 chambres de 6 catégories avec vue sur mer ou jardin s'abritent dans des bungalows de couleurs vives reliés par des passerelles de bois. Vastes et bien équipées (dressing, air climatisé, TV, téléphone, coffre-fort, sèche-cheveux, réfrigérateur…), les chambres offrent une décoration raffinée avec des touches asiatiques. Le village compte deux restaurants et trois bars.

SEAFARI

✆ +1 242 331 2000
www.clubmed.fr
Le centre de plongée du Club Med est affilié Padi et CMAS. Forfaits avec et sans équipements, à partir de 85 US$.

Il possède un des caissons de décompression des îles, et deux beaux bateaux d'une capacité de 40 plongeurs. Une douzaine d'instructeurs et un médecin de plongée (à bord) encadrent les 3 plongées quotidiennes, plongées de nuit, plongées *shark conservation*, et plongées profondes. Les formules sont accessibles par tous les niveaux (débutant, confirmé, autonome), dès 8 ans pour l'initiation. Difficile de trouver un meilleur centre de plongée dans l'archipel, ici tout est professionnel et très récent, du matériel jusqu'aux bateaux.

RUM CAY

Encerclée d'un anneau de récifs coralliens, Rum Cay se tient à l'écart de toute activité touristique. L'île a été malmenée par des cyclones qui ont détruit les minces activités économiques qui tournaient autour du sel. Port Nelson, sur la côte sud, est le seul endroit habité de l'île. Le village se résume à quelques maisons et commerces, un poste de police et un bureau de poste. Le reste de l'île est du « bush » inhabité. Les possibilités d'hébergement sont réduites à la location d'appartements ou de villas. Très belle activité de pêche en perspective et pour la plongée ou le snorkeling l'île/parc national de Conception Island ne se trouve qu'à une quinzaine de km.

COLONEL HILL

Petite capitale de Crooked Island, Colonel Hill concentre la majeure partie de l'activité de l'île. Elle s'anime particulièrement le vendredi soir autour du bar dansant Bloom of the Valley, ou du Tiger Bar, le plus ancien débit de boisson de l'île. L'ambiance est toujours très détendue à Crooked Island, n'hésitez pas à lier contact avec les habitants de l'île. Le village est également le point culminant de l'île et on y retrouve bien sûr les habituelles administrations, gouvernements central et local, un bureau de poste et bien entendu un poste de police. Un aéroport situé tout près relie l'île au reste de l'archipel grâce entre autres à la compagnie Bahamasair.

CROOKED ISLAND LODGE €

✆ +1 242 478 8989 - A l'extrémité nord de Crooked Island, l'hôtel se trouve à 20 km de l'aéroport.
www.crookedislandlodge.com
Comptez 195 US$ la nuit HT. Pension complète facturée 65 US$ de plus par personne. Forfaits plongée disponibles.

Isolé au nord de Crooked Island, au bord de la plus belle plage de l'île, 8 chambres spacieuses et aérées au confort simple mais joliment décorées, sont abritées dans des bungalows. Certaines donnent directement sur la plage. L'hôtel propose une formule en pension complète. Le restaurant se trouve dans le bâtiment qui date du XVIIIe siècle et qui fut autrefois un bureau de poste ; il sert une bonne cuisine locale et internationale. Organisation de sorties plongées. Vous pouvez même arriver en avion privé directement sur la piste personnelle du lodge !

CROOKED AND ACKLINS TROPHY LODGE €€

- Situé à 5 km de l'aéroport.
www.crookedandacklinstrophylodge.com
De novembre à août, comptez 3 690 US$ par personne (base 2 personnes) pour un forfait pêche 6 jours/7 nuits.

L'hôtel Tranquility on the Bay est récemment devenu un lodge de pêche, géré par une équipe franco-suisse. 5 chambres au bord de l'eau équipées de la climatisation, d'un coin salon avec un frigo et télévision, et de salles de bains avec baignoires. C'est l'adresse à retenir pour les pêcheurs à la mouche, elle couvre de très belles zones de pêche de Crooked Island à Acklins où Permit et Bonefish se trouvent à foison. Le forfait inclus bien entendu le bateau de pêche et le guide.

SPRING POINT

Bourgade principale d'Acklins, Spring Point abrite le petit aérodrome de l'île. La vie s'y écoule tranquillement et s'anime deux fois par semaine lors des dessertes de Bahamasair. Au sud de Spring point, ne ratez pas une des plus grandes implantations des Indiens lucayans, à Pompey Bay beach. À part cela, pas beaucoup d'activités dans le coin, si ce ne sont les plaisirs nautiques omniprésents aux Bahamas.

Transports

- **Avion.** Bahamasair assure deux rotations par semaine depuis Nassau.
- **Mailboat.** Comme sa voisine Crooked Island, Acklins est desservie par un mailboat hebdomadaire. Comptez 70 US$.

CHESTER'S HIGHWAY INN AND BONEFISH LODGE €€

✆ +1 242 357 4179 - À l'extrémité nord d'Acklins, compter 65 km. On peut prendre le ferry à partir de Crooked Island.
www.chestersbonefishlodge.com
Comptez de 157 à 291 US$ par nuit. Forfaits bonefishing disponibles. Pension complète à 89 US$ par jour.

Un charmant lodge bahaméen, non loin des *flats* propices à la pêche. Toute l'équipe est native de l'île et croit en un seul slogan « Acklins Island... rien de mieux si ce n'est le Paradis » ! Les chambres décorées au style des Bahamas sont grandes et disposent toutes d'une entrée séparée, d'une belle salle de bain et de l'air conditionné. Plusieurs activités vous seront proposées dont évidemment la pêche, mais aussi du kayak, du vélo, des dominos et des sorties observations d'oiseaux !

ALBERT TOWN

Long Cay est une langue de terre effilée au sud de Crooked Island à laquelle elle est reliée par un ferry quotidien. Autrefois connue sous le nom de Fortune Island, car Christophe Colomb y trouva une belle perle de conque lorsqu'il y mit pied, elle a aussi eu le triste honneur d'abriter la première prison des Bahamas. À cette époque, elle était le port d'entrée du sud des Bahamas et abritait le siège administratif des trois îles, Crooked Island, Acklins et Long Island. Elle abrite aujourd'hui une colonie de flamants roses à la pointe sud. Albert Town, autrefois une escale sur la route de l'Angleterre, est un village fantôme qui n'abrite plus qu'une quarantaine d'âmes.

ABRAHAM'S BAY ★

Voici la principale agglomération de l'île. L'unique *resort* de l'île se situe à Pirate's Well ; ailleurs, on trouvera plutôt de petites auberges familiales.

Transports

- Avion. Bahamasair assure un service depuis Nassau, passant par Great Inagua 2 fois par semaine.
- Mailboat. Le Lady Mathilda assure une liaison hebdomadaire au départ de Potter's Cay à Nassau vers Mayaguana (Abraham's Bay). Il dessert aussi Acklins/Crooked Island, Inagua et San Salvador. Comptez environ 100 US$.
- Le Baycaner Beach Resort propose quelques véhicules motorisés en location pour 100 US$ par jour, ainsi que des vélos pour 25 US$ par jour.

MATTHEW TOWN

C'est le seul village de Great Inagua. Situé sur la côte ouest, il se résume à quelques bicoques, épiceries et bars, et à un édifice officiel. Pour les amateurs de plongée, le Great Inagua Wall, au bord du grand mur des Bahamas, au nord de Matthew Town, est un tombant criblé de têtes de corail géantes qui descendent en cascades jusque dans les abysses.

Transports

- **Avion.** Bahamasair assure trois vols hebdomadaires vers Inagua au départ de Nassau.
- **Mailboat.** Une fois par semaine, le Lady Mathilda part de Nassau pour Matthew Town ; il dessert en chemin Crooked, Acklins, San Salvador et Mayaguana.

MORTON SALT COMPANY ★

Gregory Street
✆ +1 242 339 1300
www.mortonsalt.com

On peut visiter les marais salants en se renseignant auprès de la Morton Salt Company.

Cette compagnie américaine, qui extrait du sel de l'eau de mer, s'est implantée ici en 1934. Ses installations se trouvent à 3 km au nord de Matthew Town. Elle produit environ 450 tonnes de sel par an, deuxième rang nord-américain pour cette activité. Elle a longtemps été la principale activité économique d'Inagua. Bel et rare exemple d'interaction de l'industrie avec son environnement, l'exploitation du sel procure la nourriture des flamants roses, l'évaporation de l'eau provoquant la concentration de petits crustacés dans les étangs.

INAGUA NATIONAL PARK ★★

✆ +1 242 339 1616
www.bnt.bs

Visite guidée sur réservation.

Le parc occupe 743 km² à 25 km au nord-est de Matthew Town. Il est né de l'initiative de Robert Porter Allen, un des responsables de la société Audubon, organisation sans but lucratif consacrée à la protection des oiseaux dans le monde entier, arrivé à Inagua en 1952. M. Allen était célèbre en Floride où on peut voir un chapelet d'îles qui portent son nom, les Bob Allen Keys. Le parc a été créé en 1963 et il est géré par le Bahamas National Trust. C'est un sanctuaire pour les flamants roses « *West Indies* », l'oiseau national des Bahamas, que l'on ne rencontre que dans cette région. Là vivent quelque 80 000 individus, soit la plus importante colonie au monde, et chaque printemps un recensement de la population est effectué. C'est un spectacle merveilleux que cette ondulante vague rose qui prend son envol au coucher du soleil. Lieu de nidification privilégié des oiseaux qui y trouvent de la nourriture en abondance (petits crustacés, crevettes, insectes, larves…) dans les étangs salés des environs, le parc abrite également de nombreuses espèces d'oiseaux tropicaux, des canards des Bahamas, des aigrettes, des pélicans, des perroquets des Bahamas, des hiboux noctambules, des hérons perchés sur leurs fines pattes, de graciles aigrettes, des spatules, des cormorans et quelques représentants des sauriens tels des tortues et des iguanes. Si vous voulez visiter cet endroit, téléphonez pour organiser la visite avec un gardien du parc et préférez le matin ou la fin d'après-midi, la chaleur est moins forte et les oiseaux plus délurés.

MUSÉE ET BIBLIOTHÈQUE ERICKSON ★

Gregory Street
✆ +1 242 339 1863

Ouvert en principe du lundi au vendredi, l'après-midi seulement. Entrée libre.

Le musée et la bibliothèque méritent un coup d'œil, particulièrement la bibliothèque étonnamment bien équipée et fournie. Ils sont abrités dans un bâtiment qui fut édifié par la Morton Salt Company, lors de son installation sur l'île et où vivait la famille Erickson arrivée ici pour diriger le géant du sel. Le musée relate l'histoire de l'île à laquelle la vie de l'entreprise est inextricablement liée. Documents originaux et photographies rares servent à l'illustration.

Architecture sur Out Island.

ENRICA'S INN & GUEST HOUSE €€

Taylor street
✆ +1 242 339 2127
www.enricasinn.com
Comptez de 85 à 130 US$ par nuit pour deux.

5 chambres, dont trois entièrement équipées avec TV, air conditionné, ventilateur au plafond, fer à repasser et planche, kitchenette avec réfrigérateur et four micro-ondes. Les deux autres chambres font partie d'une suite, avec les mêmes commodités, ainsi qu'une cuisine complète et un séjour. L'endroit est simple comme un petit lodge du bout du monde, au cœur d'une île chaleureuse où il fait bon ne rien faire, à moins d'être plongeur ou pêcheur bien entendu.

THE MAIN HOUSE €€

Kortwright Street ✆ +1 242 339 1267
www.inaguamainhouse.com
Comptez 110 US$ la chambre double.

Propriété de la Morton Salt Company, comme presque tout à Inagua, cette pension de famille, offre 6 chambres propres, spacieuses et fonctionnelles sur deux niveaux, avec air conditionné et TV, dotées d'un salon commun. Ne comptez pas trop sur internet ici cependant. Dans le lobby eau fraîche, café et thé en libre-service. Le restaurant est ouvert le matin et le midi, mais rien n'est prévu pour le dîner. Heureusement, vous êtes ici à deux pas du « centre » et pourrez par exemple aller au S sinn L, mieux connu sous le nom de SNL, restaurant local apprécié de tous.

LITTLE INAGUA

Little Inagua, située à 8 km au nord de Great Inagua sa grande soeur, est cernée par un récif qui la protège des accostages intempestifs. L'île est peu visitée et n'offre pas de structures d'accueil. Ses seuls habitants sont les oiseaux, les ânes sauvages, et des chèvres dont les ancêtres ont été introduits par les Français. De nombreuses espèces d'oiseaux y vivent, parmi lesquelles une espèce rare de héron. Dans cette terre sauvage et désolée, le climat est semi-désertique.

LITTLE INAGUA NATIONAL PARK ★★

✆ +1 242 339 1616
www.bnt.bs

Créé en 2002, le parc couvre une superficie de 25 hectares. Une île tranquille et inhabitée, où les changements de la biodiversité sont moins présents qu'ailleurs. Les courants océaniques s'écoulent à travers les Bahamas du sud-est au nord-ouest, en conséquence, les eaux environnantes de Little Inagua contribuent à l'approvisionnement de la pêche, de la reproduction et de la dissémination des œufs et des larves dans les autres zones du territoire marin des Bahamas.

COZY CORNER RESTAURANT €€

William Street ✆ +1 242 339 1440
Ouvert de 10h à 17h. Offre une cuisine locale à petit prix. Plat entre 7 et 10 US$. On peut aussi y prendre un verre.

Rosemary et sa fille Veronica vous reçoivent dans ce bar convivial où la bière et le punch accompagnent les ragots du village. Dans l'assiette des fritures de lambi et de poulet, hamburger dont le whooper pour les nostalgiques de Burger King, il y a même des frites. Pour le dîner, c'est mieux de les avertir à l'avance, vos hôtes se chargeront de prévenir les pêcheurs. C'est ici que vous croiserez la majorité des locaux, souvent pêcheurs, et c'est l'endroit pour trouver comment découvrir les petits joyaux cachés du mini-archipel.

ORGANISER SON SÉJOUR

La majorité des visiteurs arrive aux Bahamas en passant par Nassau, mais il existe diverses autres options qui peuvent vous intéresser si vous arrivez d'Europe : passer par Fort Lauderdale ou par Miami par exemple. Une fois sur place, c'est la durée de votre séjour qui déterminera le nombre d'îles que vous serez en mesure de visiter, mais n'en prévoyez pas trop, il faut avoir le temps de profiter de se laisser envahir par la saveur particulière de chaque île parcourue ! Suivant la saison, il peut être indispensable de réserver d'autant plus que vous aurez souvent une réduction pour les réservations faites sur internet avec un peu d'anticipation. Et si vous êtes à court d'idées, faites appel à une agence professionnelle, elles ont souvent de bons plans connus d'elles seules !

ARGENT

La monnaie locale est le dollar bahaméen (BSD), qui n'a cours qu'aux Bahamas, et qui est à parité avec le dollar américain. Son cours est donc strictement identique à celui du dollar américain et comme lui, il se divise en *cents*.

Taux de change. En juin 2020 : 1 BSD = 1 US$ = 0,88 € ; 1 € = 1,13 BSD. Sur place, on peut payer indifféremment avec des pièces et billets bahaméens ou américains. Nous recommandons donc de changer vos euros en dollars américains avant de quitter le territoire français : les banques qui acceptent de faire ce change aux Bahamas ne se trouvent qu'à Nassau et sont relativement rares. Il est également possible d'échanger les euros dans les 2 casinos de Cable Beach et Paradise Island. Les commissions sont généralement moins importantes dans les bureaux de change français qu'aux Etats-Unis ou aux Bahamas. S'il vous reste des espèces en dollars bahaméens en partant, faites en sorte de les convertir en dollars américains : le dollar bahaméen ne peut être utilisé qu'aux Bahamas. Si vous souhaitez changer de devise, sachez cependant que les frais de change peuvent être multipliés par cinq d'un bureau de change à un autre (ces frais sont souvent déjà inclus dans le taux de change affiché). On constate la même pratique en France. Préférez donc la carte bancaire. Pour les retraits mais aussi les paiements par carte, le taux de change utilisé pour les opérations s'avère généralement plus intéressant que les taux pratiqués dans les bureaux de change.

Banques et distributeurs. Les banques sont généralement ouvertes du lundi au jeudi de 9h30 à 15h et le vendredi de 9h30 à 17h00. Un grand nombre d'entre elles possèdent un distributeur de billets qui délivre en général des dollars bahaméens.

Vous trouverez des distributeurs (ATM) à l'extérieur de toutes les banques et à l'intérieur de tous les grand *resorts*. Pour connaître le plus proche, des outils de géolocalisation de distributeurs sont à votre disposition. Rendez-vous sur visa.fr/services-en-ligne/trouver-un-distributeur ou sur mastercard.com/fr/particuliers/trouver-distributeur-banque.html.

Utilisation d'un distributeur anglophone. De manière générale, le mode d'utilisation des distributeurs automatiques de billets (« ATM » en anglais) est identique à la France. Si la langue française n'est pas disponible, sélectionnez l'anglais. « Retrait » se dit alors « withdrawal ». Si l'on vous demande de choisir entre retirer d'un « checking account » (compte courant), d'un « credit account » (compte crédit) ou d'un « saving account » (compte épargne), optez pour « checking account ». Entre une opération de débit ou de crédit, sélectionnez « débit ». (Si toutefois vous vous trompez dans ces différentes options, pas d'inquiétude, le seul risque est que la transaction soit refusée). Indiquez le montant (« amount ») souhaité et validez (« enter »). À la question « Would you like a receipt ? », répondez « Yes » et conservez soigneusement votre reçu.

Frais de retrait. L'euro n'étant pas la monnaie du pays, une commission est retenue à chaque retrait. Les frais de retrait varient selon les banques et se composent en général d'un frais fixe d'en moyenne 3 euros et d'une commission entre 2 et 3 % du montant retiré. Certaines banques ont des partenariats avec des banques étrangères ou vous font bénéficier de leur réseau et vous proposent des frais avantageux ou même la gratuité des retraits. Renseignez-vous auprès de votre conseiller bancaire. Notez également que certains distributeurs peuvent appliquer une commission, dans quel cas celle-ci sera mentionnée lors du retrait.

Cash advance. Si vous avez atteint votre plafond de retrait ou que votre carte connaît un dysfonctionnement, vous pouvez bénéficier d'un *cash advance*. Proposé dans la plupart des grandes banques, ce service permet de retirer du liquide sur simple présentation de votre carte au guichet d'un établissement bancaire, que ce soit le vôtre ou non. On vous demandera souvent une pièce d'identité. En général, le plafond du *cash advance* est identique à celui des retraits, et les deux se cumulent (si votre plafond est fixé à 500 €, vous pouvez retirer 1 000 € : 500 € au distributeur, 500 € en *cash advance*). Quant au coût de l'opération, c'est celui d'un retrait à l'étranger.

Acceptation de la carte bancaire. La très grande majorité des établissements (hôtels, restaurants, cafés, station-service, boutiques, etc.) acceptent la carte bancaire (Visa, MasterCard, etc.). Certains petits commerçants ou restaurants, peuvent éventuellement la refuser. Retirez alors simplement des espèces au distributeur le plus proche. Notez que lors d'un paiement par carte bancaire, il est possible que vous n'ayez pas à indiquer votre code pin.

L'ASSURANCE VOYAGE, LE MEILLEUR MOYEN POUR FAIRE FACE À DES FRAIS DE SANTÉ ÉLEVÉS À L'ÉTRANGER

avec le DR MICHEL NAHON, directeur médical d'Allianz Travel

Les frais médicaux sont-ils les mêmes selon les différentes régions du monde ?

Les frais médicaux sont en général plus élevés à l'étranger qu'en France. En Australie, une consultation médicale coûte en moyenne 2 fois plus cher qu'en France. Au Canada, elle est 3 fois plus chère et aux États-Unis, jusqu'à 7 fois.

La sécurité sociale et la mutuelle prennent-elles en charge les frais médicaux à l'étranger ?

La sécurité sociale fonctionne uniquement avec les pays de la Communauté économique européenne, avec lesquels la France a passé des accords. Il faut pour cela penser à faire une demande d'extension de garantie avec la carte européenne d'assurance maladie (CEAM). Ensuite, un remboursement de la sécurité sociale peut déclencher un remboursement de la mutuelle, en fonction des contrats.

À combien peut s'élever une consultation chez un médecin généraliste ou une hospitalisation à l'étranger ?

Aux États-Unis, au Canada et en Australie, une consultation chez un généraliste peut coûter entre 200 et 5 000 dollars, si le médecin a besoin de pratiquer des examens au cabinet. Le coût d'une hospitalisation peut lui atteindre plusieurs milliers de dollars par jour !

Quelle est la meilleure protection pour faire face aux frais médicaux ?

Cela se fait au cas par cas. En fonction du pays dans lequel on voyage, il est nécessaire d'avoir le bon contrat, avec la bonne couverture. Allianz Travel dispose de solutions adaptées pour couvrir les frais médicaux imprévus à l'étranger.

Les couvertures incluses dans certaines cartes bancaires ne sont-elles pas suffisantes ?

Les cartes bancaires ne sont pas toutes les mêmes et il en est de même pour le montant de la prise en charge des frais médicaux. Il est donc nécessaire de bien prendre connaissance de son contrat, car la plupart des cartes disposent de faibles couvertures.

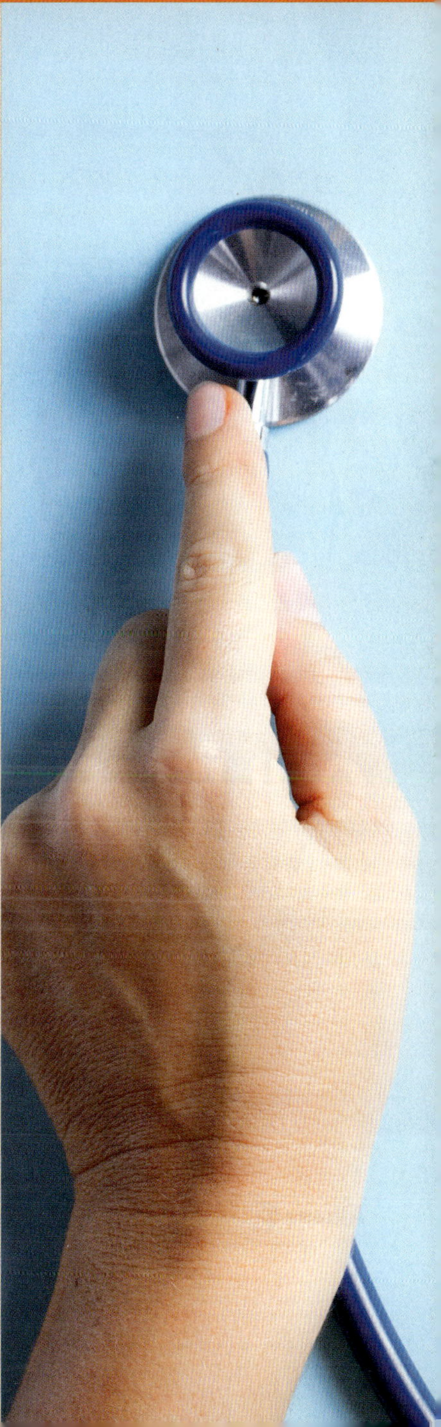
© NEIRFY

ET VOUS,
QUI ÊTES-VOUS
EN VOYAGE ?
Assurez celui ou celle
que vous serez en voyage
www.allianz-voyage.fr - 01 73 29 06 10*
Allianz
Assureur Officiel
Allianz Travel
AWP FRANCE SAS - Siège social : 7, rue Dora Maar - CS 60001 - 93488 Saint-Ouen cedex - Société par Actions Simplifiée - au capital de 7 584 076,86 € -
490 381 753 RCS Bobigny - Siret : 490 381 753 00055 - Société de courtage d'assurances - immatriculée à l'Orias (www.orias.fr) - sous le n°07 026 669
*du lundi au vendredi de 9h à 19h et le samedi de 10h à 18h, sauf jours fériés. Octobre 2019
Photographie : Eric Vernazobres / Favorite production - Conception : Insign 2019

Une signature et éventuellement votre pièce d'identité vous seront néanmoins demandées.

Frais de paiement par carte. Hors zone Euro, les paiements par carte bancaire sont soumis à des frais bancaires. En fonction des banques, s'appliquent par transaction : un frais fixe entre 0 et 1,20 € par paiement, auquel s'ajoutent de 2 à 4 % du montant payé par carte bancaire. Le coût de l'opération est donc globalement moins élevé que les retraits à l'étranger. Renseignez-vous auprès de votre conseiller bancaire.
De façon générale, évitez d'avoir trop d'espèces sur vous. Celles-ci pourraient être perdues ou volées sans recours possible. Préférez payer avec votre carte bancaire quand cela est possible. Les frais sont moindres que pour un retrait à un distributeur et la limite des dépenses permises est souvent plus élevée.

Transferts d'argent. Avec ce système,on peut envoyer et recevoir de l'argent de n'importe où dans le monde en quelques minutes. Le principe est simple : un de vos proches se rend dans un point MoneyGram® ou Western Union® (poste, banque, station-service, épicerie...), il donne votre nom et verse une somme à son interlocuteur. De votre côté de la planète, vous vous rendez dans un point de la même filiale. Sur simple présentation d'une pièce d'identité avec photo et la référence du transfert, on vous remettra aussitôt l'argent.

BUDGET / BONS PLANS

Attention à l'addition ! Des vacances aux Bahamas coûtent une petite fortune, même si l'on choisit des hôtels modestes. Ces îles entretiennent volontiers leur réputation de destination haut de gamme. Mais des plages désertes, des eaux cristallines, un aquarium à ciel ouvert, des activités spectaculaires et un service souvent impeccable, cela n'a pas de prix ! Il est vrai que les infrastructures touristiques, les excursions, les activités sont bien rodées et que le niveau de prestations est rarement décevant.
Si l'aérien pour atteindre la destination reste abordable, l'hébergement, les repas et le transport constituent des enveloppes budgétaires conséquentes. Les prix varient selon les destinations (Nassau, Paradise Island, Harbour Island restent très onéreuses), le type d'hébergement et les diverses activités et les déplacements sur les îles et inter-îles.
On doit aussi prendre en compte les taxes hôtelières de 15 à 20 % (parfois plus), voire également des frais de services, le tout étant inclus dans le forfait si on réserve par un voyagiste ou bien indiquées sur les sites des hôtels. À noter aussi qu'il vous faudra souvent ajouter 15 % de service dans les bars et restaurants, rarement inclus dans les tarifs, et les pourboires. Il est très difficile d'envisager une quelconque négociation sur les tarifs, établis par le gouvernement et les différentes corporations, par exemple celle des taxis. Et avec, de surcroît, une monnaie à parité avec le dollar américain et une économie entièrement vouée au tourisme, ce constat de cherté n'a rien d'étonnant ! Vous pourrez en revanche faire de bonnes affaires en négociant dans les marchés d'artisanat...

Petit budget : de 100 à 150 US$ la chambre, 60 US$ pour les repas. Il faut se priver sur les extras et limiter les déplacements pour s'en tirer à moins de 200 US$ par jour, en particulier en haute saison.

Budget moyen : de 150 à 300 US$ la chambre, 70 US$ pour les repas. Avec excursions, repas, boisson et transport, comptez rapidement autour de 300 US$ par jour.

Gros budget : à partir de 300 US$ la chambre, 100 US$ pour les repas. Avec déplacement en taxi et avion, de bons restaurants et quelques sorties, estimez facilement 500 à 600 US$ par jour.

Budget Crésus : le montant de votre séjour peut (très) vite grimper si vous optez pour un hôtel haut de gamme, parfois facturé entre 500, voire 800 US$ par personne et par nuit.

Pourboire. Il est de rigueur de laisser un pourboire de l'ordre de 10 % dans les bars et restaurants si le service est satisfaisant, et ce malgré les 15 % automatiquement ajoutés à votre note pour le service. En ce qui concerne les taxis et les grooms d'hôtels, le pourboire est laissé à l'appréciation du client.

Marchandage. Le marchandage ne se pratique pas en général aux Bahamas, excepté sur les marchés.

Taxes. Les prix affichés incluent rarement les taxes. Seuls les petits établissements pratiquent des prix taxes comprises. Hormis la TVA, appliquée pour la première fois en janvier 2015 et s'élevant aujourd'hui, en 2020 à 12 %, il faut rajouter une taxe de 15 à 20 % pour les hôtels (rarement jusqu'à 25 %) et 15 % pour les restaurants.

Bon plan. Bon à savoir si vous envisagez un séjour combiné entre plusieurs îles, l'association de promotion des Out Islands of The Bahamas offre souvent des promotions et des conditions spéciales pour visiter les « Family Islands », les plus authentiques et les plus dépaysantes de l'archipel. Un des programmes phares est le programme «*2 Fly Free from Nassau*». Billets offerts depuis Nassau vers n'importe quelle Out Island en séjournant dans l'un des hôtels partenaires du dispositif : 1 billet offert pour un séjour de 4 à 6 nuits ; 2 billets offerts pour un séjour de 7 nuits et plus.

PASSEPORT ET VISAS

Le passeport en cours de validité doit être valable 6 mois après le retour. Il n'est pas demandé de visa aux ressortissants français pour un séjour inférieur à 3 mois. Le billet de retour est en revanche exigé. Les taxes sont incluses dans les billets d'avion.

Tous les passeports délivrés en France sont désormais biométriques. Ils comportent votre photo, vos empreintes digitales et une puce sécurisée. Pour l'obtenir, rendez-vous en mairie muni d'un timbre fiscal, d'un justificatif de domicile, d'une pièce d'identité et de deux photos d'identité. Le passeport est délivré sous trois semaines environ. Il est valable dix ans. Les enfants doivent disposer d'un passeport personnel (valable cinq ans).

Conseil. Avant de partir, pensez à photocopier tous les documents que vous emportez avec vous. Vous emporterez un exemplaire de chaque document et laisserez l'autre à quelqu'un en France. En cas de perte ou de vol, les démarches de renouvellement seront ainsi beaucoup plus simples auprès des autorités consulaires. Vous pouvez également conserver des copies sur le site Internet officiel (mon.service-public.fr). Il vous suffit de créer un compte et de scanner toutes vos pièces d'identité et autres documents importants dans l'espace confidentiel.

Attention à vous conformer aux exigences douanières américaines en cas d'escale aux Etats-Unis ! Pour tout passage même en escale via les USA vous devez obtenir l'autorisation électronique de voyage ESTA (valable deux ans et assortie d'une taxe de 14 US$) à demander au moins 72h avant le départ uniquement sur le site suivant : https://esta.cbp.dhs.gov/

PERMIS DE CONDUIRE

Le permis de conduire français est suffisant pour conduire sur les routes des Bahamas, mais attention, n'oubliez pas que nous sommes dans le Commonwealth, on roule à gauche !

VACCINS OBLIGATOIRES

Aucun vaccin n'est obligatoire pour entrer aux Bahamas en venant de France, mais attention, si vous avez séjourné dans une région touchée par la fièvre jaune dans les 2 semaines précédent votre arrivée, ne serait-ce que pour 24h, il vous faudra justifier de la vaccination contre cette maladie sous peine de vous voir refuser l'entrée dans le pays, voire l'embarquement au départ.

DÉCALAGE HORAIRE

Il y a - 6h de décalage horaire toute l'année entre la France et les Bahamas. Quand il est midi à Paris, il est 6h du matin à Nassau. A noter simplement que les Bahamas changent d'heure 2 à 3 semaines avant la France : pendant ce court laps de temps et lors de chaque passage à l'heure d'été ou heure d'hiver, le décalage horaire est de -7h et -5h.

LANGUES PARLÉES

L'anglais est la langue officielle, parlée par tous. Hors d'elle, point de salut. L'accent bahaméen est assez facile à comprendre d'autant plus que le phrasé est lent. Il existe également un anglais créole surnommé « broken English » que les bahaméens parlent entre eux. Il n'y a que peu d'hôtels et de structures francophones dans les îles, ce qui offre une excellente occasion de pratiquer votre anglais. Pour info, voici une courte liste des structures où l'on parle français, au moins un peu : Club Med San Salvador, Melia Nassau et Graycliff à Nassau, Viva Wyndham Fortuna Beach et Ocean Reef & Yacht Club sur Grand Bahama Island, Paradise Bay sur Exuma, Tiamo Resort sur South Andros, ou encore le Greenwood Beach Resort sur Cat Island. Les resorts de Sandals et d'Atlantis ont aussi généralement quelques membres francophones.

COMMUNIQUER

La couverture téléphonique aux Bahamas est excellente et il est difficile de trouver une plage déserte sans accès au réseau...

Conseil : en arrivant, souscrivez une ligne GSM locale auprès d'un des grands opérateurs, vous aurez ainsi un accès quasi illimité à internet et à ses ressources.

ELECTRICITÉ ET MESURES

Electricité. Standard nord-américain, courant alternatif 60 HZ, 120 V, fiches plates. Un adaptateur pour fiches plates est donc indispensable pour recharger les batteries. Les hôtels en ont généralement à la disposition de leurs clients.

Poids et mesures. Aux Bahamas, tradition britannique oblige, on roule en *miles*, on fait le plein d'essence en *gallons*, on pèse en onces et en *pounds*, on mesure la profondeur en pieds et les terrains en *acres*. À vos calculettes et autres convertisseurs !

BAGAGES

Est-il besoin de le préciser ? Maillot de bain, chapeau, casquette, lunettes de soleil, crème solaire, claquettes et équipement palmes-masque-tuba (quoique beaucoup d'hôtels en prêtent) ; en somme, le parfait attirail du touriste balnéaire ! Un bon anti-moustique est également de rigueur pour chasser tant bien que mal les *sandflies* (phlébotomes) qui sévissent parfois férocement après une averse et principalement au lever ou coucher de soleil lorsque la lumière se situe « entre chien et loup ». Ne pas oublier non plus l'appareil photo, de préférence étanche pour les clichés sous-marins. Côté vestimentaire, quelques tenues habillées seront bienvenues dans les hôtels un peu chics de Nassau et Paradise Island. Enfin, même s'il ne fait jamais bien froid aux Bahamas, une petite laine n'est jamais de trop le soir venu, principalement les mois d'hiver de décembre à février.

LES PHRASES CLÉS

Bonjour, je voudrais réserver un billet aller/retour pour…
Hello, I would like a round trip ticket for…

J'ai raté mon avion. Je voudrais échanger mon billet s'il vous plaît
I missed my flight.I would like to change my ticket, please.

Mon vol est très en retard. Ma correspondance sera bien assurée ?
My flight is very delayed. Will I be able to make my connection?

Mes bagages ont été égarés, à qui dois-je m'adresser ?
My luggage was lost. Whom should I speak to?

Louez-vous des voitures avec chauffeur ?
Do you provide chauffeur-driven car rental service?

Je n'ai presque plus d'essence. Où se trouve la station-service la plus proche ?
I'm almost out of gas. Where is the nearest gas station?

S'Y RENDRE

Se rendre aux Bahamas au départ d'Europe est aisé, il existe de nombreuses options de vols avec escale aux États-Unis permettant une connexion vers Nassau ou Freeport. Vous pouvez même choisir de ne pas passer par Nassau et de profiter des vols directs vers les Family Islands au départ de Miami, Fort Lauderdale ou Atlanta vers Eleuthera ou Andros par exemple, mais dans ce cas, il faudra prévoir souvent une nuit aux États-Unis. La compagnie Air Caraïbes, quant à elle, nous offre un vol direct hebdomadaire depuis Paris jusqu'aux Bahamas avec escales à San Salvador (où se trouve le Club Med) et Nassau, la solution la plus rapide et souvent la plus économique ! La dernière solution qui s'offre à vous si vous passez ou résidez aux États-Unis est de prendre la voie de la mer, soit en arrivant d'un paquebot faisant escale à Nassau, soit en prenant un ferry au départ de Floride, et après une petite nuit à bord, vous vous réveillez au paradis !

AIR INDEMNITE

25 bis, avenue Pierre Grenier - **BOULOGNE-BILLANCOURT** © 01 85 32 16 28

www.air-indemnite.com

Des problèmes d'avion (retard de vol, annulation ou surbooking) gâchent le séjour de millions de voyageurs chaque année. Selon la réglementation, ceux-ci ont droit jusqu'à 600 € d'indemnité par passager ! Mais devant la complexité juridique et les lourdeurs administratives, très peu parviennent en réalité à faire valoir leurs droits. Pionnier français depuis 2007, ce service en ligne simplifie les démarches en prenant en charge l'intégralité de la procédure : analyse et construction du dossier, échanges avec la compagnie, suivi jusqu'au versement des sommes dues.

AIR CARAÏBES

© 0820 835 835 - www.aircaraibes.com

Centrale de réservation ouverte du lundi au samedi de 8h à 21h, dimanche et jours fériés de 8h à 18h.

Air Caraïbes, compagnie aérienne française régulière spécialiste des Caraïbes propose un vol hebdomadaire entre Paris Orly et San Salvador aux Bahamas, avec une escale au retour à Saint-Domingue et une connexion entre San Salvador et Nassau proposée avec la compagnie Bahamasair. La compagnie relie également la province et la Belgique aux Bahamas au départ d'Orly grâce à TGV AIR. Air Caraïbes propose 3 classes de services à bord de ses vols transatlantiques : Soleil (Economique), Caraïbes, (Premium Economy), Madras (Affaires).

AIR FRANCE

© 36 54

www.airfrance.fr

Réservations en ligne ou par téléphone, tous les jours de 6h30 à 22h.

Air France assure quotidiennement un vol permettant de rejoindre les Bahamas au départ de Paris avec une correspondance qui varie suivant votre destination finale. La première partie du trajet est opérée par la compagnie elle-même (généralement jusqu'à Atlanta, New York ou Boston), vous pouvez ensuite choisir d'arriver aux Bahamas par Nassau ou de prendre une ligne directe vers votre destination finale. Il existe par exemple un vol direct, Delta airlines, de Atlanta à Eleuthera, bien pratique si on veut éviter la capitale et accéder directement au Paradis.

AMERICAN AIRLINES

© 0 826 460 950

www.americanairlines.fr

American Airlines propose des liaisons quotidiennes Paris-Nassau et Paris-Freeport ; comptez à minima une escale aux États-Unis. En passant par Miami, on pourra aussi rejoindre directement Exuma (aéroport de George Town), Abaco (aéroport de Marsh Harbour) et Eleuthera (aéroport de North Eleuthera), mais prévoyez de passer la nuit en Floride, car la correspondance le jour même est souvent difficile à organiser. Il est aussi possible de passer par Boston et de rejoindre directement George Town ensuite. Bref, Amercan est une bonne solution pour se rendre aux Bahamas.

AIR CARAÏBES • COMPAGNIE ANTILLAISE SPÉCIALISTE DES CARAÏBES •
BAHAMAS
NASSAU
BORD DE MER
ENVOLEZ-VOUS VERS
LES BAHAMAS À PRIX TIMBRÉS !
LIONS&LIONS
Partez à Nassau !
Nous vous proposons 1 vol A/R hebdomadaire
via San Salvador* au départ de Paris Orly 4.
Informations / Réservations
0 820 835 835
Service 0,12 € / min
+ prix appel
aircaraibes.com
ou en agence de voyages
AIR CARAÏBES
Haute en Couleurs
* Avec un vol San Salvador <> Nassau proposé par Bahamasair.
Air Caraibes - 9 Boulevard Daniel Marsin - Parc d'activités la Providence - ZAC de Dothémare - 97139 ABYMES GUADELOUPE (FWI)
www.aircaraibes.com - SA à Directoire et Conseil de surveillance au capital social de 51 112 725 € - RCS PTP 414 800 482.

BAHAMASAIR

Lynden Pindling International Airport - **NASSAU**
✆ +1 242 702 4140
www.bahamasair.com

Bahamasair est la compagnie nationale des Bahamas et son siège est bien entendu à Nassau. Depuis Nassau, vols vers Grand Bahama Island, les Abacos, Eleuthera, les Exumas, Long Island, Inagua, Mayaguana, San Salvador, Crooked Island et Acklins. Pour quitter les Bahamas, ou bien si vous venez de l'international, sachez que Bahamasair vole aussi vers et depuis les Etats-Unis (Fort Lauderdale, Indianapolis, Miami, Orlando et West Palm Beach), Haïti (Port-au-Prince et Cap-Haïtien), Cuba (La Havane et Santa Clara), et les îles Turques-et-Caïques (Providenciales).

BRITISH AIRWAYS

✆ 0 825 825 400
www.britishairways.com

British Airways, la compagnie nationale britannique, propose plusieurs vols par semaine entre Paris et Nassau, via Londres. Départs possibles également depuis la province, toujours en correspondance à Londres. Le gros avantage de prendre British Airways, plutôt qu'une autre compagnie nationale, est que vous n'avez pas à passer par les Etats-Unis et dès lors, n'êtes pas concerné par les règles d'immigration qui y sont pratiquées. British Airways propose bien entendu plusieurs classes : économique, économique supérieure, affaires et Première.

DELTA AIRLINES

✆ 0 811 64 00 05
fr.delta.com

La compagnie propose plusieurs vols quotidiens à destination de Nassau et de Freeport, via Atlanta, New-York ou Boston. Partenaire d'Air France, c'est notre compagnie nationale qui assure la transatlantique, Delta Airlines opérant la seconde partie du voyage. Cette solution a l'avantage de vous offrir la possibilité de rejoindre directement les îles d'Exuma (George Town) ou d'Eleuthera (North Eleuthera) pour lesquelles la compagnie propose des vols sans passer par Nassau. Il faut cependant, pour cela, passer une nuit à l'aller à Atlanta mais pas au retour.

MAKERS AIR

ANDROS TOWN – FRESH CREEK
✆ +1 954 771 0330
www.makersair.com

A partir de 350 US$ un aller simple depuis Fort Lauderdale vers les Family Islands.

Cette petite compagnie aérienne basée à Fort Lauderdale et opérant depuis l'aéroport réservé aux vols privés professionnels (FXE) s'appelait auparavant Watermakers air, car elle fut créée par un fabricant de dessalinisateurs d'eau de mer qui utilisait ses avions pour livrer ses clients dans les îles les plus reculées des Bahamas. Aujourd'hui, Makers air est une compagnie charter haut de gamme, exploitant des avions récents en très bon état et offrant des places au siège vers toutes les Family Islands, à l'exception de Long Island.

SILVER AIRWAYS

GOVERNOR'S HARBOUR ✆ +1 844 674 5837
www.silverairways.com

Fort Lauderdale/Nassau, aller-retour à partir de 226 US$.

C'est une compagnie aérienne américaine, basée à Fort Lauderdale et proposant des vols au départ de divers aéroports de Floride comme Orlando, Fort Lauderdale ou Tampa vers la plupart des îles des Bahamas. Elle dessert les aéroports de Nassau, North Eleuthera, Freeport, Bimini, George Town, Marsh Harbour et Treasure Cay. La compagnie est en cours de remplacement de la totalité de sa flotte de 22 SAAB par des ATR-600 flambant neufs, promesse de trajets confortables et en toute sécurité. C'est la compagnie américaine desservant le plus d'aéroports bahaméens.

EASY VOLS

✆ 08 99 19 98 79
www.easyvols.fr

Pour voyager malin, il faut faire ses recherches en toute efficacité, sans perdre trop de temps à jongler d'un site à un autre. Pour trouver le bon vol au bon prix, l'idéal est la plateforme comparatrice de vols. Easyvols permet de comparer en temps réel les prix des billets d'avion chez plus de 700 compagnies aériennes et pas seulement des compagnies low-cost. Vous pouvez économiser jusqu'à 70 % du prix si vous êtes prêts à saisir au vol les meilleures offres. Des avis avisés de clients sont aussi consultables sur le site Internet.

SÉJOURS ET CIRCUITS

Les agences de voyages vous proposeront des croisières vers les spots de plongée et les paysages de cartes postales des Bahamas. Il faut dire qu'il y a fort à faire si vous êtes amateurs de grands espaces hors et sous l'eau ! Évidemment, la destination est aussi propice aux voyages de noces. Se marier sous les cocotiers ne sera donc pas difficile. De nombreux tour-opérateurs vous proposeront aussi de réaliser votre voyage sur mesure avec vols, hébergement, location de voiture ou de voiliers, des formules « all inclusive » ou des circuits « découverte »... Bref, il est presque possible de tout faire ! Vous trouverez ici les tour-opérateurs spécialisés dans les Bahamas. Ils produisent eux-mêmes leurs voyages et sont généralement de très bon conseil, car ils connaissent la région sur le bout des doigts. À noter que leurs tarifs se révèlent souvent un peu plus élevés que ceux des généralistes.

ALMA VOYAGES

573, route de Toulouse - **VILLENAVE-D'ORNON**
✆ 05 56 87 58 46
www.alma-voyages.com
Ouvert du lundi au vendredi de 9h à 18h30 et le samedi de 9h30 à 17h30.

Chez Alma Voyages, les conseillers connaissent parfaitement les destinations proposées. En effet, ils ont la chance de se rendre sur place plusieurs fois par an et sont là pour bien vous conseiller. En plus, chaque client est suivi par un agent attitré ! Une large offre de voyages (séjour, week-end, croisière ou circuit individuel) avec l'émission de devis pour les voyages sur mesure vous sera proposée. Si vous trouvez moins cher ailleurs, l'agence s'alignera sur ce tarif et vous bénéficierez en plus, d'un bon d'achat de 30 € sur votre prochain voyage.

AMPLITUDES

60, rue Sainte Anne - **PARIS** ✆ 01 44 50 18 58
www.amplitudes.com
Ouvert du lundi au vendredi de 10h à 19h et le samedi jusqu'à 18h. Contact clients agence de Toulouse (second numéro).

Spécialiste des voyages sur mesure, en solo, en couple ou en groupe, des voyages en famille et des circuits privatifs depuis près de trente ans, l'agence de voyages toulousaine Amplitudes et son antenne parisienne proposent des formules adaptées avec comme ligne directrice :»hors des sentiers battus». Le catalogue est dense : ils vous emmènent en Italie, en Colombie, aux États-Unis, au Cap-Vert, au Bénin et dans bien d'autres pays encore. Les propositions sont disponibles sur le site Internet. Informations pratiques et conseils d'experts avec l'équipe en agence.

AQUAREV

2, rue du Cygne - **PARIS**
✆ 01 48 87 55 78
www.aquarev.fr
Ouvert de 9h30 à 17h30, le samedi de 11h à 12h30 et de 14h à 17h.

Aquarev propose des croisières, des centres et sites de plongée, mais aussi des hébergements triés sur le volet aux quatre coins du monde et bien entendu aux Bahamas. L'occasion de découvrir tombants, récifs, grottes et épaves au milieu d'une faune aquatique très riche. New Providence, Andros et Grand Bahama sont les trois îles retenues par l'agence pour les plongeurs, et une croisière dans l'archipel est aussi proposée.

CATLANTE CATAMARANS

36, quai Alphonse Le Gallo - **BOULOGNE BILLANCOURT** ✆ 01 55 20 90 90
www.catlante-catamarans.com
Ouvert lundi au dimanche de 9h à 20h.

Avec plus de 18 ans d'expérience, Catlante propose de partir à la découverte des plus belles îles du monde à bord d'un catamaran lors de croisières d'exception. Des îles Vierges britanniques à la Thaïlande, l'agence vous permettra de partir en croisière. Tout est inclus à bord, même les boissons sur la plupart des destinations. Avec des navires répondant aux normes de sécurité les plus strictes et respect de l'écosystème des îles. Aux Bahamas, le séjour débute à Nassau avant d'embarquer pour partir explorer l'archipel des Exumas.

DIRECTOURS

27, boulevard des Italiens - **PARIS**
✆ 01 45 62 62 62 - www.directours.com

Du lundi au vendredi 10h-18h, samedi 10h-12h et 14h-18h. Agence aussi à Lyon. Conseillers par téléphone 7j/7 9h-20h.

Directours est un tour-opérateur qui vend en direct au public, sans passer par les agences de voyages. Sa brochure est sur Internet, ce qui présente l'avantage de coller à l'actualité des promotions. Séjours, week-ends, voyages individuels à la carte, offres vol+hôtel, location de voiture, conseils de vendeurs connaissant la destination et prix constamment réactualisés, Directours mise sur la qualité du produit en pratiquant les prix les plus bas. De nombreuses options sont proposées pour profiter pleinement des Bahamas, avec de nombreux combinés d'îles possibles.

H2O VOYAGE

85, rue Louis Pasteur - **TRÉLAZÉ** ✆ 02 41 24 69 00
www.h2ovoyage.com

Lundi 14h-19h, mardi-vendredi 9h12h30 et 14h-19h, samedi 9h-12h30 et 13h30-17h.

Cette agence est spécialisée dans les voyages d'exception. Avec eux, vous pouvez explorer le monde sauvage d'Asie ou d'Afrique, découvrir les peuples de Papouasie ou de Namibie, parcourir l'Inde en moto, faire un trip sportif en Nouvelle-Zélande ou simplement vous reposer dans un hôtel luxueux des Maldives. L'équipe, hyper spécialisée, donne aussi de bons conseils sur la sécurité, région par région. De nombreux séjours plongée sont proposés dans tout l'archipel des Bahamas.

JETSET VOYAGES

41-45, rue Galilée - **PARIS** ✆ 01 53 67 13 00
www.jetset-voyages.fr

« Prêt-à-porter » ou « cousu main », comme ils disent ! JetSet, ce sont plus de vingt ans d'expérience à votre écoute pour que votre séjour soit à votre image. Spécialiste des Etats-Unis, l'agence fait un petit écart aux Bahamas pour proposer un séjour « Cocktail d'îles » de 14 jours. Au programme : Nassau, Eleuthera, Cat Island et Grand Bahama.

L'agence propose également un séjour de rêve de 9 jours au sein de l'hôtel Sandals Emerald Bay, situé sur l'île de Great Exuma le long d'une magnifique plage de 2 km. C'est l'un des plus prestigieux de l'archipel.

LES MAISONS DU VOYAGE

3, rue Cassette - **PARIS**
✆ 01 53 63 13 43
www.maisonsduvoyage.com

Loin du tourisme de masse, la Maison des Etats-Unis réinvente pour vous le voyage en Amérique du Nord à travers des escapades en individuel ou en groupe, suivant toujours des itinéraires maison. L'équipe est composée à la fois de spécialistes, mais aussi de vrais voyageurs qui apportent une touche personnelle à l'élaboration du séjour. Plusieurs séjours de 9 jours sont proposés dans différentes îles des Bahamas, et des combinés avec la Floride toute proche ou bien avec New York sont possibles.

UN MONDE BAHAMAS

24, rue Chauchat - **PARIS**
✆ 01 70 38 22 13
www.unmondebahamas.com

Il y a de tout ! Un Monde Bahamas propose des séjours et des combinés inter-îles mais également avec les Etats-Unis (New York, la Floride...). Un large choix d'hôtels est disponible, et vous pouvez choisir votre séjour par thème d'activités : pêche au gros, plongée, Spa, casino, nage avec les dauphins ou les requins, golf ou excursions au départ de Nassau. Egalement des croisières et voyages de noces.

PROMOVACANCES

✆ 08 99 65 48 50
www.promovacances.com

Ouvert du lundi au vendredi de 8h à minuit. Le samedi de 9h à 23h. Dimanche de 10h à 23h.

Promovacances est une agence de voyage en ligne qui propose de nombreux séjours touristiques, des week-ends, ainsi qu'un très large choix de billets d'avion à tarifs négociés sur vols charters et réguliers, des locations, des hôtels à prix réduits. En plus de cette importante offre, n'hésitez pas à guetter en ligne des promotions de dernière minute et les bons plans du jour. Enfin, des informations pratiques sont à consulter en ligne pour préparer votre voyage : santé, formalités, aéroports, voyagistes, compagnies aériennes.

EXUMA ESCAPES

NASSAU ✆ +1 242 677 6860

www.swimmingpigsbahamas.org

Journée swimming Pigs avec 5 îles, à partir de 199 US$ par personne en bateau et 549 US$ en avion puis bateau.

Cette agence propose diverses excursions, mais est particulièrement spécialisée dans les excursions à la journée jusqu'à Big Major Cay Exuma, où se trouve la maintenant célèbre plage des cochons nageurs. Exuma Escapes vous y emmène depuis 2015 en bateau tous les jours ou en avion sur demande, au départ de Nassau. Les bateaux sont rapides, heureusement car il y a environ 150 kilomètres à parcourir jusque là. La journée vous permettra de découvrir 5 îlots différents à l'occasion de haltes d'une demi-heure chacune environ. Une journée différente, surprenante !

MAJESTIC HOLIDAYS

Cumberland Street - **NASSAU** ✆ +1 242 323 1410

www.majesticholidays.com

Package 6-7 nuits à partir de 1 100 US$ selon le type d'hébergement et les activités choisies.

Majestic Holidays, c'est LE réceptif aux Bahamas. Avec une vaste infrastructure humaine et logistique, cette agence peut vous proposer des packs fermés et/ou sur mesure, et vous organiser aussi tous types d'excursions et tours pendant votre séjour. En plus des options Nassau et Paradise Island du catalogue, les propositions pour les Out Islands sont également au programme. Les formules thématiques «Island Hopping Packages» offrent au visiteur la possibilité de découvrir deux à trois îles sur une semaine. Avec un tel réceptif, vous êtes entre de bonnes mains.

EASYVOYAGE

✆ 08 99 19 98 79

www.easyvoyage.com

Le concept peut se résumer en trois mots : s'informer, comparer et réserver. Des infos pratiques sur plusieurs destinations en ligne (saisonnalité, visa, agenda...) vous permettent de penser plus efficacement votre voyage. Après avoir choisi votre destination selon votre profil (famille, budget...), le site vous offre la possibilité d'interroger plusieurs sites à la fois concernant les vols, les séjours ou les circuits. Grâce à ce moteur performant, vous pouvez réserver directement sur plusieurs bases de réservation (Lastminute, Go Voyages et bien d'autres).

ILLICOTRAVEL

www.illicotravel.com

Illicotravel permet de trouver le meilleur prix pour organiser vos voyages autour du monde. Vous y comparerez billets d'avion, hôtels, locations de voitures et séjours grâce à un métamoteur de recherche en temps réel. Ce site offre des fonctionnalités très utiles comme le baromètre des prix pour connaître les prix les plus compétitifs sur les vols à plus ou moins 8 jours. Le site propose également des filtres permettant de trouver facilement le produit qui répond à tous vos souhaits (escales, aéroport de départ, circuit, voyagiste…).

JETCOST

www.jetcost.com

Jetcost compare les prix des billets d'avion et trouve le vol le moins cher parmi les offres et les promotions des compagnies aériennes régulières et *low cost*. Le site est également un comparateur d'hébergements, de loueurs d'automobiles et de séjours, circuits et croisières. L'interface du site Internet est très simple d'utilisation. Après avoir lancé la recherche, on peut affiner les résultats en fonction de ses choix afin de trouver le vol le plus intéressant, la durée du trajet, les éventuelles escales ou encore l'aéroport d'arrivée.

QUOTATRIP

QuotaTrip est une nouvelle plateforme de réservation de voyage en ligne qui met en relation des voyageurs à la recherche d'expériences authentiques et uniques et des agences de voyages locales sélectionnées pour leurs compétences et leur sérieux. Le réseau de QuotaTrip couvre près de 200 destinations du monde entier. Le but de ce rapprochement est simple : proposer un séjour entièrement personnalisé aux utilisateurs. QuotaTrip promet ainsi l'assurance d'un voyage serein, sur mesure, sans intermédiaires et sans frais supplémentaires.

SE DÉPLACER

L'avion est le moyen de transport privilégié entre les îles, car c'est le plus rapide. Toutes les îles importantes possèdent un aéroport, voire deux ou trois, soit au total 60 aéroports nationaux qui parfois se résument à une simple piste d'atterrissage. De nombreuses liaisons régulières ainsi que des vols charters sont organisés par les diverses compagnies que vous retrouverez dans ce chapitre. Il est cependant également possible de se déplacer en bateau entre les îles en utilisant les fameux mail-boats qui servaient avant à distribuer le courrier et servent aujourd'hui à tout type de transport, même de passagers. Une fois dans l'île que vous aurez choisie, la voiture de location est probablement le meilleur moyen de vous déplacer, car bien que les îles soient plates, les distances peuvent être trop longues pour les parcourir à pied ou à vélo. La voiturette de golf est parfois la solution, comme à Harbour Island par exemple.

BAHAMASAIR

Lynden Pindling International Airport - **NASSAU**
© +1 242 702 4140
www.bahamasair.com

Bahamasair est la compagnie nationale des Bahamas et son siège est bien entendu à Nassau. Depuis Nassau, vols vers Grand Bahama Island, les Abacos, Eleuthera, les Exumas, Long Island, Inagua, Mayaguana, San Salvador, Crooked Island et Acklins. Pour quitter les Bahamas, ou bien si vous venez de l'international, sachez que Bahamasair vole aussi vers et depuis les Etats-Unis (Fort Lauderdale, Indianapolis, Miami, Orlando et West Palm Beach), Haïti (Port-au-Prince et Cap-Haïtien), Cuba (La Havane et Santa Clara), et les îles Turques-et-Caïques (Providenciales).

FLAMINGO AIR

FREEPORT- LUCAYA © +1 242 351 4963
www.flamingoairbah.com

Freeport - Bimini : A/S 108 US$ ou A/R 208 US$.
Freeport - Marsh Harbour (Abaco) : A/S 114 US$; A/R 219 US$.

Une petite compagnie locale basée à Freeport, une fois n'est pas coutume, reliant 2 fois par jour, Freeport à Bimini ou à Marsh Harbour (Abaco) et également Nassau à Mangrove Cay, Staniel Cay et Black Point. La compagnie propose également de faire l'aller-retour pour les Exumas dans la journée afin d'aller rencontrer les fameux cochons nageurs à Staniel Cay. Flamingo air propose également des vols charters vers la plupart des destinations de la Caraïbe en sus des îles de l'archipel des Bahamas. Cuba, Turks & Caicos ou même la République Dominicaine.

LEAIR CHARTER

Lynden Pindling International Airport - **NASSAU**
© +1 242 377 2356
www.flyleair.com

La compagnie Leair charter est une compagnie 100 % bahaméenne qui exploite des Cessna 402 et Embraer 110 pour relier quotidiennement Nassau à Andros et aux Berry Islands. Les vols pour Andros se posent à l'aéroport de Fresh Creek et à celui de Mangrove Cay, alors que ceux pour les Berry Islands, desservent Great Harbour Cay. La capacité des soutes des appareils utilisés n'étant pas très importante, il faut prévoir des bagages légers afin d'éviter de payer un excédent et/ou d'attendre son bagage sur un autre vol. La compagnie recommande les bagages souples.

MAKERS AIR

ANDROS TOWN – FRESH CREEK
© +1 954 771 0330
www.makersair.com

A partir de 350 US$ un aller simple depuis Fort Lauderdale vers les Family Islands.

Cette petite compagnie aérienne basée à Fort Lauderdale et opérant depuis l'aéroport réservé aux vols privés professionnels (FXE) s'appelait auparavant Watermakers air, car elle fut créée par un fabricant de dessalinisateurs d'eau de mer qui utilisait ses avions pour livrer ses clients dans les îles les plus reculées des Bahamas. Aujourd'hui, Makers air est une compagnie charter haut de gamme, exploitant des avions récents en très bon état et offrant des places au siège vers toutes les Family Islands, à l'exception de Long Island.

PINEAPPLE AIR

Lynden Pindling International Airport - **NASSAU**
✆ +1 242 328 1329
www.pineappleair.com

Nassau-Eleuthera à partir d'une centaine de dollars pour l'aller simple.

La petite compagnie Pineapple Air dessert bien entendu l'île de Eleuthera, haut lieu de la production d'ananas de l'archipel. Elle est basée à Nassau et propose plusieurs vols réguliers et quotidiens vers les 3 aéroports d'Eleuthera : North Eleuthera, Governor's Harbour et Rock Sound. La compagnie propose également de réserver un avion complet en charter pour découvrir d'autres îles de l'archipel en toute liberté. Les appareils sont des bimoteurs de types Embraer 110 et Beechcraft 1900, donc attention de ne pas avoir trop de bagages, les soutes sont petites.

SOUTHERN AIR

Lynden Pindling International Airport - **NASSAU**
✆ +1 242 377 2017
www.southernaircharter.com

A partir de 105 US$ l'aller simple pour Eleuthera et de 140 US$ pour Long Island.

Cette petite compagnie locale créée en 1998 par 3 pilotes bahaméens est basée à Nassau et assure des liaisons quotidiennes régulières vers Eleuthera (North Eleuthera et Governor's Harbour) et Long Island (Stella Maris et Deadman's Cay). La qualité et rapidité de son site Internet est à saluer, il est clair et concis et vous permet de réserver en ligne en moins de 5 minutes le vol qui vous intéresse. Attention, si la carte bancaire ayant servi à la réservation n'appartient pas à un des voyageurs, il faudra penser à remplir un formulaire spécifique avant le départ.

STELLA MARIS RESORT AIR SERVICE

STELLA MARIS ✆ +1 242 338 2050
www.stellamarisresort.com

Vols privés réguliers entre Stella Maris et Nassau, et entre Stella Maris et George Town sur les Exumas.

Stella Maris Resort Air Service propose des vols fréquents entre Long Island et Nassau ou Georgetown, ainsi que d'autres îles des Bahamas. C'est la compagnie aérienne privée de la résidence Stella Maris et la plupart de ses clients en proviennent, mais tout un chacun peut profiter des rotations de ses avions en achetant sa place au siège. C'est une expérience de vol privé avec des horaires réguliers, un vrai plaisir que de survoler les eaux bahaméennes en avionnette.

WESTERN AIR

Lynden Pindling International Airport - **NASSAU**
✆ +1 242 377 2222
www.westernairbahamas.com

De 125 US$ à 150 US$ environ l'aller simple au départ de Nassau vers une des nombreuses îles desservies.

Créée en 2000 par Rex et Shandrice Rolle, Western Air est une compagnie familiale gérée encore aujourd'hui par le couple, épaulé en cette tache par leur fille Sherrexcia, mieux connue sous le nom de Rexy, qui s'occupe du développement de l'entreprise. Western Air dessert en vols réguliers au départ de Nassau, les aéroports de Cat Island, Congo town et San Andros sur l'île d'Andros, Freeport (Grand Bahama) et Bimini. Avec au moins 6 vols quotidiens pour Freeport, c'est la compagnie qui assure le plus grand nombre de rotations entre Nassau et Grand Bahama.

MAILBOAT COMPANY LTD

Horse Shoe Drive - **NASSAU** ✆ +1 242 502 2628
www.mailboatbahamas.com

Comptez entre 30 US$ et 45 US$ pour un trajet entre deux îles. Horaires sur internet.

Long, mais économique, le *mailboat* peut s'avérer un moyen de transport adapté pour les voyageurs désargentés. La Mailboat Company exploite une vingtaine de navires aux noms exotiques : Captain Moxey, Eleuthera Express ou encore Bimini Mack, pour transporter les marchandises et quelques passagers d'île en île au sein de l'archipel et même jusqu'en Floride pour les marchandises. Elles sont en effet nombreuses à être importées des Etats-Unis et parviennent souvent jusqu'aux consommateurs grâce aux *mailboats*. Planning et tarifs sur le site Internet de la compagnie.

AIRPORT CAR RENTAL

Exuma International Airport - **GEORGE TOWN**
✆ +1 242 345 0090
www.exumacarrental.com

À partir de 80 US$ par jour hors Taxes.

Granville Ferguson et son équipe mettent à votre disposition un parc automobile de quelque 100 véhicules, de la voiture compacte à la berline en passant par le 4X4, en boîtes manuelles ou en automatique, volant à droite ou volant à gauche ! A Exuma, une voiture est presque indispensable et vous trouverez ici un service professionnel et sympathique. Si la voiture ne vous convient pas, elle sera changée dans la journée, sans aucune discussion. N'hésitez pas à choisir un 4X4 si vous comptez partir à la découverte des petits recoins de l'île.

AVIS

Nassau International Airport - **NASSAU**
✆ +1 242 377 7121 - Agences à Nassau et Paradise Island.
www.avis.com.bs
Comptez environ 100 US$ TTC par jour pour un véhicule économique type Kia Picanto ; tarifs variables selon la saison.

Avis, la grande compagnie de location de voiture internationale, organise son service depuis tous les hôtels à Nassau, Paradise Island et Freeport sur Grand Bahama Island. Avis dispose de 3 agences également, dont 2 à Nassau et 1 à Freetown. Comme pour tous les loueurs de voitures internationaux, il est parfois plus intéressant de passer par les plateformes modernes de location de voitures pour obtenir les meilleurs prix lorsqu'on arrive d'Europe. Les véhicules proposés en location peuvent avoir le volant à droite ou à gauche, mais attention de circuler à gauche !

BSP AUTO

Site en ligne
www.bsp-auto.com
Site comparatif accessible 24h/24. Standard ouvert de 9h à 21h30 (20h le w-e).

Il s'agit là d'un prestataire qui vous assure les meilleurs tarifs de location aux conditions les plus avantageuses auprès des grands loueurs de véhicules dans les gares, aéroports et les centres-villes du monde entier. Le kilométrage illimité et les assurances sont souvent compris dans le prix. Avec BSP Auto, vous pouvez réserver dès maintenant et payer seulement cinq jours avant la prise de votre véhicule. Autre bonus du courtier BSP : pas de frais de dossier ni d'annulation (jusqu'à la veille). La moins chère des options zéro franchise.

HERTZ

Nassau International Airport - **NASSAU**
✆ +1 242 377 8684 - 3 agences en tout à Nassau
www.hertz.com
Comptez 100 US$ TTC par jour. Ouvert tous les jours.

On ne présente plus cette agence internationale de location de voitures qui est établie sur deux îles de l'archipel. Elle dispose de trois agences à Nassau ainsi qu'une à Freeport sur Grand Bahama. Si vous prévoyez de visiter ces deux îles, vous pouvez demander une location combinée vous permettant de bénéficier d'une réduction de durée tout en étant à deux endroits pendant le séjour. Comme toujours, les voitures sont récentes et très bien entretenues, ce qui explique que les prix soient souvent un petit peu plus élevés que chez les loueurs locaux.

RHODA'S TAXI

MANGROVE CAY
✆ +12424714476

Plus qu'un taxi, Rhoda est un vrai guide touristique à Mangrove Cay. Contactez-la avant d'arriver et elle viendra vous chercher au pied de votre avion à toute heure, même le dimanche ! Elle adore rencontrer les visiteurs et vous fera découvrir avec plaisir tous les petits endroits insoupçonnables, même s'ils ne sont pas si nombreux, de Mangrove Cay. N'hésitez plus, si vous souhaitez découvrir la vie locale, les petits restaurants cachés ou les ateliers d'artisans, voire de pêcheurs d'éponges d'Andros, Rhoda est votre solution !

HOPE TOWN CANVAS & BIKE SHOP

HOPE TOWN – ELBOW CAY ✆ +1 242 577 6983
Ouvert du lundi au samedi de 9h à 17h. Horaires susceptibles d'évoluer selon la saison. Comptez 12 US$ par jour.

Pour se déplacer dans le village, les jambes feront largement l'affaire : il est particulièrement plaisant de flâner le long de ses deux rues principales en admirant les jolies maisons qui les entourent. Pour se rendre au sud de l'île en revanche, et pour se déplacer au quotidien si vous séjournez sur l'île, mieux vaut louer une voiturette de golf ; tous les hôtels sauront vous renseigner, la plupart en louent d'ailleurs eux-mêmes. Autre option plus sportive : le vélo !

ISLAND JEEP & CAR RENTALS

Freeport International Airport
FREEPORT- LUCAYA ✆ +1 242 373 4001
www.islandjeepcarrental.com
Comptez 75 US$ par jour pour une voiture 4-5 personnes, 85 US$ pour un SUV 5-7 personnes.

Voici un loueur un peu différent des autres, qui bien que proposant un parc de véhicules traditionnels, allant de la voiture compacte pour petits budgets au van pour 12 passagers en passant par une gamme de SUV, s'est aussi spécialisé dans les véhicules différents, bien adaptés à Freeport, comme le scooter et le petit tout-terrain de type Jeep. Attention, comme souvent, il faut avoir 25 ans pour louer un véhicule à 4 roues mais pour les scooters, si vous avez 21 ans, c'est suffisant.

RESTER

De nombreuses raisons peuvent donner envie de s'installer aux Bahamas : plages de rêve bien sûr, mais aussi fiscalité très avantageuse, car il n'y a pas d'impôt sur le revenu par exemple. Il faut cependant garder à l'esprit que la vie aux Bahamas est beaucoup plus chère qu'en Europe d'autant plus que dès qu'on souhaite se déplacer il faut acheter un billet d'avion... Mais si l'aventure vous tente et que vous avez un bon projet et un budget adapté, ce n'est pas chose impossible. À moins de n'avoir aucun besoin de revenus, si vous devez travailler dans l'archipel sachez cependant que la plupart des métiers sont réservés aux autochtones ; il faudra donc créer votre activité (investir) ou justifier des compétences professionnelles introuvables sur place. Si vous n'avez pas besoin de gagner votre vie sur place, tout sera beaucoup plus facile pour vous installer et même devenir résident au bout de quelques années. Bienvenue !

ACTION CONTRE LA FAIM

14/16, boulevard Douaumont - **PARIS**
✆ 01 70 84 70 84
www.actioncontrelafaim.org
Par téléphone de 9h à 13h et de 14h à 18h.

ONG internationale spécialisée dans la lutte contre la faim dans le monde, active dans les domaines de la nutrition, santé, sécurité alimentaire, de l'eau, de l'assainissement. L'association intervient dans des situations de crise. Le but étant de rendre les populations autonomes d'un point de vue de la nutrition, en apportant une aide concrète et en formant les intervenants locaux qui prendront le relais. Ses missions de volontariat durent de trois mois à un an en Afrique, Asie, Amérique, Europe centrale, dans le Caucase, au Moyen-Orient et dans les Caraïbes.

AGENCE POUR L'ENSEIGNEMENT FRANÇAIS À L'ÉTRANGER

23, place de Catalogne - **PARIS**
✆ 01 53 69 30 90
www.aefe.fr

Sous tutelle du ministère des Affaires étrangères, l'Agence gère un réseau de près de 500 établissements d'enseignement français à l'étranger. Quelque 370 000 élèves, dont 40 % de Français, fréquentent ces établissements à travers le monde. Offres d'emploi à l'international pour les titulaires de la fonction publique et informations sur la politique pédagogique, la scolarité et l'orientation émaillent le site Internet de cet organisme. Une référence dans le domaine.

CIDJ

www.cidj.com

Le Centre d'Information et de Documentation Jeunesse a été créé en 1969, sous la tutelle du Ministère de la Jeunesse et des Sports. Le site Internet est bien fait et très complet. La rubrique « Partir à l'étranger » fournit des informations pratiques aux jeunes qui ont pour projet d'aller vivre à l'étranger. Il y a une rubrique spécifique dédiée à chacun des thèmes suivants : travail, étude, stage, volontariat international et séjours linguistiques. Pour vous aider dans vos démarches, vous pouvez avoir un entretien gratuit avec un conseiller du CIDJ.

ÉDUCATION NATIONALE

www.education.gouv.fr

Vous êtes enseignant ou fonctionnaire d'État, vous souhaitez travailler à l'étranger ? Consultez le site du ministère de l'Éducation nationale, il informe sur les conditions de mobilité. Cette initiative peut s'inscrire dans un parcours professionnel. Elle permet d'exercer son métier dans des conditions spécifiques, ou un autre métier et diversifier ainsi son expérience en enrichissant ses compétences. Les personnels d'encadrement peuvent aussi postuler dans des organismes internationaux ou de l'Union européenne. Modalités sur www.france.diplomatie.fr/mfi.

MINISTÈRE DES AFFAIRES ÉTRANGÈRES

www.diplomatie.gouv.fr

Il est bon d'y jeter un œil avant votre départ pour connaître les formalités de départ et y glaner de bons conseils. Dans la rubrique « Services aux citoyens » vous trouverez un guide de l'expatriation, les démarches à effectuer, les modalités de demandes de documents officiels. Les informations mises à disposition dans l'espace politique, économie et socio-culturel, sont fort utiles pour les personnes qui s'intéressent aux enjeux et réalités du pays.

CAPCAMPUS

www.capcampus.com

CapCampus fut l'un des premiers portails étudiants français en ligne. Dans la rubrique dédiée aux stages et aux premiers emplois, vous trouverez aussi des offres pour l'étranger, classées par pays. Celles pour les Etats-Unis ne sont pas très nombreuses, le mieux est de consulter le site régulièrement pour ne pas passer à côtés des offres intéressantes. Le site est également utile pour se familiariser avec la vie aux Etats-Unis, car il propose également toutes les informations pratiques pour bien préparer son départ et son séjour à l'étranger.

WEP FRANCE

95, avenue Ledru Rollin - **PARIS** ✆ 01 48 06 26 26

www.wep.fr

WEP propose plus de 50 projets éducatifs et séjours linguistiques dans une trentaine de pays pour une durée allant de une semaine à 18 mois. Quel que soit votre projet d'études aux Etats-Unis, vous trouverez sur le site de WEP une rubrique qui y sera consacrée : étudier au lycée, dans une université, partir en séjour linguistique, faire une expérience professionnelle dans le cadre d'un stage ou vivre en immersion dans une famille américaine. Possibilité également de planifier des programmes combinés (études et projet humanitaire par exemple).

CLUB TELI

Les Clarets - **SAINT-PIERRE-D'ENTREMONT**
✆ 04 79 85 24 63

www.teli.asso.fr

Le Club TELI est une association loi 1901 sans but lucratif d'aide à la mobilité internationale créée il y a 20 ans. Elle compte 4 000 adhérents en France et dans 65 pays. Si vous souhaitez vous rendre à l'étranger, quel que soit votre projet, vous découvrirez avec le Club TELI des infos et des offres de stages, de jobs d'été et de travail pour francophones. Si vous avez besoin d'aide pour envoyer des candidatures, sachez également que le Club TELI peut vous aider à améliorer votre CV afin qu'il soit dans les normes du pays où vous souhaitez partir.

BUSINESS FRANCE

77, Boulevard Saint-Jacques - **PARIS**
✆ 01 40 73 30 00

www.businessfrance.fr

L'Agence pour le développement international des entreprises françaises travaille en étroite collaboration avec les missions économiques. Le site Internet recense toutes les actions menées, les ouvrages publiés, les événements programmés et renvoie sur la page du Volontariat International en Entreprise (VIE). Fondée en 2015, cette structure est née de la fusion entre Ubifrance et l'Agence française pour les investissements internationaux. Elle est affiliée au Ministère de l'Europe et des Affaires étrangères et au Ministère de l'Économie et des Finances.

VIE - VOLONTARIAT INTERNATIONAL EN ENTREPRISE

www.civiweb.com

Si vous avez entre 18 et 28 ans et êtes ressortissant de l'Espace économique européen, vous pouvez partir en volontariat international en entreprise (VIE) ou en administration (VIA). Il s'agit d'un contrat de 6 à 24 mois rémunéré (avec un renouvellement de 24 mois possible) et placé sous la tutelle de l'ambassade de France. Tous les secteurs et métiers sont concernés et vous bénéficiez d'un statut public protecteur. Offres à consulter sur le site Internet.

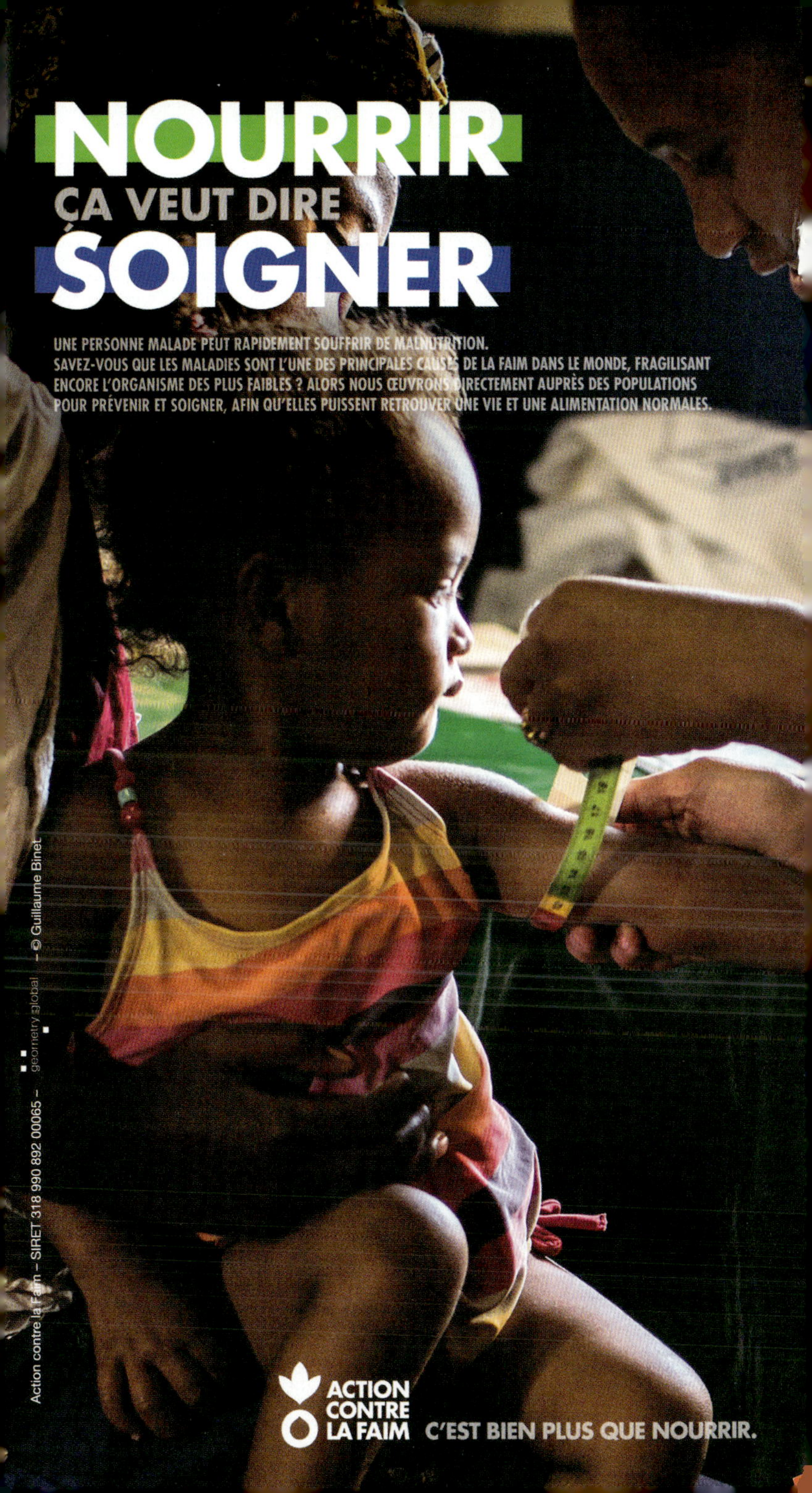
NOURRIR
ÇA VEUT DIRE
SOIGNER
UNE PERSONNE MALADE PEUT RAPIDEMENT SOUFFRIR DE MALNUTRITION.
SAVEZ-VOUS QUE LES MALADIES SONT L'UNE DES PRINCIPALES CAUSES DE LA FAIM DANS LE MONDE, FRAGILISANT ENCORE L'ORGANISME DES PLUS FAIBLES ? ALORS NOUS ŒUVRONS DIRECTEMENT AUPRÈS DES POPULATIONS POUR PRÉVENIR ET SOIGNER, AFIN QU'ELLES PUISSENT RETROUVER UNE VIE ET UNE ALIMENTATION NORMALES.
Action contre la Faim – SIRET 318 990 892 00065 – geometry global – © Guillaume Binet
ACTION CONTRE LA FAIM
C'EST BIEN PLUS QUE NOURRIR.

INDEX

ÉDITION

Directeurs de collection et auteurs : Dominique AUZIAS et Jean-Paul LABOURDETTE

Auteurs : Roxane MOLINIER, Olivier ANÉ, Mathias DESHOURS, Baptiste THARREAU, Romain RISSO, Mathilde LEROY, Priscilla PARARD, Sylvie BEL COTTO, Amandine GLEVAREC, Corentin LAPLANCHE-TSUTSUI, Jordi BOU, Laurent BOSCHERO, Jean-Paul LABOURDETTE, Dominique AUZIAS et alter

Directeur Editorial : Stéphan SZEREMETA

Rédaction Monde : Caroline MICHELOT, Morgane VESLIN, Pierre-Yves SOUCHET, Jimmy POSTOLLEC, Natalia COLLIER, Laureen DUCHESNE, Anaïs MAOLE

Rédaction France : Elisabeth COL, Tony DE SOUSA, Mélanie COTTARD, Audrey VEDOVOTTO

FABRICATION

Responsable Studio : Sophie LECHERTIER assistée de Romain AUDREN

Maquette et Montage : Julie BORDES, Sandrine MECKING, Delphine PAGANO

Iconographie et Cartographie : Anne DIOT assistée de Julien DOUCET

WEB ET NUMÉRIQUE

Directeur Web : Louis GENEAU de LAMARLIERE

Chef de projet et développeurs : Nicolas de GUENIN, Adeline CAUX, Kiril PAVELEK

Intégrateur Web : Mickael LATTES

Webdesigner : Caroline LAFFAITEUR

Community Traffic Manager : Alice BARBIER, Mariana BURLAMAQUI et Vincent PHAM

DIRECTION COMMERCIALE

Directeur commercial : Guillaume VORBURGER assisté de Manon GUERIN

Responsable Régies locales : Michel GRANSEIGNE

Responsables Développement régie inter : Jean-Marc FARAGUET et Guillaume LABOUREUR assistés de Claire BEDON

Chefs de Publicité Régie internationale : Camille ESMIEU

Chefs de Publicité Régie nationale : Caroline AUBRY, François BRIANCON-MARJOLLET, Perrine DE CARNÉ MARCEIN, Caroline PREAU

Régie BAHAMAS : Laurent BOSCHERO

Gestion commerciale : Vimla MEETOO et Assa TRAORE

DIFFUSION ET PROMOTION

Directrice des Ventes : Bénédicte MOULET assistée d'Aissatou DIOP, Sidonie COLLET

Responsable des Ventes : Jean-Pierre GHEZ assisté de Nelly BRION

Relations Presse-Partenariats : Jean-Mary MARCHAL

ADMINISTRATION

Président : Jean-Paul LABOURDETTE

Directrice des Ressources Humaines : Dina BOURDEAU assistée de Sandra MORAIS et Eva BAELEN

Directrice Administrative et Financière : Valérie DECOTTIGNIES

Comptabilité : Jeannine DEMIRDJIAN, Adrien PRIGENT et Faiza ALILI

Recouvrement : Fabien BONNAN assisté de Sandra BRIJLALL et Vinoth SAGUERRE

Responsable informatique : Adam M'RAH

Standard : Assa TRAORE

PETIT FUTÉ BAHAMAS 2021-2022

LES NOUVELLES ÉDITIONS DE L'UNIVERSITÉ
18, rue des Volontaires - 75015 Paris.
✆ 01 53 69 70 00 - Fax 01 42 73 15 24
Internet : www.petitfute.com
SAS au capital de 1 000 000 €
RC PARIS B 309 769 966
Couverture : Survol des Bahamas
© shalamov
Impression : IMPRIMERIE CHIRAT
42540 Saint-Just-la-Pendue
Achevé d'imprimer : juillet 2020
Dépôt légal : 25/08/2020
ISBN : 9782305039534

… par email, indiquez le nom … le suivi de @petitfute.com … urs : info@petitfute.com

…MPRIMÉ … FRANCE

Q - R

S - T

U - V - W